DIE BESTEN STELLPLÄTZE IN OBERITALIEN

Großer Platz in ruhiger Lage 111

Zur Freude der Wohnmobilisten hat der kleine Ort Candelo gleich neben seiner Hauptsehenswürdigkeit, einer mittelalterlichen Speicherstadt, einen recht großen Stellplatz angelegt, der auch noch kostenlos genutzt werden darf (Stellplatz Candelo, s. S. 105).

AF625605

002oi-mm

003oi-mm

163 Direkt am Meer

Die Mittelmeerküste ist dicht besiedelt, da freut man sich, wenn man mit Blick aufs Wasser übernachten kann. Sanremo macht es möglich und hat nebenbei noch eine sehenswerte Altstadt, die fußläufig erreichbar ist (Sanremo Pian di Poma, s. S. 140).

Warum nicht mal ein Camping? 203

In Pavia steuert man automatisch den Campingplatz an, der gleich mehrere Vorteile bietet: einen freundlichen Empfang, alle Versorgungsmöglichkeiten und eine gute Anbindung per Rad- und Fußweg am Flussufer an die Altstadt (Camping Ticino, s. S. 175).

004oi-mm

005oi-mm

220 Mit Blick auf die Altstadt

Am Rande von Cremona, der Stadt von Geigenbauer Stradivari, kann man sich in schöner Lage ausbreiten. Gleich nebenan ist der Po-Deich, von dem man auf die Altstadt blickt. Der Preis ist fair: Man zahlt pro Stunde Aufenthalt (Camping Parco al Po, s. S. 205).

Bei freundlichen Gastgebern 228

Der Stellplatz im Osten von Bergamo wird von jungen Menschen betreut, die hier im Rahmen eines sozialen Projekts Arbeit gefunden haben. Nach der netten Begrüßung kommt man von hier gut und schnell in die Altstadt (Bergamo – Città dei Mille, s. S. 218).

006oi-mm

DIE SCHÖNSTEN LANDSCHAFTEN

011oi-mm

Tal mit Tälern

Das langgestreckte Aostatal reicht von der Po-Ebene bis zum höchsten Berg Mitteleuropas und die vielen Seitentäler bieten weitere Gipfel wie das Matterhorn in der Schweiz, den Nationalpark Gran Paradiso und zahlreiche historische Burganlagen (s. S. 107).

012oi-mm

Die Perlen am Mittelmeer

Wie Perlen an einer Schnur reihen sich die fünf Dörfer der Cinque Terre aneinander und bilden eine eigene kleine Welt für sich. Hier kann man auf den Wanderwegen zwischen den charakteristischen Dörfern unterwegs sein und den Meerblick genießen (s. S. 156).

013oi-mm

Die Oberitalienischen Seen

Den Übergang zwischen Alpen und Po-Ebene bilden die Oberitalienischen Seen. Jeder von ihnen – vom Lago Maggiore (s. S. 68) bis zum Gardasee (s. S. 224) – hat seinen eigenen Charakter und bietet immer wieder eine schöne Aussicht auf die Alpenkulisse.

007oi-mm

Unterwegs am Po-Delta

Flache Landschaften sind keinesfalls eintönig. Wenn im Osten von Norditalien der Po in die Adria mündet, geschieht dies unter den Augen von Tausenden rastender und brütender Vögel, die wiederum von Naturliebhabern ausgiebig beobachtet werden (s. S. 275).

010oi-mm

Deutschsprachig in Italien

In Südtirol ist die Verständigung einfach. Man spricht Deutsch. Abwechslungsreich ist dagegen die Landschaft zwischen Reschenpass und Grödner Joch. Spitzkehren warten auf den Wegen zu den Pässen, während in den Tälern alpine Ortschaften locken (s. S. 239).

DIE SEHENSWERTESTEN ORTE

Ein bisschen Venedig

Comacchio inmitten des Po-Deltas bietet nicht nur mehrere Wohnmobilstellplätze, sondern auch eine nette Innenstadt, die mit ihren Kanälen und einer ihrer Brücken an die Lagunenstadt Venedig erinnert. Ach ja, und eine Lagune hat Comacchio auch (s. S. 276).

014oi-mm

Die Hauptstadt der Lombardei

In Mailand, der größten Stadt Norditaliens, liegen die Hauptsehenswürdigkeiten sehr zentral und dicht beieinander. Wer will sie nicht sehen, die Scala, den Dom und die berühmte Einkaufspassage mit den mondänen Shops der italienischen Designer (s. S. 164)?

015oi-mm

Der Ort mit Lotospflanzen

Jede italienische Altstadt hat ihren Charme, doch Mantua ist etwas Besonderes. Die Stadt ist von Seen umgeben, in denen kleine Inseln aus Lotospflanzen wachsen. Eine ideale Gelegenheit, um sich mit einem Ausflugsboot der asiatischen Flora zu nähern (s. S. 206).

016oi-mm

Padua

Das Grab des heiligen Antonius befindet sich in der beeindruckenden Basilika von Padua. Er ist unter anderem Schutzpatron der Reisenden, was schon allein ein Grund für eine Reise in die Stadt und zu diesem Pilgerziel ist (s. S. 236).

017oi-mm

Lagunenstadt Venedig

Venedig sehen und sterben. Auf Letzteres mag man verzichten, doch die wohl ungewöhnlichste Stadt der Welt darf man nicht verpassen. Zwischen Markusplatz und Rialtobrücke zu gondeln oder in den Gassen zu flanieren ist ein einmaliges Erlebnis (s. S. 266).

018oi-mm

Auf der Reise zu Hause
www.reise-know-how.de

- Ergänzungen nach Redaktionsschluss
- kostenlose Zusatzinformationen und Downloads
- das komplette Verlagsprogramm
- aktuelle Erscheinungstermine
- Newsletter und Social Media

INHALT

Einige Sehenswürdigkeiten wie hier in Aquileia (s. S. 264) lassen sich gut direkt mit dem Wohnmobil erreichen (Foto: 001oi-mm)

VORWORT

Willkommen in Oberitalien. Genießen Sie diesen Landesteil, die kulinarischen Spezialitäten, für die Italien steht, und planen Sie vor allen Dingen Zeit für die Reise ein. Im Norden werden Sie etwas länger brauchen, wenn Sie zwischen den Tälern der Alpen oder – noch besser – auf den Pässen zwischen den Gebirgszügen unterwegs sind.

Die **Bergwelt Norditaliens** erstreckt sich vom höchsten Gipfel Mitteleuropas, dem Mont Blanc (auf Italienisch Monte Bianco) am Ende des Aostatals, über die Gipfel Südtirols bis zu den Dolomiten mit ihrem Wahrzeichen, den Drei Zinnen. Dazwischen erstrecken sich immer wieder die berühmten oberitalienischen Seen mit klangvollen Namen wie **Lago Maggiore, Gardasee** und **Comer See.** Schon hier genießt man das mediterrane Leben, dabei blickt man weiterhin auf die schneebedeckten Gipfel der Alpen. Schon für die Umrundung der vielen Seen sollte man viel Zeit einplanen. Zahlreiche kleine Ortschaften laden zu Rundgängen und Aufenthalten ein, doch immer wieder geht es auch hoch hinaus, zum Beispiel zu den **Sacri Monti,** die nicht nur interessante Einblicke in verschiedene Kapellen, sondern auch einen weiten Ausblick auf die Landschaft ermöglichen.

Auch das deutschsprachige **Südtirol** und der beliebte **Gardasee** gehören selbstverständlich zu Norditalien und werden in diesem Buch vorgestellt. Noch ausführlichere Informationen speziell über diese beiden Regionen sind im Reiseführer „Mit dem Wohnmobil durch Südtirol und zum Gardasee“ zu finden, der ebenfalls in der Reihe „Wohnmobil-Tourguide“ des Reise Know-How Verlags erschienen ist.

Weiter im Süden durchquert man die **Po-Ebene** oder man folgt dem Flussverlauf von Turin im Piemont bis zum Delta in Venetien. Abseits des üblichen Touristenrummels erhält man hier Zugang zu verschiedenen Naturreservaten, die man am besten mit dem Kanu erkundet.

Auf dem Wasser ist man natürlich auch in der Lagune und in den Kanälen Venedigs unterwegs. Mehrere Stellplätze und Campingplätze in der Region ermöglichen das Abstellen des Fahrzeugs und schon lässt man sich einfach mit einem Wasserbus durch den Canal Grande fahren – oder man bucht sogar eine Gondel. In Venedig befindet man sich an der einen Seite des Mittelmeers, der **Adria.** Lange Sandstrände laden bis Rimini zum Sonnenbaden ein, während weiter im Westen die **ligurische Küste** mit zahlreichen spannenden Ortschaften aufwartet: Sanremo, Genua und natürlich die berühmten fünf Dörfer der Cinque Terre dürfen bei einer Reise entlang der Küste nicht fehlen.

Bei aller Naturverbundenheit darf man die Städte Oberitaliens natürlich nicht versäumen. Man kann nicht jede ansteuern, dafür locken zu viele mit spannenden und historischen Kulturgütern, wie wäre es aber mit einem Besuch bei den beiden schiefen Türmen in **Bologna** oder beim heiligen Antonius in **Padua?** Technikinteressierte Wohnmobilisten wollen vielleicht lieber zu Fiat nach **Turin** oder zu Ferrari nach **Modena.** Bitte schön, entsprechende Museen und sogar Rennstrecken in Imola sind vorhanden. Allerdings sollte man sein Wohnmobil besser sicher auf einem der Stell- und Campingplätze abstellen.

Ich wünsche Ihnen eine oder aufgrund der Fülle der Sehenswürdigkeiten gar mehrere schöne Reisen nach Oberitalien. Lassen Sie es ruhig angehen und treffen Sie eine Auswahl aus der Vielfalt. Dieses Buch wird Ihnen dabei helfen.

Gute Reise!

Ihr Michael Moll

HINWEISE ZUR BENUTZUNG

GPS-KOORDINATEN

Alle GPS-Daten in diesem Buch sind als **geografische Koordinaten** (Breite/Länge; Lat./Lon.) in Dezimalgrad (hddd.dddd) angegeben, also z. B. 46.882958, 11.407875. Die erste Angabe zeigt den Wert für die nördliche Breite (° N), die zweite den für die östliche Länge (° O) an. Alle modernen GPS-Geräte akzeptieren die Schreibung als Dezimalgrad, gegebenenfalls muss das Eingabeformat in den Einstellungen des Gerätes aber erst ausgewählt werden. Einige Geräte verlangen möglicherweise statt des Punktes ein Komma als Trennzeichen.

Kartendatum ist WGS84.

Umrechnung der Koordinaten

Wenn Sie die GPS-Angaben **von Dezimalgrad in Dezimalminuten** (dd° mm,mmm') umrechnen müssen, so beachten Sie bitte, dass ein Grad 60 (nicht 100!) Minuten hat. Die Angaben in Dezimalgrad können daher nicht einfach durch Kommaverschiebung in Dezimalminuten umgewandelt werden! 46.882958 sind nicht 46° 88.2958', sondern 46° 52.977'. Wer dies nicht beachtet, erhält beträchtliche Fehler. Ein Datenkonverter wie z. B. www.geoplaner.de erleichtert die Umrechnung beträchtlich.

Nutzung der GPS-Koordinaten

Wer ein GPS-Gerät oder Navigationssystem benutzt, das Koordinaten-Eingaben akzeptiert, der kann sich direkt zu den jeweiligen Punkten führen lassen. Praktisch alle GPS-Handgeräte bieten diese Möglichkeit, während manche Navigationssysteme nur Eingaben von Adressen akzeptieren – und Park- oder Stellplätze haben nicht immer eine Adresse.

Einige **Internet-Kartendienste oder Routenplaner** wie GoogleMaps™ (http://google.de/maps) zeigen nach Eingabe der geografischen Daten den gesuchten Punkt an, auf Wunsch mit Satellitenansicht und an vielen Stellen mit StreetView-Funktion.

Koordinaten zum Download

Die **GPS-Koordinaten der Stell- und Campingplätze im Buch** können auf der Verlags-Website www.reise-know-how.de von der Artikelseite dieses Buches als Waypoint-Liste heruntergeladen werden.

Benötigt Ihr Gerät ein **anderes Datenformat als kml oder gpx,** kann die Umrechnung beispielsweise unter www.routeconverter.de oder www.gpsvisualizer.com erfolgen.

SERVICE FÜR MOBILGERÄTE

Durch Einscannen des QR-Codes auf dem Umschlag bzw. die Eingabe der Internet-Adresse **www.reise-know-how.de/womo/oberitalien24** wird ein für den mobilen Einsatz optimierter Internet-Dienst aufgerufen. Damit kann die Lage der Stell- und Campingplätze auf einer Karte und die Route dorthin angezeigt werden. Außerdem können darüber Updates nach Redaktionsschluss aufgerufen werden.

Voraussetzung ist eine Datenverbindung über das Mobilfunknetz oder WLAN.

STELL- UND CAMPINGPLÄTZE

In diesem Wohnmobil-Tourguide wird eine breite Auswahl der in der Region verfügbaren Stell- und Campingplätze mit allen wichtigen Angaben beschrieben. Darüber hinaus listen einschlägige Apps und Stellplatzführer weitere Übernachtungsmöglichkeiten auf. Die Nichterwähnung in unserem Buch bedeutet nicht, dass ein Platz nicht mehr existiert oder eine geringe Qualität aufweist.

ZEICHENERKLÄRUNG

STELL-/CAMPINGPLATZSYMBOLE

- 1 offizieller Stellplatz mit Services
- 1 Campingplatz

- P 123 ausgewiesener Parkplatz
- 123 Picknickstelle

SERVICE-SYMBOLE

STELL- UND CAMPINGPLÄTZE

- Stromanschluss
- Wasserversorgung
- Grauwasser-Entsorgung
- Chemie-WC-Entsorgung
- Toilette
- Dusche
- WLAN
- Haustiere erlaubt

SYMBOLE IN DEN KARTEN

- Aufzug
- Bibliothek
- Brunnen
- Denkmal
- Friedhof
- Geschäft, Kaufhaus, Markt
- Informationsstelle
- Kirche
- Krankenhaus, Arzt
- Polizei
- Restaurant
- Rundblick
- Schwimmbad, Therme
- Sehenswürdigkeit
- Synagoge
- Theater
- Weinberg
- 999 Seitenzahl der Ortsbeschreibung im Buch

Leichte Orientierung mit dem cleveren Nummernsystem

Die offiziellen Stell- und Campingplätze sind im Text und im Kartenmaterial mit derselben magentafarbenen bzw. blauen ovalen Nummer 1 1 markiert. Eine Liste dieser Stell- und Campingplätze befindet sich auf Seite 304.

Parkplätzen, Picknickstellen und sonstigen Stellplätzen sind ein Symbol und eine fortlaufende rote Nummer vorangestellt wie z. B. P 123.

Die Lage der auf diese Weise markierten Orte kann zusätzlich mithilfe der zu diesem Buch bereitgestellten Web-App auf einer Online-Karte angezeigt werden (s. Umschlag-Rückseite).

Streckenangaben im Text (35 km – km 110)

Die erste Angabe nennt die Entfernung vom vorhergehenden Punkt in der Routenbeschreibung. Die zweite Angabe ist die Gesamtentfernung vom Beginn der Route an.

Preiskategorien der Stell- und Campingplätze

€	kostenlos bis 15 Euro
€€	16 bis 25 Euro
€€€	26 bis 40 Euro
€€€€	über 40 Euro

Die Preisangaben beziehen sich auf eine Übernachtung mit einem Wohnmobil inklusive zwei Erwachsenen auf einer durchschnittlichen Standardparzelle in der Hauptreisezeit. Weitere Infos dazu finden sich im Kapitel „Übernachten“ ab Seite 27.

020oi-mm

021oi-mm

022oi-mm

019oi-mm

PRAKTISCHE REISETIPPS A–Z

ANREISE

Egal, wo in Deutschland die Reise beginnt, um nach Oberitalien zu kommen, muss man die Alpen überqueren. Da man dabei entweder durch die Schweiz oder durch Österreich reist, muss man sich daher auch mit dem Thema Vignette bzw. Maut befassen (s. S. 21). Die in diesem Buch vorgestellten Routen lassen verschiedene Einstiegsmöglichkeiten zu.

ANREISEWEG 1

Im äußersten Südwestens Deutschlands kann man die Staatsgrenze in die Schweiz überqueren und das Land auf der Autobahn 2 passieren. Ab Basel fährt man an Luzern vorbei, um einige Zeit später den **Gotthard-Tunnel** zu durchfahren. Schließlich steht man in Bellinzona vor der Wahl, entweder auf der Autobahn 2 zu bleiben und zum Luganersee zu fahren oder auf die Straße 13 zu wechseln, um über Locarno das Nordufer des Lago Maggiore zu erreichen. In beiden Fällen trifft man auf die im Buch beschriebene Route 2, die die oberitalienischen Seen zum Schwerpunkt hat (s. S. 57).

Die folgenden Übernachtungsmöglichkeiten bieten sich entlang der Strecke an:

1 Wohnmobilstellplatz Lörrach

GPS 47.624265, 7.662189

Kleiner Wohnmobilstellplatz direkt neben dem Campingplatz Drei-Länder-Camp. Zwischen Sportstätten gelegen. Einkaufsmöglichkeiten in unmittelbarer Umgebung. Rund 20 Minuten Fußweg ins Stadtzentrum. **Lage/Anfahrt:** nördlich der Innenstadt von Lörrach; ab der A5 beim Dreieck Weil am Rhein auf die A98 wechseln; **Platzanzahl:** 25; **Untergrund:** Schotter; **Preiskat.:** €; **Max. Stand:** 3 Nächte; **Geöffnet:** ganzjährig; **Kontakt:** Wohnmobilstellplatz Lörrach, Grüttweg 8, 79539 Lörrach, Tel. 07621 165559, www.womo-loerrach.de

2 TCS Camping Luzern-Horw

GPS 47.010885, 8.310699

Campingplatz an einem kleinen Arm des Vierwaldstätter Sees. Das Zentrum von Luzern ist rund 5 km entfernt und mit dem Bus zu erreichen, der in unmittelbarer Nachbarschaft zum Campingplatz abfährt. Ideal gelegen, um auch den Gipfel des Luzerner Hausbergs Pilatus mit der steilsten Zahnradbahn der Welt zu erreichen. **Lage/Anfahrt:** günstig an der Autobahn 2 gelegen. In Horw abfahren und über Ringstraße und Ebenaustraße in Richtung Sport- und Campingplatz; **Platzanzahl:** 50; **Untergrund:** Wiese; **Sicherheit:** umzäunt, beleuchtet; **Preiskat.:** €€€€; **Max. Stand:** unbegrenzt; **Geöffnet:** Ende März–Mitte Oktober; **Kontakt:** TCS Camping Luzern-Horw, Seefeldstraße, 6048 Horw, Tel. 041 3403558, www.tcs.ch

ANREISEWEG 2

Etwas weiter östlich von Bellinzona startet Route 1 (s. S. 33) am **Splügenpass.** Dieser Ausgangspunkt ist jedoch nur Fahrern von **kleinen Wohnmobilen** bis maximal sechs Meter Länge bzw. Kastenwagenfahrern zu empfehlen. Mehrere enge Tunnel, Galerien (zur Talseite offene „Tunnel“, die zum Schutz vor Lawinen und Steinschlag dienen), Zweiradfahrer, Gegenverkehr und Spitzkehren machen diesen Anreiseweg zu einer Herausforderung. Außerdem sollte man bereits **Alpenerfahrung mitbringen** und sein Fahrzeug sehr gut kennen und beherrschen. Diese Gruppe von Wohnmobilfahrern wird aber dann eine sehr schöne Strecke befahren, für die sich der Mehraufwand lohnt. Geöffnet ist der Splügenpass jedoch nur von Mai bis Oktober.

Auf dieser Anreiseroute durchquert man ab dem Bodensee die Schweiz, reist auf der Autobahn 13 entlang der Grenze zu Österreich und wenig später entlang der Grenze zu Liechtenstein. Dabei bleibt man bis zum Ort Splügen im Rheintal. Besonders für Reisende aus dem westlichen Deutschland, die nahe

023ol-mm

des Rheins wohnen, ist es spannend zu sehen, wo Vater Rhein seinen Ursprung nimmt. In Splügen wechselt man schließlich auf die nördliche Rampe des Splügenpasses. Dort wartet auf einer Länge von neun Kilometern eine 11-prozentige Steigung mit zwei Dutzend Serpentinen.

Wer sich spätestens in Splügen doch noch umentscheidet, bleibt einfach auf der Autobahn 13 und fährt weiter durch das Tal und durch den folgenden San-Bernardino-Tunnel. Anschließend kommt man in Bellinzona an und man kann dort dem Anreiseweg 1 (s. S. 12) folgen.

Auf den italienischen Autobahnen herrscht Mautpflicht

3 Wohnmobilstellplatz am Park Camping Lindau

GPS 47.537151, 9.729914

Wohnmobilstellplatz vor der Schranke des Campingplatzes in Lindau. Einfacher Übernachtungsplatz für die Durchreise, Bahnlärm. **Lage/Anfahrt:** Weit außerhalb von Lindau, gleich neben einer Bahntrasse gelegen, kein Blick auf den Bodensee. Über den Uferwanderweg benötigt man rund eine Stunde auf die Altstadtinsel. Dafür ist der Platz etwas günstiger als der stadteigene Stellplatz auf dem überteuerten P1 in der Reutiner Straße. Auf der A96 bis Ausfahrt 2 (Lindau) fahren, hinter dem Kreisverkehr links auf die Bregenzer Straße abbiegen. Später rechts in den Inneren Siedlerweg bis zum Bahnübergang; **Platzanzahl:** 10; **Untergrund:** Schotter; **Preiskat.:** €€; **Max. Stand:** 1 Nacht; **Geöffnet:** ganzjährig; **Kontakt:** Park-Camping Lindau am See, Fraunhoferstraße 20, 88131 Lindau, Tel. 08382 72236, www.park-camping.de/durchreiseplaetze

4 Wohnmobilstellplatz Chur

GPS 46.86193, 9.507312

Einfacher Übernachtungsplatz vor der Schranke des Campingplatzes Camp Au Chur, sehr enge Stellflächen. **Lage/Anfahrt:** 40 Meter vom Rheinufer entfernt, dafür allerdings zweieinhalb Kilometer von der Altstadt von Chur. Auf der A13 bis Ausfahrt Chur-Süd, durch das Gewerbegebiet zum Tierpark, am Kreisverkehr links in die Industriestraße und am Ende links in die Felsenaustraße. Zweimal wird auf dem Weg zum Platz die Autobahn unterquert; **Platzanzahl:** 5; **Untergrund:** Asphalt; **Preiskat.:** €; **Max. Stand:** unbegrenzt; **Geöffnet:** ganzjährig; **Kontakt:** Camp Au Chur, Felsenaustraße 61, 7000 Chur, Tel. 081 2842283, www.camping-chur.ch

ANREISEWEG 3

Wesentlich einfacher als die Anreise über den Splügenpass ist die Fahrt über den **Reschenpass** im Westen Österreichs, der den Beginn der im Buch beschriebenen Route 8 markiert (s. S. 239). Ab Füssen fährt man über die Bundesstraße 179 nach Tirol, wo man seine Reise bei Reutte mit einem Spaziergang über die **Hängeseilbrücke highline179** (www.highline179.tirol) unterbrechen kann. Ihren Namen hat sie von der Bundesstraße, die sie in schwindelerregenden 113 Höhenmetern überspannt. Auch wenn man nicht den Mut aufbringt, die Brücke zu überqueren, so wird man sie also zumindest aus dem Wohnmobil heraus sehen.

Kurz vor Ehrwald blickt man nicht nur auf die Zugspitze, sondern trifft auch auf die Bundesstraße 187, auf der Anreisende ab Garmisch-Partenkirchen unterwegs sind. Da er leicht zu befahren ist (es gibt nur eine Spitzkehre), ist der nun folgende **Fernpass** einer der am meisten befahrenen Pässe der Alpen und es kann an so manchem Wochenende zu Staus kommen. Auf der Bundesstraße 189 erreicht man dann das Inntal, um westwärts in Richtung Landeck zu fahren. Kurz vor Landeck wechselt man auf die Bundesstraße 180 und erreicht nach einem mäßigen Anstieg den **Reschenpass,** der mit seinen weiten Kurven auf der südlichen, italienischen Seite als der wohl einfachste Straßenpass der Alpen bezeichnet werden kann.

5 Alpencamp am Wank

GPS 47.50466, 11.107152

Großer und belebter Stellplatz. **Lage/Anfahrt:** Im Norden von Garmisch-Partenkirchen, direkt an der Talstation der Wankbahn. Von der Bundesstraße 2 am Ortseingang links in die Münchner Straße und gleich nochmal links einbiegen; **Platzanzahl:** mehr als 100; **Untergrund:** Asphalt; **Sicherheit:** beleuchtet; **Preiskat.:** €€; **Max. Stand:** unbegrenzt; **Geöffnet:** ganzjährig; **Kontakt:** Alpencamp, Wankbahnstraße 2, 82467 Garmisch-Partenkirchen, Tel. 08821 9677805, www.alpencamp-gap.de

6 Alpencamp Marienberg

GPS 47.374798, 10.8927

Einfacher Stellplatz vor dem Campingplatz. **Lage/Anfahrt:** Ruhige Lage in unmittelbarer Nähe der Fernpassstraße. Auf der B179 durch den Lermooser Tunnel. An der ersten Möglichkeit hinter dem Tunnel links in Richtung Biberwier. Am Ortseingang rechts zum Campingplatz halten; **Platzanzahl:** 18; **Untergrund:** Schotter, Schotterrasen; **Sicherheit:** beleuchtet; **Preiskat.:** €€€; **Max. Stand:** unbegrenzt; **Geöffnet:** 6. Jan.–16. Febr. und 11. März–Saisonende; **Kontakt:** Alpencamp Marienberg, Marienbergweg 15, 6633 Biberwier, Tel. 05673 20237, www.alpencamp-marienberg.at

Für manche Alpenstraße sollte man Fahrerfahrung mitbringen

ANREISEWEG 4

Zu den beliebtesten Anreisewegen nach Italien zählt der **Brennerpass,** was an der guten Verbindung zum Gardasee liegt. Er ist Luftlinie gerade einmal 50 Kilometer von **Mittenwald** entfernt. Von dort fährt man zunächst die steile Zirlerbergstraße hinab, die zwar auch nur mit einer **Spitzkehre** aufwartet, jedoch nicht unterschätzt werden sollte. Sie darf nicht von Fahrzeugen über 7,5 Tonnen befahren werden und bietet nicht ohne Grund mehrere geschotterte Notwege, auf denen man sein Fahrzeug im Notfall zum Stehen bekommt. Ab Innsbruck folgt man schließlich der Autobahn 13 oder wahlweise der Bundesstraße 182, um auf dem sogenannten Brenner die italienische Provinz Südtirol zu erreichen. Wenn man die kleinen Ortschaften in Südtirol kennenlernen möchte, sollte man spätestens ab der Grenze zu Italien die **Autobahn verlassen** und auf der parallel verlaufenden **SS12** fahren. Wer es etwas eiliger hat und gleich mit dem Gardasee oder Städten wie Verona seine Norditalienreise beginnen will, bleibt natürlich auf der Autobahn. Wie beim Anreiseweg 3 trifft man auch hier auf die im Buch beschriebene Route 8 (s. S. 239).

7 Wohnmobilstellplatz Karwendel

GPS 47.437554, 11.264113

Einfacher, ruhiger Stellplatz. Gute Ausgangslage für einen Spaziergang durch Mittenwald. Direkt an den Gleisen, aber unmittelbar vor dem Bahnhof, daher fahren die Züge hier sehr langsam und stören kaum. In wenigen Minuten ist man zu Fuß im Zentrum. **Lage/Anfahrt:** Auf der Bundesstraße 2 bis Mittenwald. Über die Isar und der Beschilderung zum Bahnhof folgen; **Platzanzahl:** ca. 26; **Untergrund:** Schotter; **Sicherheit:** umzäunt, Schranke; **Preiskat.:** €; **Max. Stand:** 3 Tage; **Geöffnet:** ganzjährig; **Kontakt:** Wohnmobil-Stellplatz Mittenwald, Albert-Schott-Straße 35, 82481 Mittenwald

8 Zentralalpen-Stellplatz

GPS 47.074872, 11.404165

Kleiner, ruhiger Stellplatz. **Lage/Anfahrt:** Zwischen einem kleinen Sportplatz und dem Gschnitzbach in ruhiger und abgeschiedener Lage. Die Brennerautobahn an der Ausfahrt Matrei verlassen und auf der B182 nach Steinach am Brenner. Am ersten Kreisverkehr rechts in die Trinserstraße, die Autobahn unterqueren und bis Trins-Galtschein; **Platzanzahl:** 10; **Untergrund:**

024oi-mm

Schotterrasen; **Preiskat.:** €€; **Max. Stand:** unbegrenzt; **Geöffnet:** ganzjährig; **Kontakt:** Gemeinde Trins, Trins 36, 6152 Trins, Tel. 05275 5210, https://stellplatz-trins.tirol

ANREISEWEG 5

Diese Anreisemöglichkeit empfiehlt sich für die aus dem östlichen Österreich stammenden Italienurlauber bzw. für diejenigen aus Deutschland, die sich mehr auf die Adriaküste konzentrieren, aber gleichzeitig den Brennerpass meiden möchten. Ausgangspunkt ist die in Kärnten gelegene Stadt **Villach,** die ab Salzburg über die Autobahn 10 oder ab Graz über die Autobahn 2 zu erreichen ist. Ab Villach folgt man der Autobahn 2 in Richtung Udine bis zum **Grenzübergang bei Unterthörl.** Auf italienischer Seite trägt die Autobahn die Zahl 23 und bringt einen über Udine bis zur Route 7 dieses Reiseführers (s. S. 213).

Wer den Osten von Oberitalien ansteuert, durchquert automatisch die Alpenrepublik Österreich

9 Camper Stop Fusine

GPS 46.496158, 13.689042

Ruhiger, abgeschiedener Platz mit tollem Bergpanorama. **Lage/Anfahrt:** Kurz vor der Grenze zu Slowenien, wo sich auf der anderen Seite der Grenze an den Skischanzen von Planica ein weiterer ruhiger Stellplatz befindet. Nach dem Grenzübergang an der Ausfahrt Tarvisio auf die SS54 in Richtung Slowenien, ein Kilometer vor der Grenze nach rechts; **Platzanzahl:** ca. 30; **Untergrund:** Rasengitter; **Sicherheit:** umzäunt, Schranke nur von 9–21 Uhr geöffnet; **Preiskat.:** €; **Max. Stand:** unbegrenzt; **Geöffnet:** Mai–Sept.

10 Wohnmobilstellplatz Udine

GPS 46.081641, 13.222716

Lebhafter Stellplatz als Teil eines Großparkplatzes in einem Wohngebiet. Für eine Zwischenübernachtung ausreichend. **Lage/Anfahrt:** Im Norden von Udine, eine halbe Stunde Fußweg in die Altstadt. Auf der Autobahn 23 bis Ausfahrt Udine Nord, SP49 bis Kreisverkehr, halbrechts zum nächsten Kreisverkehr, links bis zum Parkplatz Scambiatore am nächsten Kreisverkehr; **Platzanzahl:** 40; **Untergrund:** fest; **Sicherheit:** beleuchtet; **Preiskat.:** €; **Max. Stand:** unbegrenzt; **Geöffnet:** ganzjährig

025oi-mm

DIPLOMATISCHE VERTRETUNGEN

ITALIENISCHE BOTSCHAFTEN

- **Deutschland:** Hiroshimastr. 1, 10785 Berlin, Tel. +49 (0)30 254400, https://ambberlino.esteri.it
- **Österreich:** Rennweg 27, 1030 Wien, Tel. +43 (0)1 7125121, https://ambvienna.esteri.it
- **Schweiz:** Elfenstr. 14, 3006 Bern, Tel. +41 (0)31 3500777, https://ambberna.esteri.it

VERTRETUNGEN IN ITALIEN

- **Botschaft der Bundesrepublik Deutschland,** Via San Martino della Battaglia 4, 00185 Rom, Tel. +39 0649213205, www.rom.diplo.de
- **Deutsches Generalkonsulat,** Via Solferino 40, 20121 Mailand, Tel. +39 026231101, www.mailand.diplo.de
- **Botschaft der Bundesrepublik Österreich,** Via Pergolesi 3, 00198 Rom, Tel. +39 068440141, www.bmeia.gv.at
- **Botschaft der Schweiz,** Via Barnaba Oriani 61, 00197 Rom, Tel. +39 06809571, www.eda.admin.ch/roma

EINKAUFEN

Liberale Geschäftsöffnungszeiten sind in Italien schon lange an der Tagesordnung. So kann man spätabends noch in den Supermarkt oder sich schon sehr früh beim kleinen Obsthändler an der Ecke mit Vitaminen eindecken. Doch darf man sich auch nicht wundern, wenn die Geschäfte **gegen Mittag für zwei bis drei Stunden geschlossen** sind.

Öffnungszeiten sind von Ort zu Ort unterschiedlich. In der Regel haben aber die Läden in den Touristenorten und insbesondere natürlich die Souvenirshops durchgehend geöffnet. Auch in großen Supermärkten und an Tankstellen kann man durchgehend Waren erhalten. Empfehlenswert ist aber natürlich ein Einkauf bei den kleineren Händler, die meist regionale Produkte anbieten, die man unbedingt probieren sollte.

026oi-mm

LEBENSMITTEL

Wer Lebensmittel von Deutschland nach Italien mitbringt, führt unnötige Last mit sich. Einerseits gibt es in Italien selbstverständlich eine große Auswahl an Lebensmitteln, andererseits sollte man sich seine Nahrung auf einem der vielen Märkte frisch kaufen. Lediglich bei speziellen Nahrungsmitteln wie Diabetikerkost sollte man auf bewährte Lebensmittel zurückgreifen.

⊡ *Ein Kiosk der anderen Art: Selbstbedienung in Bergamo (s. S. 214)*

LOKALE PRODUKTE

Natürlich will man vor Ort auch regionale Produkte genießen. Man denke nur an Pizzas, die sich mit ihrem knusprigen Boden oftmals von denen in Deutschland unterscheiden und die man auch stückweise kaufen kann oder nach Gewicht bezahlt. Nicht zu vergessen sind natürlich die Produkte aus Regionen, die schon vom Namen her an Spezialitäten erinnern, z. B. Parma mit seinem Schinken und Parmesankäse. Schinken erhält man natürlich auch in Südtirol, wo man sich den örtlichen Wein gleich noch dazu kaufen kann.

Und dann gibt es noch Spezialitäten, die man nur in bestimmten Orten erhält. Zu nennen wäre beispielhaft Polenta e Osèi dolce aus Bergamo. Damit wird das in Venetien bekannte Gericht Polenta e Osèi (eigentlich gebratene Wildvögel) als süße Nachspeise nachempfunden. Sie besteht aus Marzipan und Buttercreme und ist aufgrund der leuchtend gelben Farbe in den Bäckereien der Altstadt nicht zu übersehen.

027oi-mm

EINREISEBESTIMMUNGEN

Bereits seit 1997 gilt für die Einreise nach Österreich und Italien das Schengener Abkommen, das den Grenzübertritt innerhalb der EU regelt. Es finden keine allgemeinen Grenzkontrollen mehr statt, doch seit der Flüchtlingskrise im Herbst 2015 kann es vor allem am Brenner dennoch Kontrollen geben, daher sollte man die politische Lage im Auge behalten.

Es kann generell immer vorkommen, dass man nach dem **Personalausweis** gefragt wird, daher sollte man ihn dabeihaben, und bei einer Einreise mit dem Wohnmobil müssen zudem natürlich der **Fahrzeug- und** der **Führerschein** vorhanden sein. Ein Nationalitätskennzeichen ist nicht erforderlich, wenn das Kfz-Kennzeichen mit dem blauen Nationalitätssymbol ausgestattet ist. Als sinnvoll kann sich aber die Mitnahme der **grünen Versicherungskarte** erweisen, die bei der Kfz-Versicherung kostenlos ausgegeben wird.

Die folgenden Warenmengen können **innerhalb der EU zollfrei** ein- und ausgeführt werden: 800 Zigaretten oder 200 Zigarren bzw. 1000 g Schnitttabak, 110 l Bier, 90 l Wein oder 20 l Spirituosen unter 22 Vol.-%, 10 l Spirituosen über 22 Vol.-% und 10 kg Kaffee. Wer durch die **Schweiz** einreist, verlässt die Europäische Union und die Ein- und Ausfuhr von Waren unterliegt daher **anderen Bestimmungen.** Dann muss Bargeld im Wert von über 10.000 Franken angezeigt werden und die Einfuhr alkoholischer Getränke ist auf 1 l (über 18 % Alkoholgehalt) bzw. 5 l (unter 18 % Alkoholgehalt) beschränkt. Darüber hinaus dürfen nur 250 Zigaretten/Zigarren oder 250 g Tabak mitgeführt werden.

◁ *Pizza ist einfach Pflicht und in vielen Variationen erhältlich*

▷ *Bargeld zieht man, wie in der Heimat, am Automaten*

FESTE UND FEIERTAGE

Die Feiertage in Italien weichen ein wenig von denen in Deutschland ab. Grundsätzlich sind sie arbeitsfrei und auch die meisten Geschäfte haben an diesen Tagen geschlossen: 1. Januar (Neujahr), 6. Januar (Epifania), 25. April (Tag der Befreiung/Anniversario della liberazione d'Italia), Ostermontag (Lunedi di Pasqua), 1. Mai (Festa del Lavoro), 2. Juni (Festa della Repubblica), 15. August (Assunzione di Maria bzw. Ferragosto), 1. November (Ognissanti), 8. Dezember (Immacolata Concezione), 25. Dezember (Natale) und 26. Dezember (Giorno di Santo Stefano).

Darüber hinaus muss man in einigen Regionen mit unterschiedlichen lokalen Feierlichkeiten rechnen.

GASVERSORGUNG

Wer mit einem **Gastank** unterwegs ist, hat in Italien überhaupt keine Probleme. Das Netz an Gastankstellen ist dicht. Schwieriger wird es bei den klassischen **Gasflaschen,** die in Italien nicht getauscht werden können. Hier kann aber das **Euro-Gasflaschen-Füllset** helfen, das im Zubehörhandel erhältlich ist. Sollte das Gas während der Reise zur Neige gehen, empfiehlt es sich, an einer Gastankstelle oder auf einem größeren Campingplatz um Hilfe zu bitten. In manchen Fällen ist das Auffüllen möglich oder man erhält Auskunft, wo einem in der Ortschaft weitergeholfen werden kann.

GELDFRAGEN

Italien und auch Österreich gehören beide zur **Eurozone** und man lernt hier die Vorteile der europäischen Währung schätzen, da der früher übliche Umtausch in Lira oder Schilling entfällt. Für die Durchreise durch die **Schweiz** ist die Bezahlung in Schweizer Franken notwendig.

Das Netz der Geldautomaten ist auch in Italien engmaschig und die Benutzerführung an den italienischen Automaten ist meist auch auf Deutsch verfügbar. Man sollte auch hier die gleichen Sicherheitsvorkehrungen beachten wie an heimischen Geldautomaten. Überprüfen Sie, dass an den Bankeingängen oder direkt am Automaten keine gefälschten Kartenleser angebracht sind, und decken Sie bei der Eingabe der PIN-Nummer immer das Eingabefeld ab, damit niemand mitlesen kann.

In Italien ist im Restaurant, in Geschäften und an der Tankstelle auch die Zahlung **mit Debitcard** (auch Girocard oder EC-Karte genannt) **oder auch Kreditkarte** problemlos möglich. Für das Bezahlen von Kleinbeträgen sollte man aber vorsichtshalber **Bargeld** dabeihaben, da manche Geschäftsinhaber die Kartenzahlung erst ab einer Mindestsumme akzeptieren.

028ol-mm

KARTENSPERRUNG

Bei Verlust der **Debit-/Giro-, Kredit- oder SIM-Karte** gibt es für Kartensperrungen eine **deutsche Zentralnummer** (unbedingt vor der Reise klären, ob die eigene Bank bzw. der jeweilige Mobilfunkanbieter diesem Notrufsystem angeschlossen ist). Aber Achtung: Mit der telefonischen Sperrung sind die Bezahlkarten zwar für die Bezahlung/Geldabhebung mit der PIN gesperrt, nicht jedoch für das **Lastschriftverfahren mit Unterschrift.** Man sollte daher auf jeden Fall den Verlust zusätzlich **bei der Polizei zur Anzeige bringen,** um gegebenenfalls auftretende Ansprüche zurückweisen zu können.

In **Österreich** und der **Schweiz** gibt es keine zentrale Sperrnummer, daher sollten sich Besitzer von in diesen Ländern ausgestellten Debit- oder Kreditkarten vor der Abreise bei ihrem Kreditinstitut über den zuständigen Sperrnotruf informieren.

Generell sollte man sich immer **die wichtigsten Daten** wie Kartennummer und Ausstellungsdatum **separat notieren,** da diese unter Umständen abgefragt werden.

› **Deutscher Sperrnotruf:** Tel. +49 116116 oder Tel. +49 3040504050
› **Weitere Infos:** www.kartensicherheit.de, www.sperr-notruf.de

GESUNDHEIT

Mit der **Europäischen Krankenversicherungskarte (EHIC)** hat man in Italien dieselben Rechte auf medizinische Versorgung wie Einheimische. Ist man verletzt oder krank, so begibt man sich zum Arzt oder zu einem Krankenhaus und lässt sich dort behandeln. Vorher sollte man aber bei dem Arzt abklären, ob die Versichertenkarte zur Abrechnung anerkannt wird. Um das Risiko auszuschließen, auf Kosten sitzenzubleiben, und auch, um einen möglichen Rücktransport zu gewährleisten, empfiehlt sich, eine zusätzliche **Auslandskrankenversicherung** abzuschließen.

Das **Apothekensystem** in Italien gleicht dem in Deutschland: In jeder Ortschaft findet man welche und wenn eine geschlossen hat, so steht auf einem Aushang, an welche nächstgelegene Apotheke man sich wenden kann. Ansonsten ist eine normale Reiseapotheke mit den üblichen Medikamenten, Pflastern und Salben für eine Italienreise vollkommen ausreichend. Wer sich vorgenommen hat, in den Bergen zu wandern, und dies nicht gewohnt ist, sollte einige (Blasen-)Pflaster mehr einpacken.

HAUSTIERE

Reist man mit Haustieren, muss der **Europäische Heimtierausweis** mitgeführt werden (Pflicht innerhalb der EU und bei der Durchreise durch die Schweiz), mit dem gängige Impfungen nachgewiesen werden können. Gültig ist er jedoch nur, wenn das Tier gleichzeitig eine Kennzeichnung in Form einer **Tätowierung** oder eines **Mikrochips** hat, **entwurmt** und **gegen Tollwut geimpft** ist. Damit wird die Einreise des Haustieres in andere EU-Staaten sehr vereinfacht und stellt kein Problem dar. Lediglich die Höchstzahl an Tieren ist auf fünf pro Person beschränkt. Achtung: Eine Tollwutimpfung muss für die Einreise nach Italien mindestens 20 Tage, für die Schweiz mindestens 21 Tage, für Österreich aber mindestens 30 Tage alt sein und darf nicht länger als 11 bzw. 12 Monate her sein. Auch die Einreise mit sogenannten Kampfhunden ist wieder erleichtert worden. Galt für Italien bis 2009 noch dieselbe „Rasseliste" wie für die Einreise nach Deutschland, so wird jetzt nur noch ein Register von individuellen Hunden geführt, die durch aggressives Verhalten auffällig wurden. Für die Reise durch Österreich gibt es keine **Rasseliste.** In öffentlichen Verkehrsmitteln (Bus, Bahn, Schiff) in Italien besteht aber für alle Hunde eine generelle Leinen- und Maulkorbpflicht. Das gilt im Übrigen auch für Seilbahnen, die oftmals zu den öffentlichen Verkehrsmitteln zählen. Zu beachten sind auch weitere **regionale Verbote,** so zum Beispiel, dass Hunde nicht in den Gardasee dürfen. Es gibt hier auch nur wenige Strandabschnitte, an denen ein Hund angeleint geführt werden darf. Für **San Marino** gelten die gleichen Vorschriften wie für Italien.

Futter für den Vierbeiner findet man in Italien ohne weitere Probleme, lediglich die Marken unterscheiden sich von denen aus der Heimat, was unter Umständen zu Umstellungsproblemen führen kann. Auf den meisten **Campingplätzen** (wenn auch nicht generell auf allen) ist die Mitnahme eines Hundes oder einer Katze erlaubt, jedoch gebührenpflichtig.

INFORMATIONEN

Im 21. Jh. ist eine Internetpräsenz unabdingbar und daher findet man viele Informationen über Italien auch schon zu Hause am Computer. Auf ihrer deutschsprachigen Website erhält man von der **italienischen Zentrale für Tourismus (ENIT)** zahlreiche Infos über das Land und seine Reiseregionen. Dort kann auch Prospektmaterial angefordert werden. Jede Region und fast jede Ortschaft bietet zudem eine eigene, aber nicht immer mehrsprachige Website an.

- **www.enit.de.** Das offizielle Portal des italienischen Tourismusverbandes mit zahlreichen Informationen über die einzelnen Regionen und Städte sowie allgemeinen Reiseinfos, Unterkunftsmöglichkeiten, Verkehrsbestimmungen und einem Formular zur Katalogbestellung.
- **www.italia.it.** Tourismusportal mit zahlreichen Infos des Kultur- und Tourismusministeriums in Zusammenarbeit mit dem italienischen Automobilclub ACI.
- **www.italienforum.de.** Ein privates Forum zu ganz Italien mit weit über 90.000 Beiträgen. Wer detaillierte Fragen hat, erhält hier freundlich und umgehend Informationen und Tipps.
- **www.dieweltenbummler.de.** Der Autor dieses Buches bietet ebenfalls ein Forum zum Austausch von Reiseinformationen an.

IN ITALIEN

In den meisten größeren Städten gibt es eine **Touristeninformation,** die Hilfestellungen gibt und über ausreichend Informationsmaterial verfügt. In aller Regel sind Ortspläne, Adressverzeichnisse und Broschüren über Sehenswürdigkeiten in der entsprechenden Stadt und ihrer Umgebung erhältlich. Auch auf größeren Campingplätzen kann man Broschüren erhalten, in denen die Region vorgestellt wird.

KARTEN

Eine gute Karte stammt aus der Serie world mapping project des Reise Know-How Verlags. Die praktische und übersichtliche **Straßenkarte „Italien"** ist speziell für Reisende konzipiert und im Maßstab 1 : 900.000 erhältlich. Sie ist nach neuester Kartografietechnik erstellt und enthält ein aktuelles Straßenbild. Zudem kann sie auf der Verlagswebsite (www.reise-know-how.de) komplett oder in Abschnitten in digitaler Form heruntergeladen werden. Außerdem ist im Reise Know-How Verlag auch die Karte **„Italien, Nord"** erschienen. Die 70x100 cm große Karte deckt den gesamten, in diesem Reiseführer beschriebenen Raum in einem Maßstab von 1 : 400.000 ab.

MAUT

Schon bei der **Anreise nach Italien** durch die Schweiz und Österreich fallen Mautgebühren an. In der **Schweiz** benötigen Wohnmobile bis 3,5 Tonnen Gesamtgewicht eine Vignette, die nur als **Jahresvignette** für 40 CHF erhältlich ist. Seit 2023 ist die Vignette auch in elektronischer Form erhältlich und kann auf der Website des Bundesamts für Zoll und Grenzsicherheit (www.bazg.admin.ch) erworben werden. Die klassische Klebevignette bleibt aber weiterhin erhalten und preislich gibt es keinen Unterschied.

029oi-mm

Fahrzeuge mit höherem Gewicht müssen bei der Einreise eine Schwerverkehrsabgabe entrichten. Hinzu kommen Gebühren für verschiedene **Tunnel,** so zum Beispiel für den Großen St.-Bernhard-Tunnel in Richtung Aostatal. Die einfache Fahrt durch den Tunnel kostet 48,50 € bzw. 48,50 CHF.

Für die Fahrt durch **Österreich** ist ebenfalls eine Vignette vonnöten. Die **10-Tages-Vignette** für Fahrzeuge bis 3,5 Tonnen Gesamtgewicht kostet 11,50 €, die **Tagesvignette** 8,60 €. Größere Fahrzeuge müssen mit der Go-Box ausgestattet sein und zahlen eine streckenabhängige Maut. Nähere Informationen hierzu erhält man unter www.asfinag.at.

In **Italien** herrscht Mautpflicht auf den Autobahnen und in Mailand sowie Bologna (Citymaut). Wohnmobile werden je nach der Achsenzahl unterschiedlich klassifiziert, wobei Doppelachsen auch als zwei Achsen gezählt werden können. Die Maut entrichtet man auf der Autobahn in der Regel an den Mautstationen. Manchmal zahlt man einen Streckenabschnitt im Voraus, doch üblicherweise zieht man am Drive-in-Schalter zunächst ein Ticket, dass später beim Verlassen der Autobahn ebenfalls an einem Drive-in-Schalter zu bezahlen ist. Es gibt sowohl automatische Kassenhäuschen als auch mit Mitarbeitern besetzte Kassen. Gezahlt werden kann bar und mit Kreditkarte. Die Telepass-Spuren sind zu vermeiden, weil man dort kein Ticket erhält.

Es gibt auch Autobahnabschnitte, an denen man kein Ticket zieht, sondern wo man den Mautbetrag nachträglich, beispielsweise online, entrichten muss. Das gilt zum Beispiel für die sogenannte **Pedemontana** nördlich von Mailand (A36). Weitere Infos hierzu gibt es unter www.pedemontana.com.

Unter www.autostrade.it kann man sich ausrechnen lassen, wie hoch die Maut für entsprechende Strecken sein wird.

ÖFFNUNGSZEITEN

In Italien sind die Öffnungszeiten sehr liberal. Theoretisch können die Geschäfte rund um die Uhr geöffnet sein, was in der Praxis aber eher selten vorkommt. Klassische Öffnungszeiten größerer **Supermärkte** sind in der Regel täglich von 8 bis 21 Uhr, auch am Wochenende. Kleinere **Einzelhändler** haben meistens nur von Montag bis Freitag geöffnet und legen oftmals von 12.30 bis 15.30 Uhr auch eine Mittagspause ein. Letztere gibt es auch auf vielen **Campingplätzen** und privat geführten **Stellplätzen.** In diesen Zeiten ist eine Anreise dann leider nicht möglich.

Banken und Büros haben häufig vormittags von 8 oder 8.30 Uhr bis 13 Uhr geöffnet. In den Nachmittagsstunden wird man dann je nach Region und Unternehmen noch mal eine oder eineinhalb Stunden die Türen öffnen.

Auch in Italien muss man sich natürlich an das Tempolimit halten

Es gibt kaum eine Ortschaft, die nicht wenigstens einen einfachen Stellplatz vorweisen kann

PANNE/UNFALL

Als Wohnmobilist sollte man möglichst einen geeigneten Werkzeugkoffer im Fahrzeug mit sich führen, um kleinere Pannen bestenfalls selbst beheben zu können. Auf jeden Fall sollte vor Reiseantritt das Fahrzeug noch einmal gründlich durchgecheckt werden. Sollte dennoch der Ernstfall eintreten und es muss der Pannendienst gerufen werden, ist eine **ADAC-Plus-Mitgliedschaft** sehr zu empfehlen. Was vielleicht an dieser Stelle wie Werbung klingen mag, sind eigene Erfahrungen, da mir die „gelben Engel" im Ausland tatsächlich schon mehrfach unkompliziert aus der Klemme geholfen haben.

Bei einem **Unfall** mit einem italienischen Verkehrsteilnehmer sollte man unbedingt die Kfz-Nummer, Versicherungsnummer und Versicherungsgesellschaft des Unfallgegners notieren. Letztere stehen auf einem Aufkleber an der Windschutzscheibe. Formblätter für die Unfallaufnahme sind beim ADAC bzw. in Österreich beim ÖAMTC erhältlich. Besser ist es jedoch, direkt die Polizei hinzuzuziehen. Ansonsten gelten die üblichen Verhaltensregeln bei einer Panne oder einem Unfall: Ruhe bewahren, Warnweste anziehen, Unfallstelle absichern, Insassen hinter der Leitplanke warten lassen und bei Personenschaden selbstverständlich Erste Hilfe leisten und den Notarzt benachrichtigen.

NOTRUFNUMMERN

- **Polizei** (Polizia): Tel. 112
- **Rettungswagen** (Soccorso Pubblico di Emergenza): Tel. 118
- **Feuerwehr** (Vigili del Fuoco): Tel. 115
- **ADAC-Notrufzentrale München:** Tel. +49 (0) 89222222 (24 Std. besetzt, Hilfe bei Panne, Unfall, Diebstahl, Verlust von Papieren, Kreditkarten u. a.)
- **Italienischer Pannendienst ACI:** Tel. 803116, Tel. 800116800
- **Schutzbrief-Nothilfe ÖAMTC:** Tel. +43 (0)1 2512000
- **ACS-Pannendienst Schweiz:** Tel. +41 (0)44 6288899

PARKEN UND RASTEN

Grundsätzlich gilt: Je abgelegener eine Region ist, desto einfacher ist es, irgendwo anzuhalten oder einen Parkplatz zu finden. Doch in touristisch beliebten Regionen wird es schwieriger. Eventuell vorhandene **Höhenbegrenzungen** sind das eine, viel **zu enge Stellflächen** das andere Problem. Die Parkplätze, besonders an der ligurischen Küste und an den Uferstraßen der oberitalienischen Seen, sind in der Regel nur für Pkws ausgelegt und manchmal möchte man beim Anblick der Stellflächenmarkierung glauben, dass Italiener generell nur Fiat 500 fahren. In diesen

030oi-mm

Regionen hilft daher einfach nur viel Geduld beim Suchen oder das direkte Anvisieren der örtlichen Wohnmobilstellplätze. Selbst der Plan, sich einfach mal für eine Stunde auf einen Supermarktparkplatz zu stellen, geht nicht immer auf. Auch hier steht man nicht selten vor einer Höhenbegrenzung.

POST

Die Zeiten, in denen man der Poste Italiane nachsagen konnte, dass sie noch mit Pferdekutschen arbeitet, gilt mittlerweile glücklicherweise als beendet, dennoch kann es noch bis zu acht Werktage dauern, bis die Postkarte bei den Angehörigen daheim ankommt. Wer es schneller möchte, der kann zum Porto von 1,15 € noch einen deutlichen Aufschlag zahlen (Postapriority Internationale). Für 3,50 € wird dann ein Brief bzw. eine Karte so schnell wie möglich verschickt. **Briefmarken** erhält man oftmals auch bei den zahlreichen Tabakhändlern (Tabacchi), die an dem großen T erkennbar sind. Anschließend wirft man die Postkarte (die Adresse mit „Germany" oder „Germania" ergänzt) in einen der klassischen roten Briefkästen ein.

REISEZEIT

Bei einer Region, die sich von den Alpenpässen bis zum Mittelmeer erstreckt, kann man natürlich keine einheitliche Empfehlung für die ideale Reisezeit geben. In den Bergen liegt noch bis in den Mai **Schnee,** was geplante Wandertouren unmöglich macht, während der Lago Maggiore oder der Comer See zuweilen bereits im März frühlingshafte Temperaturen bieten. Und auch das Mittelmeer bietet keine Sonnengarantie oder gar ganzjährige Wärme. In Ligurien kann es auch zu Ostern noch sehr frisch sein und im 700 m hoch gelegenen San Marino liegt im Winter nicht selten Schnee. Aus diesen Gründen spricht auf den ersten Blick natürlich vieles für die Monate **Juli** und **August** als ideale Reisezeit. Allerdings platzen die Stellplätze und Campingplätze in diesen Monaten aus allen Nähten, was bei der spontanen Stellplatzsuche die Urlaubsfreude ein wenig trüben kann. Hinzu kommt noch, dass man an Seen und Flüssen zu dieser Zeit auch mit **Mückenplagen** rechnen muss. Gerade der auf den ersten Blick idyllisch gelegene Campingplatz am Flussufer kann dann beim Abendessen zur Qual werden.

0310i-mm

SICHERHEIT

Grundsätzlich kann Italien als sicheres Reiseland betrachtet werden und besonders in den Bergdörfern kann man sich Verbrechen kaum vorstellen. Dennoch sind auch hier die **üblichen Sicherheitsvorkehrungen** zu beachten: An Geldautomaten sollte man auf gefälschte Kartenleser achten. Wertsachen oder Schmuck sollten weder übermäßig in der Öffentlichkeit zur Schau gestellt noch im

Die analoge Post funktioniert, wenn auch manchmal langsam

Auto zurückgelassen werden. Zweiräder am Wohnmobil müssen gesichert sein. Dunkle Gassen sollte man nachts bzw. in der Dunkelheit meiden.

Freies Übernachten sollte wohlüberlegt sein und niemals an Autobahnrastplätzen in Erwägung gezogen werden. Es gilt, je abgelegener der Übernachtungsplatz, desto sicherer, aber wahrscheinlich auch einsamer. In den großen Städten ist es empfehlenswert, auf dem dortigen Campingplatz zu übernachten bzw. auf dem Stellplatz zu parken, von wo aus man dann in aller Ruhe die Stadt besichtigen kann. Auf öffentlichen Parkplätzen ist es schon in so mancher Stadt vorgekommen, dass Fahrzeuge aufgebrochen wurden, wie auch der Autor dieses Reiseführers erleben musste. Man sollte hier also unbedingt seine Wertgegenstände aus dem Auto nehmen. Im Schadensfall meldet man einen Diebstahl am besten der Polizei (s. S. 23).

SPRACHE

Es schadet nicht, sich vorab ein paar **italienische Höflichkeitsfloskeln** (Bitte, Danke, Guten Tag etc.) anzueignen. Die Italiener machen es einem da recht leicht, weil es keine diakritischen Zeichen zu beachten gibt und die Aussprache schnell zu erlernen ist. In touristisch frequentierten Bereichen (Touristeninformation oder größere Campingplätze) kann es auch durchaus vorkommen, dass man sich auf Deutsch verständigen kann. Erwarten sollte man das aber nicht. In Südtirol ist die Amtssprache Deutsch und so sind alle Verkehrsschilder auch in deutscher Sprache und die Unterhaltung mit Einheimischen verläuft völlig problemfrei.

STRASSEN UND BESCHILDERUNG

Die Beschilderung ist in Italien meist exzellent, die Straßen sind es nicht immer. Auf den mautpflichtigen Autobahnen (s. S. 21) kommt man sehr gut voran und es ist beinahe ein Dahingleiten, doch dort, wo die Fahrt nichts kostet, muss man auch schon mal mit Schlaglöchern rechnen.

Autobahnen sind grün ausgeschildert, **Landstraßen** bzw. **Regionalstraßen** werden mit blauen Schildern ausgewiesen. Letztere werden als Strada Statale, Strada Regionale bzw. Strada Provinciale bezeichnet und entsprechend mit SS, SR oder SP abgekürzt. Strade Provinciali sind üblicherweise kleiner, schmaler und manchmal auch in schlechtem Zustand. Manche Straßenbezeichnungen werden durch die Wörter „bis" und „dir" ergänzt. „Bis" bedeutet „zusätzlich" und bezeichnet eine Alternativroute, während „dir" für „Direzione" steht und mit dem deutschen Wort Richtung übersetzt wird. Das bedeutet, dass es sich bei der SS47dir um eine Straße handelt, die zur SS47 führt.

032oi-mm

☒ Im Zweifel immer der Ausschilderung „In alle Richtungen" folgen

Zu beachten ist auf jeden Fall auch, dass manche Straßen im Gebirge und an den Ufern der oberitalienischen Seen **sehr eng** sein können. Das gilt zum Beispiel für die Tunnel am Gardasee oder auch für die westliche Uferstraße am Comer See.

Große Sorgfalt ist natürlich bei der Befahrung von **Straßenpässen** erforderlich. Grundsätzlich gilt, dass man diese im selben Gang hinabfährt, in dem man sie auch hinauffahren würde. Um die Bremsen zu schonen und aus Sicherheitsgründen, sollte man sich lieber etwas mehr Zeit nehmen und wenn möglich zwischendurch rechts ranfahren, um dem nachfolgenden Verkehr Platz zu machen.

STROM

In Italien gibt es **230-Volt-Wechselstrom,** aber es passen nicht alle deutschen Stecker in die italienischen Steckdosen. Unterschieden wird zwischen kleinen und großen Stromabnehmern. Zu den kleinen gehören beispielsweise Handyladegeräte oder Laptops, zu den großen Stromabnehmern in der Regel Geräte mit den dicken Schutzkontaktsteckern. Letztere passen nicht in alle italienischen Steckdosen, daher ist es notwendig, sich für diese Geräte einen **Adapter** (*adattatore)* zu besorgen, der in jedem italienischen Elektroladen zu haben ist. Die deutschen Stecker unterscheiden sich nur um wenige Millimeter von den italienischen und so scheint es, als ob man mit ein wenig Kraftanstrengung den Stecker einstecken könnte. Bitte dennoch beim Anschließen von Geräten nicht einfach Gewalt anwenden! Das Ergebnis ist meistens eine kaputte Steckdose, die nicht nur Geld kostet, sondern auch ein Sicherheitsrisiko darstellt.

Eine 10-m-Kabeltrommel ist für die Stromsäule auf dem **Campingplatz** meistens ausreichend, weniger sollten es aber nicht sein. Manche Plätze haben zu den üblichen dreipoligen CEE-Steckdosen auch die handelsübliche Steckdose als Alternativangebot. Man wird auf Campingplätzen selten auf Steckdosen mit 16 Ampere treffen. Standard sind meistens nur 6 Ampere, in vielen Fällen sogar nur 3 Ampere. Es gibt auch Plätze, auf denen man seine Parzelle nach der Stromstärke auswählen kann.

TANKEN

Die Versorgung mit Benzin oder Diesel ist südlich der Alpen natürlich kein Problem. In jeder größeren italienischen Ortschaft befindet sich mindestens eine **Tankstelle,** doch selten haben sie rund um die Uhr geöffnet. Die meisten schließen am späten Abend oder auch während der Mittagsstunden. Ganztägig geöffnete Tankstellen findet man nur in großen Städten. Das Betanken ist dank Tankautomaten in manchen Fällen auch außerhalb der Öffnungszeiten möglich. Hierfür benötigt man allerdings eine Kreditkarte.

An manchen Tankstellen hat man außerdem die Wahl zwischen **Service-Zapfsäulen** und herkömmlichen Selbstbedienungssäulen. Bei den Zapfsäulen mit Service wird dieser auch noch auf den Spritpreis draufgerechnet und man zahlt dort schon mal bis zu 20 Cent mehr pro Liter. Das überlegt man sich natürlich zweimal, da der **Dieselpreis** in Italien ohnehin schon höher liegt als in Deutschland. Im Jahr 2023 lag er durchschnittlich bei 1,85 €.

TELEFON, HANDY UND INTERNET

Die **Ländervorwahl** von Italien lautet **+39.** Die ehemaligen **Ortsvorwahlen** (beginnend mit „0") sind heute fester **Bestandteil der Rufnummer,** man muss sie also auch bei Ortsgesprächen und Gesprächen aus dem Ausland mitwählen. Mobilfunknummern beginnen dagegen nicht mit einer „0".

Die Nutzung des **Smartphones** und des eigenen Datentarifs ist innerhalb der EU

mittlerweile problemlos möglich und darüber hinaus auch meistens schnell. Wer keinen eigenen Datentarif besitzt oder ihn nicht verbrauchen möchte, kann in der Regel auf das **WLAN** des Campingplatzes zurückgreifen. Allerdings versuchen manche Platzbetreiber, hier noch ein lukratives Nebengeschäft zu machen, und lassen sich die Nutzung teilweise gut bezahlen.

VORWAHLEN

- › **Deutschland:** +49
- › **Österreich:** +43
- › **Schweiz:** +41
- › **Italien:** +39

ÜBERNACHTEN

Frankreich, Deutschland und Italien – das sind die drei großen Nationen, in denen das Wohnmobil gern als Reisemöglichkeit genutzt wird. Dementsprechend ist die Infrastruktur in diesen Ländern verhältnismäßig gut und das einmalige Nächtigen in einem Wohnmobil außerhalb von Camping- bzw. offiziellen Stellplätzen wird geduldet und ist teilweise auch offiziell erlaubt. Italien ist dabei das liberalste Land, was dazu führt, dass selbst bei einem ausgewiesenen Übernachtungsverbot kaum Kontrollen stattfinden. Dennoch wird natürlich allein schon aus Sicherheitsgründen von den italienischen Behörden auf die große Anzahl an Campingplätzen hingewiesen. Kein Wohnmobilist muss sich Sorgen darüber machen, ob er am Abend einen Übernachtungsplatz finden wird.

CAMPING

Die italienischen Campingplätze sind in ihrer **Ausstattung** und **Qualität** oft ganz unterschiedlicher Natur. In Südtirol sind zum Beispiel fast alle Campingplätze modern und sehr gut ausgestattet. In anderen Teilen Italiens, sogar an den gut frequentierten Ufern des Comer Sees oder des Lago Maggiore, muss man dagegen auch schon mal mit Campingplätzen rechnen, deren Sanitäreinrichtungen ein wenig aus der Zeit gefallen sind. Sie sind zwar meistens sauber, aber der Renovierungsstau ist manchmal unübersehbar und es gibt zuweilen sogar noch Stehtoiletten.

Campingplätze, die z. B. an den Küsten oder den oberitalienischen Seen wie Perlen an einer Schnur aufgereiht sind, haben meist eine ähnliche Ausstattung und es spielt kaum eine Rolle, welchen von ihnen man ansteuert.

Bei der **Stromstärke** sind die Italiener vielfach ein wenig knauserig und bieten nur 6, 10 oder sogar nur 3 Ampere an. Wer gar keinen Strom benötigt, sollte das bei der Anmeldung angeben. Manchmal wird die Übernachtung dann ein wenig günstiger.

Die in diesem Buch angegebenen **Preiskategorien** stammen aus dem Jahr 2023 und stehen für eine Übernachtung mit einem Wohnmobil inklusive zwei Erwachsenen auf

⊼ *Keine Seltenheit: Gratis-WLAN gibt es in vielen Orten*

einer durchschnittlichen Standardparzelle in der Hauptreisezeit. Die Kategorien sind wie folgt unterteilt:

€	kostenlos bis 15 Euro
€€	16 bis 25 Euro
€€€	26 bis 40 Euro
€€€€	über 40 Euro

Insbesondere auf Campingplätzen kann es zu Abweichungen nach oben oder nach unten kommen. Dies hängt von der Art, Größe und Lage der Parzelle ab. Ist ein Stellplatz größer und näher am Wasser gelegen, kann der Preis die angegebene Kategorie durchaus auch übertreffen. Im umgekehrten Fall kann es beispielsweise für einen alleinreisenden Wohnmobilisten oder für ein Pärchen in der Nebensaison auch etwas günstiger ausfallen. Zu beachten ist, dass auf vielen Campingplätzen auch eine Gebühr für den mitreisenden Vierbeiner anfällt.

Auf manchen Parkplätzen findet man mit jedem Womo-Modell Platz

Bei manchen Campingplätzen an besonders beliebten Orten wie kurz vor Cinque Terre an der ligurischen Küste sind oft **Reservierungen** notwendig. Auf manchen Plätzen dieser Art wird sogar eine **Mindestaufenthaltsdauer** von drei oder gar sieben Tagen vorausgesetzt.

STELLPLÄTZE

Übernachten auf Stellplätzen ist nicht nur in Deutschland, sondern auch in Italien besonders beliebt. Allerdings gibt es auch hier deutliche Unterschiede in der Qualität und auch in den Vorschriften. In der einfachsten Form handelt es sich um Stellflächen, die sehr dicht beieinander angelegt wurden. Sie sind ganz klassisch an den **blauen Markierungen** zu erkennen. Mit Glück bekommt man dann noch die Aufbautür geöffnet, ohne gleich das Wohnmobil des Nachbarn zu touchieren, vom Ausfahren einer Markise ganz zu schweigen. Letzteres ist in der Regel auf solchen Plätzen ohnehin nicht erlaubt, ebenso das Aufstellen von Campingtischen und dergleichen.

Doch es gibt mittlerweile auch Stellplätze, die ein wenig angewachsen sind und den modernen Ansprüchen eines Wohnmobilisten gerecht werden. Mit etwas mehr Platz zur Seite, einer Schrankenanlage mit modernem Bezahlsystem und in manchen Fällen auch mit einer Sanitäreinrichtung lassen sie nichts vermissen. Je nach Ausstattung steigen natürlich auch die **Übernachtungskosten,** die aber dennoch günstiger sind als die für eine Parzelle auf einem Campingplatz. Auf manchen Stellplätzen müssen weitere Personen hinzugerechnet werden.

Aufgrund der Beliebtheit von Stellplätzen muss man besonders in der Hochsaison, an langen Wochenenden und in den touristisch beliebten Regionen jedoch auch mal damit rechnen, dass kein Platz mehr zur Verfügung steht.

FREIES STEHEN

Grundsätzlich ist gegen das freie Stehen in Italien nichts einzuwenden. Doch es gibt Regionen, in denen es z. B. durch dichte Bebauung oder Verbote (Küste, oberitalienische Seen) schwierig wird oder aus Sicherheitsgründen (innerstädtisch) nicht empfehlenswert ist. Wer aber in den einsamen Gegenden am Po-Ufer unterwegs ist, wird sicherlich auch mal auf einem abgelegenen Parkplatz nächtigen wollen, wobei der nächste Stellplatz meist nicht weit entfernt ist.

UMWELTZONEN

Auch in Italien gibt es in zahlreichen Innenstädten Umweltzonen. Diese gelten in der Regel für nicht ortsansässige Fahrzeuge. Also einfach nur darauf zu vertrauen, dass man selbst auch dort fahren darf, wo der Vordermann hinfährt, ist nicht der richtige Weg. In der Regel gelten die Umweltzonen für Dieselfahrzeuge mit den **Emissionsklassen 0, 1, 2 und auch 3** – mancherorts aber dann auch wiederum nur zu bestimmten Zeiten, so zum Beispiel im gesamten Mailänder Stadtgebiet von 7.30 bis 19.30 Uhr. Darüber hinaus gelten in einigen Regionen spezielle **Winterfahrverbote** für solche älteren Dieselfahrzeuge.

Nicht immer sind die Umweltzonen als solche zu erkennen. Einfach ist es bei den Verkehrsschildern mit der Aufschrift „zona traffico limitato“. Hier fährt man einfach nicht weiter oder man achtet auf die angegebenen Uhrzeiten.

Im Zuge der generellen Klimadiskussion ist es ratsam, sich vor der Reise zu informieren, ob neue Umweltzonen eingerichtet wurden. Infos hierzu bietet zum Beispiel der ADAC.

URLAUBSAKTIVITÄTEN

RADFAHREN

Italien ist eine traditionelle Radsportnation, das heißt aber nicht, dass es überall Radwege gibt. Sportlich wird vielmehr auf den Landstraßen gefahren. Dennoch gibt es hin und

035oi-mm

Zwar kein Wohnmobil, aber ein schöner, klassisch-italienischer Anblick

wieder schöne Radwege für gemütliche Touren. Der **Etsch-Radweg** verläuft zum Beispiel durch den Vinschgau in Südtirol und am **Gardasee** plant man die Einrichtung eines Radwegs um das gesamte Gewässer. Derzeit ist jedoch nur ein kleiner Abschnitt bei Limone sul Garda fertiggestellt, der zwar spektakulär oberhalb des Sees verläuft, jedoch auch bei Spaziergängern außerordentlich gut ankommt. Einen mehrspurigen Radweg findet man wiederum an der **ligurischen Küste.** Auf einer ausgedienten Bahntrasse werden einige der dortigen Ortschaften wunderbar untereinander verbunden.

Einige wichtige Verkehrsschilder

Autostrada - Autobahn
Deviazione - Umleitung
Pedaggio - Maut
Biglietto - Ticket
Zona traffico limitato - Verkehrsbeschränkung
Centro - Zentrum (oft auch nur ein schwarzer Punkt in drei Kreisen)
Ospedale - Krankenhaus
In caso di nebbia - Bei Nebel
Tutte le direzioni - Alle Richtungen
Area di Sosta Camper - Wohnmobilstellplatz
Eccetto ... - außer, ausgenommen ...

WANDERN

Beim Wandern denkt man natürlich zuallererst an die **Höhenwege in den Alpen.** Doch auch am Rande des **Apennin** gibt es einige schöne Wandermöglichkeiten genauso wie an der **ligurischen Küste,** wo man schon allein die fünf Dörfer der Cinque Terre zu Fuß aufsuchen sollte.

VERKEHRSREGELN

Große Unterschiede in den Verkehrsregeln wird man bei einer Fahrt nach Italien nicht erkennen. Wichtig für den Geldbeutel ist es aber, sie und insbesondere die **Geschwindigkeitsbegrenzungen** einzuhalten. Italien hat einen sehr strengen Bußgeldkatalog, der sogar dazu führen kann, dass Fahrzeuge beschlagnahmt und gepfändet werden, wenn die Strafe vor Ort nicht bezahlt werden kann.

Wohnmobile unter 3,5 t Gesamtgewicht dürfen innerorts maximal 50 km/h, außerorts 90 km/h, auf Schnellstraßen 110 km/h und auf Autobahnen 130 km/h fahren. Bei Regen gelten auf Schnellstraßen 90 km/h und auf Autobahnen 110 km/h. **Schwerere Wohnmobile** dürfen auf Schnellstraßen grundsätzlich nur 80 km/h und auf Autobahnen 100 km/h fahren, innerorts aber natürlich auch 50 km/h. Radarkontrollen finden nicht selten statt und man sollte sich unbedingt an die Beschränkungen halten. Die **Promillegrenze** liegt bei 0,5 Promille.

Zudem existieren noch einige Verkehrsregeln, die es auf deutschen Straßen nicht gibt: Alle Dachlasten und Ladungen, die über das Fahrzeugheck nach hinten hinausragen, müssen mit einer 50 x 50 cm großen, rotweiß gestreiften **Warnbake** gekennzeichnet sein. Das gilt auch für Fahrradträger oder Träger für Motorroller.

Wie mittlerweile auch in Deutschland besteht in Italien die Pflicht zur Mitnahme einer fluoreszierenden **Warnweste,** die zudem griffbereit sein muss. Sinnvoll ist es, für jeden Mitfahrer eine Warnweste im Fahrzeug zu haben.

Auch tagsüber muss man das **Licht** an seinem Auto einschalten, allerdings nur außerhalb von geschlossenen Ortschaften. Um jedoch nicht ständig das Licht an- und ausschalten zu müssen, empfiehlt es sich, das Abblendlicht gleich beim Start des Motors anzumachen.

Das private **Abschleppen** auf Autobahnen ist grundsätzlich verboten. An Bordsteinen mit schwarz-gelber bzw. gelber Markierung besteht **Parkverbot.**

Und auch wenn es ständig zu sehen ist: Das unerlaubte und plötzliche Spurwechseln sowie das Zurücksetzen im **Mautstellenbereich** ist verboten, selbstverständlich auch das Wenden. Es sollte daher frühzeitig die Geschwindigkeit verringert werden, um in Ruhe schauen zu können, welche Mautspur die richtige ist.

VER- UND ENTSORGUNG

Ver- und Entsorgungsmöglichkeiten gibt es natürlich auf jedem Campingplatz und auch auf den meisten Stellplätzen. Bei Letzteren, besonders bei den günstigen, die vor vielen Jahren von der Gemeinde eingerichtet wurden, kann man sich aber nicht immer auf die Funktionsfähigkeit verlassen. So kann ein abgesperrter Frischwasseranschluss genauso zum Problem werden wie ein verdreckter Abfluss. Stellplätze mit Schranken- und Bezahlsystem sind hierbei deutlich besser gepflegt. Hin und wieder findet man auch Ver- und Entsorgungsstationen, an denen man aber nicht übernachten kann oder die an Tankstellen und Autobahnrastplätzen eingerichtet wurden.

WOHNMOBIL MIETEN

Wer kein eigenes Wohnmobil besitzt oder die Anreise scheut, der kann auch direkt in Italien ein Reisemobil mieten. Die mittlerweile weit verbreitete und bekannte Kette **McRent** ist mit Filialen in Monza, Imola und Venedig vertreten (www.mcrent.de). Auf der deutschsprachigen Website findet man nicht nur die Adressen und Öffnungszeiten, sondern auch direkt Preisangaben. Die Unternehmenstochter des deutschen Reisemobilherstellers Dethleffs ist zugleich auch Partner von **tuicamper.** Über dieses Unternehmen können ebenfalls Wohnmobile angemietet werden (www.tuicamper.com).

Ein weiterer Anbieter mit Sitz in Hamburg ist **CuCamper** (www.cu-camper.com). Auch hier lassen sich Wohnmobile beispielsweise in Mailand, Venedig oder Bologna anmieten. In der Regel wird aber auch hier wieder auf die Fahrzeugflotte von McRent zugegriffen. Die Bandbreite reicht hier vom einfachen VW-Bus mit Aufstelldach bis hin zum großen Teilintegrierten. Bei der Buchung sind natürlich **Nebenkosten** zu beachten, die durch anzumietendes Zubehör wie Bettwäsche, Geschirr etc. entstehen können.

Manche Stellplätze sind sehr eng, bieten aber einen schönen Ausblick

Strecke:

Splügenpass (S. 34) – **Chiavenna** (36 km, S. 35) – **Novate Mezzola** (16 km, S. 36) – **Abstecher: Adda-Tal (Veltlin) und Stilfser Joch** (hin und zurück ca. 190 km, S. 37) – **Comer See** (13 km, S. 41) – **Kurze Variante Comer See** (36 km, S. 41) – **Lange Variante Comer See** (93 km, S. 45)

Streckenlänge:

Mit kurzer Variante Comer See: 101 km, inkl. Abstecher: 391 km

Mit langer Variante Comer See: 158 km, inkl. Abstecher: 348 km

☐ Der Ausblick auf die Alpengipfel ist auf dieser Route nicht wegzudenken

ROUTE 1: RUND UM DEN COMER SEE

037ol-mm

Auf dieser Route lernt man mit dem Splügenpass oder dem Stilfser Joch die Passübergänge nach Italien kennen. Entweder steuert man sein Wohnmobil durch Chiavenna südwärts oder man legt im Veltlin einen Zwischenstopp in Tirano ein. Dort kann man das Gefährt wechseln und mit dem Bernina-Express tolle Stunden in den Panoramawaggons erleben.

Wie man den Comer See bereist, entscheidet man ganz individuell. Zahlreiche Campingplätze laden zu einem erholsamen Urlaub am Westufer ein. Am östlichen Ufer verlockt wiederum der über 2600 Meter hohe Monte Legnone zu einer wunderbaren Tageswanderung, die einen tollen Ausblick verspricht. Im Süden erstreckt sich das Triangolo Lariano wie eine dreieckig geformte Halbinsel. Mit den Städten Lecco, Bellagio und Como wartet an jeder Spitze dieses Dreiecks eine Altstadt, die einen Besuch lohnt. Gute Aussicht hat man vom fast 100 Jahre alten Leuchtturm, der oberhalb von Como auf einem Berggipfel errichtet wurde.

SPLÜGENPASS

Wie schon in der Anreisebeschreibung (s. S. 12) erläutert, ist eine Fahrt über den Splügenpass **nicht für jedes Wohnmobil zu empfehlen.** Fahrer von Mobilen über sechs Meter Länge sollten wie beschrieben besser einen anderen Ausgangspunkt wählen. Wer jedoch mit einem Kastenwagen oder einem kleinen Wohnmobil bis maximal 2,30 m Höhe seine Italienreise angeht, der wird am Splügenpass für die Auffahrt mit landschaftlichen Reizen belohnt. Dennoch sollte man erste Erfahrungen mit Berg- und Talfahrten sowie mit Serpentinen mitbringen und sich im Vorfeld über den Straßenzustand informieren. Denn noch bis in den Sommer hinein können die umliegenden Berggipfel schneebedeckt sein und nach einer kurzen Zeit, in der die Berge ihren rauen Fels zeigen, geht es bereits mit den ersten Schneefällen des nächsten Winters weiter. Das ist auch mit ein Grund für die **Wintersperre** des 2114 Meter hoch gelegenen Splügenpasses. **Er kann nur von Mai bis Oktober befahren werden.**

Ein Willkommensschild begrüßt einen kurz hinter dem Grenzübergang in der Region **Valchiavenna,** benannt nach dem Ort **Chiavenna** (s. S. 35) am südlichen Talausgang. Doch bis dahin ist es noch ein langer Weg mit einem deutlichen Gefälle. Für die rund 34 Kilometer sollte man rund eine Stunde Fahrzeit veranschlagen bzw. durch eine vorsichtige und langsame Talfahrt sogar eher mehr.

Die Landschaft hat dabei immer wieder etwas für das Auge zu bieten, sodass man stets geneigt ist, rechts ranzufahren und die Kamera zu zücken. Besonders schön ist zum Beispiel der Blick auf den **Lago di Montespluga.** Näher kennenlernen kann man den Stausee an einer der beiden Staumauern am Südufer.

Picknickplatz

1 **Lago di Montespluga,** GPS 46.469416, 9.349969, unterhalb der Staumauer des Lago di Montespluga

11 Stellplatz Montespluga

GPS 46.489871, 9.338189

Ein einfacher und ruhiger Übernachtungsplatz mit Blick auf den Lago di Montespluga. **Lage/Anfahrt:** Der Platz befindet sich am Ortsrand von Montespluga, direkt an der Passstraße. Vom Splügenpass kommend durch den Ort und hinter der Linkskurve links; **Platzanzahl:** 10; **Untergrund:** fest; **Preiskat.:** €; **Max. Stand:** unbegrenzt; **Geöffnet:** Mai–Oktober.

Auf der Fahrt auf der SS36 hinab durch das Tal durchquert man mehrere kleine Siedlungen. Dabei sieht man rechts unten im Tal einen weiteren kleinen See **(Lago di Isola).** Kurz vor **Pianazzo** zweigt in einer der vielen Spitzkehren eine Straße nach links ab und führt direkt in einen Tunnel hinein.

Bei diesem Abstecher landet man hinter der Tunnelausfahrt im kleinen Dorf **Madesimo,** das seine touristischen Qualitäten vor allem aber in der kalten Jahreszeit als Wintersportort ausspielt.

Mehrere Tunnel, Galerien und Serpentinen weiter auf der SS36 erreicht man die etwas größere Ortschaft **Campodolcino,** wo sich zugleich der erste Campingplatz der Tour befindet.

12 Campingplatz Campodolcino

GPS 46.411079, 9.344488

Ein ruhiger Campingplatz mit freundlichem Personal. **Lage/Anfahrt:** Der Platz befindet sich nördlich von Campodolcino in Tallage direkt am Fluss Fiume Liro. Vom Flussufer ist er allerdings durch eine hohe Mauer abgetrennt. Vom Splügenpass kommend fährt man in den Ort und gleich an der ersten Möglichkeit rechts auf die SP1 in Richtung Madesimo; **Untergrund:** Wiese; **Sicherheit:** umzäunt, beleuchtet; **Preiskat.:** €€€; **Max. Stand:** unbegrenzt; **Geöffnet:** Mai–September; **Kontakt:** Camping Campodolcino, Via per Starleggia, 2, 23021 Campodolcino SO, Tel. 0343 50097, www.campodolcinocamping.it

038oi-ras©djama - stock.adobe.com

Mittlerweile hat man die Baumgrenze erreicht, dennoch ist man noch auf etwas über 1000 Meter Höhe. Durch die Enge des Tals ist es hier keine Seltenheit, dass sich Wolken in den baumbewachsenen Hängen festsetzen und die Sicht trüben. Dominiert wird das enge Tal vom Bach **Fiume Liro,** der sich am Ende des Ortes zu einem weiteren kleinen Stausee ausbreitet.

Die Talfahrt ist noch nicht beendet und es folgen weitere Bergdörfer, Spitzkehren und hin und wieder auch kleine Kapellen und Kirchen am Wegesrand. Nach über 50 Serpentinen allein auf italienischer Seite hat man schließlich die Abfahrt hinter sich gebracht und die größere Stadt Chiavenna erreicht.

CHIAVENNA

(36 km – km 36)

Schon kurz vor der Zeitenwende war das heutige Stadtgebiet von den Römern besiedelt. Sie legten hier die ersten Übergänge über den Splügenpass und den **Septimerpass** an. Für eine Stadtbesichtigung lässt man das Wohnmobil am besten auf dem Großparkplatz am Stadion stehen (GPS 46.315070, 9.396232, Via Falcone e Borsellino). Von dort folgt man dem Fluss Mera nordwärts in das kleine Zentrum. Chiavenna fehlen zwar herausragende Sehenswürdigkeiten, doch gerade deshalb lohnt sich ein Besuch der kopfsteingepflasterten Sträßchen. Rund um die dreieckige **Piazza Rodolfo Pestalozzi,** die das Herzstück der Altstadt bildet, zweigen mehrere enge Gassen ab, in denen es sich herrlich flanieren, einkaufen und einkehren lässt. Auf Café folgt Gelateria und zwischendrin kann man seine Bordküche mit Leckereien auffüllen.

Bevor man die Reise nach Süden und damit in Richtung Comer See fortsetzt, sollte man noch einen Abstecher auf der SS37 in Richtung Schweiz machen. Gute drei Kilometer hinter Chiavenna befinden sich nicht nur ein Campingplatz im Ort **Borgonuovo,** sondern auch die sehenswerten **Wasserfälle Acquafraggia.** Schon von unten ist es ein malerisches Bild, wenn das Wasser in Kaskaden die Felswände hinabfällt. Doch es gibt auch einen steil aufsteigenden Wanderweg

Blick auf das malerisch gelegene Chiavenna

Wanderung durch das Val Codera

Das Val Codera erstreckt sich nordöstlich von Novate Mezzola und ist nur zu Fuß erreichbar. Vom Parkplatz in der Via del Castello (GPS 46.221211, 9.460306) wandert man über einige Treppenstufen gleich steil bergauf und in die bewaldeten Hänge hinein. Zunächst erreicht man das rustikale Dorf Avedèe, das von hohen Bergen umgeben ist. Nur in eine Richtung ist der Blick frei und der lohnt bereits die Mühen für den Aufstieg. Vor der Alpenkulisse erblickt man den Lago di Mezzola und gleich dahinter erkennt man bereits das nördliche Ufer des Comer Sees.

Die Tour verläuft oberhalb eines Abhangs weiter bis zum Dorf Codera, wo die wenigen Bewohner in malerischer Abgeschiedenheit leben. Doch der Weg ist noch nicht zu Ende. Er verläuft durch alte Galerien, die in den Berg geschlagen wurden, während tief unten der Fluss Codera rauscht. Auf dem Weg kommt man auch zum Tracciolino-Trail. Dieser besteht aus einer alten Bahntrasse, die ebenfalls imposant in den Berg geschlagen wurde. Auch wenn man nicht den gesamten Weg begehen möchte, sollte man zumindest mal einen Blick hineinwerfen und eine Taschenlampe dabeihaben. Die Tour verläuft stellenweise durch alte dunkle Tunnel, in denen noch Überreste der Bahngleise vorhanden sind. Besonders spannend ist der Tracciolino weiter südlich und wenn man den Lago Moledana mit der kurvigen Staumauer erreicht. Zwischendurch hat man immer wieder einen traumhaften Ausblick auf die bereits genannten Seen und in das Tal hinein. Als Rundweg kann man die Tour bis zum Parkplatz östlich von Verceia unternehmen. Dort geht es dann in engen Serpentinen wieder hinab zum Lago di Mezzola. Diese Serpentinenstraße ist für Wohnmobile nicht befahrbar. Für die Wanderung sind mehr als 20 Kilometer einzuplanen. Man kann Codera und den Lago die Moledana aber auch getrennt ansteuern, wobei dann aber zwei Aufstiege zu bewältigen sind.

neben dem Wasserfall, der mehrere Hundert Höhenmeter nach oben verläuft. Die anstrengende Tour durch den Wald wird oben nicht nur mit einer großartigen Aussicht bis Chiavenna belohnt, sondern auch mit dem Besuch des Dorfes **Savogno.** Das sogenannte Geisterdorf ist nicht mit dem Auto erreichbar und war lange Zeit unbewohnt, doch mittlerweile ist wieder Leben eingezogen. Um genau zu sein, zählt Savogno einen einzigen Bewohner, der die Touristen empfängt, die nach dem Aufstieg den tollen Ausblick genießen möchten. Ein weiteres Bergdorf ist das nahe gelegene **Dasile.** Beide Dörfer können über einen Rundwanderweg vom Campingplatz Acquafraggia aus miteinander kombiniert werden.

⑬ Campingplatz Acquafraggia

GPS 46.329591, 9.432735

Einfacher Campingplatz mit tollem Blick auf die Wasserfälle, ideal auch als Ausgangspunkt für eine Wanderung zu den Bergdörfern Savogno und Dasile. **Lage/ Anfahrt:** Östlich von Chiavenna, direkt an der SS37. Über die SS37 von Chiavenna in Richtung Schweiz, der Platz befindet sich auf der linken Seite; **Platzanzahl:** 60; **Untergrund:** Wiese; fest; **Sicherheit:** umzäunt, beleuchtet; **Preiskat.:** €€; **Max. Stand:** unbegrenzt; **Geöffnet:** März–Anfang Nov.; **Kontakt:** Camping Acquafraggia, Via S. Abbondio, 1, 23020 Piuro (SO), Tel. 0343 36755, www.campingacquafraggia.net

NOVATE MEZZOLA

(16 km – km 52)

Der SS36 nach Süden folgend, verlässt man Chiavenna und das Tal wird nun zunehmend breiter. Ein Gefälle ist kaum noch zu spüren und man nähert sich nun den oberitalienischen Seen. Doch bevor man sie erreicht, glitzert zunächst einmal das Wasser des **Lago di Mezzola** in der Sonne. Er wird vom Fluss Mera gespeist und erstreckt sich am südlichen Ortsrand von **Novate Mezzola.**

Die kleine, unaufgeregte Ortschaft bietet, abgesehen vom Blick auf den See, wenig Sehenswertes. Doch Wanderer kommen ganz auf ihre Kosten, wenn sie dem **Weg durch das Codera-Tal** folgen und auch den **Tracciolino-Trail** kennenlernen.

Man überquert die Mündung des Flusses Codera auf der SS36 und folgt der Straße durch Verceia am Ostufer des Lago di Mezzola. Auf der rechten Seite erstreckt sich ein Feuchtgebiet, das als **Naturreservat** zahlreiche Reptilien und Vogelarten beheimatet. Es eignet sich für einige kürzere Ausflüge mit dem Rad oder für längere Spaziergänge am Südufer des Lago di Mezzola. Einziger Wermutstropfen sind die fehlenden Parkplätze in unmittelbarer Nähe. Doch das Naturreservat ist auch von den Campingplätzen am nachfolgenden **Comer See** erreichbar. Für die Entscheidung, ob man die West- oder die Ostseite des Sees bereisen möchte, kann man sich jedoch noch etwas Zeit lassen, denn südlich von **Nuovo Olonio,** wo sich die beiden Wege trennen, beginnt das Tal des **Adda,** dem man zunächst als Abstecher nach Osten folgen kann.

ABSTECHER: ADDA-TAL (VELTLIN) UND STILFSER JOCH

(hin und zurück 190 km)

Mit seinen 313 Kilometern ist der Adda der **viertlängste Fluss Italiens** und der größte Zufluss des Po. Er entspringt in den Rätischen Alpen, bildet das nun folgende Tal mit dem Namen Veltlin bzw. Valtellina und durchquert den Comer See.

14 Stellplatz Morbegno

GPS 46.143998, 9.575251

Stellplatz mit schräg angelegten Stellflächen, bei denen manchmal nicht ganz deutlich wird, wie man zu parken hat. **Lage/Anfahrt:** Am nördlichen Stadtrand von Morbegno gelegen, unmittelbar neben dem Adda-Radweg am Fluss. In Morbegno dem Uferweg bis zum Sportplatz folgen; **Platzanzahl:** 26; **Untergrund:** Asphalt, Wiese; **Sicherheit:** umzäunt; **Preiskat.:** €; **Max. Stand:** unbegrenzt; **Geöffnet:** ganzjährig; **Kontakt:** Via del Foss, 23017 Morbegno SO, Tel. 0334 3076643, www.facebook.com/Valleycampmorbegno

Auch das **Veltlin** kann man mit dem Fahrrad erkunden. Neben dem Fluss verläuft ein gut ausgebauter Radweg überwiegend flach zwischen den Bergen hindurch bis zur Ortschaft Tirano. Dort beginnt das obere Veltlin, das deutlich ansteigt. Auf dem Weg nach Tirano durchquert man viele mittelgroße Ortschaften und man merkt deutlich, dass das Veltlin dicht besiedelt ist. Hauptort ist **Sondrio** mit einem aufgeräumten Stadtzentrum, in dem sich einige Palazzi aus dem 16. und 17. Jahrhundert befinden.

Sehenswertes

- **Kirche Chiesa Collegiata,** Piazza Campello. Eine schöne Kirche mit freistehendem Turm am Nordrand des zentralen Platzes. In den Gewölben gibt es sehenswerte Fresken aus dem 17. Jahrhundert. Das Gotteshaus gilt als eine der ältesten Kirchen im Veltlin.

15 Stellplatz Sondrio

GPS 46.160681, 9.869751

Enge Stellflächen ohne Aussicht auf einem öffentlichen Parkplatz. Deutlicher Verkehrslärm durch die nahe gelegene SS38. **Lage/Anfahrt:** An einem Sportzentrum mit mehreren Tennishallen und Tennisplätzen am Südrand von Sondrio gelegen. Rund 20 Minuten Fußweg ins Stadtzentrum. Der Adda-Radweg ist nur 200 Meter entfernt; **Platzanzahl:** 6; **Untergrund:** Asphalt; **Preiskat.:** €; **Max. Stand:** 2 Nächte; **Geöffnet:** ganzjährig; **Kontakt:** Via Vanoni Ezio, 23100 Sondrio SO

⑯ Stellplatz Boffetto

GPS 46.15678, 9.955079

Netter und ruhiger Stellplatz mit Kinderspielplatz. **Lage/Anfahrt:** Am Ufer des Adda. Zufahrt nicht (!) über Boffetto, da eine Eisenbahnunterführung mit einer Höhen- und Breitenbeschränkung von 2,50 m unterquert werden muss. Daher schon am Kreisverkehr in Poggiridenti Piano rechts unter der Eisenbahnbrücke durch, über den Adda und am Ende der Straße links auf die SP19. An der nächsten Brücke wieder zurück über den Fluss und die erste Straße nach rechts; **Platzanzahl:** 6; **Untergrund:** Pflaster; **Preiskat.:** €; **Max. Stand:** unbegrenzt; **Geöffnet:** ganzjährig; **Kontakt:** Via Bonazza, 23020 Boffetto SO

Nach gut 60 Kilometern Fahrt in das Veltlin hinein, gelangt man nach **Tirano.** Mehrere Palazzi prägen die Altstadt, die noch heute durch drei mittelalterliche Stadttore betreten werden kann. Allerdings muss man sich schon ein wenig auf Spurensuche begeben, um die drei Tore zu finden und als solche zu erkennen. Am westlichen Altstadtrand, am Ende der Via Porta Milanese, befindet sich das wohl noch schönste von ihnen, durch das man einst die Stadt in Richtung Mailand verlassen hat. Auf der anderen Seite der Stadt machte man sich auf den Weg in Richtung Bormio bzw. Stilfser Joch, weshalb das Tor den Namen **Porta Bormina** trägt. Dabei handelt es sich jedoch mehr um einen Steinbogen als um ein Tor und ohnehin wird davon ausgegangen, dass es sich nicht um das Original handelt, sondern um eine Rekonstruktion. Beinahe unauffällig, aber dennoch am leichtesten zu finden, ist die **Porta Poschiavina.** Man erreicht das Tor über die schmale Fußgängerbrücke, die sich über den Adda spannt. Da der Fluss schnurgerade durch die Altstadt verläuft und es lediglich eine Fußgängerbrücke gibt, kann man es nicht verfehlen. Das Stadttor besteht aus einem Turm und wird von Wohnhäusern flankiert. Im Inneren erkennt man noch sehr gut die historischen Fresken, die im 15. Jahrhundert gefertigt wurden.

Von der Altstadt aus kann man über die ebenfalls schnurgerade SS38 am Bahnhof vorbeigehen und erreicht nach einem gemütlichen Spaziergang an einem Kreisverkehr die **Basilika Madonna di Tirano.** Als sie zu Beginn des 16. Jahrhunderts erbaut wurde, stand sie noch außerhalb des Stadtgebiets. Sie wurde aufgrund einer Marienerscheinung an dieser Stelle errichtet, wobei in den ersten Jahren zunächst eine kleine Kapelle als Gotteshaus diente. Über vier Jahrhunderte später wurde die mittlerweile 20 Meter lange Kirche von Papst Pius XI. zur Basilica minor erhoben.

Während sich die sehenswerte Basilika von außen im Stil der Renaissance präsentiert, ist das Innere mit Stuckelementen und Gemälden prächtig im Barockstil ausgestattet.

Sehenswertes

› **Ethnografisches Museum,** Piazza Della Basilica, 30, direkt neben der Basilika Madonna di Tirano, Tel. 0342 701181, www.museotirano.it, beschäftigt sich mit der Handwerkskunst und dem bäuerlichen Leben im Veltlin. Dabei wird auch auf die Tradition des Weinanbaus im Adda-Tal eingegangen.

⑰ Stellplatz Tirano

GPS 46.213745, 10.15694

Gepflegter Stellplatz mit großzügigen Stellflächen in annehmbarer Lage. Allerdings sind Münzen für den Ticketautomaten notwendig. Am Ortsrand neben einer Hauptstraße, 15 Minuten Fußweg zum Bahnhof und damit zum Bernina-Express, gleich dahinter folgt die Altstadt. Auch die Basilika ist in wenigen Gehminuten erreichbar. **Lage/Anfahrt:** Auf der SS38 gleich nach Überquerung des Adda am ersten Kreisverkehr rechts, 350 m später kommt die Zufahrt zum Platz auf der linken Seite; **Platzanzahl:** 20; **Untergrund:** Rasengitter; **Sicherheit:** umzäunt; **Preiskat.:** €; **Max. Stand:** unbegrenzt; **Geöffnet:** ganzjährig; **Kontakt:** Via alla Polveriera, 50, 23037 Tirano SO

Eine Fahrt mit dem Bernina-Express ist ein fantastisches Erlebnis

Fahrt mit dem Bernina-Express

Tirano ist Endhaltestelle des legendären Bernina-Express, der während der Bahnfahrt mehrere landschaftliche Höhepunkte bereithält. Wer viel Zeit mitbringt, sollte sich eine Fahrt mit dem Zug nicht entgehen lassen. Der Bernina-Express pendelt täglich zwischen Chur im schweizerischen Graubünden und dem italienischen Tirano. Die Hin- und Rückfahrt dauert acht Stunden, ist jedoch an einem Tag nur ab Chur möglich. Dort fährt der Zug morgens gegen halb neun ab, erreicht Tirano in der Mittagszeit um kurz vor 13 Uhr, wo er nach eineinhalb Stunden Aufenthalt wieder zurück in die Schweiz fährt. Doch es sind auch kürzere Fahrten möglich, so zum Beispiel nach St. Moritz, wofür der Zug zwischen zwei und zweieinhalb Stunden je Strecke benötigt. Die Rückfahrt kann dann am Nachmittag erfolgen.

Auch wenn die Grenze zur Schweiz sich gleich hinter Tirano befindet, so ist das erste Highlight noch auf dem Stadtgebiet in Italien zu finden. Denn der internationale Zug gilt innerhalb Tiranos als Straßenbahn. Nach dem Verlassen des Bahnhofs quert der Bernina-Express den Kreisverkehr vor der Basilika und fährt auf den öffentlichen Straßen durch das Stadtbild, so wie anderswo eine herkömmliche Tram.

Auf Schweizer Seite fährt man nur wenige Kilometer durch das Puschlav, bis mit dem Kreisviadukt von Brusio ein markantes Bauwerk der Bahnlinie erscheint. Der Zug fährt einmal im Kreis und überwindet damit einen erheblichen Höhenunterschied. Weitere Kreiselfahrten erlebt man teilweise in Tunneln, was die Bahnreise zu einem spannenden Erlebnis macht. Auch das Landwasserviadukt zählt zu den Höhepunkten einer Fahrt mit dem Bernina-Express, wobei der Abschnitt zwischen St. Moritz und Chur als Albulabahn bezeichnet wird. In einer Höhe von 65 Metern fährt der Zug über das kurvenförmige Bauwerk, um gleich von der Brücke aus in einem Tunnel der gegenüberliegenden Felswand zu verschwinden. Die gesamte Strecke des Bernina-Express, also Albulabahn und Berninalinie wurde im Jahr 2008 von der UNESCO zum Weltkulturerbe geadelt. Im Oktober 2022 wurde auf einem Teilstück in der Schweiz durch eine Fahrt mit 100 Waggons ein Weltrekord aufgestellt. Der Zug war damit über 1900 Meter lang, was ihm den Titel „längster Personenzug der Welt“ einbrachte.

039oi-mm

040oi-mm

Über dem Stilfser Joch befindet sich die Dreisprachenspitze

⑱ Stellplatz Lovero

GPS 46.236873, 10.228303

Gleich neben der SS38 gleicht der Platz eher einem Autobahnrastplatz, ist aber eine gute Alternative, falls der Platz in Tirano belegt ist. Moderner Kinderspielplatz gleich nebenan. **Lage/Anfahrt:** Zwischen SS38 und dem Fluss Adda. Von Tirano kommend auf der SS38 bis zur Ausfahrt Lovero, jedoch nicht nach rechts in den Ort, sondern nach links in Richtung Flussufer; **Platzanzahl:** 10; **Untergrund:** fest; **Preiskat.:** €; **Max. Stand:** unbegrenzt; **Geöffnet:** ganzjährig; **Kontakt:** Via al Ponte, 23030 Lovero (SO)

Folgt man der SS38 weiter talaufwärts, so gelangt man nach einer guten halben Stunde Fahrt nach **Bormio.** Der Wintersportort ist unter anderem Ausgangspunkt für die letzten Höhenmeter hinauf zum **Stilfser Joch.** Dieser Passübergang befindet sich in einer Höhe von 2757 Metern im gleichnamigen Nationalpark. Das macht ihn zum zweithöchsten Pass der Alpen. Gleichzeitig markiert er die Grenze zwischen der italienischsprachigen Lombardei und der deutschsprachigen Provinz Südtirol. Wenige Höhenmeter oberhalb des Passes kommt zudem noch die rätoromanische Sprache ins Spiel, denn dort befindet sich die Grenze zwischen der Schweiz und Italien. Einst war dieser Punkt ein Dreiländereck zwischen der Schweiz, Italien und Österreich, doch seit Ende des Ersten Weltkriegs treffen hier nur noch drei Sprachen aufeinander, weshalb der Punkt als **Dreisprachenspitze** bezeichnet wird. Er ist vom Stilfser Joch aus in einer kurzen Wanderung schnell zu erreichen.

Doch zunächst einmal muss man zum Stilfser Joch gelangen und das ist nur erfahrenen Wohnmobilisten mit kleineren Fahrzeugen zu empfehlen. Es gibt aber auch bequeme Möglichkeiten, das Fahren anderen zu überlassen. Die Schweizer Postauto-Linie pendelt regelmäßig zwischen Tirano und Müstair in der Schweiz. Dabei fährt der typisch gelb leuchtende Bus über den Umbrailpass und zum Stilfser Joch, was gleichzeitig den höchsten Punkt bedeutet, den die Schweizer Postautos erreichen. Die beiden Passübergänge in luftiger Höhe machen diese Busfahrt zu einem besonderen Erlebnis, aber man kann natürlich auch einfach mit dem Bus von Bormio hinauf zum Pass fahren. So spart man sich über 30 Spitzkehren, die an sonnigen Sommertagen ohnehin von Motorrad- und Fahrradfahrern sowie anderen Tagesausflüglern gut besucht sind. Neben dem Aufstieg zur Dreisprachenspitze bietet das Stilfser Joch Großparkplätze, ein Hotel, mehrere gastronomische Angebote und Souvenirläden.

Auf Südtiroler Seite (s. S. 241) sind es **48 Serpentinen,** die es ermöglichen, in das Trafoi-Tal zu fahren. Am Ende des Tals erreicht man den Vinschgau und damit Route 8 (s. S. 239) der hier im Buch beschriebenen Tourenvorschläge. Das Stilfser Joch hat eine **Wintersperre** und kann daher nur von Mai bis Oktober bereist werden.

19 Stellplatz Bormio

GPS 46.46242, 10.371491
Großer, einfacher Übernachtungsplatz als Teil eines Großparkplatzes, der ein idealer Ausgangspunkt für eine Busfahrt auf das Stilfser Joch ist. **Lage/Anfahrt:** Am südlichen Ortsrand von Bormio zwischen Friedhof und Wohngebiet. Auf der SS38 im Ort auf die SP29 abbiegen und wenig später den Adda überqueren. Am folgenden Kreisverkehr geradeaus und die erste Straße links; **Untergrund:** fest; **Preiskat.:** €; **Geöffnet:** ganzjährig; **Kontakt:** Via Battaglion Morbegno, 20, 23032 Bormio SO

COMER SEE

(bis Colico 13 km – km 65)

Auf der Hauptroute hat man nun den **Larius Lacus** erreicht. So wurde der Comer See in der Zeit der Römer genannt und noch heute bezeichnen ihn die Einheimischen als Lario. Der Comer See, der auf der Landkarte aussieht wie ein umgekehrtes Y, ist in Nord-Süd-Ausdehnung etwas mehr als 50 km lang, allerdings nur knapp vier Kilometer breit. Durch seine charakteristische Form hat er die längste Uferlinie aller italienischen Seen, obwohl Gardasee und Lago Maggiore eigentlich größer sind. Nach Süden hin spreizt sich der See in zwei Arme. Sein östlicher Arm endet an der Stadt **Lecco** (s. S. 49), während im Westen die Stadt **Como** (s. S. 52) liegt.

Sowohl das westliche als auch das östliche Ufer des Comer Sees haben ihren Reiz und es fällt schwer, eine Entscheidung zu treffen, wo man sein Wohnmobil entlangsteuert. Wenn man im Anschluss in **Menaggio** auf Route 2 (s. S. 59) gleich weiter zum Luganersee fahren und Lecco, Bellagio und Como nicht besuchen möchte, kann man die kurze Routenvariante wählen. Alternativ kann man die Fahrt mit dem Wohnmobil auch mit einer Fährfahrt kombinieren. So wäre es denkbar durch Lecco bis Bellagio (s. S. 51) zu fahren und dort auf der Fähre nach Menaggio weiter zu reisen. Weitere **Fährverbindungen** nach Bellagio und nach Menaggio gibt es auch von Varenna (s. S. 47).

KURZE VARIANTE BIS MENAGGIO

(36 km – 101 km)

Von der Mündung des Adda in den See bei **Colico** kann man über die kurze Routenvariante am Nordostufer direkt weiter in Richtung Menaggio (s. S. 59), dem Startpunkt von Route 2 fahren. Auf der SS340dir überquert man zunächst den **Fiume Mera,** der nur eineinhalb Kilometer vom Adda entfernt, ebenfalls in den See mündet. Man hat noch gar nicht das Seeufer erreicht, sondern man fährt noch parallel zum Fluss und schon sieht man die ersten Hinweisschilder auf mehrere Campingplätze, die um Gäste buhlen. Allerdings muss man hier zwischen Campingplätzen für Kurzaufenthalte und für Dauercamper unterscheiden. So manch ein verlockendes Hinweisschild bringt einen zu Letztgenannten, wo man zwischen Dauercampern in einer Wohnwagenburg möglicherweise wenig Freude hat.

20 Camping La Grande Quiete

GPS 46.16635, 9.380068

Etwas teurer als andere Plätze in der Region, dafür sehr ruhig in einem schattigen Wäldchen und mit Zugang zu einem Badestrand am nördlichen Ufer des Comer Sees. **Lage/Anfahrt:** Zwischen den beiden Flussmündungen Fiume Mera und Adda. Am südlichen Ufer des Fiume Mera der Via Boschetto und der Beschilderung folgen; **Platzanzahl:** 30; **Untergrund:** Sand; fest; **Sicherheit:** umzäunt; **Preiskat.:** €€€; **Max. Stand:** unbegrenzt; **Geöffnet:** Mitte März–Mitte Okt.; **Kontakt:** La Grande Quiete, Via Boschetto, 193, 22010 Sorico CO, Tel. 0344 84743, www.lagrandequiete.com

21 Camping Poncione

GPS 46.171203, 9.392831

Kleiner, familiär geführter und ruhiger Campingplatz mit Pool. **Lage/Anfahrt:** Durch den benachbarten Campingplatz La Riva vom Flussufer getrennt. Zufahrt sehr leicht, ab der SS36 bei Nuova Olonia über die SS340dir; **Platzanzahl:** 20; **Untergrund:** Wiese; **Sicherheit:** umzäunt, beleuchtet; **Preiskat.:** €€; **Max. Stand:** unbegrenzt; **Geöffnet:** April–Anfang November; **Kontakt:** Campeggio Poncione, Via Poncione, 2, 22010 Sorico CO, Tel. 0335 8236004, www.campeggioponcione.it

22 Camping La Riva

GPS 46.170555, 9.393481

Schöner, ruhiger Platz mit Blick auf den Fluss und den Monte Legnone. **Lage/Anfahrt:** Gleich hinter dem Campingplatz Poncione, nur durch einen Zaun vom Ufer des Fiume Mera getrennt. Zufahrt sehr leicht, ab der SS36 bei Nuova Olonia über die SS340dir; **Platzanzahl:** 30; **Untergrund:** Wiese; **Sicherheit:** umzäunt; **Preiskat.:** €€€€; **Max. Stand:** unbegrenzt; **Geöffnet:** April–Anfang Nov.; **Kontakt:** Camping La Riva, Via Poncione, 3, 22010 Sorico CO, Tel. 0344 94571, www.campinglariva.com

23 Camping Belvedere

GPS 46.171195, 9.376962

Größerer Campingplatz mit überwiegend festen Mobilheimen, doch direkt am Flussufer befindet sich ein Bereich für Durchreisende mit Wohnmobilen und Zelt. **Lage/Anfahrt:** Direkt an der Mündung des Fiume Mera in den Comer See. Auf der SS340dir durch Sorico und dann links; **Platzanzahl:** 25; **Untergrund:** Wiese; fest; **Sicherheit:** umzäunt; **Preiskat.:** €€€; **Max. Stand:** unbegrenzt; **Geöffnet:** März–Oktober; **Kontakt:** Campeggio Belvedere, Via Belvedere, 2, 22010 Sorico CO, Tel. 0344 490216, www.campeggiobelvedere.com

Anfangs sieht man noch recht wenig vom Comer See. Auf den ersten Kilometern steuert man das Wohnmobil durch die kleinen Ortschaften rund um **Sorico,** doch hinter Gera Lario fährt man direkt am Ufer entlang und man kann während der Fahrt auch mal kurz den Blick auf das Wasser und den **Monte Legnone** werfen, der auf der anderen Seeseite markant in die Höhe ragt.

Die erste nennenswerte, jedoch trotzdem kleine Ortschaft am See ist **Domaso.** Hier spürt man zum ersten Mal, dass es nicht einfach ist, mit dem Wohnmobil einen Parkplatz zu finden. Es gibt zwar verhältnismäßig viele kleinere Parkplätze. Doch sind diese nur für Pkws ausgelegt. Die beste Möglichkeit besteht noch zu Beginn des Ortes, wo man sich auf einer Strandpromenade dem kleinen Zentrum nähern kann und dabei an einigen Campingplätzen vorbeischlendert. Der touristische Schwerpunkt von Domaso besteht aus zahlreichen Einkehrmöglichkeiten und Eisdielen, die sich vor allen Dingen entlang der Hauptstraße erstrecken und einen freien Blick auf den See und das Gebirge ermöglichen.

Am Westufer des Comer Sees durchquert man unter anderem Gravedona

Parken

P 2 Parkplatz Domaso, GPS 46.156246, 9.338108, am Ortseingang von Domaso

24 Camping Golden Sheep

GPS 46.153889, 9.33656

Langgestreckter Campingplatz, nur zwei Plätze, von denen aus man direkt auf das Wasser blickt. Eigener Zugang zum Kiesstrand. **Lage/Anfahrt:** Am östlichen Ortseingang von Domaso. Nur durch einen kleinen Zaun vom Camping Solarium abgetrennt. Von der SS340dir links in die beschilderte Zufahrt einbiegen; **Platzanzahl:** 48; **Untergrund:** Wiese; **Sicherheit:** umzäunt, beleuchtet; **Preiskat.:** €€€; **Max. Stand:** unbegrenzt; **Geöffnet:** Mitte April–Mitte Okt.; **Kontakt:** Camping Golden Sheep, Via Case Sparse, 236bis, 22013 Domaso CO, Tel. 0344 83414, www.campinggoldensheep.it

25 Camping Solarium

GPS 46.153741, 9.338384

Unter Bäumen gelegener Campingplatz, nur wenige Plätze am Wasser vorhanden. **Lage/Anfahrt:** Von der SS340dir links in die beschilderte Zufahrt einbiegen. Die Parzellen befinden sich parallel zu denen des benachbarten Campingplatzes Golden Sheep; **Platzanzahl:** 50; **Untergrund:** Wiese; **Sicherheit:** umzäunt, beleuchtet; **Preiskat.:** €€€; **Max. Stand:** unbegrenzt; **Geöffnet:** Mitte April–Anfang Oktober; **Kontakt:** Camping Solarium, Via Case Sparse, 236, 22013 Domaso CO, Tel. 0344 96395, www.campingsolarium.com

26 Camping Piccolo

GPS 46.151854, 9.338145

Kleiner, enger Campingplatz mit viel Schatten. **Lage/Anfahrt:** Direkt am See mit Zugang zur Strandpromenade. Seeblick haben jedoch auch nur wenige Parzellen. Von der SS340dir kurz vor einem Supermarkt links abbiegen; **Platzanzahl:** 25; **Untergrund:** Wiese; **Sicherheit:** umzäunt; **Preiskat.:** €€€; **Max. Stand:** unbegrenzt; **Geöffnet:** Mitte April–Anfang Oktober; **Kontakt:** Camping Piccolo, Via Case Sparse, 176, 22013 Domaso CO, Tel. 0344 96247, www.piccolocamping.com

Die Ortschaften entlang des Ufers gehen beinahe nahtlos ineinander über. Das ist kein Wunder, denn auf der einen Seite der Straße erstreckt sich der See, während auf der anderen Seite die Berghänge steil aufragen. So bleibt für die Orte nicht viel Platz, um sich auszubreiten, was auch ein Grund für den Mangel an größeren Parkplätzen ist.

Das Parken ist auch im nächstgrößeren Ort, **Gravedona,** schwierig. Es lohnt sich jedoch, zunächst einmal durch die Ortschaft zu fahren, um einen etwas abseits gelegenen Parkplatz anzusteuern (46.139182, 9.301734, am Ende der Via Roma über die kleine Brücke). Von hier sind es keine 300 Meter zu den beiden katholischen Kirchen **San Vincenzo** und **Santa Maria del Tiglio,** die sich gleich nebeneinander erheben. Noch ein Stück weiter und man befindet sich bereits im kleinen Stadtzentrum, das überwiegend aus einer gepflegten Promenade entlang einer kopfsteingepflasterten Straße besteht. An ihrem nörd-

041oi-as©Simone Polattini - stock.adobe.com

lichen Ende erblickt man den **Gallio-Palast.** Er ist einer von mehreren Palästen, die in den letzten Jahrhunderten am Ufer des Comer Sees gebaut wurden. Schon damals genoss man die Lage am Wasser mit Blick auf die umliegenden Berge. Heute ist das nicht viel anders, denn zahlreiche prominente Personen besitzen eine ansehnliche Unterkunft am Comer See. Den Palazzo Gallio ließ der gleichnamige Kardinal im 16. Jahrhundert errichten. Das quadratische Bauwerk erhebt sich auf einer felsigen Anhöhe und ist von vier Türmen und einem gemütlichen Garten umgeben.

Information

› **Touristinformation,** Piazza Trieste, 22015 Gravedona CO, Tel. 0344 85005

Weitere kleinere Städte entlang des westlichen Ufers sind unter anderem **Dongo, Musso** und **Bellera Prato.** Für Außenstehende ähneln sich die vielen Ortschaften und manches Mal merkt man gar nicht, dass man gerade von einer Stadt in die nächste wechselt. Einen deutlichen Unterschied spürt man, wenn man Dongo nach Süden verlässt, denn dann durchquert man einen Tunnel, weil die Berghänge bis an das Ufer reichen und noch nicht einmal mehr Platz für eine Straße ist. Es ist nicht der letzte Tunnel auf der Strecke nach Menaggio.

Gegen Ende des Zweiten Weltkriegs gab es vor dem Tunnel eine Straßensperre von kommunistischen Partisanen. Am 27. April wollte eine deutsche Einheit die Sperre passieren, der sich Benito Mussolini angeschlossen hatte. Er hatte sich als Kanonier verkleidet, wurde jedoch erkannt und festgenommen. Am folgenden Tag wurde er im südlich von Menaggio befindlichen Ort Mezzegra erschossen.

Die schmalste Stelle des nördlichen Bereichs des Comer Sees erreicht man im kleinen **Santa Maria Rezzonico.** Nach der Durchquerung des dortigen rund einen Kilometer langen Tunnels ist man nur eineinhalb Kilometer vom gegenüberliegenden Ufer entfernt.

Weiter der Straße folgend, erreicht man schließlich **Menaggio** und damit den ersten Ort der nächsten Route (s. S. 59).

Wer Gefallen am Comer See gefunden hat und nun doch auch den Süden erkunden möchte, kann dies natürlich einfach nachholen, indem er der Küstenstraße SS340 in Richtung Como folgt.

Parken

P 3 **Parkplatz Santa Maria Rezzonico,** GPS 46.071156, 9.276433, direkt hinter dem Tunnel vor Santa Maria Rezzonico

27 Camping Panorama

GPS 46.133279, 9.289968

Großer Campingplatz mit Zugang zum See, etwas luftiger als die Plätze, die sich direkt in den Städten befinden. **Lage/Anfahrt:** Am nördlichen Ortsrand von Dongo. Von der SS340dir links in die anfangs schmale Zufahrt; **Platzanzahl:** 70; **Untergrund:** Wiese; fest; **Sicherheit:** umzäunt, beleuchtet; **Preiskat.:** €€€; **Max. Stand:** unbegrenzt; **Geöffnet:** Ende März–Mitte Okt.; **Kontakt:** Camping Panorama, Via Statale, 200, 22014 Dongo CO, Tel. 0329 8950912, www.campingpanorama.info

28 Camping La Breva

GPS 46.125714, 9.284732

Ruhiger, kleiner, familiärer Platz mit teils engen Stellflächen unter Bäumen. **Lage/Anfahrt:** Direkt am Comer See, das Ortszentrum von Dongo ist fußläufig ereichbar. Noch vor dem Kreisverkehr an der Kirche in Dongo links und auf die Kirche zufahren. Das letzte Stück fährt man zwischen Betonwänden von Friedhof und Campingplatz hindurch. Hier kann es eng werden; **Platzanzahl:** 50; **Untergrund:** Wiese; fest; **Sicherheit:** umzäunt, beleuchtet; **Preiskat.:** €€€; **Max. Stand:** unbegrenzt; **Geöffnet:** Mitte April–Mitte Okt.; **Kontakt:** Camping La Breva, Via Cimitero, 19, 22014 Dongo CO, Tel. 0344 80017, www.campinglabreva.com

LANGE VARIANTE

Wer mehr Zeit mitbringt, entscheidet sich in Colico für die Fahrt am Ostufer entlang und für die südliche Seenumrundung über Lecco und Como.

29 Wohnmobilstellplatz Colico

GPS 46.142332, 9.374868

Ruhig gelegener Stellplatz am südlichen Ufer der Adda-Mündung, die bei einem kurzen Spaziergang erreicht werden kann. Idealer Ausgangspunkt für Spaziergänge und Radtouren entlang des Adda. Seltsame Metallkonstruktion, die als eine Art Dach dient. Für normalgroße Wohnmobile stellt sie zwar kein Problem dar, scheint aber völlig überflüssig. Für Lkw-Umbauten jedoch nicht hoch genug. **Lage/Anfahrt:** Am Seeufer von Colico. Innerhalb von Colico können die Bahngleise nur unterquert werden (max. 2,50 m). Daher Anreise über die Via Padania am östlichen Ortsrand; **Platzanzahl:** 20; **Untergrund:** fest; **Sicherheit:** umzäunt; **Preiskat.:** €€€; **Max. Stand:** unbegrenzt; **Geöffnet:** ganzjährig; **Kontakt:** Via Montecchio Nord, 52, 23823 Colico Piano LC

Boote im Hafen von Colico

Colico verlässt man am einfachsten über die SS36, die jedoch in mehreren kilometerlangen Tunneln verschwindet. Nur auf den kurzen Zwischenstücken zwischen den Tunnelein- und -ausfahrten hat man Zeit, einen Blick auf den See zu erhaschen. Man erreicht also relativ schnell und einfach die am Südufer gelegene Stadt Lecco, dafür verpasst man jedoch die landschaftlichen Schönheiten.

Um Letztere zu erleben, fährt man eher gemütlich, dafür ist die Fahrt auf der SP72 durch die zahlreichen, kleinen Ortschaften, die sich genau wie am Westufer wie Perlen aneinanderreihen, etwas anstrengender.

Sehr sehenswert ist zum Beispiel die Zisterzienserabtei **Santa Maria di Piona** (GPS 46.122757, 9.328509). Jedoch ist die Zufahrt bestenfalls für Kastenwagen und kleinere Wohnmobile passierbar. Über eine schmale, kopfsteingepflasterte Straße, der Via Abbazia di Piona, geht es auf die Halbinsel von Olgiasca, wo sich die Abtei bereits seit dem 12. Jahrhundert in malerischer Lage befindet.

Aufgrund der steilen Felswände, die am Ostufer beinahe überall bis ans Wasser heranragen, sind Campingplätze zwischen Colico und Lecco Mangelware. Selbst die kleinen Ortschaften wie Dervio, Bellano und Varenna haben nur sehr wenig Platz für sich. Das

042oi-as©Roberto - stock.adobe.com

Wanderung auf den Monte Legnone

Wer am Comer See ganz besonders hoch hinauf möchte, genauer gesagt, zum höchsten Punkt in der näheren Umgebung, der ist mit einer Wanderung auf den Monte Legnone gut beraten. Der Berg ragt wie eine riesige Pyramide am Ostufer des Sees 2609 Meter in die Höhe. Durch seine Form lässt er sich von allen Seiten aus gut erwandern. Den höchsten Anstieg hat man jedoch aus dem Veltlin heraus. Wer sich ein wenig des Wegs ersparen möchte, der kann ab Dervio am Seeufer der schmalen SP67 bis in den kleinen Gebirgsort Tremenico im Val Varrone folgen. Allerdings hat man bereits hierhin zahlreiche Serpentinen zu durchfahren und es kann an einigen Stellen recht eng werden. Fahrern von großen Wohnmobilen wird von der Auffahrt abgeraten, denn mit dem Erreichen von Tremenico 500 Meter oberhalb des Comer Sees ist es noch nicht getan. In einer scharfen Linkskurve folgt nun die eigentliche Auffahrt auf der Via Caduti di Guerra. Auf der teilweise sehr engen Straße geht es durch weitere Spitzkehren weitere 700 Höhenmeter deutlich nach oben. Es gibt auf dem Weg zum 1450 Meter hoch gelegenen Rifugio Roccoli Lora praktisch keine Wendemöglichkeiten.

Oben angekommen, steht man auf einer großen Lichtung inmitten eines Waldes. Nun in die Wanderschuhe geschlüpft und der eigentliche Aufstieg über die Westflanke des Monte Legnone kann beginnen.

Es dauert noch ein Weilchen, bis man die Baumzone verlassen hat, doch sobald diese hinter bzw. unter einem liegt, hat man den ersten wunderbaren Ausblick auf den Comer See und das Veltlin. Auf einem Grat wandert man bis zur Schutzhütte Bivacco Silvestri und weiter hinauf zum Gipfel. Die Mühen der Auffahrt und des Aufstiegs werden mit einem traumhaften Ausblick belohnt. Außer dem See und dem Veltlin zeigen sich auch die schneebedeckten westlichen Alpen am Horizont. Natürlich sollte man die Wanderung nur an einem klaren Tag starten. Man legt 1200 Höhenmeter und rund 5 Kilometer pro Strecke zurück und sollte für die gesamte Wanderung mindestens sechs Stunden einplanen.

045oi-as©h.j. schunk - stock.adobe.com

bedeutet aber nicht, dass diese Ortschaften nichts zu zeigen hätten. Wenn sich zum Beispiel am Ortsausgang von **Varenna** auf dem dortigen schmalen Parkstreifen eine Parklücke auftut, dann sollte man dies unbedingt nutzen. Der kleine, aber dennoch quirlige Ort besticht durch eine malerische Fußgängerzone, in der man durch die schmalen Gassen bis hinab zum Ufer spazieren kann. Der öffentlich zugängliche Uferbereich ist wegen der Bebauung nicht besonders groß. Doch locken hier mehrere gastronomische Einrichtungen mit Leckereien, die man mit Blick auf den See im Außenbereich genießen kann. Sehenswert ist auch der kleine Laubengang direkt am Wasser, durch den man zum sehr überschaubaren, aber gerade deshalb sehenswerten Hafen gelangt.

Doch Varenna sollte man auch von oben erleben. Man folgt am besten zu Fuß oder mit einem Roller der kleinen Via per Vezio nach oben zum **Castello di Vezio** oder man geht über einen schmalen Wanderweg nach oben.

Sehenswertes

› **Castello di Vezio,** Via Del Castellano, 23828 Perledo LC, www.castellodivezio.it, Eintritt: 5 €. Am besten zu Fuß zu erreichen. Der nicht leicht zu erreichende Parkplatz ist ohnehin zu klein für Wohnmobile und oft komplett belegt. Die Burgruine entstand zu Beginn des 12. Jahrhunderts in markanter Lage hoch über dem See als Teil des alten Dorfzentrums von Varenna. Sehenswert ist nicht nur der hohe Bergfried, sondern auch die Aussicht, die sich von der Ruine über den See ergibt. In der Burgruine finden regelmäßig Falknervorführungen statt.

047ol-as©e55evu - stock.adobe.com

Ein Spaziergang durch Varenna am Ufer des Comer Sees – nur schön

Der Monte Legnone bildet eine imposante Kulisse am Comer See

Gastronomie

› **Vecchia Varenna,** Contrada Scoscesa, 14, 23829 Varenna LC, Tel. 0341 830793, www.vecchiavarenna.it. Pasta, Fisch und kleine Speisen in sehr angenehmer Atmosphäre direkt am Ufer des Comer Sees, umgeben von den Häusern Varennas.

Parken

P 4 **Parkplatz Varenna,** GPS 46.012003, 9.292973, Via per Vezio. Guter Ausgangspunkt für einen Fußmarsch hinauf zum Castello di Vezio. Doch schon zum Erreichen des Parkplatzes muss man im Ortsteil Esino fünf Serpentinen durchqueren. Das sollten Fahrer von größeren Wohnmobilen bedenken.

Südlich der Ortschaft **Fiumelatte** verläuft einer der schönsten Streckenabschnitte am Ostufer des Comer Sees. Bis Lierna fährt man direkt am Ufer entlang. Keine Häuser beeinträchtigen die Sicht. Nur eine hüfthohe Mauer und ab und zu eine Hecke trennen die Straße vom Wasser, während auf der linken Seite die bewaldeten Berghänge ansteigen. Südlich von Lierna verschwindet aber auch diese Straße kurzzeitig in einer Galerie.

Die folgende Stadt **Mandello del Lario** ist nun deutlich größer und bietet neben einigen

Supermärkten und Tankstellen, an denen man Vorrat und Tank auffüllen kann, auch eine etwas größere Altstadt, in der es jedoch keine besonderen Sehenswürdigkeiten gibt. Wer sich nicht gerade für Motorräder interessiert, wird den Ort sicherlich schnell hinter sich lassen, doch Mandello del Lario ist Gründungsort der Firma **Moto Guzzi.** Carlo Guzzi und Giorgio Parodi ließen sich hier im Jahr 1921 nieder, um Motorräder der berühmten Marke herzustellen. Mittlerweile ist das Unternehmen eine Tochtergesellschaft des ebenfalls berühmten Fahrzeugherstellers Piaggio.

30 Camping Continental

GPS 45.921411, 9.312862

Enger und in die Jahre gekommener Campingplatz, der nicht sonderlich schön gelegen ist. Er ist jedoch einer der wenigen Campingplätze am Ostufer des Comer Sees. Der Platz ist besonders bei Zelturlaubern mit Motorrädern (Stichwort „Moto Guzzi") beliebt. **Lage/ Anfahrt:** Direkt an der SP72 mitten im Ort Mandello del Lario. Hinter einem Firmengelände rechts abbiegen und der Beschilderung folgen; **Platzanzahl:** 20; **Untergrund:** Wiese; **Sicherheit:** umzäunt; **Preiskat.:** €€€; **Max. Stand:** unbegrenzt; **Geöffnet:** ganzjährig; **Kontakt:** Camping Continental, Via Statale, 93, 23826 Mandello del Lario LC, Tel. 0339 3076769, www.camping-continental.it

31 Wohnmobilstellplatz Mandello del Lario

GPS 45.918375, 9.315614

Durch Hauptstraße und Bahnstrecke lauter, einfacher Stellplatz, der eher nicht zu Urlaubszwecken, sondern als Alternativplatz für eine Zwischenübernachtung genutzt werden kann. **Lage/Anfahrt:** Stellplatz auf einem öffentlichen Parkplatz mitten im Ort, direkt neben der SP72. Am Campingplatz vorbei und wenig später rechts hinter dem Abstellplatz für Campingfahrzeuge abbiegen; **Platzanzahl:** 15; **Untergrund:** Asphalt; **Preiskat.:** €; **Max. Stand:** unbegrenzt; **Geöffnet:** ganzjährig; **Kontakt:** Via Giulio Cesare, 23826 Mandello del Lario LC

044oi-as©Simone Polattini - stock.adobe.com

LECCO
(37 km – km 102)

Nach Süden hin wird der Comer See nun deutlich schmaler und man nähert sich Lecco auf der SS36, die man ab **Abbadia Lariana** zwangsläufig befährt.

32 Camping Spiaggia

GPS 45.897719, 9.331936
Sehr kleiner, ruhiger Campingplatz mit Zugang zum Kiesstrand. **Lage/Anfahrt:** Direkt am Seeufer in dem kleinen Örtchen Abbadia Lariana gelegen. Auf der SP72 am Kirchturm vorbei und gleich hinter einer kleinen Brücke scharf rechts abbiegen. Enge Zufahrt. Wendemöglichkeit erst auf dem Campingplatz; **Platzanzahl:** 17; **Untergrund:** Wiese; **Sicherheit:** umzäunt, beleuchtet; **Preiskat.:** €€€; **Max. Stand:** unbegrenzt; **Geöffnet:** Anfang April–Anfang Oktober; **Kontakt:** Camping Spiaggia, Via al Campeggio, 5, 23821 Abbadia Lariana LC, Tel. 0341 731621, www.campingspiaggia.com

Da es keinen Campingplatz gibt und der nur ohnehin nicht sonderlich empfehlenswerte Stellplatz abseits am Rande der Stadt liegt, sucht man sich zur Besichtigung von Lecco am besten einen herkömmlichen Parkplatz im Stadtzentrum. Idealerweise gibt es einen etwas größeren Parkplatz mit Schranke direkt vor der Hauptsehenswürdigkeit der Stadt, der **Basilika San Nicolò.** Die etwas erhöht liegende Kirche fällt besonders durch ihren freistehenden Glockenturm ins Auge. Mit seinen 96 Metern Höhe gehört er zu den höchsten des Landes. Zum Vergleich: Der berühmte Markusturm in Venedig ist nur zwei Meter höher. Der auf einem runden Fundament errichtete Turm ist von fast überall in Lecco zu sehen und bietet umgekehrt einen fantastischen Ausblick auf die Stadt und den südlichen Ausläufer des Comer Sees. Leider

Lecco markiert den südöstlichen Zipfel des Comer Sees

ist die Besteigung nicht ganz einfach. Das liegt allerdings weniger an den fast 400 Stufen, sondern vielmehr daran, dass man den Turm nur im Rahmen einer Gruppenführung besichtigen kann. Der Besuch muss zuvor auf der Website www.campaniledilecco.it angemeldet werden.

Gleich auf der Südseite der Kirche erstreckt sich die lebhafte **Altstadt von Lecco** mit ihren zahlreichen Gassen und Einkaufsmöglichkeiten. Sie reicht bis an das Ende des Sees heran, das von der Ponte Kennedy markiert wird. Hier wird aus dem See wieder der Fluss **Adda,** der aber nur eineinhalb Kilometer und zwei Brücken später in den nächsten See, den Lago di Garlate, mündet und ca. 400 m nach dessen südlichem Ende noch kurz den sehr kleinen Lago di Olginate durchquert, bis er sich auf den endgültigen Weg in Richtung Po-Ebene macht.

Parken

P 5 Parkplatz Basilika San Nicolò,
GPS 45.856815, 9.387790

33 Wohnmobilstellplatz Lecco

GPS 45.83121, 9.408181
Öffentlicher Stellplatz der Stadt inmitten eines Industriegebiets, wenn auch mit Blick auf den See. Nur für die Ver- und Entsorgung empfehlenswert. **Lage/Anfahrt:** Drei Kilometer südlich von Leccos Zentrum. Auf der SS36 bis Lecco Bione und südwärts in das Industriegebiet hinein; **Platzanzahl:** 10; **Untergrund:** Asphalt; **Preiskat.:** €; **Max. Stand:** 3 Nächte; **Geöffnet:** ganzjährig; **Kontakt:** Via Arturo Toscanini, 2–8, 23900 Lecco LC

34 Camping Rivabella

GPS 45.821956, 9.414492
Campingplatz mit eigenem Strand am Ostufer des Lago di Garlate. Unter Bäumen steht man hier nur wenige Meter vom Wasser entfernt. Die Ausstattung des Platzes, insbesondere der Sanitärbereich, ist jedoch nicht mehr zeitgemäß (Stehklo). Auf der anderen Seite angrenzend ist außerdem eine Hochstraße. Daher nur zu für einen Platz direkt am Wasser zu empfehlen und wenn man die Sanitäreinrichtung des Platzes nicht benötigt. **Lage/Anfahrt:** Auf halber Höhe des östlichen Seeufers des Lago di Garlate. Alternative für den Besuch von Lecco. Die Altstadt ist zu Fuß entlang der Adda in rund einer Dreiviertelstunde erreichbar. Ab Lecco südwärts am beschriebenen Wohnmobilstellplatz vorbei, dahinter am zweiten Kreisverkehr rechts abbiegen; **Platzanzahl:** 40; **Untergrund:** Wiese; fest; **Sicherheit:** umzäunt, beleuchtet; **Preiskat.:** €€€; **Max. Stand:** unbegrenzt; **Geöffnet:** April–Okt.; **Kontakt:** Campeggio Rivabella, Via alla Spiaggia, 35, 23900 Lecco LC, Tel. 0341 421143, www.rivabellalecco.it

35 Wohnmobilstellplatz Olginate

GPS 45.795266, 9.416842
Gut ausgestatteter Stellplatz mit ungewöhnlichen Bezahlsystem. Bei drei Händlern im Ort, zum Beispiel in der nahe gelegenen Pizzeria, zahlt man die Übernachtung und erhält dafür ein Ticket. **Lage/Anfahrt:** Am Westufer des kleinen Lago di Olginate gelegen. Ideal für einen Abendspaziergang rund um den See (ca. 5 km). In Lecco den Adda überqueren und auf der SP59 südwärts bis Olginate. An einer Ampel südlich der Altstadt links; **Platzanzahl:** 37; **Untergrund:** Pflaster; **Sicherheit:** beleuchtet; **Preiskat.:** €€; **Max. Stand:** 3 Nächte; **Geöffnet:** ganzjährig, außer an Markttagen (Do/Fr); **Kontakt:** Via Cesare Cantù, 39, 23854 Olginate LC

Auch Bellagio präsentiert sich mit einer pittoresken Altstadt

BELLAGIO

(25 km – km 127)

Nach Überquerung des Adda folgt man der SP583 wieder in Richtung Norden – vorausgesetzt, man möchte den langen Weg direkt am Ufer auf sich nehmen und bis an die nördliche Spitze des **Triangolo Lariano** fahren. So wird die Halbinsel genannt, die sich zwischen Lecco und Como nach Norden bis Bellagio erstreckt und sich zwischen den beiden südlichen Ausläufern des Comer Sees befindet. Wer das Triangolo Lariano auslassen möchte, folgt einfach der direkten Verbindung zwischen Lecco und Como über Erba, doch muss man schon sagen, dass die Region rund um Bellagio an der Nordspitze sehr schön anzusehen ist und in der Vergangenheit nicht ohne Grund zahlreiche Prominente angelockt hat. Wie bereits weiter oben beschrieben, kann man in Bellagio zudem auf die Autofähre umsteigen und bei Bedarf den südwestlichen Seeausläufer und damit Como aussparen.

Bereits bei der Anfahrt über die SP583 genießt man den Ausblick auf die faszinierende Gebirgslandschaft, die sich auf der anderen Seite des Sees erhebt. Ein Anblick, den man zuvor natürlich nicht hatte, als man durch Orte wie Mandello del Lario gefahren ist, die man nun am gegenüberliegenden Ufer erblickt.

Es heißt, beim Bau des berühmten Hotels Bellagio am nicht weniger berühmten Strip von Las Vegas sei man von der Landschaft am Comer See inspiriert worden. Dies betrifft sowohl die Ausstattung des Hotels als auch den Grundriss, der sich in drei Gebäudeflügeln widerspiegelt – vom Namen ganz zu schweigen.

Auch für Bellagio gilt natürlich, dass man sich frühzeitig um eine Parkmöglichkeit bemühen sollte. Je weiter man bis zur Nordspitze fährt, desto schmaler wird die Halbinsel und desto weniger Platz zum Parken gibt es. Man sollte außerdem auf keinen Fall den Pkws in den Ort hineinfolgen, denn in den Gassen wird es für ein Wohnmobil viel zu eng.

0460i-as©Michal Ludwiczak - stock.adobe.com

Routenübersicht S. 32

Obwohl der eigentliche Kern von Bellagio nicht besonders groß ist, kann man in den vielen Gassen schnell die Orientierung verlieren. Der auf einem Hügel errichtete Ort besteht im Wesentlichen aus einer u-förmig verlaufenden Einbahnstraße, die zahlreiche Gassen mit Kopfsteinpflaster und Treppenstufen umschließt. Außerhalb der Altstadt mit ihrer Uferpromenade lohnt sich weiter südlich auch der Besuch des **Botanischen Gartens.** Er erstreckt sich rund um die neoklassizistische Villa Melzi, die zu Beginn des 19. Jahrhunderts erbaut wurde.

Sehenswertes

› **Villa Melzi und Botanischer Garten,** Via Lungo Lario Manzoni, 22021 Bellagio CO, Tel. 0333 4877427, www.giardinidivillamelzi.it, Ende März–Anf. Nov., Eintritt: 8 €. Der schöne Rundgang durch den Botanischen Garten beginnt auf der Terrasse vor der Villa. Zu sehen gibt es eine kleine Kapelle mit zahlreichen Fresken, ebenfalls im neoklassizistischen Stil, einen malerischen Bambuswald, Gewächshäuser und eine Orangerie, in der ein Museum untergebracht ist. Gezeigt werden Erinnerungsstücke aus der napoleonischen Zeit. Durch einen orientalischen Garten und an einer Platanenallee vorbei, kommt man wieder zurück zur Villa Melzi.

Parken

P 6 **Parkplatz Bellagio,** GPS 45.976601, 9.254330. Parkplatz neben einem kleinen Busparkplatz. Alternativ gibt es wenige Hundert Meter vorher auf der rechten Seite einen Parkstreifen.

36 Camping La Fornace

GPS 45.921516, 9.288154

Kleiner Campingplatz direkt neben der Straße mit teilweise in die Jahre gekommenen Sanitäreinrichtungen. Abends genießt man jedoch einen schönen Blick auf den See. Mit etwas Glück steht man direkt am Wasser. **Lage/Anfahrt:** An der SP583 auf halber Höhe zwischen Lecco und Bellagio. Nördlich von Onno auf die schmale Zufahrt nach rechts einbiegen; **Platzanzahl:** 15; **Untergrund:** fest; **Sicherheit:** umzäunt, beleuchtet; **Preiskat.:** €€€; **Max. Stand:** unbegrenzt; **Geöffnet:** Ende März–Mitte Okt.; **Kontakt:** Camping La Fornace, Via G. Garibaldi, 52, 23865 Oliveto Lario LC, Tel. 0351 2731238, www.lafornace.it

37 Camping Bellagio

GPS 45.970958, 9.25383

Nur für Kastenwagen bzw. Wohnmobile bis 5,50 m Länge! Etwas erhöht liegender Platz, der zwar eine schöne Aussicht ermöglicht, jedoch veraltete Sanitäranlagen aufweist. 20 Minuten Fußweg in den Ort, der Rückweg ist jedoch sehr steil. Auf dem Platz werden Vespa-Roller zum Ausleihen angeboten. **Lage/Anfahrt:** Südlich von Bellagio in ruhiger, aber abseits gelegener Lage auf einem Bergrücken. Am Kreisverkehr auf die SP41 wechseln und bergauf bis zur Beschilderung nach rechts in die schmale Straße hinein; **Platzanzahl:** 25; **Untergrund:** Wiese; **Sicherheit:** umzäunt; **Preiskat.:** €€€€; **Max. Stand:** unbegrenzt; **Geöffnet:** Mai–Mitte Sept.; **Kontakt:** Camping Bellagio, Via Valassina, 170, 22021 Bellagio CO, Tel. 031 951325, www.bellagio-camping.com

COMO

(31 km – km 158)

Wer sich gegen die Fährüberfahrt nach Menaggio (s. S. 59, Fähranleger: GPS 45.985524, 9.259932) entscheidet, sondern dem Seeufer folgen und Como besichtigen möchte, der fährt an der Westseite des Triangolo Lariano auf der SP583 südwärts. Wie schon auf der Hinfahrt, genießt man von der kurvigen Straße etwas oberhalb des Sees den Blick auf das Gewässer, das hier beinahe wie ein Fjord wirkt. Immer wieder durchquert man vereinzelte Orte, bis man schließlich den für den See namensgebenden Ort Como erreicht.

Como ist die erste wirklich größere Stadt auf der Reise durch Oberitalien. Für die Erkundung der beinahe rechtwinklig angelegten Gassen in der **Altstadt** sollte man sich ein wenig mehr Zeit nehmen. Sie erstreckt sich

047ol-mm

südlich des Jachthafens und wird von der beeindruckenden Kathedrale dominiert. Außerdem wird das historische Stadtzentrum noch heute von einer Stadtmauer umgeben, an der sich am südlichen Altstadtrand drei mächtige Wehrtürme bzw. Stadttore erheben.

Über drei Jahrhunderte dauerte die Errichtung des **Doms,** dessen Bau am Ende des 14. Jahrhunderts begann. Das fast 90 Meter lange und überwiegend gotische Gotteshaus ist mit zahlreichen Kunstwerken ausgestattet. Mehrere kunstvoll gestaltete Altäre und Gemälde zieren das Innere des Kirchenschiffs, das gleichzeitig mit einem prächtigen Gewölbe und einer Kuppel einen sehenswerten Abschluss bietet.

Flankiert wird der Dom auf der südlichen Seite vom **Theater,** während auf der Nordseite eine weitere beinahe unscheinbare **Kirche** betreten werden kann. Sie ist von den Wohn- und Geschäftshäusern mit ihren Laubengängen umgeben, als würde man sie vor dem deutlich größeren Dom schützen wollen. Die Westfassade des Doms zieren zahlreiche Heiligenfiguren und gleich daneben erhebt sich das **Broletto** genannte Stadthaus mit seinen Säulen. Im Turm des Broletto ist die **Touristinformation** untergebracht, wo man sich am besten einen Stadtplan geben lässt, denn am Domplatz taucht man unmittelbar in die vielen Gassen der Altstadt ein und war es schon in Bellagio möglich, sich ein wenig in den Sträßchen zu verirren, so ist das in Como noch weniger ein Problem.

Zahlreiche Einkaufsstraßen, kleine Plätze und gelegentliche Marktstände erschweren die Orientierung und ehe man sich versieht, steht man bereits vor der nächsten Kirche. Die aus dem 12. Jahrhundert stammende **Chiesa di San Fedele** versteckt sich an der gleichnamigen Piazza ebenfalls zwischen zahlreichen Wohn- und Geschäftshäusern. Nur die Portalseite und der Chor sind von außen zu sehen. Um außen von der einen auf die andere Seite zu gelangen, muss man einen kleinen Umweg durch die angrenzende Seitenstraße machen.

Der Dom in Como beeindruckt mit seiner prächtigen Fassade

048oi-mm

Am Seeufer in Como erhebt sich ein Kriegsdenkmal

Etwas außerhalb der Altstadt lohnt auch noch ein Besuch der über den Uferweg sehr leicht zu erreichenden **Villa Olmo.** Sie erhebt sich unmittelbar am Westufer des Comer Sees und gibt zusammen mit dem Englischen Garten, von dem sie umgeben ist, ein prachtvolles Bild.

Auf der gegenüberliegenden Seeseite sieht man die **Standseilbahn,** die auf einen rund 700 Meter hohen Berg fährt. Deutlich zu erkennen ist dort oben der **Leuchtturm Faro Voltiano,** der im Jahr 2027 sein hundertstes Bestehen feiert. Der 29 Meter hohe Turm trägt den Namen des in Como geborenen Physikers Allesandro Volta, bekannt für die Maßeinheit der elektrischen Spannung. Nach zahlreichen Entdeckungen starb Volta im Jahr 1827 in Como. Die Standseilbahn (Furnicolare) startet am östlichen Ufer nördlich der Altstadt von Como und wurde bereits im Jahr 1894 in Betrieb genommen. Die ursprünglich dampfbetriebene Bahn wurde erst 1911 elektrifiziert. Nach rund sieben Minuten Fahrzeit hat die Seilbahn den Höhenunterschied überwunden und man befindet sich im Bergdorf **Brunate.** Auch hier gibt es eine gemütliche kleine Altstadt zu entdecken, die natürlich mit den Ausmaßen von Como nicht mithalten kann. Doch dafür hat man knapp unterhalb der Bergstation einen unvergleichlichen Panoramablick über die Stadt. Noch spektakulärer ist jedoch der Ausblick vom höher gelegenen Leuchtturm. Eine gute Dreiviertelstunde sollte man für den steilen Weg von der Bergstation hinauf zum Faro Voltiano einplanen. Die 2 € Eintritt für die anschließende Turmbesteigung sind gut investiert, um einen 360°-Blick genießen zu können, bei dem man bis zu den Gipfeln der Westalpen schaut.

Gastronomie

› **Bäckerei,** Via Cesare Cantù, 32. In der Altstadt auf dem Weg zum Porta Torre. Kleine Bäckerei mit freundlichem Bäckermeister. Neben den üblichen Backwaren gibt es hier auch kleine, leckere Pizzastücke vom Blech.

Parken

Parkmöglichkeiten gibt es am **Wohnmobilstellplatz** oder auf kleineren **Parkplätzen in Ufernähe,** von wo aus man in wenigen Gehminuten zu Fuß in die Altstadt gelangt.

P **7 Parkplatz Como,** GPS 45.814145, 9.070273

P **8 Parkplatz Villa Olmo,** GPS 45.818171, 9.066246

38 Wohnmobilstellplatz Como

GPS 45.802532, 9.091636

Große Erwartungen sollte man an diesen Stellplatz nicht haben. Enge Parkflächen auf einem gewöhnlichen Pkw-Parkplatz mit dem Unterschied, dass die Parzellen etwas länger sind. Markiert sind sie mit der Beschriftung Camper. **Lage/Anfahrt:** Nahe der Altstadt im Wohn- und Geschäftsviertel, direkt neben der vierspurigen SP342. Vom Hafen in südliche Richtung auf die SP342 fahren. 200 m hinter einem Kreisverkehr links abbiegen; **Platzanzahl:** 5 (drei auf der einen, zwei auf der gegenüberliegenden Seite); **Untergrund:** Asphalt; **Preiskat.:** €; **Max. Stand:** 3 Nächte; **Geöffnet:** ganzjährig; **Kontakt:** Viale Aldo Moro, 29, 22100 Como CO

Como ist der **Ausgangspunkt für die Route 2** dieses Buches, die zum Lago Maggiore führt (s. S. 57).

39 Wohnmobilstellplatz Tavernola

GPS 45.835061, 9.060958

In Tavernola hat man erst vor wenigen Jahren einen wunderbaren Stellplatz angelegt, der auch optisch etwas hermacht. Leider bietet er nur zehn Stellflächen und auch keine besondere Aussicht. Doch er ist nur vier Kilometer von Como entfernt und daher eine sehr gute Alternative zu dem dortigen Stellplatz. Die Standflächen sind parzelliert und bieten etwas mehr Freiraum als viele andere Stellplätze Italiens. Um einen freien Stellplatz zu ergattern, sollte man frühzeitig kommen. In der Regel wird es am Abend so voll, dass viele Wohnmobilisten vor der Schranke übernachten, was allerdings nicht gewünscht ist. Mit dem Fahrrad oder auch zu Fuß kann man Como entlang der Uferstraße gut erreichen. **Lage/ Anfahrt:** Gegenüber von einem Sportplatz und in fußläufiger Nähe zu einem Einkaufszentrum. Von Como kommend über die Küstenstraße zum Kreisverkehr in Tavernola, dort links aus dem nächsten Kreisverkehr und gleich dahinter gegenüber vom Einkaufszentrum erneut links. Anreisende aus der Schweiz verlassen die Autobahn an der Ausfahrt Como Nord und erreichen das Einkaufszentrum von der anderen Seite; **Platzanzahl:** 10; **Untergrund:** Asphalt; **Sicherheit:** umzäunt, Schranke; **Preiskat.:** €; **Max. Stand:** 3 Nächte; **Geöffnet:** ganzjährig; **Kontakt:** Via Brennero, 7, 22100 Como CO

050oi-mm

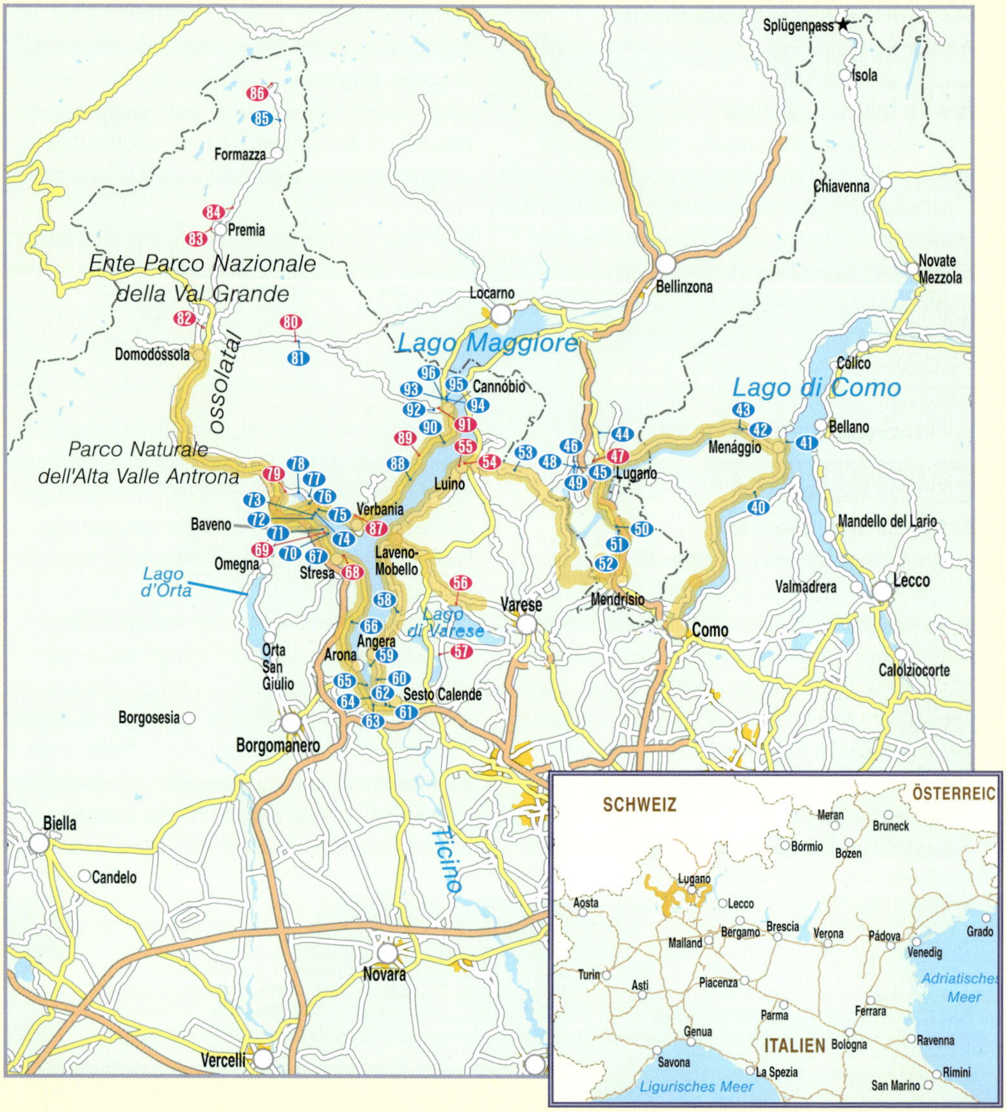

Strecke:
Como (S. 52) - **Menaggio** (36 km, S. 59) - **Luganersee und Lugano** (28 km, S. 61) - **Luino** (25 km, S. 69) - **Laveno-Mombello** (19 km, S. 70) - **Abstecher: Lago di Varese** (hin und zurück 34 km, S. 70) - **Angera** (21 km, S. 74) - **Arona** (17 km, S. 77) - **Stresa und die Borromäischen Inseln** (18 km, S. 80) - **Baveno** (3 km, S. 84) - **Abstecher in das Ossola-Tal** (hin und zurück 192 km, S. 85) - **Verbania** (11 km, S. 90) - **Cannobio** (22 km, S. 93)

Streckenlänge:
ohne Abstecher ca. 200 km
mit Abstecher ca. 426 km

⊡ *Der Lago Maggiore bietet immer wieder malerische Buchten vor grandioser Alpenkulisse*

ROUTE 2: DER LAGO MAGGIORE UND DIE SEITENTÄLER

Die oberitalienischen Seen erlebt man hier von ihrer schönsten Seite. Man verlässt das Westufer des Comer Sees durch ein weites Tal, um wenig später den Luganersee kennenzulernen. Auf Schweizer Seite kann man Standseilbahnen für die Stadtbesichtigung von Lugano oder für die Fahrten auf die zahlreichen Aussichtsberge rund um den See nutzen. UNESCO-Weltkulturerbestätten wie Pilgerwege und geologische Sehenswürdigkeiten und selbst eine italienische Exklave innerhalb des schweizerischen Tessin verlocken zu einer Stippvisite. Nach Durchquerung des nächsten Tals blickt man auf den berühmten Lago Maggiore, der mit seinem mediterranen Ambiente für jeden etwas bereithält: kulturelle Highlights in Angera und Arona auf der einen Seite, den Fernblick von verschiedenen Bergen auf der anderen. Und bevor man einen Abstecher in das Ossola-Tal macht, um dort weitere Bergpanoramen zu genießen, lohnt sich eine Fahrt mit dem Schiff zu den Borromäischen Inseln mit ihren schönen Landschaftsgärten.

Auch Route 2 verläuft zunächst noch am Ufer des Comer Sees entlang, doch in der Nähe des Wohnmobilstellplatzes in Tavernola 39 kann man selbstverständlich bereits die Grenze zur Schweiz überqueren und ein Stück des Wegs zum Luganersee über die Autobahn abkürzen.

Los geht die Fahrt in der Nähe von **Como** (s. S. 52), sodass man die südlichste Stadt am See bequem vom Stellplatz in Tavernola aus besichtigen kann. Anschließend verläuft die Reise auf der SS340 nordwärts am südwestlichen Ufer entlang. Die Landschaft präsentiert sich auch hier wie man sie schon bei der Seeumrundung auf Route 1 vorgefunden hat: Am fjordähnlichen Ausläufer fährt man durch viele kleine Ortschaften, die aufgrund der Topografie sich meistens entlang der Straße erstrecken. Auf der rechten Seite weitet sich der See aus, während linker Hand die Berge in die Höhe ragen, auf denen die Grenze zwischen Italien und der Schweiz verläuft.

Bei der Fahrt durch das Dorf **Sala Comacina** sieht man nicht viel vom Comer See, da der Ausblick durch die Bebauung verstellt ist. Doch gleich dahinter befindet sich die einzige Insel im See. Im Ort **Tremezzina** sieht man sie schon deutlicher und dort befindet sich auch eine Parkmöglichkeit, um die **Isola Comacina** besuchen zu können (45.967999,9.181740, Parkplatz in fußläufiger Entfernung zum Antiquarium).

Die Insel ist gerade einmal etwas mehr als 500 Meter breit und knappe 100 Meter lang. Vom Bootsanleger, von dem aus man für kleines Geld übersetzen kann, ist die Insel nur 150 Meter entfernt. Möglicherweise fährt der Bootsmann aber zum weiter entfernten westlichen Anleger. Dort angekommen, befindet man sich gleich vor der **Locanda dell'Isola Comacina,** dem einzigen Restaurant der Insel, für das manche Gäste eigens die Bootsfahrt auf sich nehmen. Gleich dahinter verläuft ein schmaler Spazierweg an mehreren sakralen Bauwerken und Ruinen entlang. Die Klostergebäude von San Faustino und die Basilica di Sant'Eufemia stammen zum Teil aus dem 12. Jahrhundert. Darüber hinaus gibt es archäologische Ausgrabungen, die belegen, dass die Insel bereits von den Römern besucht wurde.

Gastronomie

› **Locanda dell'Isola Comacina,** Isola Comacina, 22010 Ossuccio, 22010 Tremezzina CO, nur mit dem kleinen Boot ab Tremezzina oder ab Menaggio, Tel. 0344 55083, www.comacina.it, Menü inkl. Weißwein und Wasser 80 €/Person (keine Kreditkarten). In dem Restaurant gibt es nur ein einziges Menü und das bereits seit dem Jahr 1947. Der erste Gang des traditionellen 5-Gänge-Menüs besteht aus einer Scheibe Tomate, garniert mit Zitrone, Salz und Olivenöl. Gereicht wird es mit acht Schälchen verschiedener Gemüsearten und einem Teller Prager Schinken. Im zweiten Gang folgt eine filetierte Lachsforelle frisch vom Holzkohlegrill, die von gebackenen Hähnchen im dritten Gang abgelöst wird. Abschließend darf man den Parmesankäse genießen, bevor mit dem fünften Gang die Nachspeise in Form einer saisonabhängigen Frucht mit Vanilleeis gereicht wird. Beim großen Finale wird die Glocke geläutet und bei einem Brandy die Geschichte der Insel erzählt. Das Menü lockte bereits zahlreiche Prominente auf die Insel. Das Gästebuch des Restaurants liest sich wie das Who is Who der Sport- und Schauspielprominenz. Lothar Matthäus, Jürgen Klinsmann und Franz Beckenbauer saßen ebenso hier an den Tischen wie Arnold Schwarzenegger, Gina Lollobrigida, Konrad Adenauer, Elton John, Brad Pitt und Matt Damon.

Zum Besuch der Insel gehört auch ein Blick in das **Antiquarium** neben dem Bootsanleger am Festland. Das einstige Pilgerhospital mit der Kirche St. Maria Magdalena beherbergt heute ein Infozentrum zur Isola Comacina. Ungewöhnlich zeigt sich der Kirchturm, der im oberen Drittel deutlich breiter ist als im unteren Bereich.

Beim Thema Pilgerstätte ist auch unbedingt der **Sacro Monte di Ossuccio** zu erwähnen. Vom Parkplatz aus gelangt man über einen 15-minütigen Fußweg stets bergauf zur Wallfahrtsstätte. Der Orden Franziskanerbrüder schuf hier im 17. Jahrhundert 14 Kapellen, an denen vorbei man weiter bergauf zur Wallfahrtskirche gelangt, die bereits ein Jahrhundert zuvor gebaut wurde. Jede der Kapellen beherbergt Darstellungen der ersten 14 sogenannten Rosenkranzgeheimnisse. Das 15. Rosenkranzgeheimnis wird in der Wallfahrtskirche mit der Aufnahme Mariens in den Himmel dargestellt. Gleichzeitig hat man von dem Kapellenweg einen wunderbaren Ausblick auf den Comer See.

40 Camping La Vedo

GPS 45.969348, 9.192903

Einfacher und durch die angrenzende Straße teils lauter Campingplatz. Allerdings guter Ausgangspunkt für den Besuch der Isola Comacina und des Sacro Monte. Keine Parzellen. Wohnmobile werden oft dicht an dicht zusammengestellt. **Lage/Anfahrt:** Mitten im Ort und nicht direkt am Wasser. Auf der SS340 in den Ort und hinter der Tankstelle rechts abbiegen; **Platzanzahl:** 15; **Untergrund:** Wiese; fest; **Sicherheit:** umzäunt, beleuchtet; **Preiskat.:** €€€; **Max. Stand:** unbegrenzt; **Geöffnet:** März–Okt.; **Kontakt:** Camping La Vedo, Via Comoedia, 2, 22016 Lenno CO, Tel. 0344 56288

MENAGGIO

(36 km – km 36)

Auf der weiteren Fahrt blickt man ein letztes Mal auf Bellagio am gegenüberliegenden Ufer und man hat in Cadenabbia noch einmal die Gelegenheit, mit der Fähre hinüberzufahren.

Den Abschluss der Reise am Comer See bildet die Stadt Menaggio, die durch eine Vielzahl an **Kirchen** besticht, die sich im gesamten Stadtgebiet verteilen. Darüber hinaus bietet sich die Uferpromenade zum entspannten

Weltkulturerbe Sacri Monti

Neun Kapellenanlagen bzw. Pilgerstätten bilden das Weltkulturerbe Sacri Monti, zu Deutsch „Heilige Berge". Die UNESCO hat die Kapellen im Jahr 2003 auf die Liste der schützenswerten Kulturgüter gesetzt und begründet dies mit der symbolischen und spirituellen Bedeutung, aber auch mit ihrer Schönheit und den zahlreichen Kunstwerken, die in den einzelnen Anlagen zu finden sind. Die neun Sacri Monti liegen weit verstreut in den Regionen Lombardei und Piemont. Zu ihnen zählen der Sacro Monte di Belmonte nördlich von Turin, der Sacro Monte di Domodossola, der Sacro Monte di Ghiffa, der Sacro Monte di Oropa, der Sacro Monte di Varese, der Sacro Monte di Orta, der Sacro Monte di Crea und der älteste von ihnen, der Sacro Monte di Varallo. Sein Baubeginn war bereits Ende des 15. Jahrhunderts.

052oi-mm

Die Wallfahrtskirche ist das Ziel am Sacro Monte di Orta (s. S. 98)

Schlendern und Genießen an. Viel Trubel gibt es am **Fährterminal** (GPS 46.017460, 9.236622), von wo aus die Überfahrten nach Varenna (s. S. 47) und Bellagio (s. S. 51) starten. Noch touristischer geht es an der **Piazza Giuseppe Garibaldi** zu. Zahlreiche Einkehrmöglichkeiten und Straßencafés erwarten einen rund um den Platz, der zugleich den Übergang von der Uferpromenade zur kurzen Fußgängerzone markiert.

Menaggio ist aber auch ein wichtiger Verkehrsknotenpunkt. Zum einen legen hier, wie erwähnt, die Fähren an das andere Seeufer ab, zum anderen liegt die Stadt am östlichen Ende des Valle Menaggio, das den Comer See über die SS340 mit dem Luganersee verbindet.

Parken

P 9 **Parkplatz Menaggio,** GPS 46.024567, 9.238968. Parkplatz gleich neben dem Campingplatz. Mit etwas Glück findet man auch einen Platz entlang der Uferpromenade.

41 Camping Europa

GPS 46.025438, 9.239147

Ein sehr enger, schattiger Campingplatz unter dichten Baumkronen. Für größere Wohnmobile schwierig. **Lage/Anfahrt:** Zwischen Seeufer und Hauptstraße, daher auch erhöhte Lärmbelästigung. Am nördlichen Ortseingang von Menaggio in die enge Zufahrt hinein; **Platzanzahl:** 30; **Untergrund:** fest; **Sicherheit:** umzäunt, beleuchtet; **Preiskat.:** €€; **Max. Stand:** unbegrenzt; **Geöffnet:** März–Oktober; **Kontakt:** Camping Europa, Via dei Cipressi, 16, 22017 Menaggio CO, Tel. 0344 31187, www.campingeuropamenaggio.it

In Richtung Porlezza folgt man einer leichten Steigung und überquert dabei einen kaum spürbaren Pass, bis man wenig später den **Lago di Piano** erreicht hat. Das kleine Gewässer war einst Teil des Luganersees, doch durch mehrfache Überschwemmungen des Flusses Cuccio verfüllte sich der heutige Bereich zwischen den beiden Seen. Heute bildet der Lago di Piano das Herzstück eines Naturreservats und kann bei einer kurzen, leichten Wanderung von einem der Campingplätze aus gut zu Fuß umrundet werden. Die Tour verläuft jedoch nur selten direkt am Ufer entlang, sondern mehr weitläufig durch das Naturreservat.

Parken

P 10 **Parkplatz Lago di Piano,** GPS 46.042660, 9.161968, direkt am Seeufer im Naturreservat

42 Camping Ranocchio

GPS 46.040567, 9.168561

Netter, familiär geführter Campingplatz mit Pool in ruhiger Lage. **Lage/Anfahrt:** Am Nordufer des Lago di Piano mit eigenem Zugang zum See. Auf der SS340 von Menaggio bis rund einen Kilometer hinter einem Kreisverkehr; **Platzanzahl:** 40; **Untergrund:** Schotterrasen; fest; **Sicherheit:** umzäunt, beleuchtet; **Preiskat.:** €€€€; **Max. Stand:** unbegrenzt; **Geöffnet:** Ende März–Ende Sept.; **Kontakt:** Camping Ranocchio, Via Al Lago, 139 A, 22010 Carlazzo CO, Tel. 0344 70385, www.campingranocchio.com

43 Camping Costa Azurra

GPS 46.041439, 9.16827

Kleiner Campingplatz in ruhiger Lage. **Lage/Anfahrt:** Auf der SS340 von Menaggio bis rund einen Kilometer hinter einem Kreisverkehr. Direkt neben dem Camping Ranocchio, Einfahrt nur wenige Meter vorher; **Platzanzahl:** 20; **Untergrund:** fest; **Sicherheit:** umzäunt; **Preiskat.:** €€€; **Max. Stand:** unbegrenzt; **Geöffnet:** März–Sept.; **Kontakt:** Camping Costa Azurra, Via Al Lago, 22010 Carlazzo CO, Tel. 0344 70024

Am Ufer von Lugano ist der Monte San Salvatore stets präsent

LUGANERSEE UND LUGANO

(28 km – km 64)

Mit dem Luganersee, auf Italienisch **Lago di Lugano,** erreicht man den zweiten der oberitalienischen Seen. Er befindet sich jedoch nur zu etwas mehr als einem Drittel auf italienischer Seite. Zu großen Teilen erstreckt er sich in der **Schweiz,** daher hält man sich auf der Fahrt entlang des Sees auch auf Schweizer Staatsgebiet auf. Der östliche Bereich bei Porlezza und der westliche Uferbereich des dortigen fjordähnlichen Seeabschnitts ganz im Südwesten gehören dagegen zu Italien. Darüber hinaus bietet der Luganersee ein Kuriosum in Form einer **italienischen Exklave.** Die italienische Ortschaft Campione d'Italia (s. S. 65) ist komplett von der Schweiz umgeben und nur über eine Straße vom schweizerischen Bissone aus erreichbar.

Natürlich gehört die Schweiz eigentlich nicht in einen Reiseführer über Oberitalien, doch da die Grenzziehung an dieser Stelle die Durchquerung des Alpenlandes, dessen Staatsgebiet sich wie ein Finger nach Italien hineinzieht, erfordert, kann man auch gleich **Lugano** besuchen. Wenn man die Anreise nach Oberitalien durch die Schweiz wählt, kann Lugano zudem als Ausgangspunkt für die Routen genutzt werden, nachdem man sich über Bellinzona den oberitalienischen Seen genähert hat.

In Lugano ist Italienisch Amtssprache und wird auch von einer großen Mehrheit der Bevölkerung gesprochen. Das spürt man auch beim Spaziergang durch die **Altstadt,** wenn man auf der Via Cattedrale unterwegs ist oder die Piazza Riforma überquert. Vom Wohnmobilstellplatz erreicht man die Altstadt in wenigen Minuten zu Fuß.

Parallel zur Bahnlinie gelangt man vom Stellplatz auf der Via Clemente Maraini zum Bahnhof von Lugano. Dort kann man in die 1886 eröffnete Standseilbahn einsteigen und in die Altstadt hinabfahren. Diese **Funicolare** ist mit zwei Millionen Fahrgästen die am meisten genutzte Standseilbahn der Schweiz und überwindet nur eine Höhendifferenz von 50 Metern, doch gerade nach einem Einkaufsbummel, wenn man zurück nach oben zum Bahnhof möchte, freut man sich über diese Erleichterung. Die kostenpflichtige Fahrt (1,30 CHF) mit der vollautomatischen Standseilbahn dauert rund eineinhalb Minuten und ist ganztägig alle fünf Minuten möglich. Alternativ kann man vor dem Bahnhof

053oi-mm

auch die lange Treppe auf der rechten Seite benutzen. Auch ein Erlebnis, besonders deshalb, weil man darauf achten muss, wo man hintritt. Zahlreiche Eidechsen aalen sich auf den aufgewärmten Steinen, verschwinden aber in der Regel im hohen Gras oder in den Fugen, wenn jemand kommt.

Trotz einer umfangreichen Stadterneuerung in der ersten Hälfte des letzten Jahrhunderts wartet die Altstadt Luganos mit einigen **malerischen Bauwerken** und **kleineren Palästen** auf. Im Westen des Hauptplatzes **Piazza Riforma** zweigt die beliebte **Flaniermeile Via Nassa** ab, in der in den Laubengängen zahlreiche Boutiquen zum Geldausgeben verlocken. Die Via Nassa verläuft parallel zur Uferstraße, an der man direkt am Wasser des Luganersees wieder zum Piazza Riforma zurückkehren kann. Dabei blickt man auf die gegenüberliegende Bergkette, auf der die italienisch-schweizerische Grenze verläuft und man hat auch die Exklave Campione d'Italia gut im Blick.

054oi-mm

Außerdem fällt sofort der **Monte Brè** ins Auge, der sich am östlichen Stadtrand erhebt und als Hausberg von Lugano gilt. Mit 925 Metern ist er im Vergleich zu den nahe gelegenen Alpengipfeln eigentlich eher klein. Dennoch bietet er eine fantastische Aussicht und ist daher ein beliebtes Ausflugsziel. Nach Süden hin schaut man über den Luganersee hinweg und erblickt den Seedamm von Melide. Gleich dahinter erhebt sich der **Monte San Giorgio,** der als Weltnaturerbe in der Liste der UNESCO eingetragen ist. An diesem Berg vorbei sieht man auch, dass die Landschaft in Richtung Po-Ebene zunehmend flacher wird. Nach Westen, und damit über die Altstadt von Lugano, sieht es ganz anders aus. Am Horizont erheben sich die Gipfel des höchsten Bergs der Schweiz, der **Dufourspitze,** und des deutlich bekannteren **Matterhorns.** Sie präsentieren sich als weiße, vergletscherte Gebirgswand in rund 80 Kilometern Luftlinie.

Den Gipfel des Monte Brè erreicht man am leichtesten mit einer weiteren Standseilbahn. Die nicht ganz günstige Fahrt dauert rund eine Viertelstunde und ist zweigeteilt. Der untere, kürzere Abschnitt ab der Talstation Cassarate ist kostenlos und wird von 7 bis 23.20 Uhr bedient. Die obere Bahn fährt ab 9.05 Uhr bis ebenfalls nach 23 Uhr. Eine einfache Fahrt kostet hier 16 CHF.

Information

› **Touristeninformation Lugano,** Palazzo Civico, Piazza della Riforma, zentral in der Altstadt gelegen, Tel. 058 2206500, www.luganoregion.com

Gastronomie

› **Osteria Funiculare,** Lugano CH, Scalinata alla Torretta 30, 6979 Brè sopra, Schweiz, am besten mit der Standseilbahn erreichbar, Tel. 091 9713633, www.montebre.ch. Klassische Speisen mit Schwerpunkt auf Pasta. Beliebt ist das Restaurant auf dem Monte Brè vor allen Dingen wegen der Aussicht auf der Terrasse. Es gibt Kombitickets für die Bahn, in denen bereits der Preis für ein Tagesmenü enthalten ist.

47 Wohnmobilstellplatz Lugano

GPS 46.000407, 8.944738

Acht Stellflächen, Teil eines asphaltierten Parkplatzes. Durch die benachbarte Bahntrasse und den angrenzenden Sportplatz ist mit einer Geräuschkulisse zu rechnen. Die Bezahlung erfolgt am Automaten, jedoch erhält man hier kein Parkticket, vielmehr muss man die gewünschte Parzelle auf dem Display auswählen und kann dort jederzeit ablesen, wie lange man dort noch stehen darf. **Lage/Anfahrt:** Nur wenige Gehminuten von der Altstadt entfernt. Auf der Straße 2 in südliche Richtung am Bahnhof vorbei und gleich an der ersten Möglichkeit rechts unter der Unterführung hindurch; **Platzanzahl:** 8; **Untergrund:** Asphalt; **Preiskat.:** €€; **Max. Stand:** 2 Nächte; **Geöffnet:** ganzjährig; **Kontakt:** Via Tassino, 6900 Lugano, Schweiz

0550i-mm

44 Campingplatz Moretto

GPS 46.032539, 8.940772

Kleiner, ruhiger Campingplatz mitten in einem Wohnviertel. **Lage/Anfahrt:** Rund drei Kilometer nördlich der Altstadt von Lugano, die mit dem Postbus gut erreichbar ist. Ideal gelegener Campingplatz auch für die Anreise und den Beginn der Fahrt durch Oberitalien. An der Ausfahrt Lugano-Nord von der Autobahn 2 runter und in Richtung Straße 2; **Platzanzahl:** 30; **Untergrund:** Wiese; **Sicherheit:** umzäunt; **Preiskat.:** €€€€; **Max. Stand:** unbegrenzt; **Geöffnet:** Ende April–Ende Okt.; **Kontakt:** Camping Moretto, Via Moretto 3B, 6944 Cureglia, Schweiz, Tel. 091 9667662, www.camping-moretto.ch

◁ *Die Kathedrale San Lorenzo befindet sich gleich neben der Talstation der Funicolare in Lugano*

45 Campingplatz TCS Lugano-Muzzano

GPS 45.995041, 8.908699

Lebhafter Campingplatz vom Touring Club Schweiz, dem Pendant zum ADAC. **Lage/Anfahrt:** Direkt an der Mündung des Flusses Vedeggio in den nordwestlichen Abschnitt des Luganersees und in unmittelbarer Nähe des Flugplatzes Lugano. Vom Stadtzentrum in Richtung Autobahn, diese unterqueren und noch vor dem Fluss links abbiegen; **Platzanzahl:** 100; **Untergrund:** Wiese; **Sicherheit:** umzäunt, beleuchtet; **Preiskat.:** €€€€; **Max. Stand:** unbegrenzt; **Geöffnet:** ganzjährig; **Kontakt:** TCS Camping Lugano-Muzzano, Via alla Foce 14, 6933 Muzzano, Schweiz, Tel. 091 99047788, www.tcs.ch

46 Campingplatz Lugano Lake

GPS 45.995619, 8.905977

Großer, lebhafter Campingplatz auf der anderen Flussseite, gegenüber dem Camping TCS. **Lage/Anfahrt:** Am Ende der Start- und Landebahn des Flughafens.

Vom Stadtzentrum in Richtung Autobahn, diese unterqueren, über den Fluss hinweg und vor dem Kreisverkehr an der ersten Möglichkeit links; **Platzanzahl:** 100; **Untergrund:** Wiese; fest; **Sicherheit:** umzäunt, beleuchtet; **Preiskat.:** €€€€; **Max. Stand:** unbegrenzt; **Geöffnet:** Anf. April–Ende Okt.; **Kontakt:** Camping Lugano Lake, Via Molinazzo 9, 6982 Agno, Schweiz, Tel. 079 3742687, www.campingluganolake.ch

48 Campingplatz La Palma

GPS 45.99503, 8.904359

Großer, lebhafter Campingplatz. Vergleichbar mit den benachbarten Campingplätzen. **Lage/Anfahrt:** Am nordwestlichen Ufer des Luganersees zwischen Camping Lugano Lake und Camping Molinazzo. Vom Stadtzentrum in Richtung Autobahn, diese unterqueren, über den Fluss hinweg und vor dem Kreisverkehr an der ersten Möglichkeit links, am Campingplatz Lugano Lake vorbei; **Platzanzahl:** 40; **Untergrund:** Wiese; fest; **Sicherheit:** umzäunt, beleuchtet; **Preiskat.:** €€€€; **Max. Stand:** unbegrenzt; **Geöffnet:** Camping La Palma; **Kontakt:** Via Molinazzo 21, 6982 Agno, Schweiz, Tel. 079 2415343, www.ticino.ch

49 Camping Molinazzo

GPS 45.993917, 8.901653

Der vierte Platz am Nordwestufer des Sees. Ähnliche Ausstattung und Situation wie die drei Nachbarplätze. **Lage/Anfahrt:** Am Seeufer und in der Einflugschneise des Flughafens. Vom Stadtzentrum in Richtung Autobahn, diese unterqueren, über den Fluss hinweg und vor dem Kreisverkehr an der ersten Möglichkeit links. An den beiden anderen Campingplätzen vorbei; **Platzanzahl:** 25; **Untergrund:** Wiese; fest; **Sicherheit:** umzäunt, beleuchtet; **Preiskat.:** €€€€; **Max. Stand:** unbegrenzt; **Kontakt:** Camping Molinazzo, Via Acquacalda 15, 6982 Agno, Schweiz, Tel. 079 6867053

Mit dem **Monte San Salvatore** erhebt sich am Südrand von Lugano ein weiterer beliebter Aussichtsberg. Auch dieser lässt sich bequem mit einer Standseilbahn erreichen. Die Talstation ist rund 15 bis 20 Gehminuten vom Stellplatz bzw. vom Südrand der Altstadt entfernt. Um sie zu erreichen, folgt man ab dem Stellplatz der Via Clemente Maraini nach rechts in südliche Richtung, der Altstadt abgewandt. Die San-Salvatore-Bahn benötigt rund 12 Minuten Fahrzeit, um die etwas mehr als eineinhalb Kilometer lange Strecke zurückzulegen. Dabei überwindet sie gut 600 Höhenmeter und überquert eine gewöhnliche Bahnstrecke, was von außen betrachtet, ein kurioses Bild abgibt. Darüber hinaus muss man während der Fahrt sogar einmal umsteigen. Eine einfache Fahrt kostet 23 CHF (hin und zurück 30 CHF). Die erste Bahn startet morgens um 9 Uhr. In den Sommermonaten verkehrt sie bis 23 Uhr, in der Nebensaison bis 17 bzw. 18 Uhr. Im Winter kann man erst ab 10 Uhr morgens abfahren. Oben angekommen, hat man auch von diesem Berg wieder einen tollen Rundumblick. Da sich die Aussichten vom Monte Brè und vom Monte San Salvatore jedoch ähneln, kann man bei knapper Reisezeit auf eine der Auffahrten bzw. Aufstiege jedoch verzichten.

Sehenswertes

› **Museo San Salvatore,** Via delle Scuole 7, 6902 Paradiso, Schweiz, Tel. 091 9852828, www.montesansalvatore.ch, Mi–So 10–12 Uhr und 13–15 Uhr. Am besten mit der Standseilbahn oder über einen der Wanderwege auf den Monte San Salvatore. Auf dem Gipfel des Bergs zeigt dieses Museum mehrere kleine Ausstellungen zur hiesigen Geologie, zur Erzbruderschaft vom guten Tod und Gebet und vor allen Dingen über die Erforschung von Blitzen. Auf dem Berggipfel hat man sich im letzten Jahrhundert fast 40 Jahre lang diesem Wetterphänomen gewidmet.

Von Lugano aus kommt man in westlicher Richtung zurück nach Italien und zum Lago Maggiore. Die Route 2 folgt aber der A2 zunächst nach Süden, wo sich südlich des Monte San Salvatore die Landschaft als eine Art Halbinsel in den Luganersee hinein erstreckt. Dort befindet sich die Ortschaft **Melide,** wo der gleichnamige Seedamm beginnt. Er verbindet Melide mit der gegenüberliegenden

Exklave Campione d'Italia

Ein kleines bisschen Italien kann man auch innerhalb der Schweiz bereisen. Am östlichen Seedamm von Melide zweigt an einem Kreisverkehr die Nationalstraße 2 ab, auf der man in den kleinen Ort Campione gelangt. Den Zusatz „d'Italia" erhielt Campione während der Diktatur unter Mussolini, gehörte aber nicht erst seit damals zu Italien. Bereits im Jahr 777 wurde das Gebiet einem Mailänder Kloster vermacht, was im Laufe der Jahrhunderte dazu führte, dass Campione heute eine italienische Exklave ist. Zu erreichen ist sie nur über die genannte Straßenverbindung, wo der Grenzübergang durch einen ebenfalls unter Mussolini errichteten Torbogen markiert ist.

Bis Ende 2019 gab es hier weder Zoll- noch Grenzkontrollen. Selbst die hier zugelassenen Fahrzeuge hatten bis dahin ein Schweizer Kennzeichen und beim Blick auf das Smartphone konnte man feststellen, dass es beim Schweizer Telefonanbieter blieb. Seit dem 1. Januar 2020 hat sich dies jedoch geändert und die Exklave im Tessin wurde dem Zollgebiet der EU zugeführt. Das bedeutet, dass es nun offiziell zwar Zollkontrollen gibt, aber aufgrund der Sackgassenlage werden diese nur sporadisch durchgeführt.

Bekannt war Campione vor allen Dingen für das im Jahr 1917 eröffnete Casino, das als das größte in Europa bezeichnet wurde. Doch obwohl, wie es ja heißt, die Bank normalerweise immer gewinnt, häufte das Casino mehrere Millionen Franken an Schulden an und musste im Jahr 2018 Insolvenz anmelden. Bis dahin war Campione d'Italia eine der reichsten Gemeinden Italiens und jeder fünfte Einwohner des Dorfes war im Casino beschäftigt. Im Jahr 2022 eröffnete das Casino zwar wieder, doch die Schulden müssen abbezahlt werden und es bleibt abzuwarten, ob Campione d'Italia wieder an einst glanzvolle Zeiten anknüpfen kann.

⊡ Der einzige Grenzübergang zur italienischen Exklave innerhalb der Schweiz

056oi-mm

Ortschaft Bissone und gehört zu den wichtigsten Verkehrsverbindungen im Tessin. Auf dem Damm verlaufen die Nationalstraße 2, die Autobahn 2 und die Gotthardbahn, die allesamt eine wichtige Verbindung nach Italien darstellen. Bereits Mitte des 19. Jahrhunderts wurde der Damm errichtet und teilt den See seither in zwei Abschnitte. Lediglich eine 70 m lange Brücke sorgt noch dafür, dass die beiden Seebereiche nicht komplett voneinander abgetrennt sind.

Sehenswertes

› **Swissminiatur,** 6815 Melide, südlich von Lugano am westlichen Seedamm von Melide, Tel. 091 6401060, www.swissminiatur.ch, April–Okt. tägl. 9–18 Uhr. Die Schweiz in Miniatur erlebt man in diesem kleinen Freizeitpark. Zahlreiche Schlösser, Burgen und weitere bekannte Bauwerke wurden hier in Miniaturform angefertigt. Zentraler Punkt ist dabei der Flughafen von Zürich, aber auch zahlreiche Eisenbahnverbindungen, Seilbahnen und natürlich Alpengipfel. Das einzige nicht-schweizerische Gebäude ist der Mailänder Dom. Dieses Modell wurde in Erinnerung an die Verbundenheit des Tessins mit dem Herzogtum Mailand in den Park eingebracht, weil das Tessin einst den Mailänder Herzögen unterstellt war.

Als letzten Punkt auf Schweizer Seite sollte man sich noch dem **Monte San Giorgio** widmen. Er reicht bis an die italienische Grenze heran und ist auch als Berg der Saurier bekannt. Bei zahlreichen Ausgrabungen und Forschungen konnten mehrere Tausend Fossilien gefunden werden. Darüber hinaus wurden auch ganz neue Arten entdeckt, die entsprechend nach der Region benannt wurden. Sie mögen zwar weniger bekannt sein als der klassische Tyrannosaurus Rex, doch besiedelten die Reptilien Helveticosaurus und Ceresiosaurus einst ebenfalls unseren Planeten. Beim erstgenannten Saurier ist die Ableitung noch klar, beim zweiten sollte man wissen, dass Ceresio auch die italienische Bezeichnung für den Luganersee sein kann. Gefunden wurde auch ein Archosaurier, ein Vorläufer der heutigen Krokodile. Benannt wurde er nach dem Tessin: Ticinosuchus.

Wegen seiner Bedeutung als fossile Fundstätte wurde der Monte San Giorgio von der UNESCO zum Welterbe erklärt. An seinem Südhang befindet sich das kleine Dorf **Meride,** das als Ausgangspunkt für zahlreiche Wandermöglichkeiten rund um den Berg dient. Vom Ufer des Luganersees gibt es darüber hinaus auch die Möglichkeit, mit einer Seilbahn einige Höhenmeter zu überwinden. Für den Rest bis zum 1097 Meter hohen Gipfel muss man jedoch trotzdem Wanderschuhe anziehen und etwas mehr Zeit einplanen.

Sehenswertes

› **Fossilienmuseum,** Via Bernardo Peyer 9, 6866 Meride, Schweiz, auf der Hauptstraße im kleinen Dorf Meride am Südhang des Monte San Giorgio, Tel. 091 6400080, www.montesangiorgio.org, Di–So 9–17 Uhr. Das 2012 eröffnete Museum befasst sich auf vier Etagen mit den Funden und Ausgrabungen am Monte San Giorgio. Zahlreiche Fossilien werden gezeigt, aber auch die Rekonstruktion eines 2,5 m langen Ticinosuchus.

057ol-as©Marco · stock.adobe.com

Von den Gipfeln rund um den Luganersee hat man immer wieder einen tollen Ausblick

50 Camping Monte Generoso

GPS 45.928095, 8.976678
Großer Campingplatz mit direktem Blick auf den Monte San Giorgio. Bei einem kleinen Aufpreis erhält man eine Parzelle unmittelbar am Seeufer. **Lage/Anfahrt:** Südlich von Bissone direkt am Ufer des Luganersees, aber auch neben der Schallschutzwand der Autobahn 2. Ab Bissone auf der Nationalstraße 2 und vor der Autobahnunterführung halbrechts in die Sackgasse hinein; **Platzanzahl:** 100; **Untergrund:** Wiese; **Sicherheit:** umzäunt, beleuchtet; **Preiskat.:** €€€€; **Max. Stand:** unbegrenzt; **Geöffnet:** Anf. April–Mitte Okt.; **Kontakt:** Camping Monte Generoso, Via Tannini 12, 6818 Melano, Schweiz, Tel. 091 6498333, www.campingmontegeneroso.ch

51 Camping Paradiso

GPS 45.924209, 8.978768
Ähnlich ausgestatteter Campingplatz wie Camping Generoso. Nur durch den kleinen Bach Sovaglia von diesem getrennt, jedoch eine andere Anfahrt. Hunde nicht erlaubt. **Lage/Anfahrt:** Ebenfalls direkt am Südostufer des Luganersees mit Blick auf den Monte San Giorgio. Ab Bissone auf der Nationalstraße 2, an der Zufahrt zum Camping Generoso (Campingsymbole) vorbei, unter der Autobahn hindurch und 200 m hinter der Bachüberquerung nach rechts. Unterführung max. 3,40 m; **Platzanzahl:** 40; **Untergrund:** Wiese; **Sicherheit:** umzäunt, beleuchtet; **Preiskat.:** €€€€; **Max. Stand:** unbegrenzt; **Geöffnet:** Anf. April–Ende Okt.; **Kontakt:** Camping Paradiso, Via Pedreta 26, 6818 Melano, Schweiz, Tel. 091 6482979, https://camping-paradiso.ch

52 Monte San Giorgio Camping

GPS 45.888446, 8.949405
Für die lange Anfahrt nach Meride wird man mit einem kleinen und liebevoll gepflegten Campingplatz belohnt. Um den Luganersee zu erreichen, muss man zwar von hier aus etwas mehr Strecke auf sich nehmen, dafür ist der Platz aber ein idealer Ausgangspunkt für Wandertouren auf den Monte San Giorgio und für den Besuch im Fossilienmuseum. **Lage/Anfahrt:** In einem kleinen Bachtal am Südhang des Bergs und am Südrand von Meride. Ca. 400 Meter Fußweg in das Dorf. Kurz vor dem Ort halblinks halten; **Platzanzahl:** 25; **Untergrund:** Wiese; fest; **Sicherheit:** umzäunt; **Preiskat.:** €€€€; **Max. Stand:** unbegrenzt; **Geöffnet:** April–Mitte Okt.; **Kontakt:** Monte San Giorgio Camping, Ala Caraa 2, 6866 Meride, Schweiz, Tel. 091 6464330, www.montesangiorgiocamping.ch

059oi-mm

Ganz im Westen des Luganersees wird es Zeit, die Schweiz wieder zu verlassen. Bei **Lavena Ponte Tresa,** südwestlich von Lugano, verläuft die Grenze zwischen den beiden Staaten mitten durch den See. Und nicht nur das, der Luganersee hat hier einen Abfluss, den Fiume Tresa. Folgt man diesem Fluss,

⊡ *Am Seeufer in Lugano genießt man die Blumenpracht und den Blick auf den Monte San Salvatore (s. S. 64)*

der auf mehr als der Hälfte seiner Länge Grenzfluss zwischen der Schweiz und Italien ist, gelangt man ganz automatisch zum Lago Maggiore, denn der Fiume Tresa mündet in dieses Gewässer. Auf welcher Seite der Grenze bzw. des Flusses man reist, macht kaum einen Unterschied. Beide Straßen enden in der Stadt **Luino** am Ostufer des Lago Maggiore. Auf Schweizer Seite hat man aber zwischendurch noch einmal die Möglichkeit, eine Übernachtung auf einem Campingplatz einzulegen.

53 Camping Tresiana

GPS 45.990856, 8.81586

Großer, gepflegter, ruhiger Campingplatz. Stellflächen direkt am Flussufer. **Lage/Anfahrt:** Genau auf der Hälfte zwischen dem Luganersee und dem Lago Maggiore am Fluss Fiume Tresa. Nur von Schweizer Seite aus erreichbar, wenn man dem Fluss Fiume Tresa folgt. Am Ortsausgang von Monteggio links abbiegen; **Platzanzahl:** 95; **Untergrund:** Wiese; **Sicherheit:** umzäunt, beleuchtet; **Preiskat.:** €€€€; **Max. Stand:** unbegrenzt; **Geöffnet:** Anf. April–Mitte Okt.; **Kontakt:** Camping Tresiana, Via Cantonale 21, 6998 Monteggio, Schweiz, Tel. 091 6083342, www.camping-tresiana.ch

LAGO MAGGIORE

Zurück in Italien verläuft die Tour gleich an einem der beliebtesten Reiseziele entlang. Der Lago Maggiore ist nach dem Gardasee der **zweitgrößte See des Landes.** Wie schon beim Luganersee gehört auch er teils zu Italien und teils zur Schweiz, jedoch sind die Verhältnisse genau andersherum: Liegt der Luganersee zum Großteil auf Schweizer Boden, kann Italien rund vier Fünftel des Lago Maggiore für sich beanspruchen.

Für die Schweiz hat der See dennoch eine besondere Bedeutung, denn er bildet den tiefsten Punkt des Landes. Diese Info aber nur am Rande, denn wir befassen uns nun wieder mit Italien. Zugegebenermaßen ist es aber natürlich verlockend, den Lago Maggiore auch an seinem Nordufer zu umrunden, um die Schweizer Ortschaften Locarno und Ascona zu besuchen. Das bleibt aber denjenigen überlassen, die über Bellinzona (s. S. 12) anreisen und auf den Besuch des Comer Sees und des Luganersees verzichten.

Der See hat eine Nord-Süd-Ausdehnung von über 50 Kilometern Luftlinie und ist überwiegend langgestreckt. Das westliche Ufer im Piemont und das östliche Ufer in der

0580i-as©EleSi - stock.adobe.com

Lombardei liegen in der Regel gerade einmal zwischen zwei und vier Kilometern auseinander. Lediglich am Westufer, zwischen den bedeutenden Ortschaften Stresa und Verbania, befindet sich eine Bucht, die als **Golf von Verbania** bezeichnet wird. Der Name leitet sich von Verbano ab, wie der See ebenfalls bezeichnet wird. Beliebt ist der Golf von Verbania auch wegen der dortigen Borromäischen Inseln (s. S. 80).

Der Lago Maggiore hat rund um das Jahr ein angenehmes Klima, was ihn zu einem attraktiven Reiseziel macht. Im Sommer ist es selten wärmer als 30 °C, während es selbst im kältesten Monat, dem Januar, nur selten Frost gibt – und wenn, dann meistens nur in den höheren Lagen. Durch die mediterrane Prägung beginnt der Frühling am Lago Maggiore schon einige Wochen früher als in Deutschland und so kann man den See bedenkenlos bereits im April oder gar im März bereisen.

Luino erstreckt sich mit seiner Promenade bis zum Ufer des Lago Maggiore

Es muss nicht immer die Küste sein. Palmen sieht man auch am Lago Maggiore (s. S. 68).

LUINO

(25 km – km 89)

Ein kleines bisschen Schweiz erlebt man doch noch, wenn man vom Luganersee aus den ersten Ort am Lago Maggiore erreicht. Luino, die größte Stadt am östlichen Ufer, beherbergt nämlich den **Grenzbahnhof** zwischen der Schweiz und Italien, obwohl sich die Grenze 12 km Luftlinie weiter nördlich befindet. Beim Bau der Eisenbahnlinie gab es topografisch erst dort Platz, wo der Fiume Tresa ein Delta bildete.

Aus touristischer Sicht ist Luino eher in der Kategorie „nett und auch schön, aber nur mäßig interessant“ einzuordnen – zumindest, wenn man die Städte rund um den Lago Maggiore miteinander vergleicht. Dennoch ist es angenehm, durch die kleinen Gassen rund um die leicht erhöht gebaute Kirche zu wandeln. Leider hat man es aber versäumt, an die Wohnmobilfahrer zu denken. Der einzige größere Parkplatz, gleich an den Jachthäfen von Luino, ist nur für Pkws gedacht. In unmittelbarer Nähe trennt der Fluss Fiume Tresa die Stadt Luino von dem kleineren Örtchen Germignaga, wo sich aber gleich zwei Stellplätze befinden, von denen aus man schnell und einfach zu Fuß wieder nach Luino gelangt.

Information

› **Touristeninformation Luino,** Via della Vittoria, am Nordrand der Altstadt, direkt an der Uferstraße SS394, Tel. 0332 530019, www.facebook.com/infopointluino

54 Kommunaler Stellplatz Germignaga

GPS 45.996234, 8.724232
Einfacher, öffentlicher Stellplatz, der aber zuweilen auch von Pkws zugestellt ist. Münzen für den Automaten sind notwendig. **Lage/Anfahrt:** An der Nordspitze der kleinen Altstadt mit wunderschönem Blick auf den Lago Maggiore und die gegenüberliegende Bergkulisse. Ab Luino der Uferstraße folgen und nach der Flussüberquerung am Kreisverkehr rechts halten. In der Linkskurve rechts in die Einfahrt; **Platzanzahl:** 6; **Untergrund:** Asphalt; **Sicherheit:** beleuchtet, Videoüberwachung; **Preiskat.:** €; **Max. Stand:** 2 Nächte; **Geöffnet:** ganzjährig; **Kontakt:** Via Bodmer, 2, 21010 Germignaga VA

55 Privater Stellplatz Germignaga

GPS 45.991077, 8.719502
Auf dem terrassenförmig angelegten und kleinen Platz kann es durchaus mal eng werden. Freundlicher Stellplatzbetreiber, der stets anwesend ist. **Lage/Anfahrt:** Westlich der Altstadt, durch die SP69 vom Seeufer abgetrennt. Ab Luino der Uferstraße folgen und nach der Flussüberquerung am Kreisverkehr rechts halten. Am kommunalen Stellplatz vorbei und einfach weiter der SP69 folgen. Rund 600 m hinter dem kommunalen Platz links abbiegen; **Platzanzahl:** 20; **Untergrund:** Wiese; **Sicherheit:** umzäunt, beleuchtet; **Preiskat.:** €€€; **Max. Stand:** unbegrenzt; **Geöffnet:** ganzjährig; **Kontakt:** Area Sosta Camper Germignaga, Via Bodmer, 41/A, 21010 Germignaga VA, Tel. 0324 6958055, www.areasostacampergermignaga.it

Auf der östlichen Uferstraße reist man durch kleine Ortschaften südwärts und hin und wieder kann es dabei zwischen den Häusern auch mal eng werden. Daher sollte man es nicht eilig haben und ein wenig Zeit mitbringen.

Parken

P 11 **Parkplatz Punta Granelli,** GPS 45.937053, 8.645626, Via Europa (SP69), zwischen Porto Valtravaglia und Laveno-Mombello. Schmaler Schotterparkplatz auf der linken Seite, von wo aus man über die Straße zu einem kleinen Kiesstrand gelangt. Besonders bei Tauchern beliebt.

LAVENO-MOMBELLO

(19 km – km 108)

Die Stadt Laveno-Mombello hat keine klassische Altstadt mit Fußgängerzone zu bieten. Vielmehr spielt sich das touristische Leben entlang der SP69 ab, die nach einer kurzen Abfahrt zur Uferpromenade wird. Gleichzeitig kommt man am **Fähranleger** (GPS 45.909400, 8.619328) an, von dem aus man mit der einzigen Fährverbindung über den Lago Maggiore nach Verbania-Intra (s. S. 90) gelangt.

Wer sich also den großen Bogen um den See herum sparen möchte, der kann hier einige Kilometer abkürzen. Die einmalige Überfahrt kostet für ein Wohnmobil inklusive Fahrer 16,30 €. Wer nur als Fußpassagier hinüberfahren möchte, zahlt 6,80 € pro Person für die Hin- und Rückfahrt. Ein Vorbuchen ist nicht notwendig, da die Fähre im 20-Minuten-Takt pendelt.

ABSTECHER: LAGO DI VARESE

(hin und zurück 34 km)

Die SP69 verläuft nahe dem Ostufer weiter nach Süden. Da sie auf den folgenden Kilometern jedoch nicht immer direkten Blick auf den Lago Maggiore ermöglicht, kann für Reisende mit etwas mehr Zeit auch ein Abste-

Schon ein wenig gewöhnungsbedürftig: eine Fahrt mit der Korbgondel

Gondelbahn oder Wanderung auf den Sasso del Ferro

Ein Transportmittel ganz anderer Art findet sich in der Via Don C. Tinelli in Laveno-Mombello, in die man jedoch besser nicht mit dem Wohnmobil hineinfährt, sondern die man zu Fuß begeht. Dort ist die Talstation der Seilbahn Funivie del Lago Maggiore, die stark übertrieben mit dem Slogan „Top of the world" beworben wird. Hoch hinaus geht es aber dennoch, und zwar in ganz besonderer Weise, denn man erreicht den 1062 m hohen Gipfel des Aussichtsbergs Sasso del Ferro mit Korbgondeln, in die maximal zwei Personen hineinpassen – stehend. Manch einer bezeichnet sie als schwebende Farb- oder Putzeimer, andere wiederum sehen eine überdimensionale Blumenvase in ihnen. Darüber hinaus sind die meisten Gondeln offen, nur jede Dritte ist überdacht bzw. geschlossen. Schon während der Fahrt hat man einen wunderbaren Ausblick auf den Lago Maggiore. Oben angekommen erblickt man am Horizont die Dufourspitze als höchsten Berg der Schweiz.

Den großartigen Ausblick kann man jedoch auch im Rahmen einer Wanderung erleben, wenn man sich eine Fahrt mit der offenen Korbbahn nicht zutraut. In unmittelbarer Nähe der Talstation beginnt die Via Vararo. Sie führt steil aus dem Ort hinaus und an einer kleinen Kapelle vorbei in den Wald hinein. Für die Überwindung der rund 800 Höhenmeter sollte man eineinhalb Stunden einplanen. Kurz vor dem Gipfel erreicht man die Bergstation der Gondelbahn, wo man sich zugleich im Restaurant für den Aufstieg belohnen kann.

In den Sommermonaten verkehrt die Bahn von 11 bis 21 Uhr, an Sonntagen bereits ab 10 Uhr, in der Nebensaison nur von 11 bis 18 Uhr und im Februar bis Mitte März sowie November bis Mitte Dezember nur an den Wochenenden von 10.30 Uhr bis 16.30 Uhr. Diese Zeit gilt auch für den Zeitraum von Weihnachten bis zum 6. Januar. Ansonsten ist sie in den Wintermonaten geschlossen. Die einfache Fahrt kostet 8,50 €, hin und zurück zahlt man 12 €.

060oi-as©LianeM - stock.adobe.com

0610i-as©Nikokvfrmoto - stock.adobe.com

cher abseits des Trubels lohnend sein. Weiter östlich erstreckt sich in leicht hügeliger Landschaft bei Gavirate der wesentlich kleinere **Lago di Varese,** an dessen Nordseite der **Campo dei Fiori** mit über 1200 Metern in die Höhe ragt. Er beherbergt den gleichnamigen Regionalpark mit zahlreichen Wanderwegen und fantastischen Aussichtspunkten. An seinem höchsten Punkt befindet sich ein **Observatorium,** das besichtigt werden kann und eine Aussichtsterrasse besitzt. Der Lago Maggiore und die Schweizer Alpengipfel gehören selbstverständlich zu den Höhepunkten, die man erblicken kann. Der Eintritt in das Observatorium beträgt 3 €. Besichtigt werden kann es samstags um 16.30, 17.15 und 18 Uhr. An Sonntagen beginnen die halbstündigen Besuchszeiten jeweils um 10, 10.45, 11.30, 12.15, 14.15, 15, 16.30 und um 17.15 Uhr.

An einem Ostausläufer des Bergs wartet zudem der **Sacro Monte di Varese.** Er ist ein weiterer heiliger Berg, der von der UNESCO als Weltkulturerbe unter Schutz gestellt wurde. Wie schon am Sacro Monte di Ossuccio (s. S. 58) pilgert man an 14 Kapellen vorbei steil bergauf. Die erste und damit der Ausgangspunkt befindet sich in der Via Prima Cappella in Oronco, einem Ortsteil von Varese. Die Kapellen sind ähnlich gestaltet und üppig gebaut, unterscheiden sich aber alle in kleinen Nuancen und durch die Skulpturen, die von zahlreichen Künstlern geschaffen wurden. Darüber hinaus werden auf dem Pilgerweg mehrere stattliche Tore durchquert. An der letzten Kapelle angekommen, befindet man sich auf fast 900 Metern Höhe.

Wer noch weiter hinaus bis zum Observatorium möchte, hat weitere 300 Höhenmeter vor sich. Oberhalb des Sacro Monte di Varese gibt es zwar einen kleinen Parkplatz und einen Parkstreifen (GPS 45.863668, 8.792088), doch sind diese bestenfalls für Kastenwagen empfehlenswert und die Parkplätze stark begrenzt. Besonders an den Wochenenden im Sommer kann es hier zu Verkehrsproblemen kommen und Wendemöglichkeiten sind rar. Wer in der Hochsaison unterwegs ist, sollte daher besser auf den öffentlichen Bus ausweichen, der ab Varese fährt und ebenfalls den Parkplatz ansteuert.

56 Wohnmobilstellplatz am Lago di Varese

GPS 45.839704, 8.720702

Enge Stellflächen, dafür jedoch in idealer Lage. Zahlung nur mit Münzen möglich. **Lage/Anfahrt:** Am Nordufer des Lago di Varese und am Rande der Ortschaft Gavirate. Auf der SP1 bis zum Kreisverkehr am südlichen Ortsrand. In die Via Cavour und links an der Sackgasse vorbei; **Platzanzahl:** 25; **Untergrund:** Rasengitter; fest; **Sicherheit:** Schranke; **Preiskat.:** €; **Max. Stand:** 2 Nächte; **Geöffnet:** ganzjährig; **Kontakt:** Via Cavour, 51, 21026 Gavirate VA

57 Wohnmobilstellplatz Lago di Comabbio

GPS 45.779419, 8.697118

Kleiner Stellplatz, der auch von Wohnwagengespannen genutzt wird. Abseits des touristischen Trubels. **Lage/Anfahrt:** Am Nordufer des Lago di Comabbio, der wiederum südlich vom Lago di Varese liegt. Auf der SP18 nach Ternate und an der Ampelkreuzung rechts der Beschilderung „Camper“ folgen; **Platzanzahl:** 10; **Untergrund:** fest; **Service:** die Anzahl der Steckdosen ist nicht ausreichend, wenn der Platz voll ist; **Preiskat.:** €; **Max. Stand:** unbegrenzt; **Geöffnet:** ganzjährig; **Kontakt:** Via Roma, 83, 21020 Ternate VA

Zurück auf der SP69 reist man bequem südwärts in Richtung Ispra und Angera. Hinter dem Ortsausgang von Reno zweigt eine Kurve scharf nach rechts ab und bringt einen zu einem größeren Parkplatz (GPS 45.877061, 8.600145), von dem aus man in wenigen Schritten zum **Kloster Santa Caterina del Sasso** gelangt.

Das Kloster und Wallfahrtsziel sollte man sich nicht entgehen lassen. Es ist ein beliebtes Ausflugsziel. Die wesentlichen Elemente des Gebäudes stammen aus dem 14. Jahrhundert, doch es erhielt im Laufe der Jahrhunderte zahlreiche An- und Umbauten. So stammen zum Beispiel die vielen Fresken der Klosterkirche aus dem 16. und 17. Jahrhundert. Den zuletzt größten Umbau erhielt die Klosteranlage Ende des letzten Jahrhunderts, als sie gegen einen drohenden Absturz gesichert werden musste, denn das Kloster ist markant mitten in einen Berghang gebaut, der steil in den Lago Maggiore abfällt. Man hat daher auch einen sehr schönen Blick auf das Kloster, wenn man es bei einer Bootsfahrt betrachtet, die gleich neben der Klosteranlage beginnt. Zu Fuß ist es jedoch auch zu erreichen, wobei man sich zwischen dem steilen Abstieg über eine Treppe oder mit der Fahrt des kostenpflichtigen Aufzugs (1 €, 9–19.30 Uhr) entscheiden kann.

Wieder auf der SP69 erreicht man kurz vor **Ispra** auf der rechten Seite (GPS 45.834822, 8.628815) eine kleine Zufahrt mit einem Schotterparkplatz. Dort kann man rund 400 Meter zum Seeufer gehen und durchquert dabei das kleine Naturschutzgebiet **Sabbie d'Oro.** In dem sumpfigen Areal gibt es viele Schwarzerlen, es ist Lebensraum von Amphibien und ein gutes Revier zur Vogelbeobachtung. Nicht selten entdeckt man hier zahlreiche Kormorane.

58 Camping International Ispra

GPS 45.827208, 8.627105

Zweckmäßiger Campingplatz mit verschiedenen Wassersportmöglichkeiten. Es besteht die Möglichkeit, direkt am Ufer des Lago Maggiore zu stehen. **Lage/Anfahrt:** Nördlich von Ispra zwischen der SP69 und dem östlichen Seeufer. Über die SP69 von Norden kommend in Richtung Ispra. Der Platz befindet sich vor Ispra auf der rechten Seite; **Platzanzahl:** 60; **Untergrund:** Wiese; fest; **Sicherheit:** umzäunt, beleuchtet, bewacht; **Preiskat.:** €€€; **Max. Stand:** unbegrenzt; **Geöffnet:** Mitte März–Ende Okt.; **Kontakt:** International Camping Ispra, Via Giosuè Carducci, 943, 21027 Ispra VA, Tel. 0332 780458, www.internationalcampingispra.it

Eine der Kapellen des Sacro Monte di Varese

ANGERA

(21 km – km 129)

Der kleine Ort Angera befindet sich schon sehr weit südlich am Lago Maggiore und ist nur einen Kilometer von der gegenüberliegenden Ortschaft Arona entfernt. Die kleine Altstadt ist recht überschaubar und besteht im Wesentlichen aus Wohnhäusern in den teils engen Gassen. Daher spielt sich das touristische Leben überwiegend entlang der Piazza Garibaldi ab, die als Uferpromenade dient.

Die Hauptsehenswürdigkeit ist die mittelalterliche Burg **Rocca d'Angera.** Sie erhebt sich stolz auf einem Kalksteinfelsen und ist bereits seit Mitte des 15. Jahrhunderts im Besitz der **Adelsfamilie Borromeo.** Man genießt hier nicht nur einen Blick auf den See und die Festung Arona, die ebenfalls im Besitz der Adelsfamilie ist, sondern hat auch Gelegenheit, die mehrflügelige Rocca d'Angera zu besichtigen. Im sogenannten **Scaligera-Flügel,** der erst vor wenigen Jahren komplett restauriert und konserviert wurde, befinden sich zum Beispiel zahlreiche Fresken. Darüber hinaus besticht die Burg mit mehreren Prunksälen wie der **Sala di Giustizia.** Der Saal beherbergt einen Freskenzyklus aus dem 13. Jahrhundert.

Sehenswert ist außerdem das **Puppen- und Spielzeugmuseum,** das mehr als eintausend Puppen in zwölf Sälen zeigt. Sie stammen aus der Zeit vom 18. Jahrhundert bis heute und machen das Museum zu einem der wichtigsten seiner Art in Europa. Neben der Burg erstreckt sich außerdem der **mittelalterliche Garten,** der zwar nicht sonderlich groß ist, jedoch zu einem kurzen gemütlichen Spaziergang entlang der Weinranken einlädt.

› **Rocca d'Angera,** Via Rocca Castello, 2, 21021 Angera VA, Tel. 0331 931300, www.isoleborromee.it, Ende März–Mitte Okt., tägl. 9–17.30 Uhr, Eintritt: 13 €. Über die anfangs enge Via Rocca Castello erreichbar. Es werden auch einstündige Führungen durch die Säle angeboten (65 € je Gruppe).

59 Camping Città di Angera

GPS 45.761681, 8.583383

Großer Campingplatz mit Poolanlage und direktem Zugang zum Lago Maggiore. Ein Großteil der Fläche ist für Dauercamper vorgesehen, doch es gibt auch einen größeren Bereich für Touristen unter schattigen Bäumen. **Lage/Anfahrt:** Südlich von Angera, umgeben von Wald in ruhiger Lage. Zu Fuß benötigt man eine Dreiviertelstunde bis zur Promenade in Angera. Zur Burg ist es dann noch ein weiteres Stück bergauf. In Angera die SP48 halbrechts in Richtung Sesto ver-

0620i-as©Frank Krautschick · stock.adobe.com

lassen und wenig später vor dem Supermarkt rechts in die Via Bruschera und durch den Wald bis zum Campingplatz; **Platzanzahl:** 60; **Untergrund:** Wiese; fest; **Sicherheit:** umzäunt, beleuchtet, bewacht; **Preiskat.:** €€€€; **Max. Stand:** unbegrenzt; **Geöffnet:** Anfang März–Ende Oktober; **Kontakt:** Camping Città di Angera, Via Bruschera, 99, 21021 Angera VA, Tel. 0331 930736, www.campingcittadiangera.it

60 Camping Lido Okay

GPS 45.749188, 8.596906

Hochpreisiger Campingplatz mit Poolbereich und einem Areal für Dauercamper. Direkter Zugang zum See. **Lage/Anfahrt:** Zwischen Angera und Lisanza in ruhiger Lage nahe eines weitläufigen Waldgebiets. In Angera die SP48 halbrechts in Richtung Sesto verlassen und am Supermarkt weiter geradeaus; **Platzanzahl:** 30; **Untergrund:** Wiese; fest; **Sicherheit:** umzäunt, beleuchtet, bewacht; **Preiskat.:** €€€€; **Max. Stand:** unbegrenzt; **Geöffnet:** Ende März–Mitte Oktober; **Kontakt:** Camping Lido Okay, Via Angera, 115, 21018 Lisanza, Sesto Calende VA, Tel. 0331 974235, www.camping-okay.com

Die letzten Kilometer am Ostufer des Lago Maggiore verlaufen relativ unspektakulär. Vom See ist selten etwas zu sehen und man erahnt ihn nur durch die Zufahrten zu diversen Werften und Jachthäfen, gut erkennbar an den Hinweisschildern „Marina“ und „Nautico“. Ohnehin endet der Lago Maggiore hier und verengt sich zum Fluss **Ticino.** Der fast 250 km lange Fluss entspringt in der Nähe des Nufenenpasses und legt seine ersten 90 Kilometer in der Schweiz zurück. Östlich von Locarno mündet der Ticino in den Lago Maggiore, durchquert ihn und fließt westlich

◁ Majestätisch erhebt sich die Burganlage Rocca d'Angera über dem Lago Maggiore

Die Adelsfamilie Borromeo

Das italienische Adelsgeschlecht Borromeo stammte ursprünglich aus der Region rund um Pisa und aus Rom. Die einstige Kaufmannsfamilie gründete im 14. Jahrhundert Bankfilialen in der Toskana und in Venezien. Mit ihrem Aufstieg zu einer der bedeutendsten Bankiersfamilien kauften sie Mitte des 15. Jahrhunderts die beiden Burgen in Arona und in Angera, womit sie gleichzeitig zu Grafen von Arona wurden und die Schifffahrt bzw. den Verkehr auf dem Lago Maggiore kontrollieren konnten. Zu ihren Besitztümern gehörten bzw. gehören zum Teil heute noch die nach ihnen benannten Borromäischen Inseln im Golf von Verbania. Die dort vorhandenen Paläste wurden allesamt von der Adelsfamilie errichtet.

Die Mitglieder der Familie waren aber nicht alle im Bankgewerbe tätig. Karl Borromäus (Carlo Borromeo) war beispielsweise Erzbischof und Kardinal von Mailand, sein Onkel als Pius IV. sechs Jahre lang Papst und es gab noch weitere Kardinäle aus dem Geschlecht der Borromeo.

Noch heute hat die Adelsfamilie weitreichende Verknüpfungen zu anderen royalen Häusern in Europa. So fand auf einer der Borromäischen Inseln, der Isola Bella, im Jahr 2011 die Hochzeit zwischen Matilde dei Principi Borromeo Arese Taverna und Prinz Antonius zu Fürstenberg statt. Erstere wurde damit zu Prinzessin Matilde zu Fürstenberg und Teil des schwäbischen Adelsgeschlechts.

Gleichzeitig ist sie die Halbschwester von Beatrice Borromeo, die wiederum Pierre Rainier Stefano Casiraghi heiratete. Die Hochzeit fand im Jahr 2015 im Fürstenpalast von Monaco statt. Casiraghi ist der Enkel von Fürst Rainier III. von Monaco und Fürstin Gracia Patricia und der jüngste Sohn von Prinzessin Caroline, geborene Grimaldi.

an Mailand vorbei bis Pavia, wo er in den Po mündet. Nach ihm ist das Tessin in der Schweiz benannt.

Bei Sesto Calende trifft die Straße an einem Kreisverkehr auf die SS33. Hier hält man sich links und überquert den Fluss. Gleichzeitig verlässt man die Lombardei und ist nun im **Piemont** unterwegs. Das Ostufer des Lago Maggiore hat man jetzt hinter sich gelassen und widmet sich dem westlichen Ufer. Mit Arona, Stresa, den Borromäischen Inseln und Verbania gilt es als der touristisch interessantere Bereich des Sees. Das spürt man auch an der Anzahl der Campingplätze, die nun vermehrt zu sehen sind.

61 Camping 2000

GPS 45.722546, 8.613635

Belebter Campingplatz mit Schwerpunkt Dauercamping. Es gibt jedoch einige wenige Stellflächen für Touristen, die direkt am Wasser stehen können. **Lage/Anfahrt:** Zwischen einem Gewerbegebiet mit zahlreichen Einkaufsläden und dem Fluss Ticino. Von der SS33 von Osten kommend hinter dem ersten Kreisverkehr rechts in die enge Straße hinein; **Platzanzahl:** 10; **Untergrund:** Wiese; fest; **Sicherheit:** umzäunt, beleuchtet, bewacht; **Preiskat.:** €€€; **Max. Stand:** unbegrenzt; **Geöffnet:** Anfang März–Ende November; **Kontakt:** Camping 2000, Via del Cantiere, 10, 28053 Castelletto sopra Ticino NO, Tel. 0331 924092, www.camping2000.it

62 Camping Italy Lido

GPS 45.724632, 8.609994

Großer Campingplatz, überwiegend für Dauercamper, aber auch mit einem Bereich für Touristen. **Lage/Anfahrt:** Am südlichen Ende des Lago Maggiore bzw. am Übergang zum Fluss Ticino. Zahlreiche Einkaufsläden in der Nähe. Auf der SS33 bis zum zweiten Kreisverkehr im Gewerbegebiet, dort an der zweiten Ausfahrt bis zum Ufer; **Platzanzahl:** 30; **Untergrund:** Wiese; fest; **Sicherheit:** umzäunt, beleuchtet, bewacht; **Preiskat.:** €€€; **Max. Stand:** unbegrenzt; **Geöffnet:** Anfang März–Mitte Oktober; **Kontakt:** Italia Lido Camping, Via Cicognola, 104, 28053 Castelletto sopra Ticino NO, Tel. 0331 923032, www.campingitalialido.it

63 Camping Smeraldo (Dormelletto)

GPS 45.721337, 8.584479

Langgestreckter Campingplatz mit nur einem schmalen Uferbereich. Ein Großteil der Parzellen unter schattigen Bäumen. **Lage/Anfahrt:** Am Ende des Gewerbegebiets in der südlichsten Bucht des Lago Maggiore. Durch das Gewerbegebiet und hinter dem letzten Kreisverkehr gleich rechts in die Einfahrt des Platzes; **Platzanzahl:** 40; **Untergrund:** Schotterrasen; fest; **Sicherheit:** umzäunt, beleuchtet, bewacht; **Preiskat.:** €€€€; **Max. Stand:** unbegrenzt; **Geöffnet:** Anfang März–Ende Oktober; **Kontakt:** Camping Smeraldo, Corso Camillo Benso Cavour, 130, 28040 Dormelletto NO, Tel. 0322 497031, www.camping-smeraldo.com

64 Camping Eden

GPS 45.731501, 8.577952

Der vordere Bereich des Campingplatzes besteht überwiegend aus Mobilheimen. Als Tagestourist erhält man einen Platz in Seeufernähe, dadurch ruhig und abseits von der Hauptstraße, aber mit Blick auf ein Wohnhochhaus direkt nebenan. **Lage/Anfahrt:** Mitten im Ort. Von der SS33 in Dormelletto gleich hinter dem Kreisverkehr rechts abbiegen; **Platzanzahl:** 20; **Untergrund:** Schotterrasen; fest; **Sicherheit:** umzäunt, beleuchtet, bewacht; **Preiskat.:** €€€€; **Max. Stand:** unbegrenzt; **Geöffnet:** Mitte März–Ende Oktober; **Kontakt:** Camping Eden, Corso Camillo Benso Conte di Cavour, 59, 28040 Dormelletto NO, Tel. 0322 497524, www.campingeden.it

Von innen begehbar: der Koloss San Carlo (s. S. 78)

65 Camping Village Lago Maggiore

GPS 45.735431, 8.575777

Großer, lebhafter Campingplatz mit moderner Ausstattung, Pool und Restaurant, jedoch kein eigener Badestrand. Der Platz ist durch eine kleine Straße vom Seeufer abgetrennt. Dort befinden sich Liegewiesen. Großer Supermarkt an der Vorderseite des Campingplatzes. **Lage/Anfahrt:** Drei Kilometer südlich von Arona. In Dormelletto auf der SS33 zum zweiten Kreisverkehr und dann rechts; **Platzanzahl:** 100; **Untergrund:** Wiese; fest; **Sicherheit:** umzäunt, beleuchtet, bewacht; **Preiskat.:** €€€€; **Max. Stand:** unbegrenzt; **Geöffnet:** Anfang April–Ende September; **Kontakt:** Camping Village Lago Maggiore, Via Salvador Dalì, 2, 28040 Dormelletto NO, Tel. 0322 497193, www.lagomag.com

ARONA

(17 km – km 146)

Die erste nennenswerte Ortschaft am westlichen Seeufer, in der man in einer verwinkelten Altstadt flanieren und shoppen kann, ist Arona. Trubelig oder gar überlaufen wirkt die Stadt dennoch nicht. Ganz entspannt schlendert man entweder in den Kopfsteinpflastergassen oder man flaniert an der Uferpromenade mit Blick auf den Hafen. Dieser ist Ausgangspunkt für Schiffstouren auf dem Lago Maggiore und es besteht sogar die Möglichkeit, einen Tagesausflug über die Grenze bis nach Locarno zu unternehmen.

Am Nordrand der Altstadt wurde am Ende des 9. Jahrhunderts auf einem Felsen eine **Festung** errichtet, die später in den Besitz der Familie Visconti gelangte und Mitte des

063oi-mm

064oi-mm

15. Jahrhunderts an die Adelsfamilie Borromeo fiel. Die Festung wurde zu einem **Schloss** umgebaut, in dem am 2. Oktober 1538 Karl Borromäus (Carlo Borromeo) zur Welt kam. Der Adelige wandte sich der Kirche zu und wurde Kardinal bzw. Erzbischof von Mailand. Bereits im Jahr 1610, wenige Jahrzehnte nach seinem frühen Tod im Alter von 46 Jahren, wurde er von Papst Paul V. heiliggesprochen.

Nach dem hl. Karl Borromäus sind heute in Europa einige Kirchen benannt. Das Schloss in Arona wurde indes von napoleonischen Truppen zu Beginn des 19. Jahrhunderts zerstört. Heute sind zwar nur noch **Ruinen** und ein paar Grundmauern erhalten geblieben, doch lohnt sich der Besuch des Geländes trotzdem. Wenn die Grünanlage **Parco della Rocca Borromea** nicht gerade für ein Festival genutzt wird, bietet sie einen tollen Ausblick auf die Altstadt von Arona und den Lago Maggiore.

Die Hauptsehenswürdigkeit von Arona ist jedoch der **Koloss San Carlo.** Außerhalb von Arona, rund eineinhalb Kilometer nördlich der Altstadt, erhebt sich die 23 Meter hohe Statue des hl. Karl Borromäus auf einem 11 Meter hohen Granitsockel. Wenige Jahre nach der Heiligsprechung Karls bekleidete sein Cousin Federico das Amt des Erzbischofs von Mailand und ordnete an, die Statue auf dem Sacro Monte bei Arona zu bauen. Er selbst erlebte die Fertigstellung nicht mehr, doch einer seiner Nachfolger und Namensvetter Federico Caccia segnete die überdimensionale Figur im Jahr ihrer Fertigstellung 1698.

Gegen eine Eintrittsgebühr von 6 € kann man von 9 bis 12.20 und 14 bis 18.15 Uhr über eine Treppe die Aussichtsplattform des Granitsockels erreichen. Wer schwindelfrei ist, in engen Räumen gut zurechtkommt und sich auch nicht scheut, auf einer Leiter zu klettern, der kann sogar noch ein Stück weiter hinauf, denn die Statue ist „begehbar", wobei dies lediglich bedeutet, dass man die Möglichkeit hat, im Inneren der Figur hinaufzuklettern und aus kleinen Öffnungen in den Ohren und in den Augen hinauszublicken. Das tat vermutlich auch der französische Bildhauer **Frédéric-Auguste Bartholdi,** dessen Familie übrigens aus Oberitalien stammte, als er 1869 von einer Reise aus Ägypten auf dem Weg in seine Heimat einen Zwischenstopp am Lago Maggiore einlegte. Dadurch ließ er sich für den Bau einer größeren Statue inspirieren, die ebenfalls von innen begehbar ist – die Freiheitsstatue in New York.

⌃ *Ausblick auf den Lago Maggiore*

Information

› **Touristeninformation Arona,** Piazzale Duca D'Aosta, Tel. 0322 243601

Parken

Arona hat mehrere Parkplätze zu bieten. Direkt am **Hafen** ist es oftmals voll und die Stellflächen reichen nur für Pkws und kleine Kastenwagen. Gleich daneben gibt es eine Schotterfläche, die in der Vergangenheit von vielen Wohnmobilreisenden auch inoffiziell zum Übernachten genutzt wurde. Ein weiterer Parkplatz befindet sich etwas weiter südlich in der Nähe des **Supermarkts Conad.** Für den Besuch des **Kolosses San Carlo** bietet sich der Schotterparkplatz am Fuße der Statue an und auch am **Parco della Rocca Borromea** gibt es eine Parkmöglichkeit.

P 12 **Parkplatz Hafen Arona,** GPS 45.754979, 8.562089

P 13 **Parkplatz Supermarkt Conad,** GPS 45.748400, 8.565601

P 14 **Parkplatz Koloss San Carlo,** GPS 45.768667, 8.544899

P 15 **Parkplatz Parco della Rocca Borromea,** GPS 45.764635, 8.553597

Auf der SS33 fährt man nordwärts direkt am Ufer des Sees entlang und erreicht hin und wieder einen Parkplatz, auf dem man zumindest in der Nebensaison anhalten und bei einem kleinen Picknick die Aussicht genießen kann (GPS 45.785603, 8.540619).

66 Camping Solcio

GPS 45.81592, 8.549666

Überschaubarer Campingplatz mit halbschattigen Parzellen unter Bäumen. Wer Glück hat, bekommt eine Parzelle direkt am Ufer und steht dann nur zwei Meter vom Wasser entfernt. Ausblick auf den kleinen benachbarten Jachthafen und auf den südlichen Bereich des Lago Maggiore. **Lage/Anfahrt:** Am südlichen Ortsrand von Lesa-Solcio. Nach dem Ortseingang am vierten (nicht am dritten!) Zebrastreifen rechts abbiegen; **Platzanzahl:** 60; **Untergrund:** Schotterrasen, Wiese; fest; **Sicherheit:** umzäunt, beleuchtet, bewacht; **Preiskat.:** €€€-€€€€; **Max. Stand:** unbegrenzt; **Geöffnet:** Mitte März–Mitte Okt.; **Kontakt:** Camping Solcio, Via al Campeggio, 1, 28040 Lesa NO, Tel. 0322 7497, www.campingsolcio.it

⊡ *Die Kirche San Carlo Borromeo in Arona*

STRESA UND DIE BORROMÄISCHEN INSELN

(18 km – km 164)

Mit der Ortschaft Stresa hat man den Golf von Verbania erreicht und hat damit auch die Möglichkeit, die Borromäischen Inseln zu besuchen. **Stresa** ist ein kleiner quirliger Urlaubsort mit zahlreichen Souvenirläden und Einkehrmöglichkeiten in der gemütlichen Altstadt. Entspannung findet man in einer der Außenterrassen an der kleinen Piazza Luigi Cadorna oder auch in den engen, kopfsteingepflasterten Gassen. Zu einem Besuch von Stresa gehört ebenso das Flanieren entlang der Uferpromenade. Auf der einen Seite lässt man seinen Blick über den Lago Maggiore schweifen, auf der anderen Seite erheben sich stolz die prächtigen Fassaden der Grandhotels. Eines präsentiert sich spektakulärer als das nächste.

Doch den meisten Besuchern dient Stresa als Ausgangspunkt für eine Bootstour zu den **Borromäischen Inseln.** Fünf sind es an der Zahl, die sich in der Bucht zwischen Stresa und Verbania aus dem Wasser erheben. Vier davon werden von Stresa aus verwaltet. Lediglich die Isola San Giovanni gehört zu Verbania, was nicht weiter verwundert. Sie ist gerade einmal 40 Meter vom dortigen Festland entfernt. Die größte Insel ist die **Isola Madre,** ungefähr auf halber Höhe zwischen Stresa und Verbania und damit am weitesten vom Ufer entfernt. Besiedelt war die Insel bereits im 9. Jahrhundert, als dort eine Kirche errichtet wurde. Im 16. Jahrhundert ließen Mitglieder der Adelsfamilie Borromeo ein Herrenhaus auf den Grundmauern des Gotteshauses errichten, das im Laufe der Zeit zum heutigen **Palazzo Madre** erweitert wurde. Er befindet sich am Südufer der Insel, direkt oberhalb des von Palmen gesäumten Fähranlegers. Dahinter erstreckt sich über den kompletten Rest des Eilandes ein sehenswerter **Englischer Garten.** Auf den Kieswegen spaziert man meist nicht allein, denn zahlreiche Pfauen leben auf der Insel und geben der Isola Madre einen besonderen Charme. Der Besuch der Insel ist kostenpflichtig. Bezahlt wird nach Verlassen der natürlich ebenfalls kostenpflichtigen Fähre.

Die zweitgrößte Insel ist die **Isola Bella.** Sie ist nur geringfügig kleiner als die Isola Madre und liegt Stresa am nächsten. Auch der Besuch der Isola Bella ist kostenpflichtig, aber mindestens ebenso lohnenswert. Benannt

0660i-mm

wurde das Eiland nach Isabella D'Adda, einer lombardischen Adeligen und Ehefrau von Carlo III. Borromeo (nicht zu verwechseln mit dem hl. Carlo Borromeo, s.S. 75). Im 17. Jahrhundert ließ Carlo einen **Palast im barocken Stil** errichten. Er erhebt sich am Nordufer der Insel und wird gern mit einem Schiff verglichen, denn in der Tat läuft die Insel spitz zu und der Palazzo scheint der mächtige Schiffsaufbau gleich dahinter zu sein. Besonders gut zu erkennen ist das von der Uferstraße SS33 auf dem Festland aus. Im Inneren präsentiert sich der Palast mit reich verzierten Sälen und üppig ausgestatteter Möblierung. Auf dem einen oder anderen Stuhl mag auch schon Napoleon Bonaparte gesessen haben, der eine Nacht auf der Insel verbrachte.

Gleich hinter dem Palast erstreckt sich zum „Heck des Schiffs", also zum südlichen Ufer der Insel hin, der dazugehörige Park. Auf mehreren Treppen wandert man über die verschiedenen Terrassen der ebenfalls im Barockstil errichteten **Gartenanlage.** Auch hier begegnet man einigen weißen Pfauen, die hier mit ihrem strahlenden Federkleid besonders auffallen. Beeindruckend ist außerdem die wie ein Altar wirkende steinerne Wand mit ihren vielen Nischen. Diese sind mit großen Muschelskulpturen und Statuen besetzt.

Ganz am Ende der Insel erheben sich zwei kleine **Türme,** wobei die Bezeichnung Pavillons es eher treffen würde. Sie beherbergen ein Café und einen Souvenirladen. Weitere Einkehrmöglichkeiten findet man in den engen und mit zahlreichen Treppenstufen versehenen Gassen am Westufer zwischen Parkanlage und Fähranleger.

Die dritte Insel im Bunde ist die **Isola Superior,** auch Isola dei Pescatori genannt. Der länglichen Insel mangelt es an Platz für einen Palast, dennoch ist sie fast komplett bebaut. Lediglich an der Nordspitze findet man einige Bäume. Ansonsten ist man in den vielen kleinen und sehr engen Gassen unterwegs, die zuweilen die Orientierung schwierig machen, doch keine Sorge, die Insel ist nur 70 Meter breit und es dauert meist nicht lange, bis man aus dem Gewirr der Gassen wieder zum Ufer gelangt. Bewohnt war die Insel bereits im 14. Jahrhundert und ist es bis heute durchgehend geblieben.

Mit verschiedenen Ausflugsschiffen und -booten …

… kann man die Borromäischen Inseln erreichen, hier die Isola Bella

Zwischen der Isola Superior und der Isola Bella befindet sich als kleinstes Eiland der Borromäischen Inseln die **Scoglio della Malghera.** In ihrer breitesten Ausdehnung bringt sie es gerade einmal auf etwa 30 Meter. Die unbewohnte Insel kann genauso wenig betreten werden wie die bereits erwähnte **Isola San Giovanni** (s. S. 90) nahe der Küste bei Verbania. Letztere ist zwar bebaut, befindet sich aber noch heute im Privatbesitz der Adelsfamilie Borromeo.

› **Borromäische Inseln,** Abfahrt am Hafen von Stresa, Ende März–Ende Okt., tägl. 9–17.30 Uhr. Für das Betreten der Inseln wird Eintritt erhoben, der zu den Kosten der Fährüberfahrt hinzukommt. Es existieren zahlreiche Preiskombinationen, je nachdem, welche Sehenswürdigkeiten man mit einem Besuch verbinden möchte. So kann man die Isola Bella und die Isola Madre einzeln besuchen oder deutlich günstiger im Gesamtpaket. Auch ein Kombiticket für den Besuch der Rocca di Angera wird angeboten. Am günstigsten fährt man damit, wenn man ohnehin alles besichtigen möchte und sich das Ticket für den Besuch der Isola Madre, Isola Bella, der Rocca di Angera und des Parks Pallacivino kauft. Dieses kostet 33 € pro Person zuzüglich Fähre. Zum Vergleich: 20 € würde ein alleiniger Besuch der Isola Bella kosten. Bei einem Kombiticket müssen die beiden Inseln an einem Tag besichtigt werden. Für die beiden anderen Sehenswürdigkeiten ist das Ticket noch zwei Tage im Anschluss gültig. Die Überfahrt zur Isola Bella kostet 6,50 € pro Person, zur Isola dei Pescatori 8,50 €, zur Isola Madre 11,50 € (jeweils hin und zurück). Alle drei Inseln werden für 14,50 € angeboten.

067oi-mm

Wer sich die Kosten für die Borromäischen Inseln, die man auch als Perlen des Lago Maggiore bezeichnen kann, sparen möchte und dennoch durch eine Parklandschaft wandeln will, der ist am Festlandufer südlich von Stresa im **Park Pallacivino** richtig. Diese schöne, baumreiche und damit schattige Parklandschaft rund um den gleichnamigen Palast befindet sich an einem Felshang. Insbesondere Kinder haben ihre helle Freude an dem dazugehörigen Streichelzoo.

Westlich von Stresa, zwischen dem Lago Maggiore und dem Lago d'Orta, erhebt sich der 1491 m hohe **Monte Mottarone.** Von seinem Gipfel, auf dem sich zahlreiche Antennenmasten befinden, hat man bei gutem Wetter einen wunderbaren Ausblick auf die beiden Seen. Die kleinen Mitreisenden kommen hier bei einer Fahrt auf der **Sommerrodelbahn** unterhalb des Gipfels ebenfalls auf ihre Kosten. Knapp unterhalb des Gipfelplateaus verläuft eine Ringstraße, an der zwei große Schotterparkplätze auch Platz für Wohnmobile bereithalten. Die Auffahrt verläuft jedoch über eine kostenpflichtige Privatstraße (5,50 €). Die Mauthäuschen erreicht man kurz nach der Passage des Campingplatzes 7 Camini auf rund 850 Metern Höhe.

‹ Die Borrmäischen Inseln geben vor der Alpenkulisse ein tolles Bild ab

Parken

P 16 Parkplatz Monte Mottarone (1), GPS 45.879011, 8.455710

P 17 Parkplatz Monte Mottarone (2), GPS 45.880143, 8.450610

Auf dem Weg zum Monte Mottarone kann man auch noch einen Halt am **Botanischen Garten** einlegen. Neben den mehr als 700 Pflanzen hat man auch von hier einen fantastischen Weitblick über den nördlichen Teil des Lago Maggiore. Bei guter Sicht sind die schneebedeckten Alpengipfel in der Schweiz deutlich zu erkennen.

› **Giardino Botanico Alpinia,** Via Alpinia, 22, 28838 Alpino, Stresa VB, GPS 45.881268, 8.500003, http://giardinobotanicoalpinia.altervista.org, April–Anf. Okt. 9.30–18 Uhr, Eintritt: 4 €

Als Alternative zur Bergfahrt mit dem eigenen Wohnmobil konnte man den Gipfel des Monte Mottarone auch mit einer **Kabinenbahn** erreichen. Unterwegs hielt die Seilbahn auf Höhe des Botanischen Gartens an. Von der Bergstation konnte man den restlichen Aufstieg entweder leicht zu Fuß bewältigen oder man stieg in den Sessellift um, der im Preis enthalten war. Im Mai 2021 stürzte diese Seilbahn jedoch ab. Das Unglück forderte 14 Menschenleben. Seither ist die Bahn nicht in Betrieb und es bleibt abzuwarten, was mit der Anlage geschieht.

Information

› **Touristeninformation Stresa,** Piazza Guglielmo Marconi, 16, 28838 Stresa VB, Tel. 0323 31308, www.stresaturismo.it

67 Camping 7 Camini

GPS 45.875774, 8.499188

Großer, dennoch ruhiger Campingplatz. Überwiegend Dauercamper und Mobilheime und nur ein sehr kleiner Bereich für Touristen. **Lage/Anfahrt:** Direkt an der Straße zwischen Stresa und dem Gipfel des Monte Mottarone, kurz vor dem Mauthäuschen. Der Straße zum Gipfel folgen; **Platzanzahl:** 10. Man steht in einem Ring aus Mobilheimen; **Untergrund:** Wiese; **Sicherheit:** umzäunt, beleuchtet, bewacht; **Preiskat.:** €€€; **Max. Stand:** unbegrenzt; **Geöffnet:** Juni–September, Oktober–Mai nur an Wochenenden; **Kontakt:** Camping 7 Camini, Via Pianezza, 7, 28836 Gignese VB, Tel. 0323 20183, www.camping7camini.it

68 Wohnmobilstellplatz Stresa

GPS 45.887837, 8.52642

Obwohl relativ neu, bietet dieser Stellplatz hinter zwei Wohnhäusern und direkt neben dem öffentlichen Parkplatz gerade einmal acht enge Stellflächen und ist darüber hinaus nicht gerade günstig. Eine frühe Anreise ist hier dringend empfohlen. Es besteht auch die Möglichkeit, stundenweise zu parken. **Lage/Anfahrt:** Zentrale Lage innerhalb von Stresa, nicht am See. An der Altstadt von Stresa vorbei fahren, nach der Linkskurve bis zur Ampel und dann zweimal links abbiegen; **Platzanzahl:** 8; **Untergrund:** Rasengitter; **Preiskat.:** €€€; **Max. Stand:** 3 Nächte; **Geöffnet:** ganzjährig; **Kontakt:** Via Privata F. Lli Bandiera, 2, 28838 Stresa VB

0690l-mm

Wanderung auf den Monte Camoscio

Ein mittelschwerer bis schwerer Wanderweg durch den waldreichen Südhang des Monte Camoscio beginnt am kleinen Wanderparkplatz am Ostrand von Baveno (GPS 45.911819, 8.487980).

Für die rund 800 Höhenmeter sind stellenweise Trittsicherheit und vor allen Dingen festes Schuhwerk notwendig. Nicht selten ist man auf losem Schotter unterwegs. Unerfahrenen Wanderern oder Menschen mit wenig Kondition wird der Aufstieg nicht empfohlen. Darüber hinaus sollte man ausreichend Wasser mit sich führen.

Für den teilweise anstrengenden Aufstieg wird man jedoch mit einem tollen Ausblick auf den Lago Maggiore belohnt. Der Panoramablick vom Monte Camoscio muss sich nicht vor dem des deutlich höheren Monte Mottarone verstecken. Vielmehr ist man hier oftmals allein unterwegs und kann den Gipfelblick abseits der touristischen Hauptrouten mit etwas Glück ohne Trubel genießen.

BAVENO

(3 km – km 167)

Es ist nur eine kurze Fahrt von Stresa in den Nachbarort Baveno, der ein wenig Stresa in Miniatur darstellt. Die Altstadt ist kleiner, die Promenade kürzer und man kann auch von hier zu den Borromäischen Inseln übersetzen. Nur Grandhotels mit prächtiger Fassade sind nicht anzutreffen. Das einzige Grandhotel des Ortes wirkt eher gewöhnlich. Dafür gibt es jedoch viele andere Übernachtungsmöglichkeiten und im Gegensatz zu Stresa sogar einen Campingplatz. Ansonsten ist Baveno auch vom Granitabbau geprägt, was sich an der Westflanke des **Monte Camoscio** stark bemerkbar macht. Der hiesige Granit ist wegen seiner rosafarbenen Töne beliebt. Man findet ihn in zahlreichen italienischen Gotteshäusern und in der aus dem 19. Jahrhundert stammenden Mailänder Einkaufsgalerie Vittorio Emanuele II. gleich neben dem Dom.

Der Granitabbau hat in Baveno deutliche Spuren hinterlassen

⑥⑨ Wohnmobilstellplatz Baveno

GPS 45.911293, 8.500422

Eine der wenigen Möglichkeiten, mit dem Wohnmobil zu parken oder zu nächtigen. Der Standort direkt neben der Bahntrasse ist jedoch ungeschickt gewählt. Darüberhinaus ist der Platz teilweise sehr schräg angelegt. Der Platz wird auch von Pkws genutzt. **Lage/Anfahrt:** Östlich der Bahntrasse, rund 500 Meter vom See und von der Altstadt entfernt. Genau zwischen den Bahngleisen und einer Schule. Auf der SS33 bis zum Kreisverkehr in Baveno. Dort in Richtung Bahnhof abbiegen und kurz darauf halbrechts in die enge Eisenbahnunterführung. Gleich hinter dem Tunnel links; **Platzanzahl:** 30; **Untergrund:** Pflaster; **Preiskat.:** €; **Max. Stand:** 3 Nächte; **Geöffnet:** ganzjährig; **Kontakt:** Via Brera, 15, 28831 Baveno VB

⑦⓪ Camping Parisi

GPS 45.912396, 8.505172

Kleiner, überschaubarer und ruhiger Campingplatz mit Stellflächen direkt am Ufer. **Lage/Anfahrt:** Am Nordrand von Baveno, direkt am Seeufer. Von der SS33 zwischen Grand Hotel Dino und Kreisverkehr in die Via Liberazione oder in die Via Piave einbiegen; **Platzanzahl:** 35; **Untergrund:** Wiese; fest; **Sicherheit:** umzäunt, beleuchtet, bewacht; **Preiskat.:** €€€€; **Max. Stand:** unbegrenzt; **Geöffnet:** April–Sept.; **Kontakt:** Camping Parisi, Via Piave, 50, 28831 Baveno VB, Tel. 0323 924160, www.campingparisi.it

0700i-as©Freesurf - stock.adobe.com

⑦① Camping Tranquilla

GPS 45.912314, 8.489295

Leicht erhöhter Platz, der dennoch keinen Ausblick ermöglicht. Enge Parzellen unter Bäumen und nahe der Autobahn. Gut gelegen für eine Wanderung auf den Monte Camoscio. **Lage/Anfahrt:** Am Ostrand von Baveno. Gegenüber vom Wohnmobilstellplatz geradeaus, erster Kreisverkehr rechts, zweiter Kreisverkehr links und weiter bergauf; **Platzanzahl:** 60; **Untergrund:** Schotterrasen; fest; **Sicherheit:** umzäunt, beleuchtet, bewacht; **Preiskat.:** €€€; **Max. Stand:** unbegrenzt; **Geöffnet:** Anf. April–Anf. Okt.; **Kontakt:** Camping Tranquilla, Via alle Cave, 2, 28831 Baveno VB, Tel. 0323 923452, www.campingtranquilla.it

ABSTECHER IN DAS OSSOLA-TAL

(hin und zurück 192 km)

Nördlich von Baveno mündet der Fluss **Toce** in den Lago Maggiore. Da der knapp 76 km lange Fluss ein wenig mehr Wasser führt als der Ticino, gilt er als größter Zufluss in den See. Er entspringt auf über 1700 Metern Höhe nahe des Passo del Gries (Griespass) und bildet in seinem Unterlauf das **Valle d'Ossola,** zu Deutsch das Ossola-Tal. In seinen höheren Lagen trägt das Tal mehrere andere Namen. Der Hauptort ist Domodossola, von wo aus es in Richtung Westen zum Simplonpass geht, einem Alpenübergang in die Schweiz. Östlich des Tals erhebt sich bis zum Lago Maggiore der Nationalpark Val Grande mit einem schwer zugänglichen Tal, das bei Intra näher beschrieben wird (s. S. 92).

071oi-as©elitravc - stock.adobe.com

Auch wenn das Ossola-Tal abgeschieden ist und eigentlich eine Sackgasse bildet, wenn man nicht in die Schweiz einreisen möchte, so lohnt sich die Fahrt hinein dennoch. Es hält erstaunlich viele Wohnmobilstellplätze in teilweise sehr schöner und ruhiger Lage parat und ganz nebenbei hat man noch die Möglichkeit, einen weiteren Sacro Monte zu besuchen, der auf der Weltkulturerbeliste der UNESCO eingetragen ist.

Unser Abstecher beginnt an der kleinen Ortschaft **Feriolo,** die trotz ihrer Lage direkt am Lago Maggiore touristisch eher unbedeutend ist. Lediglich einige Campingplätze haben sich an der Mündung des Flusses Toce in den See angesiedelt und bieten Urlaubsvergnügen. Die SS33 verlässt hier den Lago Maggiore, um bis **Gravellona** an weitläufigen Gewerbe- und Industriegebieten vorbeizuführen.

Einkaufstipp

› **Einkaufszentrum,** Corso Marconi, 46, 28883 Gravellona Toce VB, am Kreisverkehr in Gravellona von der SS33 auf die SS34 wechseln, GPS 45.931313, 8.437265. Mehrere große Läden, in denen man seine Vorräte auffüllen kann.

Kurz vor der Mündung des Toce in den Lago Maggiore umfließt der Fluss den rund 800 m hohen, bewaldeten Monte Orfano. Gleich hinter diesem Berg befindet sich der überschaubare **Lago di Mergozzo,** der sich ideal für Urlauber anbietet, die dem Touristenrummel am Lago Maggiore ein wenig entfliehen, aber auf einen See nicht verzichten möchten. Allerdings hat sich die gleichnamige Ortschaft Mergozzo am nördlichen Seeufer mittlerweile auch stark touristisch entwickelt und lockt mit ihrem malerischen Marktplatz und der gepflegten Promenade. Einst war der Lago Mergozzo Teil des Lago Maggiore, doch Schwemmland trennt die beiden Gewässer

⌃ *Bei Feriolo mündet der Toce in den Lago Maggiore*

nun auf einer Breite von rund zwei Kilometern ab.

Dem Lauf des Tals weiter folgend, erreicht man den Hauptort **Domodossola.** Am südlichen Ortsrand kann man sich von einem Parkplatz (GPS 46.109197, 8.286389) aus erneut auf einen Pilgerweg machen, um einen weiteren **Sacro Monte** zu erwandern. Abermals geht es an 14 Kreuzwegstationen vorbei, bis man als höchsten und letzten Punkt die sehenswerte Wallfahrtskirche mit ihrem achteckigen Grundriss erreicht. Der Bau begann Mitte des 17. Jahrhunderts durch den Orden der Kapuziner. Entstanden sind die Kapellen und die Kirche auf den Grundmauern einer Burg, die zu Beginn des 15. Jahrhunderts durch Schweizer Soldaten zerstört wurde. Ruinen der einstigen Burg sind neben den Kapellen auf dem Berg ebenfalls noch erhalten.

Für eine Stadt in der Größe von Domodossola ist die **Altstadt** vergleichsweise überschaubar und verhältnismäßig unaufgeregt. Ein paar Gassen verbinden den kleinen Marktplatz mit der noch kleineren Piazza Giovanni Chiossi. Letztere ist Standort des aus dem 14. Jahrhundert stammenden Palazzo Silva. Darüber hinaus gibt es noch weitere kleine Paläste, aber ansonsten ist die Stadt stark vom großen Bahnhof geprägt, der eine wichtige Station zwischen Mailand und den Bahnhöfen in der Schweiz bildet.

72 Camping Orchidea

GPS 45.93355, 8.481154

Großer und teils lauter Campingplatz, wenige Parzellen direkt am Ufer, viele unter schattigen Bäumen. **Lage/Anfahrt:** An einer Hauptstraße im Norden von Feriolo. Am Kreisverkehr in Feriolo auf die SS33racc wechseln. Nach 500 m rechts in die Einfahrt; **Platzanzahl:** 120; **Untergrund:** Wiese; fest; **Sicherheit:** umzäunt, bewacht; **Preiskat.:** €€€€; **Max. Stand:** unbegrenzt; **Geöffnet:** Anf. April–Mitte Okt.; **Kontakt:** Camping Orchidea, Via 42 Martiri, 28831 Baveno VB, Tel. 0323 28257, www.campingorchidea.it

73 Camping Conca d'Oro

GPS 45.936194, 8.486762

Großer Campingplatz mit geräumigen Parzellen und guter, moderner Ausstattung. **Lage/Anfahrt:** Direkt neben dem Camping Lido Toce, nur wenige Meter von der Flussmündung in den Lago Maggiore entfernt. Am Kreisverkehr in Feriolo auf die SS33racc wechseln. Nach 500 m rechts in die Einfahrt, 200 m hinter dem Camping Orchidea halbrechts auf die Nebenfahrbahn der SS33racc und dieser rechts um die Kurve folgen; **Platzanzahl:** 160; **Untergrund:** Wiese; fest; **Sicherheit:** umzäunt, beleuchtet, bewacht; **Preiskat.:** €€€€; **Max. Stand:** unbegrenzt; **Geöffnet:** Mitte April–Ende Sept.; **Kontakt:** Camping Conca d'Oro, Via 42 Martiri, 26, 28831 Baveno VB, Tel. 0323 28116, www.concadoro.it

74 Camping Lido Toce

GPS 45.937425, 8.487959

Deutlich kleiner und einfacher als der benachbarte Camping Conca d'Oro, dafür aber auch um einiges günstiger. Sehr ruhig. **Lage/Anfahrt:** Direkt an der Mündung des Toce in den See, einem Naturreservat. Von Feriolo kommend bis zum letzten Abzweig vor dem Fluss, dort rechts abbiegen und bis zum Ende; **Platzanzahl:** 40; **Untergrund:** Wiese; **Sicherheit:** umzäunt, beleuchtet, bewacht; **Preiskat.:** €€€€; **Max. Stand:** unbegrenzt; **Geöffnet:** Anf. April–Mitte Okt.; **Kontakt:** Camping Lido Toce, Via per Feriolo, 41, 28924 Fondotoce VB, Tel. 0323 496220, www.campinglidotoce.eu

75 Camping Village Isolino

GPS 45.93907, 8.500306

Sehr großer Campingplatz mit einer großer Poolanlage, eigenen Strandabschnitten, Mobilheimen und einem umfangreichen Parzellenbereich. Es ist einer der größten Campingplätze rund um den Lago Maggiore, der einem kleinen Dorf gleicht und voll ausgestattet ist, inkl. Animation. **Lage/Anfahrt:** Am nördlichen Ufer der Toce-Mündung in den See gelegen. Nach der

Flussüberquerung an der ersten Möglichkeit rechts abbiegen; **Platzanzahl:** 200; **Untergrund:** Wiese; **Sicherheit:** umzäunt, beleuchtet, bewacht; **Preiskat.:** €€€€; **Max. Stand:** unbegrenzt; **Geöffnet:** Mitte April–Ende Sept.; **Kontakt:** Camping Village Isolino, Via per Feriolo, 25, 28924 Fondotoce VB, Tel. 0323 496080, www.isolino.it

76 Camping Village Continental

GPS 45.949852, 8.480856

Ein kleines Campingdorf mit allen Ausstattungsvarianten, vergleichbar mit Camping Isolino. Großer Poolbereich, Strandbar, Mobilheime und Kinderanimation. Hunde sind in der Nebensaison erlaubt, in der Hauptsaison nur auf Anfrage und nach Voranmeldung. **Lage/Anfahrt:** Am Südufer des Lago Mergozzo, rund einen Kilometer vom Fluss und zwei Kilometer vom Lago Maggiore entfernt. Vor dem Kreisverkehr vor Fondotoce links abbiegen; **Platzanzahl:** 200; **Untergrund:** Wiese; **Sicherheit:** umzäunt, beleuchtet, bewacht; **Preiskat.:** €€€€; **Max. Stand:** unbegrenzt; **Geöffnet:** Mitte April–Mitte September; **Kontakt:** Camping Village Continental, Via 42 Martiri, 156, 28924 Fondotoce VB, Tel. 0323 496300, www.campingcontinental.com

77 Camping La Quiete

GPS 45.954059, 8.477404

Immer noch großer Campingplatz, aber wesentlich kleiner als der direkt benachbarte Camping Continental. Reiner Campingplatz ohne Mobilheime und ohne Poolanlage, dafür preislich moderater. **Lage/Anfahrt:** Am Südostufer des Lago Mergozzo, gleich neben dem Campingdorf Continental gelegen. Ab Fondotoce in Richtung Mergozzo fahren. Nach rund eineinhalb Kilometern links in die Zufahrt abbiegen; **Platzanzahl:** 80; **Untergrund:** Wiese; **Sicherheit:** umzäunt, beleuchtet, bewacht; **Preiskat.:** €€€€; **Max. Stand:** unbegrenzt; **Geöffnet:** Mitte April–Anfang Oktober; **Kontakt:** Edo Bertinotti, Camping La Quiete, Via Filippo Turati, 72, 28924 Verbania VB, Tel. 0323 496013, www.campinglaquiete.it

78 Camping Lago Delle Fate

GPS 45.961237, 8.457171

Sehr kleiner, familiär geführter Campingplatz mit freundlicher Atmosphäre. Die direkt angrenzende Hauptstraße ist jedoch deutlich zu hören. **Lage/Anfahrt:** Am Nordufer des Lago Mergozzo und am Ortsrand der Ortschaft Mergozzo. Die Strandpromenade ist fußläufig erreichbar. Schmaler Platz zwischen Straße und See. Ab Mergozzo in Richtung Fondotoce, doch noch am Ortsende rechts in die Einfahrt; **Platzanzahl:** 25, idealerweise einen Platz am Wasser wählen, da die anderen Plätze unmittelbar neben der viel befahrenen Straße liegen; **Untergrund:** Schotterrasen; fest; **Sicherheit:** umzäunt, beleuchtet, bewacht; **Preiskat.:** €€€€; **Max. Stand:** unbegrenzt; **Geöffnet:** Mitte April–Ende Sept.; **Kontakt:** Camping Lago Delle Fate, Via Pallanza, 22, 28802 Mergozzo VB, Tel. 0323 800916, https://camplagodellefate.com

79 Wohnmobilstellplatz Mergozzo

GPS 45.961883, 8.443133

Kleiner Stellplatz, der Teil eines Parkplatzes ist. **Lage/Anfahrt:** Der Platz befindet sich direkt neben der Hauptstraße, die aus Mergozzo hinaus in das Tal führt. Nach 500 Metern Fußweg ist man bereits durch den Ort und hat schon die Uferpromenade erreicht. In Mergozzo der Straße in Richtung Domodossola folgen, jedoch nicht in Richtung Autobahn; **Platzanzahl:** 6; **Untergrund:** Asphalt; **Preiskat.:** €; **Max. Stand:** 3 Nächte; **Geöffnet:** ganzjährig; **Kontakt:** Via Sempione, 56–64, 28802 Mergozzo VB

80 Wohnmobilstellplatz Santa Maria Maggiore

GPS 46.131564, 8.449493

Ruhiger Stellplatz in Waldlage, jedoch relativ teuer. **Lage/Anfahrt:** Am südlichen Ortsrand im Vigezzotal zwischen Domodossola und dem Tessin in der Schweiz. Am östlichen Ortsrand von Santa Maria Maggiore die SS337 verlassen und in Richtung Sportzentrum. Nach Unterquerung der Brücke für Skilangläufer rechts am

Campingplatz Pineta vorbei; **Platzanzahl:** 20; **Untergrund:** Schotter, Schotterrasen; **Preiskat.:** €€; **Max. Stand:** unbegrenzt; **Geöffnet:** ganzjährig; **Kontakt:** Via Pineta, 28857 Santa Maria Maggiore VB

81 Camping La Pineta

GPS 46.131635, 8.45249
Zweckmäßiger Platz in traumhaft ruhiger Lage. Die Sanitäreinrichtungen sind veraltet und bieten nur ein Plumpsklo. Überwiegend Wohnwagen mit Holzverschlag. **Lage/Anfahrt:** Kurz vor dem Stellplatz. Am östlichen Ortsrand von Santa Maria Maggiore die SS337 verlassen und in Richtung Sportzentrum; **Platzanzahl:** 20; **Untergrund:** Schotterrasen; fest; **Sicherheit:** umzäunt; **Preiskat.:** €€; **Max. Stand:** unbegrenzt; **Geöffnet:** Ganzjährig; **Kontakt:** Camping La Pineta, Via Bel Pittor, 13, 28857 Santa Maria Maggiore VB, Tel. 0324 94123, www.campinglapineta.eu

82 Wohnmobilstellplatz Domodossola

GPS 46.157104, 8.30547
Einfacher Stellplatz nördlich von Domodossola, jedoch weit außerhalb der Stadt. **Lage/Anfahrt:** In einem kleinen Dorf bei Domodossola und in Flussnähe, abseits der SS33. Die SS33 in Richtung Crevoladossola verlassen. Rechts über den Fluss und am Kreisverkehr erneut rechts. Nach 500 m auf der rechten Seite; **Platzanzahl:** 6; **Untergrund:** Rasengitter; **Preiskat.:** €; **Max. Stand:** 3 Nächte; **Geöffnet:** ganzjährig; **Kontakt:** 28865 Crevoladossola

83 Wohnmobilstellplatz Alpe Devero

GPS 46.261372, 8.314228
Ruhiger Stellplatz mit schönem Blick auf die Berglandschaft drumherum. **Lage/Anfahrt:** Am Eingang in ein Seitental, östlich von Baceno an einem Sportplatz. Auf der SS659 bis Baceno fahren und am ersten Zebrastreifen im Ort links abbiegen; **Platzanzahl:** 20; **Untergrund:** Rasengitter; **Sicherheit:** Schranke; **Preiskat.:** €; **Max. Stand:** 3 Nächte; **Geöffnet:** ganzjährig; **Kontakt:** Via Rivera, 28861 Baceno VB

84 Wohnmobilstellplatz Aleste

GPS 46.297062, 8.362156
Geräumiger Stellplatz mit Blick auf die Berge. **Lage/Anfahrt:** Direkt an der SS659, an der hier allerdings bereits wenig Verkehr ist. 300 Meter von einem Schwimmbad mit Freibad und Therme entfernt. Der SS659 folgen und in Aleste am Schwimmbad vorbei, danach gleich rechts; **Platzanzahl:** 10; **Untergrund:** Rasengitter; fest; **Sicherheit:** Schranke; **Preiskat.:** €; **Max. Stand:** 3 Nächte; **Geöffnet:** ganzjährig; **Kontakt:** Via Provinciale, 33, 28866 Cadarese, Premia VB

85 Campingplatz Punta Sabbioni

GPS 46.38388, 8.42562
Kleiner, ruhiger, familiär geführter Campingplatz in idyllischer Lage. Terrassenförmig angelegte Parzellen, teils im Wald. Spielfläche, Grill, Dusche und ein Whirlpool in einem großen Holzfass. Bezahlung erfolgt mittels Schranken- und Kassensystem. **Lage/Anfahrt:** Direkt an der SS659, weit im Ossola-Tal liegend, bereits in einer Höhe von über 1300 Höhenmetern. Immer der SS659 folgen, kurz hinter Valdo auf der linken Seite; **Platzanzahl:** 25; **Untergrund:** Wiese; **Preiskat.:** €€; **Max. Stand:** unbegrenzt; **Geöffnet:** März–Okt.; **Kontakt:** Punta Sabbioni, SS659, Frazione Brendo, 28863 Formazza VB, Tel. 0339 8839479, www.puntasabbioni.it

86 Wohnmobilstellplatz Lago di Morasco

GPS 46.424753, 8.407176
Sehr ruhiger, abgelegener Stellplatz. Man steht hier in 1700 m Höhe und hat tolle Wandermöglichkeiten zu weiteren, oberhalb gelegenen Stauseen, die sich bereits nahe der Grenze zur Schweiz befinden. **Lage/Anfahrt:** Unterhalb der Staumauer des Lago di Morasco am hinteren Ende des Ossola-Tals. Der SS659 bis zu ihrem Ende in das kleine Bergdorf Riale folgen. Am Ende des Orts bis zur Staumauer; **Platzanzahl:** 40; **Untergrund:** Schotter, fest; **Preiskat.:** €; **Max. Stand:** unbegrenzt; **Geöffnet:** außerhalb der Schneeperiode; **Kontakt:** SS659, 28863 Formazza, Verbano-Cusio-Ossola

VERBANIA

(11 km – km 178)

Mit der Umrundung der Bucht von Verbania erreicht man auf der Hauptroute an der SS34 einen der größten Orte am Lago Maggiore. Verbania wurde Ende der 1930er-Jahre auf Geheiß von Benito Mussolini als Zusammenschluss der beiden heutigen Ortsteile **Pallanza** und **Intra** gegründet. Noch heute benutzt man oftmals noch diese Namen anstelle der offiziellen Bezeichnung Verbania. Auch als Tourist spürt man, dass es sich einst um zwei Ortschaften handelte. Es existieren zwei Altstädte, die durch den Fluss Torrente San Bernardino abgetrennt sind. Intra befindet sich nördlich des Flusses, während sich Pallanza zwischen der Verbania-Bucht und dem südlichen Flussufer erstreckt. Der zentral gelegene Stellplatz befindet sich in Pallanza, von wo aus man zu Fuß bequem über die Viale Giuseppe Azari in die Altstadt gelangt.

Die überschaubaren Gassen führen allesamt leicht bergab zur Uferpromenade. Auf der einen Seite lädt das kleine **Fährterminal** zu Bootsausflügen auf dem See ein, während sich auf der anderen Seite das **Mausoleum von Luigi Cadorna** befindet. Der im Jahr 1850 in Pallanza geborene Marschall führte im Ersten Weltkrieg als Generalstabschef vor allen Dingen im Osten Italiens und im heutigen Slowenien mehrere Offensiven durch. Heute ist Cadorna in der Bevölkerung umstritten. Nicht nur, weil er Mussolinis faschistische Bewegung unterstützte, sondern auch, weil er in seiner Kriegsführung oft sehr brutal vorging.

Gleich neben dem Mausoleum sieht man ein **Kriegsgefallenen-Denkmal,** das an die Soldaten der Weltkriege erinnert. Das Besondere an diesem Monumento ai Caduti ist die berührende Darstellung einer Mutter, die ihren jungen Sohn in den Armen hält, gleich so, als wolle sie ihn vor demselben Schicksal bewahren.

Etwas weiter östlich sieht man die vorgelagerte kleine **Isola San Giovanni,** die sich noch heute im Privatbesitz der Adelsfamilie Borromeo befindet. Der Zugang zur Insel ist daher nicht möglich und müsste ohnehin durch den Garten des Hotel Majestic erfolgen.

Die Hauptattraktion von Verbania ist jedoch der **Botanische Garten** nordöstlich der Altstadt von Pallanza. Die auf einem kleinen Hügel errichteten Terrassengärten wurden vom Schotten Neil Boyd McEacharn gegründet. Er erwarb die im Jahr 1870 errichtete Villa und ließ direkt im Anschluss den umfangreichen Botanischen Garten anlegen. Die Villa kann zwar nicht besichtigt werden, doch dafür die zahlreichen Blumenbeete, Terrassengärten und Gewächshäuser. Zwischen dem alten Baumbestand findet man bis zu 20.000 Blumen und andere Pflanzen. Mehrere Wege führen über das Areal und bieten besonders am höher gelegenen Wasserbecken einen schönen Blick. Das Parken mit dem Wohnmobil ist jedoch, wie auf vielen öffentlichen Parkplätzen am Ufer des Lago Maggiore, nicht erlaubt.

Drei Brücken überspannen den **Torrente San Bernardino** und verbinden Pallanza mit Intra. Direkt an der Mündung des Flusses lenkt eine **Veranstaltungshalle** mit ihrer ungewöhnlichen Optik ihre Blicke auf sich. Das 2016 eröffnete, modern gehaltene Theater lässt die Form seiner Säle auch von außen klar erkennen, wirkt aber durch seine graue Fassade bereits jetzt deplatziert und trist. Darüber hinaus gab es von einer Vielzahl an Besuchern Beschwerden über die zum Teil viel zu enge Bestuhlung.

Luftiger und idyllischer wirkt da die **Altstadt von Intra.** Auch hier flaniert man zwischen Fährterminal und dem weiter nördlich gelegenen nächsten Fluss entspannt an der Uferpromenade entlang. Dazwischen laden auf den kleinen Plätzen und den engen Gassen zahlreiche Cafés zum Innehalten ein. Abseits der Uferpromenade gelangt man durch das historische Zentrum von Verbania zur **Basilica di San Vittore.** Es ist eines der größten Gotteshäuser der Stadt und ersetzte eine Kirche, die bereits im 5. Jahrhundert an derselben Stelle stand.

87 Wohnmobilstellplatz Verbania

GPS 45.931187, 8.553089

Zentraler und dennoch ruhiger Stellplatz mitten in der Stadt. Hinter zwei Wohnhäusern gelegen, ist die Lage schon ein wenig ungewöhnlich und an eine Aussicht auf den See oder die Berge sollte man hier gar nicht denken. Wer einen der Plätze unter den Bäumen ergattert, hat ein wenig mehr Privatsphäre. Ansonsten steht man nebeneinander und – für Italien typisch – sehr dicht zusammen. Die Entsorgungsstation befindet sich in rund 800 Meter Entfernung. **Lage/Anfahrt:** Nördlich der Altstadt von Verbania-Pallanza, nur wenige Gehminuten von einem großen Supermarkt entfernt. Auf der SS34 bis Verbania, am zweiten Kreisverkehr links. Am nächsten Kreisverkehr geradeaus und nach 150 Metern links in die Einfahrt zwischen den beiden Wohnhäusern; **Platzanzahl:** 36, jedoch nur halb so viele Stromanschlüsse; **Untergrund:** Asphalt; **Sicherheit:** Schranke; **Preiskat.:** €; **Max. Stand:** unbegrenzt; **Geöffnet:** ganzjährig; **Kontakt:** Viale Giuseppe Azari, 97, 28922 Pallanza VB, Tel. 0346 6978254, http://itinerantivco.xoom.it

Ver-/Entsorgung

- Auf der SS34 nach Verbania, hinter dem vierten Kreisverkehr kurz vor dem Abzweig zum Botanischen Garten auf der rechten Seite (GPS 45.927305, 8.562814). Einfache Ver- und Entsorgungsstation, die als dezentrale Lösung für den rund 800 m entfernten Wohnmobilstellplatz dient, aber auch von Durchreisenden genutzt werden kann.

Die SS34 verläuft oftmals sehr dicht am Nordwestufer des Lago Maggiore. Einen schönen Ausblick auf den See genießt man auch vom nächsten Sacro Monte. Der **Sacro Monte di Ghiffa** gehört ebenfalls zu den heiligen Bergen, die auf der Weltkulturerbeliste geführt sind. Die zum Teil sehr enge Straße, im unteren Bereich mit Kopfsteinpflaster versehen, sollte nur von erfahrenen Wohnmobilisten bzw. von kleinen Fahrzeugen befahren werden. Vom Parkplatz aus (GPS 45.962591, 8.616292) ist man schließlich schnell zu Fuß an den barocken Kapellen mit ihrem oktogonalen Grundriss angekommen. Mehrere Säulen und Laubengänge prägen die einzelnen Bauwerke, die sich auf einem Plateau befinden und schon wegen des Ausblicks auf den Lago Maggiore gerne angesteuert werden.

Sehenswertes

- **Lago Maggiore Zipline,** Località Alpe Segletta, 28812 Aurano VB, Tel. 0333 9467147, www.maggioreseezipline.it, Mitte April–Ende Sept. tägl. 11–17 bzw. teilweise 10–20 Uhr, Oktober und Dezember–Mitte April Sa/So 11–15 Uhr, Einzelflug 38 €. Lust auf Nervenkitzel? Westlich des Lago Maggiore erheben sich die Gipfel, die bis in den Nationalpark Val Grande reichen. Zwei von ihnen sind Pian d'Arla und Alpe Segletta, zwischen denen sich das Intrasca-Tal erstreckt. Wer einen Adrenalinschub möchte, der kann auf einer Höhe von rund 1300 Metern am Pian d'Arla die Karabiner einhaken und an einem Seil 1,8 km über das Tal hinweg sausen. Mit einer Geschwindigkeit von rund 120 km/h erreicht man die Alpe Segletta in 960 Metern Höhe. Anschließend kann man den Nervenkitzel mit einer Einkehr im Café und Restaurant belohnen. Es gibt zwei Varianten, in denen man über das Tal schweben kann. Beim Free-

072oi-as©elitravo - stock.adobe.com

Zur richtigen Jahreszeit ein farbenprächtiger Anblick: der Botanische Garten von Verbania

Nationalpark Val Grande

Der Nationalpark Val Grande gehört zu den kleineren der insgesamt 24 Nationalparks Italiens. Bis in die Mitte des letzten Jahrhunderts wurde die abgelegene Bergregion intensiv für die Wald- und Weidewirtschaft genutzt. Heute stößt man auf den Wandertouren im 1992 gegründeten Nationalpark immer wieder auf Ruinen alter Almhütten und auf Besiedlungsreste. Für eine Wanderung im Val Grande sollte man nicht nur Kondition mitbringen, sondern auch Erfahrung. Viele historische Wanderwege und ehemalige Maultierpfade sind zugewachsen und verwildert. Doch die Nationalparkverwaltung hat auch einige leichtere Wanderwege angelegt und diese zum Teil mit Schautafeln zu Lehrpfaden umgestaltet.

Inmitten der bergigen Landschaft scheint sich der Monte Mottac mit seinen über 1800 Metern Höhe noch einmal etwas hervorheben zu wollen. Er ist zwar nicht der höchste Berg im Nationalpark, doch ist er durch seine fast frei stehende Lage umgeben von einem Bergring ein beliebtes Wanderziel. Für die Besteigung seines Gipfels sollte man jedoch viel Zeit und vor allen Dingen Erfahrung mitbringen. Allein die nächstgelegene Ortschaft ist zehn Kilometer Luftlinie entfernt und dabei handelt es sich lediglich um das kleine Bergdorf Cicogna. Immerhin gibt es hier aber ein Informationszentrum für den Nationalpark, das jedoch nur von Juli bis Oktober an den Wochenenden und im August auch Di bis Fr geöffnet hat. Unterhalb von Cicogna zweigt das Val Pogallo als weiteres Tal im östlichen Teil des Nationalparks ab. In malerischer Lage gibt es hier in dem ansonsten sehr engen, dicht bewaldeten Tal sogar eine Badestelle mit einem kleinen Kiesstrand.

Eine ebenfalls beliebte Tour führt auf den Monte Tadono im südöstlichen Teil des Nationalparks. Sie beginnt bei Miazzina, oberhalb und nordwestlich von Verbania-Intra. Nach dem Aufstieg über einen schmalen Berggrat auf den fast 1700 Meter hohen Gipfel genießt man nicht nur den Ausblick auf die anderen Berggipfel, sondern man kann auch Teile des Lago Maggiore gut erkennen.

Für eine Wanderung im Nationalpark Val Grande gilt zu beachten, dass ein Handy-Empfang weitgehend ausgeschlossen ist. Außerdem ist die Zufahrt nach Cicogna mit dem Pkw über die enge Gebirgsstraße ein kleines Abenteuer für sich. Für Wohnmobile ist die Zufahrt generell verboten. Die letzte Parkmöglichkeit befindet sich rund eineinhalb Kilometer hinter Rovegro (GPS 45.973257, 8.488172).

Malerische Wanderwege führen durch den abgelegenen Nationalpark

073oi-as©Ivan - stock.adobe.com

style bleibt man aufrecht am Seil hängen, während der Falkenstil die klassische Variante ist. Am Rücken aufgehängt, fliegt man die rund 90 Sekunden wie ein Vogel durch die Lüfte. Jeder, der gesundheitlich in der Lage ist, kann diesen Flug durchführen. Das Maximalgewicht bei einem Singleflug beträgt 120 kg, bei einem Paarflug 180 kg. Ab Cannero Riviera verläuft eine schmale Gebirgsstraße hinauf auf die Alm, wo sich der Landepunkt der Zipline mit 40 Parkplätzen befindet (GPS 46.006180, 8.600782). Von hier wird man mit einem Shuttleservice zum Startort gebracht.

88 Camping La Sierra

GPS 45.976667, 8.633611

Kleiner, charmanter Campingplatz mit freier Sicht auf den Lago Maggiore. Terrassenförmig angelegte Parzellen, einfache Sanitäreinrichtungen. Man muss die Lautstärke der Straße in Kauf nehmen. Sie verläuft direkt vor dem Platz und durch die Hanglage der Parzellen ist der Verkehr deutlich zu hören. Der Platz bietet einen kleinen, privaten Kiesstrand, den man durch einen Tunnel unterhalb der Straße erreicht. **Lage/ Anfahrt:** Unmittelbar an der SS34 und nur durch diese vom Ufer getrennt. Ab Intra auf der SS34 nordwärts und kurz vor dem Ortseingangsschild von Oggebbio links; **Platzanzahl:** 25; **Untergrund:** fest; **Sicherheit:** umzäunt; **Preiskat.:** €€€; **Max. Stand:** unbegrenzt; **Geöffnet:** ganzjährig; **Kontakt:** Camping La Sierra, Corso Belvedere, 337, 28823 Ghiffa VB, Tel. 0333 7815534, www.campinglasierra.it

89 Wohnmobilstellplatz Oggebbio

GPS 45.996752, 8.653637

Terrassenförmig angelegter Wohnmobilstellplatz in Hanglage. Der Ausblick auf den See ist einmalig. Jede Parzelle besteht aus einer Terrasse. Unweit des Platzes, leicht oberhalb und links in die Gasse, befindet sich ein kleiner Supermarkt, der frisches Brot und andere frische Lebensmittel anbietet. **Lage/Anfahrt:** Oberhalb der SS34, daher ist der Verkehrslärm deutlich zu hören. Sehr enge und auch steile Zufahrt ab der Bar unten an der SS34. Für Dickschiffe eher schwierig. Man sollte sich die Zufahrt und den Platz zuvor zu Fuß anschauen und abschätzen, ob man sich die Anfahrt zutraut; **Platzanzahl:** 22; **Untergrund:** fest; **Sicherheit:** umzäunt, Videoüberwachung; **Preiskat.:** €€€; **Max. Stand:** unbegrenzt; **Geöffnet:** Ostern–Anf. Nov.; **Kontakt:** Area Camper Oggebbio, Via Martiri Oggebiesi, 24, 28824 Oggebbio VB, www.areacamperoggebbio.com

90 Camping Lido Cannero

GPS 46.020153, 8.68028

Kleiner Campingplatz mit engen Parzellen. **Lage/Anfahrt:** Nur durch die Seepromenade vom Ufer getrennt. Fußläufig ist auch das kleine Städtchen Cannero Riviera gut zu erreichen. Auf der SS34 bis in den Ort und an der ersten Möglichkeit rechts abbiegen. Am Stoppschild erneut rechts und hinter der Brücke links; **Platzanzahl:** 45; **Untergrund:** Schotter, Schotterrasen; fest; **Sicherheit:** umzäunt, beleuchtet, bewacht; **Preiskat.:** €€€€; **Max. Stand:** unbegrenzt; **Geöffnet:** April–Anf. Nov.; **Kontakt:** Camping Lido Cannero, Viale Lido, 5, 28821 Cannero Riviera VB, Tel. 0323 787148, www.campinglidocannero.com

CANNOBIO

(22 km – km 200)

Der letzte Ort am Lago Maggiore und damit auch auf dieser Route ist Cannobio kurz vor der Grenze zur Schweiz. Cannobio besticht durch ein nettes, historisches Zentrum, das im Wesentlichen jedoch aus einer langgestreckten **Einkaufs- und Flaniermeile** besteht. Sie reicht fast vom Flüsschen Cannobino bis zur Uferpromenade. Ungefähr auf halber Strecke steht als zentraler Ort in der Altstadt der ehemalige **Stadtturm.** Der aus dem 12. Jahrhundert stammende romanische Turm erhebt sich freistehend an der Südseite der Kirche San Vittore und dient mittlerweile als ihr Glockenturm. Ein kleineres, aber bedeutenderes Gotteshaus ist die Wallfahrtskirche **Santissima Pietà,** die man sich bei einem Aufenthalt in Cannobio nicht entgehen lassen sollte. Direkt an der Seepromenade

074oi-as©Horst Lieber - stock.adobe.com

präsentiert sie sich mit einer prunkvollen Barockausstattung und besticht mit zahlreichen Fresken und aufwendigen Stuckarbeiten. Der hl. Karl Borromeo ließ die einschiffige Kirche in seinen letzten Lebensjahren auf den Überresten einer Vorgängerkirche erbauen. An derselben Stelle soll im Jahr 1522 das sogenannte Wunder von Costa stattgefunden habe. Dabei sollen Blut und Tränen aus einem Jesus-Gemälde getropft sein und eine Rippe ragte der Legende nach aus dem abgebildeten Brustkorb. Das Gemälde wird heute in einer Nische des Hauptaltars aufbewahrt, während sich die Rippe in der größeren San-Vittore-Kirche befindet.

Information

› **Touristeninformation,** Via Antonio Giovanola, 25, 28822 Cannobio VB, direkt im Ortszentrum am Glockenturm, www.procannobio.it

91 Wohnmobilstellplatz Cannobio

GPS 46.061743, 8.692312

Ruhiger, einfacher Stellplatz mit ebenfalls einfacher Sanitäreinrichtung. **Lage/Anfahrt:** In idyllischer Lage direkt am Flussufer, nur wenige Gehminuten vom Ortszentrum und vom Lago Maggiore entfernt. Die SS34 am Südrand der Altstadt verlassen und auf der SP75 bis zur scharfen 180°-Kurve (notfalls später wenden), dann links in die Via San Rocco; **Platzanzahl:** 35; **Untergrund:** Rasengitter; **Preiskat.:** €€; **Max. Stand:** unbegrenzt; **Geöffnet:** ganzjährig; **Kontakt:** Via S. Rocco, 28822 Cannobio VB

92 Camping Valle Romantica

GPS 46.057192, 8.678652

Großer Campingplatz mit rund 180 Parzellen und Mietbungalows. Ruhig und idyllisch, der Fluss Cannobino fließt unmittelbar an den Parzellen vorbei. Der Platz gehört zum Camping Riviera am Seeufer. **Lage/Anfahrt:** Rund eineinhalb Kilometer vom Ortskern entfernt im kleinen Tal des Cannobino, abseits des Lago Maggiore. Die SS34 verlassen und auf der SP75 am Fluss entlang, der Platz liegt rechts; **Platzanzahl:** 180; **Untergrund:** Wiese; fest; **Sicherheit:** umzäunt, beleuchtet, bewacht; **Preiskat.:** €€€€, in der Hochsaison muss man immer für zwei Personen bezahlen, auch als Alleinreisender; **Max. Stand:** unbegrenzt; **Geöffnet:** Anf. April–Mitte Sept.; **Kontakt:** Camping Valle Romantica, Via Casali Darbedo, 28822 Cannobio VB, Tel. 0323 71249, www.riviera-valleromantica.com

93 Camping Riviera

GPS 46.070136, 8.697291

Großer, in zweiter Generation geführter Campingplatz mit viel Grün, jedoch mit veralteten Sanitäranlagen. 1960 gegründet und angeblich einer der ältesten Plätze am See. Gehört zum Campingplatz Valle Romantica. **Lage/Anfahrt:** Unmittelbar an der Mündung des Cannobino in den Lago Maggiore. Auf der SS34 durch

Zum Flanieren und Einkehren ist die Promenade von Cannobio wie gemacht

den Ort und nach der Überquerung des Flusses direkt nach rechts; **Platzanzahl:** 268; **Untergrund:** Schotterrasen, Wiese; fest; **Sicherheit:** umzäunt, beleuchtet, bewacht; **Preiskat.:** €€€€, in der Hochsaison muss man auch als Alleinreisender für zwei Personen bezahlen; **Max. Stand:** unbegrenzt; **Geöffnet:** Anf. April–Mitte Okt.; **Kontakt:** Camping Riviera, Via Darbedo, 2, 28822 Cannobio VB, Tel. 0323 71360, www.riviera-valleromantica.com

94 Camping Internazionale Paradis

GPS 46.07102, 8.695231

Überschaubarer Campingplatz, der zum angrenzenden Hotel Ville delle Palme gehört. Komplette Ausstattung und schönes mediterranes Flair. **Lage/Anfahrt:** Nachbarplatz des Camping Riviera, unmittelbar an das Seeufer angrenzend. Auf der SS34 durch Cannobio und kurz hinter dem Camping Riviera rechts in die Zufahrt; **Platzanzahl:** 90; **Untergrund:** Wiese; fest; **Sicherheit:** umzäunt, beleuchtet, bewacht; **Preiskat.:** €€€€; **Max. Stand:** unbegrenzt; **Geöffnet:** Anf. April–Mitte Okt.; **Kontakt:** Camping Internazionale Paradis, Casali Darbedo, 12, 28822 Cannobio VB, Tel. 0323 71227, www.campinglagomaggiore.it

95 Camping Residence Campagna

GPS 46.071571, 8.693458

Wer hier in der ersten Reihe steht, genießt durch die Windschutzscheibe einen Blick auf den nur vier Meter entfernten Lago Maggiore und die Schweizer Berge. Wer allerdings in der hinteren Reihe steht, übernachtet direkt neben der viel befahrenen SS34. Der Aufpreis lohnt sich unter Umständen also. Ansonsten komplett ausgestatteter Campingplatz. **Lage/Anfahrt:** Am nördlichen Ortsausgang von Cannobio, unmittelbar am Ufer. Auf der SS34 nordwärts, vor dem Ortsausgang auf der rechten Seite in die Einfahrt; **Platzanzahl:** 100; **Untergrund:** Wiese; fest; **Sicherheit:** umzäunt, beleuchtet, bewacht; **Preiskat.:** €€€€; **Max. Stand:** unbegrenzt; **Geöffnet:** Mitte März–Mitte Okt.; **Kontakt:** Camping Residence Campagna, Via/22, Casali Darbedo, 20, 28822 Cannobio VB, Tel. 0323 70100, www.campingcampagna.it

96 Camping Pedro

GPS 46.07, 8.692778

Sehr kleiner Campingplatz. Beliebt bei jungen Campern, die abends auch gerne mal ein bisschen länger gesellig zusammensitzen. Enge Stellmöglichkeiten. **Lage/Anfahrt:** Östlich der SS34 in einem Wohnviertel und nicht direkt am See. Von der SS34 kurz hinter der Einfahrt zum Camping Internazionale Paradis schräg gegenüber scharf links abbiegen. Danach rechts in die enge Zufahrt; **Platzanzahl:** 37; **Untergrund:** Wiese; **Sicherheit:** umzäunt, beleuchtet, bewacht; **Preiskat.:** €€; **Max. Stand:** unbegrenzt; **Geöffnet:** Ostern–September; **Kontakt:** Marco Ferrari, Via Darbedo, 5, 28822 Cannobio VB, Tel. 0335 7027966, http://campingpedro.com

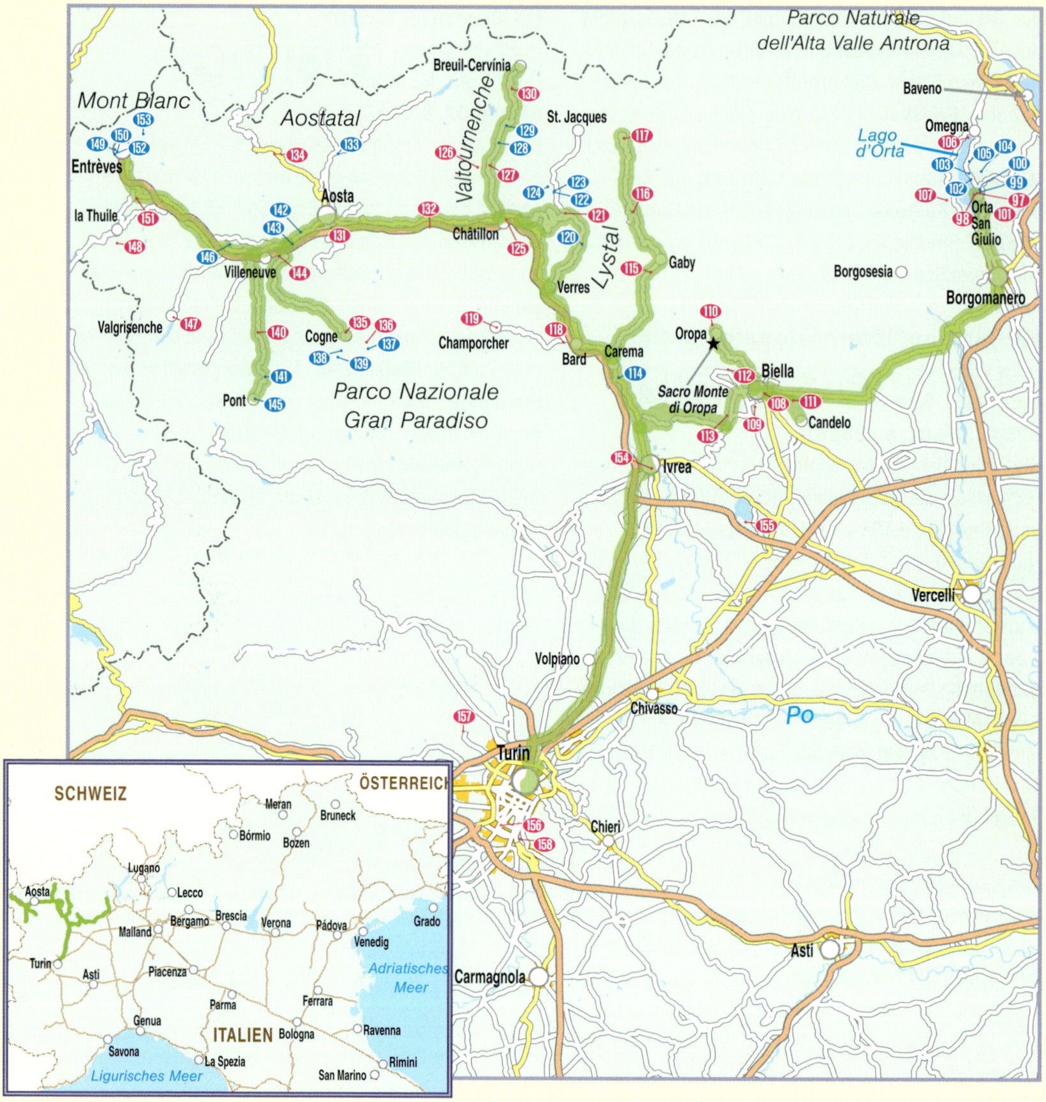

Strecke:

Lago d'Orta und Orta San Giulio (S. 98) – **Abstecher: Sacro Monte di Oropa** (hin und zurück 28 km, S. 103), **Abstecher: Candelo** (hin und zurück 12 km, S. 105), **Aostatal** (S. 107, bis Mont Blanc 178 km, mit Abstechern Lystal, Valtournenche, Nationalpark Gran Paradiso 360 km), **Ivrea** (107 km, S. 124), **Turin** (54 km, S. 125)

Streckenlänge:

ohne Abstecher ca. 339 km
mit Abstechern ca. 561 km

Nachdem man die mediterranen oberitalienischen Seen verlassen hat, bleibt man nicht nur am Alpenrand, man steuert das Wohnmobil sogar in das verzweigte Aostatal hinein. Zahlreiche Nebentäler führen zu wunderschönen Alpenlandschaften und in den traumhaften Nationalpark Gran Paradiso, den man am besten wandernd erkundet. Sogar das Matterhorn erblickt man, wenn auch nicht aus der Perspektive, die man sonst kennt. Bevor man am Ende des Aosta-

ROUTE 3: VON DEN GIPFELN DER ALPEN BIS IN DIE PO-EBENE

tals wieder wendet, genießt man auch noch den Blick auf den Mont Blanc, den höchsten Berg Mitteleuropas. Dort tauscht man das Fortbewegungsmittel und schwebt mit der Seilbahn über weiße Landschaften hinweg zu einem Abstecher nach Frankreich. Nach dem Verlassen des Aostatals wird es in Candelo so richtig gemütlich. Das kleine Dorf am Rande der Alpen besticht mit einer urigen Speicherstadt, die gleich unterhalb der Festungsmauer einen ruhigen und sogar kostenfreien Stellplatz zu bieten hat. In Turin genießt man nicht nur Kultur und eine weitläufige Altstadt, sondern trifft zum ersten Mal auch auf den Po, der hier die nach ihm benannte Ebene markiert.

Diese Aussicht über Turin (s. S. 125) erlebt man vom Monte dei Cappuccini (s. S. 132)

LAGO D'ORTA UND ORTA SAN GIULIO

Der Lago d'Orta oder auch **Ortasee** ist das westlichste Gewässer der oberitalienischen Seen. Gleichzeitig ist er der einzige See in Norditalien, der nicht nach Süden, sondern nach Norden entwässert. Und zwar fließt das Wasser durch ein kleines Tal in das größere Ossolatal, wo es bei Gravellona in den Toce mündet. Das bedeutet auch, dass Reisende den See ab **Gravellona** (Route 2, s. S. 86) erreichen können oder man bereist ihn über die kleinere Strada Provinciale ab **Arona** (Route 2, s. S. 77) am Lago Maggiore.

Der See ist deutlich kleiner als sein östlicher Nachbar, aber auch eine schöne Alternative zum wesentlich bekannteren Lago Maggiore. Die Hauptverbindungsroute ist die SP229, die am östlichen Ufer verläuft, wo sich mit **Orta San Giulio** gleichzeitig auch der Hauptort des Lago d'Orta befindet.

Das Ortszentrum von Orta San Giulio darf mit einem Wohnmobil nicht befahren werden, aber das ist nicht weiter schlimm, denn gleich vor dem Verbotsschild befinden sich gleich zwei Wohnmobilstellplätze und der Zugang zur Hauptsehenswürdigkeit, dem **Sacro Monte di Orta.** Wer nicht beabsichtigt, hier zu übernachten, sondern nur stundenweise auf dem ersten Parkplatz verweilen will, muss jedoch tief in die Tasche greifen. Im Jahr 2022 kostete die erste Stunde der Parkzeit 5 Euro. Und eine Stunde reicht nicht aus, um den Sacro Monte di Orta oder gar die Ortschaft kennenzulernen.

Auch der Sacro Monte di Orta gehört zum UNESCO-Weltkulturerbe. Doch anders als die bisher kennengelernten heiligen Berge, pilgert man hier nicht nur an 14 Kapellen bergauf, sondern gleich an 20, die allesamt für sich sehenswert sind. Der Bau der Kapellen begann Ende des 16. Jahrhunderts und dauerte fast zwei Jahrhunderte an, weshalb sie sich in unterschiedlichen Baustilen präsentieren. Die jüngeren von ihnen sind stark vom Barock geprägt, während die ältesten Kapellen noch Züge der Spätrenaissance aufweisen.

Sämtliche Kapellen zeigen Szenen aus dem Leben des heiligen Franziskus, so zum Beispiel, wie er nach Assisi zurückkehrte. Weit mehr als 300 lebensgroße Statuen passiert man auf dem Weg zum Gipfel, wo sich schließlich die Kirche des heiligen Nikolaus und Franziskus befindet. Ganz nebenbei bietet der kleine Vorplatz der Kirche einen großartigen Ausblick auf den See und auf die einzige Insel im Lago d'Orta. Die gerade

077oi-mm

einmal 240 m lange und 100 m breite **Isola di San Giulio** wird ebenfalls von religiösen Gebäuden dominiert. Die Gründung der dortigen Abtei der Benediktinerinnen, der Mater Ecclesiae, ist im Vergleich zu vielen anderen Klöstern noch gar nicht so lange her und fand im Jahr 1973 statt. Heute leben hier noch 80 Nonnen. Auf der Insel wurde Guglielmo da Volpiano geboren, der zu der Gruppe Mönche gehörte, die in Frankreich das berühmte Kloster Mont-Saint-Michel gründeten.

Um zum Anleger der **Ausflugsschiffe zur Isola di San Giulio** zu kommen, die neben dem Hauptplatz von Orta San Giulio, der Piazza Motta, starten, geht es vom Wohnmobilstellplatz aus nach dem relativ harmlosen Aufstieg auf den Hügel, auf der anderen Seite deutlich steiler wieder bergab in den Ort. Dort kann man das quirlige Treiben in den teils engen Gassen erleben oder in einem der zahlreichen Lokale einkehren und es sich gut gehen lassen. Doch nicht vergessen, man muss den steilen Berg auch wieder hinauf, wenn man ihn nicht zu Fuß umrunden möchte, was entlang der Straße auch möglich wäre.

⌃ Nach dem Besuch von Orta San Giulio geht es steil bergauf zum Sacro Monte

‹ Die Isola San Giulio im Lago d'Orta bietet einen wunderschönen Anblick

97 Wohnmobilstellplatz Orta San Giulio – Ortseinfahrt

GPS 45.79752, 8.415121
Einfacher Übernachtungsplatz mit sehr engen Stellflächen. Für eine Übernachtung ausreichend. Man kann auch einfach nur stundenweise parken, allerdings kostet die Stunde 5 Euro. **Lage/Anfahrt:** Gleich neben dem Busparkplatz vor den Toren der Ortschaft. Guter Ausgangspunkt, um den Sacro Monte di Orta zu besuchen. Auf der SP229 bis zum Kreisverkehr, dort in Richtung Zentrum und nach 200 m rechts; **Platzanzahl:** 18; **Untergrund:** Asphalt; **Preiskat.:** €€; **Max. Stand:** unbegrenzt; **Geöffnet:** ganzjährig; **Kontakt:** Via Panoramica, 1B, 28016 Orta San Giulio NO

98 Wohnmobilstellplatz Orta San Giulio – Sacro Monte

GPS 45.79752, 8.415121
Einfacher, ruhiger Stellplatz unter Bäumen, jedoch auf keinen Fall für größere Wohnmobile geeignet. **Achtung:** Mittlerweile ist der Platz nur noch für Fahrzeuge bis

078oi-mm

2,5 t zugelassen, also maximal für Campingbusse. **Lage/Anfahrt:** Auf der SP229 bis zum Kreisverkehr, dort in Richtung Sacro Monte. Ruhige Lage, unmittelbar neben dem Zugang zum Weltkulturerbe, 20 Minuten Fußweg in die Ortschaft. Am Wohnmobilstellplatz an der Ortseinfahrt links abbiegen und die Straße bergauf, um am Zugang zum Sacro Monte vorbeizufahren. Es handelt sich um eine enge, schleifenförmige Einbahnstraße bzw. Sackgasse. Am Ende muss man durch eine sehr enge Spitzkehre, die nur mit kleineren Fahrzeugen bis 5 Meter befahren werden kann. Am besten vorher zu Fuß erkunden; **Platzanzahl:** 8; **Untergrund:** Schotter; fest; **Preiskat.:** €€; **Max. Stand:** 2 Nächte; **Geöffnet:** ganzjährig; **Kontakt:** Via al Sacro Monte, 28016 Orta San Giulio NO

99 Camping Cusio

GPS 45.798142, 8.420233

Einfacher, ruhiger Campingplatz mit hohen Hecken zur Abgrenzung der Parzellen. **Lage/Anfahrt:** Abseits des Sees. Der Sacro Monte di Orta ist in 20 Minuten und die Piazza Motta in Orta San Giulio in weniger als einer halben Stunde Fußweg zu erreichen. Am Kreisverkehr der SP229 vor Orta San Giulio zum Campingplatz folgen (ausgeschildert). Die letzten 100 m durch eine einspurige Zufahrt; **Platzanzahl:** 80; **Untergrund:** Wiese; **Sicherheit:** umzäunt, beleuchtet, bewacht; **Preiskat.:** €€€€; **Max. Stand:** unbegrenzt; **Geöffnet:** April–Nov.; **Kontakt:** Camping Cusio, Via S. Giovanni Bosco, 5, 28016 Orta San Giulio NO, Tel. 0322 90290, www.campingcusio.it

100 Camping Orta

GPS 45.801802, 8.420791

Hier hat man die Wahl, ob man direkt am Ufer oder am Hang mit wunderbarem Blick auf den See stehen möchte. Der Campingplatz wird durch die SP229 in diese beiden Bereiche geteilt. **Lage/Anfahrt:** Am nördlichen Ortsausgang von Orta San Giulio. Der SP229 nordwärts folgen. Das Ortsausgangsschild steht quasi auf dem Campingplatz. **Platzanzahl:** 120; **Untergrund:** Wiese; fest; **Sicherheit:** umzäunt, beleuchtet, bewacht; **Preiskat.:** €€€€; **Max. Stand:** unbegrenzt; **Geöffnet:** Anf. März–Ende Dez.; **Kontakt:** Camping Orta, Via Domodossola, 28, 28016 Orta San Giulio NO, Tel. 0322 90267, www.campingorta.it

Wenn man etwas einkaufen möchte, wird man in Orta San Giulio fündig

101 Wohnmobilstellplatz Ameno

GPS 45.785035, 8.44111

Einfacher Übernachtungsplatz in ruhiger Lage. Lediglich die Glocken der Kirche in rund 100 Metern Entfernung hört man bereits frühmorgens. **Lage/Anfahrt:** Südlich des Orts Ameno, rund zweieinhalb Kilometer Luftlinie entfernt vom Monte Sacro di Orta auf einem Plateau. Auf der SP43 nach Ameno, dort nicht in den Ort (!), sondern vorher rechts in die Viale G. Matteotti und an der nächsten Möglichkeit links; **Platzanzahl:** 5; **Untergrund:** Asphalt; **Preiskat.:** €; **Max. Stand:** unbegrenzt; **Geöffnet:** ganzjährig, Wasser wird im Winter abgestellt; **Kontakt:** Viale Matteotti, 28010 Matteotti NO

102 Camping Verde Lago

GPS 45.812017, 8.411372

Kleiner, einfacher Campingplatz in Familienbesitz mit eigenem Strand. **Lage/Anfahrt:** Etwas eingezwängt zwischen einer Flussmündung, einem Freibad und der SP229 am südlichen Ortsrand von Pettenasco. Von Orta San Giulio auf der SP229 nordwärts. Unmittelbar Am Ortseingang nach links die Zufahrt hinab; **Platzanzahl:** 20; **Untergrund:** Wiese; fest; **Sicherheit:** umzäunt, beleuchtet, bewacht; **Preiskat.:** €€€€; **Max. Stand:** unbegrenzt; **Geöffnet:** April–Okt.; **Kontakt:** Camping Verde Lago, Corso Roma, 76, 28028 Pettenasco NO, Tel. 0323 89257, www.campingverdelago.it

103 Camping Allegro

GPS 45.819077, 8.405352

Kleiner, familiengeführter Campingplatz mit ein paar Flächen direkt am Seeufer. Etwas veraltete Einrichtung, aber charmant und nicht überlaufen. **Lage/Anfahrt:** Am Nordrand der Ortschaft Pettenasco. Auf der SP229 durch den Ort und erst hinter dem Hotel Riviera links abbiegen. Nicht vorher durch die Via Lego fahren, sonst kommt man nicht um die Kurve in die Einfahrt hinein; **Platzanzahl:** 20; **Untergrund:** Wiese; **Sicherheit:** umzäunt, beleuchtet, bewacht; **Preiskat.:** €€€; **Max. Stand:** unbegrenzt; **Geöffnet:** April–Mitte Okt.; **Kontakt:** Campeggio Allegro, Via Legro, 29, 28028 Pettenasco NO, Tel. 0323 89324, www.campeggioallegro.it

104 Camping Royal

GPS 45.823212, 8.414069

Zweckmäßiger Campingplatz auf einem Plateau oberhalb eines Weinbergs. Die vermutete schöne Aussicht durch die höhere Lage hat man aber nur von manchen Parzellen und oft auch nur, wenn man sich streckt. Dafür ist der Platz sehr ruhig. Es gibt viele Mobilheime. **Lage/Anfahrt:** Östlich von Pettenasco. An der Tankstelle in Pettenasco die SP229 nach rechts verlassen und der Straße bergauf über die Gleise folgen; **Platzanzahl:** 30; **Untergrund:** Wiese; fest; **Sicherheit:** umzäunt, beleuchtet, bewacht; **Preiskat.:** €€€€; **Max. Stand:** unbegrenzt; **Geöffnet:** März–Okt.; **Kontakt:** Camping Royal, Via Pratolungo, 32, 28028 Pettenasco NO, Tel. 0323 888101, http://campingroyal.com

079ol-mm

Orta San Giulio wird von kleinen Gassen dominiert

105 Camping Punta Crabbia

GPS 45.831291, 8.396794

Großer Campingplatz mit zahlreichen Mobilheimen und nur einigen Stellflächen für Tagestouristen. Keine nennenswerte Ortschaft in fußläufiger Nähe und am Seeufer verläuft die Hauptstraße, daher wird ein Shuttlebus zu den Orten rund um den See angeboten. **Lage/Anfahrt:** Direkt an der SP229 und dennoch ziemlich abgelegen. Auf dem Weg nach Norden nördlich von Pettenasco, kurz hinter einer scharfen Rechtskurve am folgenden Zebrastreifen rechts die Straße hinauf; **Platzanzahl:** 10; **Untergrund:** Wiese; fest; **Sicherheit:** umzäunt, beleuchtet, bewacht; **Preiskat.:** €€€; **Max. Stand:** unbegrenzt; **Geöffnet:** Febr.-Nov.; **Kontakt:** Camping Punta Crabbia, Via Crabbia, 2/A, 28028 Pettenasco NO, Tel. 0323 89117, www.campingpuntacrabbia.it

106 Wohnmobilstellplatz Omegna

GPS 45.863484, 8.398542

Großer Stellplatz, auf dem sogar Platz für die Markise bleibt. **Lage/Anfahrt:** Neben einem Sportzentrum in Seenähe. Über einen zwei Kilometer langen Uferweg gelangt man in das nette Zentrum von Omegna, wo der See inmitten einer malerischen Altstadt an seinem nördlichsten Ende in einen kleinen Fluss abfließt. Auf der SP229 nach Omegna hinein, über den Fluss und der nordwestlichen Uferstraße südwärts folgen. Der Platz ist frühzeitig ausgeschildert; **Platzanzahl:** 35; **Untergrund:** Pflaster; **Sicherheit:** umzäunt, Schranke, videoüberwacht; **Preiskat.:** €€-€€€; **Max. Stand:** unbegrenzt; **Geöffnet:** ganzjährig; **Kontakt:** Via Caduti di Bologna, 28887 Bagnella, Omegna VB, Tel. 0338 9356110, www.camperlagodorta.it

107 Wohnmobilstellplatz Pella

GPS 45.789605, 8.372331

Abgelegener und ruhiger Stellplatz weit oberhalb des Lago d'Orta. Wer den Monte Sacro erklommen hat, sieht von der Terrasse aus auf der anderen Seite des Sees die markante und exponierte Felswand mit der Kapelle Madonna del Sasso. Dort oben, oberhalb von Pella, befindet sich der Stellplatz. **Lage/Anfahrt:** Von der SP46 in Pella nach Boleto abbiegen und der Serpentinenstraße durch Centonara und Arto folgen. Auf keinen Fall vor Centonara der kürzeren Variante folgen, sondern auf die Ausschilderung achten; **Untergrund:** Asphalt; **Preiskat.:** €; **Max. Stand:** unbegrenzt; **Geöffnet:** ganzjährig; **Kontakt:** Madonna del Sasso, 25, 28894 Madonna del Sasso VB

Mit **Gozzano** und **Borgomanero,** südlich des Lago d'Orta, lässt man die oberitalienischen Seen vorläufig hinter sich, fährt in Richtung Westen und nähert sich dem Aostatal. Hierfür hat man am nördlichen Rand der Po-Ebene zwei Möglichkeiten. Die geringfügig schnellere Variante verläuft über die A26 bis zur A4. Auf dieser mautpflichtigen Autobahn geht es westwärts in Richtung Turin, doch bei Santhià wechselt man auf die Verbindungsstraße zur A5 nach Ivrea und nach Pont-Saint-Martin, dem Zugang in das **Aostatal.**

Wer etwas mehr Zeit mitbringt, sich die Mautkosten sparen möchte und zudem noch Lust auf einen weiteren Sacro Monte hat, der wählt die Variante über Biella und folgt dafür ab Gattinara der SP142. **Biella** befindet sich am südlichen Ausläufer der Alpen und damit am Übergang zur weiten Po-Ebene. Die Stadt selbst besitzt eine kleine mittelalterliche Altstadt auf einem Bergrücken. An der beinahe einzigen wesentlichen Gasse erheben sich mehrere Palazzi und historische Häuser. Biella protzt nicht mit besonderen Sehenswürdigkeiten und gehört eher selten zu den Pflichtpunkten einer Italienreise, doch der Ort ist Ausgangspunkt für eine Fahrt in die Berge hinein. Auf der kurvigen und zum Teil steilen SP144 gelangt man nach **Oropa,** wo sich der gleichnamige **Sacro Monte** befindet und die sehenswerte Basilika mit Botanischem Garten und Klostergärten in malerischer Bergkulisse zum Verweilen einlädt.

Oberhalb von Biella erstreckt sich die Anlage des Sacro Monte di Oropa

ABSTECHER: SACRO MONTE DI OROPA

(hin und zurück 28 km)

Auf fast 1200 Metern Höhe erhebt sich die **Wallfahrtskirche,** die von Papst Pius XII. zur Basilica minor erhoben wurde. Das Gotteshaus mit seiner mächtigen Kuppel ist deutlich jünger als man es eventuell denken würde. Es wurde erst im letzten Jahrhundert erbaut und 1960 fertiggestellt. Eine Pilgerstätte war der Ort jedoch schon lange zuvor. Schon im 9. Jahrhundert soll es an dieser Stelle mindestens eine kleine Kirche gegeben haben. Fest steht, dass die **Schwarze Madonna,** die das Pilgerziel in Oropa ist, aus dem 14. Jahrhundert stammt. Sie ist genauso sehenswert wie der Sacro Monte di Oropa mit dem angrenzenden Friedhof, der wiederum wie ein Amphitheater errichtet wurde. Auf dem Weg hinauf zum Sacro Monte kommt man dieses Mal an 19 Kapellen vorbei, von denen sich 12 mit dem Leben Marias befassen.

Leider wurde dem Wallfahrtsziel durch den Tourismus ein wenig vom religiösen Charakter genommen. Rund um die Basilika gibt es mehrere Großparkplätze, Wirte buhlen in den angrenzenden Restaurants um Gäste und

080oi-mm

In der Wallfahrtskirche von Oropa ist die Schwarze Madonna das Pilgerziel

082oi-mm

081ol-mm

110 Wohnmobilstellplatz Oropa

GPS 45.628198, 7.976112

Ideal und ruhig gelegener Stellplatz, fußläufig von der Basilika entfernt. Wird von der Basilika betrieben. **Lage/Anfahrt:** Etwas abseits des Großparkplatzes am Waldrand. Mit eigener Zufahrt, sodass eine deutliche Abtrennung zu den Pkw-Parkplätzen besteht. Auf der SP144 bis zur Basilika fahren, links daran vorbei auf den Großparkplatz und erneut links halten; **Platzanzahl:** 30; **Untergrund:** Asphalt; **Sicherheit:** Schranke; **Preiskat.:** €; **Max. Stand:** unbegrenzt; **Geöffnet:** Ende April–Ende Oktober; **Kontakt:** Oropa, 13900 Biella

gleich auf der anderen Straßenseite lockt ein Hochseilklettergarten mit Touren in schwindelerregenden Höhen.

Wenn man, statt mit dem Wohnmobil anzureisen, über den Pilgerweg zum Sacro Monte wandern würde, wäre man auf dem **Cammino di San Carlo** unterwegs, auf dem die heiligen Stätten zwischen Lago Maggiore und den lokalen Tälern erwandert werden. Benannt ist der Weg nach dem hl. Karl Borromeo und er ist Teil des **CoEUR,** eines Systems von Wander- und Pilgerwegen, das die beiden wichtigsten Pilgerwege Europas – den Camino de Santiago, besser bekannt als Jakobsweg, und die Via Francigena als Pilgerweg nach Rom miteinander verbindet.

108 Wohnmobilstellplatz Biella

GPS 45.555719, 8.067443

Als Alternative zum Stellplatz in Candelo hilfreich. Einfache Stellflächen als Teil eines Großparkplatzes. Rund einen Kilometer von einem riesigen Einkaufszentrum entfernt. **Lage/Anfahrt:** Hinter einer Tankstelle in unmittelbarer Nachbarschaft zum Bahnhof. Richtung Zentrum und zwischen zwei Tankstellen auf den Großparkplatz; **Platzanzahl:** 40; **Untergrund:** Asphalt; **Preiskat.:** €; **Max. Stand:** unbegrenzt; **Geöffnet:** ganzjährig; **Kontakt:** Piazza Sandro Pertini, 8, 13900 Biella BI

109 Wohnmobilstellplatz Biella-Ponderano

GPS 45.536832, 8.049554

Einfacher Schotterplatz. **Lage/Anfahrt:** Hinter einem Friedhof, gegenüber von einem Sportplatz am Rande von Biella. Auf der SP400 nach Ponderano, die Via Pier Giorgio Frassati an der Beschilderung verlassen; **Platzanzahl:** 5; **Untergrund:** Schotter; **Preiskat.:** €; **Max. Stand:** unbegrenzt; **Geöffnet:** ganzjährig; **Kontakt:** Str. Vicinale Cimitero, 13875 Ponderano BI

Die Speicherstadt von Candelo stammt aus dem Mittelalter

083oi-mm

ABSTECHER: CANDELO

(hin und zurück 12 km)

Südöstlich von Biella befindet sich der kleine Ort Candelo. Am Rande der an sich eher unspektakulären Innenstadt befindet sich die mittelalterliche **Speicherstadt Ricetto.** Sie ist von einer dicken Festungsmauer umgeben und kann kostenlos betreten werden. Mehrere Gassen verlaufen parallel zueinander zwischen den Häusern und Speichern, die teilweise aus dem 13. und 14. Jahrhundert stammen. Gelagert wurden hier unter anderem Wein und natürlich Nahrungsmittel, doch die gesamte Anlage wurde auch als Fluchtburg genutzt. Heute finden innerhalb der Gassen regelmäßig Feierlichkeiten wie Frühlingsfest, Weihnachtsmarkt oder Konzerte statt. Aber auch wenn es gerade keine Veranstaltung gibt, ist ein Besuch interessant:

111 Wohnmobilstellplatz Candelo

GPS 45.545959, 8.116696

Empfehlenswerter Stellplatz am Rand der besuchenswerten Altstadt von Candelo (südöstlich von Biella), einer Speicherstadt aus dem Mittelalter. Schräg verlaufene Parzellen mit tollem Blick auf die Altstadtmauer und die Alpengipfel. In der Regel ist wenig los und es ist sehr ruhig. **Lage/Anfahrt:** Von Biella nach Candelo und dort durch die Ortschaft; **Platzanzahl:** 20; **Untergrund:** Pflaster; **Preiskat.:** €; **Max. Stand:** unbegrenzt; **Geöffnet:** ganzjährig; **Kontakt:** Via Mulini, 14, 13878 Candelo BI

002oi-mm

In einigen der Häusern befinden sich Lokale, Kreativwerkstätten und Geschäfte. Das Gebäudeensemble ist gut erhalten und zeigt kaum Spuren aus der Moderne, sodass es regelmäßig als Kulisse für italienische Historienfilme genutzt wird. Am nördlichsten Punkt der Festungsmauer befindet sich an einem Rundturm eine **Aussichtsplattform,** von der aus man in ein kleines Tal unterhalb der Anlage blickt. Dort verläuft ein schmaler Kanal, an dessen Ufer auf Infotafeln mehrere Wanderwege rund um Candelo vorgestellt werden. Besonders schön ist zudem, dass es keine 200 Meter von der Ricetto einen großzügigen kostenlosen Wohnmobilstellplatz gibt, der nur selten überlaufen ist.

093oi-mm

112 Wohnmobilstellplatz Pollone

GPS 45.585438, 8.004908
Ruhiger Stellplatz am Rande des Botanischen Gartens Felice Piacenza. **Lage/Anfahrt:** Nordwestlich von Biella im Ort Pollone, etwas oberhalb eines Industriegebäudes. Durch eine Schranke vom benachbarten Pkw-Parkplatz abgeteilt. Auf der SP400 in Richtung Pollone und im Ort der Beschilderung folgen; **Platzanzahl:** 25; **Untergrund:** Schotterrasen; **Sicherheit:** Schranke; **Preiskat.:** €€; **Max. Stand:** unbegrenzt; **Geöffnet:** ganzjährig; **Kontakt:** Via Attilio Botto, 7, 13814 Pollone BI

113 Wohnmobilstellplatz Ceresane-Curanuova

GPS 45.52587, 8.005979
Eher unbekannter Stellplatz in ruhiger Lage. Touristisch ist in Mongrando eher wenig zu sehen, der Platz ist aber ideal für eine Zwischenübernachtung auf dem weiteren Weg. **Lage/Anfahrt:** Südwestlich von Biella bei Mongrando in einem Gewerbegebiet. Biella über die SP338 verlassen und nach Mongrando fahren. An der Ausschilderung zum Stellplatz und zur Mehrzweckhalle Polivalente rechts; **Platzanzahl:** 10; **Untergrund:** Wiese; **Sicherheit:** umzäunt; **Preiskat.:** €; **Max. Stand:** unbegrenzt; **Geöffnet:** ganzjährig; **Kontakt:** Via dei Giovani, 6, 13888 Mongrando BI

Eine Wanderung im Nationalpark Gran Paradiso ermöglicht wunderbare Panoramablicke

Schöner Rundturm an der Stadtmauer der Speicherstadt von Candelo

0920i-as©OkFoto.it - stock.adobe.com

AOSTATAL

Strecke:
Orta San Giulio – Mongrando (65 km) – Abstecher: Lystal (hin und zurück 76 km), Abstecher in das Valtournenche (hin und zurück 52 km), Aosta (78 km) – Abstecher: Nationalpark Gran Paradiso (hin und zurück ca. 54 km) – Mont Blanc (Courmayeur, 35 km)

Streckenlänge:
ohne Abstecher ca. 178 km
mit Abstechern ca. 360 km

In **Mongrando,** südwestlich von Biella, zweigt die SP419 ab und bringt einen durch einen Tunnel nach **Borgofranco d'Ivrea.** In wenigen und leicht zu fahrenden Serpentinen geht es hinab in den Ort, der sich an den Ufern des Flusses **Dora Baltea** erstreckt, dem Hauptfluss im Aostatal. Hier biegt man nach rechts ab und folgt nun dauerhaft der SS26.

Wer die Tour durch das Aostatal in Richtung Mont Blanc (s. S. 119) lieber auslassen und stattdessen **auf direktem Weg nach Turin,** dem Ausgangspunkt von Route 4, fahren möchte, biegt stattdessen links ab, folgt der SS29 in Richtung Ivrea (s. S. 124) und steigt dort wieder in die Routenbeschreibung ein.

114 Camping Mombarone

GPS 45.565314, 7.815344
Ruhiger, einfacher Campingplatz direkt an der SS26. Etwas terrassenförmig angelegt, viele Schrägen. **Lage/Anfahrt:** Der SS26 bis kurz vor dem Kreisverkehr nach Quincinetto folgen; **Platzanzahl:** 50; **Untergrund:** Wiese; **Sicherheit:** umzäunt, beleuchtet, bewacht; **Preiskat.:** €€; **Max. Stand:** unbegrenzt; **Geöffnet:** April–Okt.; **Kontakt:** Camping Mombarone, SS26, Frazione Torre Daniele, 54, 10010 Settimo Vittone TO, Tel. 0125 757907, www.campingmombarone.it

Das **Aostatal** ist nicht nur ein Tal, sondern eine autonome und die zugleich kleinste Region in Italien. Sie besteht aus dem bereits erwähnten Haupttal und einigen kleineren Nebentälern. Auffällig ist die **Zweisprachigkeit** im Aostatal, denn neben Italienisch ist die französische Sprache hier gleichberechtigt. Der Sonderstatus wurde im Jahre 1948 nach Ende des Zweiten Weltkrieges an die Region vergeben. Gleichzeitig gab man den Gemeinden im Aostatal ihren einstigen französischen Namen wieder. Lediglich für den Hauptort gibt es sowohl die französische Bezeichnung Aoste als auch den italienischen Namen Aosta. Auch die Verkehrsschilder sind zweisprachig. Da ist dann sowohl von *via* als auch von *rue* die Rede. Doch eine Einheitlichkeit ist dabei nicht immer zu erkennen. So folgt man manchmal der Beschilderung ins *centro* und an anderer Stelle wiederum ins *centre ville.*

Geprägt wird die Region vom **Nationalpark Gran Paradiso** (s. S. 117), der 1922 als erster Nationalpark Italiens gegründet wurde. Er reicht bis an die französische Grenze heran. Weiter nördlich, am Ende des Tals, erheben sich der **Mont Blanc** (s. S. 119) und der **Mont Blanc de Courmayeur.** Durch das Gebirgsmassiv verläuft der berühmte Mont-Blanc-Tunnel. In einem östlich davon gelegenen Seitental verbindet der Große-Sankt-Bernhard-Tunnel Italien mit der Schweiz. Die beiden Tunnel liegen Luftlinie rund 20 km auseinander. Ungefähr dazwischen erhebt sich der über 3800 m hohe **Mont Dolent,** der das Dreiländereck zwischen Frankreich, der Schweiz und Italien markiert.

Den offiziellen Übergang zwischen Piemont und Aostatal erreicht man hinter **Carema.** Gleich nördlich davon befindet sich die Ortschaft **Pont-Saint-Martin.** Der Name erinnert an die alte römische Brücke, die den Torrente Lys überspannt. Sie gilt als eine der größten noch vorhandenen Brücken aus der Zeit der Römer und kann noch heute zu Fuß überquert werden. Ungewöhnlich ist das Verhältnis zwischen der Spannweite von über 30 Metern zu der sehr geringen Dicke des einzigen Brückenbogens. Die Brücke markiert außerdem den Beginn des Lystals.

Die Festung in Bard markiert den Zugang in das Aosta-Tal

ABSTECHER: LYSTAL

(hin und zurück 76 km)

Das Lystal ist das erste vom Haupttal abzweigende **Seitental im Aostatal.** Fast 40 km kann man auf der SR44 zurücklegen, um das Ende dieser Sackgasse zu erreichen. Zum Abschluss steht man vor dem Massiv **Monte Rosa,** das die Grenze zur Schweiz bildet. Luftlinie sind es keine zehn Kilometer bis zur Dufourspitze, die mit über 4600 Metern Höhe als höchster Berg der Schweiz gilt. Zur Orientierung: Auf der nördlichen Seite des Massivs befindet sich auf Schweizer Seite die berühmte Ortschaft Zermatt mit dem Gornergratgletscher und dem noch bekannteren Matterhorn.

Zwar ist das Lystal eher für den Wintersport prädestiniert, bietet aber auch einige **Wandermöglichkeiten** und überrascht vor allen Dingen mit einigen Übernachtungsmöglichkeiten für Camper.

088ol-mm

118 Wohnmobilstellplatz Bard (Le Raffòr)

GPS 45.611687, 7.732723

Schöner Stellplatz in abgeschiedener Lage, doch durch das ständige Rauschen des direkt angrenzenden Bachs nicht sehr leise. Die Ver- und Entsorgungsstation befindet sich rund 100 Meter vor dem Stellplatz auf der rechten Seite. **Lage/Anfahrt:** Am Ufer eines größeren Gebirgsbachs im Westen von Bard. Rund eine Viertelstunde Fußweg von der Festung entfernt, dabei spaziert man teilweise auf einer Metallbrücke über dem Wasser. Auf der SS26 an der Festung vorbei und am Kreisverkehr links über den Fluss, die Autobahn 5 unterqueren und hinter dem Maison Communale links abbiegen. Den Gebirgsbach überqueren und weiter geradeaus; **Platzanzahl:** 18; **Untergrund:** Asphalt; **Sicherheit:** Schranke, Videoüberwachung; **Preiskat.:** €; **Max. Stand:** 2 Nächte; **Geöffnet:** ganzjährig, Tel. 0125 803132

115 Wohnmobilstellplatz Gaby

GPS 45.701603, 7.872785

Einfacher Übernachtungsplatz schräg gegenüber einer kleinen Kirche auf einem gewöhnlichen Pkw-Parkplatz. Netter Picknickplatz gleich hinter den Wohnmobilen. **Lage/Anfahrt:** Auf der SR44 durch Zuino und dann hinter einer Linkskurve auf der rechten Seite; **Platzanzahl:** 9; **Untergrund:** Asphalt; **Preiskat.:** €; **Max. Stand:** unbegrenzt; **Geöffnet:** ganzjährig; **Kontakt:** SR44, 11020 Gaby AO

116 Wohnmobilstellplatz Bieltshocke

GPS 45.760208, 7.835442

Einfache Stellflächenmarkierungen am Rande eines Parkplatzes. **Lage/Anfahrt:** Am südlichen Ende von Bieltshocke, bereits kurz vor Ende des Lystals. Der SR44 bis zum Ortsschild von Gressoney-Saint-Jean folgen, gleich dahinter links auf den Parkplatz; **Platzanzahl:** 17; **Untergrund:** Asphalt; **Sicherheit:** beleuchtet; **Preiskat.:** €; **Max. Stand:** unbegrenzt; **Geöffnet:** ganzjährig; **Kontakt:** SR44, 11025 Bieltshocke AO

117 Wohnmobilstellplatz Tschaval

GPS 45.856094, 7.813726

Ruhiger Stellplatz, gleich gegenüber von einem Lokal mit dem ungewöhnlichen Namen Klein Finnland. **Lage/Anfahrt:** Am Ende des Lystals, direkt an der SR43, aber mangels Durchgangsverkehr dennoch ruhig. Der SR43 bis zum Talende folgen. Der Platz befindet sich kurz vor dem Großparkplatz von Gressoney-La-Trinitè auf der linken Seite; **Platzanzahl:** 36; **Untergrund:** Pflaster; **Preiskat.:** €; **Max. Stand:** unbegrenzt; **Geöffnet:** ganzjährig, tägliche Schneeräumung im Winter; **Kontakt:** Area Camper Tschaval, SR43, 11020 Tache AO, Tel. 0347 8466336, www.sostatschaval.altervista.org

Auf der Weiterfahrt durch das Aostatal bleibt man weiter flussabwärts auf der SS26. Dabei umrundet man schon nach kurzer Zeit den mächtigen Felssporn, auf dem die imposante **Festung von Bard** errichtet wurde. Für die Besichtigung stellt man das Wohnmobil am besten auf dem Stellplatz am anderen Ende der Ortschaft ab, denn die einzige

Parkmöglichkeit an der Festung besteht aus einer Tiefgarage. Von dieser aus kann man die strategisch klug errichtete Alpenfestung mittels Fahrstühlen besuchen. Schöner ist es jedoch, den serpentinenartigen Wegen hinauf bis zum Hauptgebäude zu folgen. Im Inneren gibt es ein Alpenmuseum, eine Ausstellung über Festungen und Grenzen sowie die Möglichkeit, die einstigen Gefängniszellen des Forts zu besuchen. Errichtet wurde die aktuelle Festung von Bard in der ersten Hälfte des 19. Jahrhunderts. Doch schon zuvor gab es an dieser markanten Engstelle des Aostatals ein Fort, das auf Geheiß Napoleons gesprengt wurde.

› **Forte di Bard,** Via Vittorio Emanuele II, 85, 11020 Bard AO, an der SS26 nach Bard, www.fortedibard.it, Di–Fr 10–18 Uhr, Sa/So 10–19 Uhr. Der Eintritt in das Fort ist frei. Kostenpflichtig sind die verschiedenen Museen. Für ein Museum kostet der Eintritt 8 €, ein Ticket für zwei Museen liegt bei 15 € und wer alle drei Ausstellungen besuchen möchte, zahlt 24 €.

119 Wohnmobilstellplatz Champorcher

GPS 45.621557, 7.610573

Stellplatz in abgeschiedener Lage ganz am Ende eines Seitentals, das bei Bard nach Westen abzweigt. **Lage/Anfahrt:** Auf der SS26 an der Festung vorbei und am Kreisverkehr links über den Fluss, die Autobahn 5 unterqueren und am Maison Communale geradeaus auf der SR2 bleiben. Nach rund 15 km hat man das Talende erreicht. Platz befindet sich rechts gegenüber eines Picknickplatzes; **Platzanzahl:** 25; **Untergrund:** Wiese; **Sicherheit:** umzäunt; **Preiskat.:** €; **Max. Stand:** unbegrenzt; **Geöffnet:** Mitte Mai–Mitte Okt.; **Kontakt:** SR2, 11020 Champorcher

Auf der weiteren Fahrt durch das Aostatal hat man zwei Möglichkeiten, um nach Saint-Vincent zu kommen. Das Haupttal verläuft ab Verrès weiter nordwärts an den Kastellen Saint-Germain, Chenal und Ussel vorbei. Doch nachdem man in Verrès den Gebirgs-

090oi-as©gianniarmano - stock.adobe.com

bach **Evançon** überquert hat, kann man die SS26 an einem Kreisverkehr verlassen und auf der SR45 in das **Seitental des Flusses** hineinfahren. Zwar sollte man hier ein wenig Erfahrung im Umgang mit Serpentinen mitbringen, doch sind die folgenden Spitzkehren keine große Herausforderung und auch ihre Anzahl ist überschaubar. Dafür kann man während der Auffahrt einen schönen Blick auf das **Schloss von Verrès** werfen, das sich auf einem Plateau auf der südlichen Talseite erhebt.

Im Evançon-Seitental trifft man zudem auf die historischen Anlagen des **Castello di Challant,** von dem genauso wie bei den Kastellen Saint-Germain und Chenal nur noch wenige Außenmauern zu sehen sind, und es gibt auch einige versteckte **Naturschönheiten** zu erleben. So zum Beispiel den **Wasserfall von Isollaz** (Parken: GPS 45.683358, 7.707512): Nach einem rund 15-minütigen Abstieg gelangt man zu einer Felsspalte, in der der Evançon malerisch in die Tiefe stürzt.

Das Tal und damit die SR45 enden parallel zum Lystal und damit ebenfalls vor dem Monte-Rosa-Massiv. Im letzten Ort namens **Saint-Jacques** gibt es mit dem Chemin de Verra eine verhältnismäßig einfache Wandermöglichkeit auf das Plateau Pian di Verra. Nach einer rund eineinhalbstündigen Tour auf einem steilen Serpentinenpfad durch den Wald erreicht man den See **Lago Bleu,** der seinem Namen alle Ehre macht und inmitten von steil aufragenden Bergen blau bis türkis schimmert. Er wird vom nahegelegenen Verra-Gletscher mit Wasser gespeist.

Noch vor Ende des Tals gelangt man nach **Brusson,** wo die SR33 abzweigt und über den knapp 1600 Meter hohen Pass Col di Joux wieder zurück zum Haupttal führt. Zunächst scheint die Fahrt recht unspektakulär, weil die Straße stets durch den Wald verläuft. Doch sobald man den Pass überquert und auf der folgenden Talfahrt die erste Serpentine hinter sich gebracht hat, hat man einen unvergleichlichen Ausblick auf das Aostatal. Der Hauptort Aosta (s. S. 115) ist gut zu erkennen, doch noch viel schöner ist bei wolkenlosem Himmel der Ausblick auf den **Mont Blanc,** der versucht, sich hinter der Gebirgskette zu verstecken. Doch dafür ist er einfach zu groß und – plump gesagt – zu weiß. Der schneebedeckte Gipfel hebt sich im Spätsommer deutlich von den anderen Berggipfeln ab (Parken, um zu fotografieren: GPS 45.753595, 7.701287). Nach weiteren Haarnadelkurven kommt man schließlich in **Saint-Vincent** an und auf der SS26 wenige Augenblicke später in **Châtillon.**

120 Camping Village La Grolla

GPS 45.728275, 7.744636

Kleiner, einfacher Campingplatz mit hauseigener Bar und hauptsächlich Dauerstellplätzen. **Lage/Anfahrt:** Unmittelbar an der SR45 am Ortsrand von Maè. Auf der SR45 durch das Tal des Evançon; **Platzanzahl:** 15; **Untergrund:** Wiese; **Sicherheit:** umzäunt, beleuchtet, bewacht; **Preiskat.:** €€€; **Max. Stand:** unbegrenzt; **Geöffnet:** ganzjährig; **Kontakt:** Camping Village La Grolla, Strada Regionale, 45, 11020 Colonia „Sacra Famiglia" AO, Tel. 0125 944033, www.campinglagrolla.it

121 Wohnmobilstellplatz Brusson

GPS 45.764145, 7.712551

Ruhiger, abseits gelegener Stellplatz mit kleinen Parzellen. Direkt am Flussufer, am Ortsrand von Brusson. Guter Ausgangspunkt für Wanderungen, den Besuch des Lago di Brusson und des dortigen Kinderspielplatzes. **Lage/Anfahrt:** In Brusson am See vorbei und gleich die erste Gelegenheit links. Noch 400 Meter am Fluss entlang; **Platzanzahl:** 40; **Untergrund:** Pflaster; **Preiskat.:** €; **Max. Stand:** unbegrenzt; **Geöffnet:** ganzjährig; **Kontakt:** Rue des Pians, 11022 Brusson AO

Im Aosta-Tal ist man stets von Bergen umgeben

122 Campeggio Deans

GPS 45.781848, 7.696846

Campingplatz mit einfacher Ausstattung in ruhiger Lage, überwiegend mit Wohnwagen belegt. Wenige Stellflächen gleich hinter der Schranke. **Lage/Anfahrt:** Am Ortsrand von Extrepieraz, ruhig am Fluss. Der SR45 ab Brusson weiter folgen; **Platzanzahl:** 5; **Untergrund:** Wiese; **Sicherheit:** umzäunt; **Preiskat.:** €€; **Max. Stand:** unbegrenzt; **Geöffnet:** ganzjährig; **Kontakt:** Campeggio Deans, Rue de l'Eglise, 205, 11022 Brusson AO, Tel. 0339 3351462, www.campeggiodeans.it

123 Camping Monte Rosa

GPS 45.783806, 7.698546

Großzügige Parzellen in ruhiger Lage. Freundlicher Empfang. **Lage/Anfahrt:** Nur wenige Meter vom Campeggio Deans entfernt am Ortsrand von Extrepieraz, ruhig am Fluss. Der SR45 ab Brusson weiter folgen; **Platzanzahl:** 20; **Untergrund:** Wiese; **Sicherheit:** umzäunt; **Preiskat.:** €€; **Max. Stand:** unbegrenzt; **Geöffnet:** ganzjährig; **Kontakt:** Camping Monte Rosa, Extrapieraz, Rue de l'Eglise, 186, 11022 Brusson AO, Tel. 0125 300282

124 Camping Sole e Neve

GPS 45.795231, 7.685722

Von einem Nadelwald umgebener Campingplatz. Ebenfalls viele Festcamper mit Wohnwagen, aber mit großer Fläche für Tagestouristen. **Lage/Anfahrt:** Ruhige Lage im oberen Teil des Evancon-Tals. Auf der SR45 bis zum Abzweig nach Antagnod. Dort links und nach kurzer Fahrt links in den Wald hinein; **Platzanzahl:** 15; **Untergrund:** Wiese; **Sicherheit:** umzäunt, bewacht; **Preiskat.:** €€€; **Max. Stand:** unbegrenzt; **Geöffnet:** ganzjährig; **Kontakt:** Camping Sole e Neve, Loc. Morenesc, 11020 Ayas AO, Tel. 0125 305025, www.campingsoleneve.com

Weltbekannt und auch von Italien aus erreichbar: das Matterhorn

ABSTECHER IN DAS VALTOURNENCHE

(hin und zurück 52 km)

Saint-Vincent und Châtillon sind kleinere Ortschaften, die sich im Bogen des Aostatals befinden. Sehenswürdigkeiten sind eher Mangelware und auch eine klassische Altstadt sucht man vergebens. Doch **Châtillon** ist Ausgangspunkt für eine Fahrt auf der SR46 in das etwas mehr als 20 km lange Tal Valtournenche, das vom Wintersport geprägt ist, aber auch im Sommer seine Reize hat. Insbesondere am Ende des Tals bietet sich von einem Wohnmobilstellplatz ein traumhafter Ausblick direkt auf das Matterhorn.

125 Wohnmobilstellplatz Châtillon

GPS 45.748934, 7.624123

Einfacher Übernachtungsplatz mit engen Parzellen, von einer hüfthohen Mauer umgeben. Keine Schönheit und vom Lärm der nahen Autobahn geprägt, aber ideal für eine kurzfristige Zwischenübernachtung. Supermarkt fußläufig erreichbar. **Lage/Anfahrt:** Nahe der Autobahnausfahrt Châtillon-St-Vincent (A5). Die Autobahn verlassen und sofort zweimal scharf rechts abbiegen. An der Weggabelung halblinks halten; **Platzanzahl:** 14; **Untergrund:** Asphalt; fest; **Service:** nur vier Stromanschlüsse; **Preiskat.:** €; **Max. Stand:** unbegrenzt; **Geöffnet:** ganzjährig; **Kontakt:** Frazione Perolle, 18–19, 11024 Châtillon AO

126 Wohnmobilstellplatz Torgnon

GPS 45.803611, 7.55495

Großzügige Fläche in ruhiger Lage auf 1700 Metern Höhe. **Lage/Anfahrt:** Zwischen Wald und Skipisten oberhalb des Valtournenche. Aus dem Tal heraus überwindet man bei der Anfahrt 700 Höhenmeter. In Antey-Saint-Andrè auf die SR9 wechseln, immer bergauf der Beschilderung folgen; **Platzanzahl:** 30; **Untergrund:** Rasengitter, Pflaster; **Preiskat.:** €; **Max. Stand:** unbegrenzt; **Geöffnet:** grundsätzlich ganzjäh-

Das Matterhorn zum Greifen nah

Selbstverständlich ist es nicht der klassische Anblick des Matterhorns, der zum Wahrzeichen der Schweiz wurde und der von einem bekannten Schokoladenhersteller als Markenzeichen genutzt wird, doch man erkennt den markanten, über 4400 Meter hohen Gipfel dennoch auch von der italienischen Südseite aus deutlich. Eine Besteigung des Matterhorns überlässt man besser den erfahrenen Bergsteigern. Immerhin gilt er als einer der gefährlichsten Berge im Alpenraum. Seit seiner Erstbesteigung im Jahr 1865 starben mehr als 500 Alpinisten am Monte Cervino, wie der Berg auf Italienisch heißt. Darunter auch ein Teil der Erstbesteigergruppe um den Briten Edward Whymper: Beim Abstieg starben vier der sieben Bergsteiger, darunter auch Lord Francis Douglas, dessen Leiche bis heute nicht gefunden wurde.

Wer wenigstens einen Hauch von Matterhorn spüren möchte und Wandererfahrung mitbringt, der kann ab dem ***Wohnmobilstellplatz in Breuil-Cervinia*** *(130) einen rund zweieinhalbstündigen Aufstieg zur Berghütte* ***Rifugio Duca degli Abruzzi all'Oriondé*** *in Angriff nehmen. Von Anfang Juli bis Ende September ist die Berghütte in 2800 Metern Höhe bewirtschaftet. Für den Aufstieg sind rund 800 Höhenmeter zu bewältigen, da Breuil-Cervinia in 2000 Metern Höhe liegt. Wer sich noch weitere hundert Höhenmeter zutraut, der kann auf dem weiter recht einfachen Weg das* ***Carrel-Kreuz (Croce Carrel)*** *besuchen. Es ist nach dem Italiener Jean-Antoine Carrel benannt. 1829 im Valtournenche geboren, lieferte er sich unbeabsichtigt ein Wettrennen mit Edward Whymper um den Erstaufstieg, das er verlor. 1890 brachte er einige Bergsteiger nach einer missglückten Matterhornbesteigung bis an diese Stelle, von wo sie den weiteren Weg talwärts sicher allein fortsetzen konnten. Carrel starb vor Erschöpfung an der Stelle, wo sich heute das Kreuz befindet.*

091oi-mm

rig, Zufahrt aber nur möglich, wenn die Straße geräumt ist. Auf entsprechende Beschilderung in Antey-Saint-André achten.

127 Wohnmobilstellplatz Antey-Saint-André

GPS 45.812683, 7.589373

Stellplatz direkt neben der SR46, daher etwas lauter. Durch einen einfachen Holzzaun von einem normalen Pkw-Parkplatz abgetrennt. Gleich neben einem modernen Restaurant. **Lage/Anfahrt:** Zwischen der SR46 und dem Fluss Marmore am Nordrand von Antey-Saint-André. Auf der SR46 durch Antey-Saint-André; **Platzanzahl:** 11; **Untergrund:** Pflaster; **Preiskat.:** €; **Max. Stand:** unbegrenzt; **Geöffnet:** ganzjährig; **Kontakt:** Frazione Filey, 21/A, 11020 Antey-Saint-André AO

128 Camping Cervino

GPS 45.834228, 7.603138

Klassischer Campingplatz mit Dauercampern, Zeltwiese und Rasenfläche für durchreisende Wohnmobilgäste. Minimarkt, Restaurant. **Lage/Anfahrt:** An der SR46 am nördlichen Ortsrand von Buisson. Hinter dem Ortsausgang von Buisson halbrechts halten. Nach der Brücke sofort links; **Platzanzahl:** 25; **Untergrund:** Asphalt, Wiese; **Sicherheit:** umzäunt, beleuchtet, bewacht; **Preiskat.:** €€; **Max. Stand:** unbegrenzt; **Geöffnet:** ganzjährig; **Kontakt:** Villaggio Turistico Camping Cervino, Località Nuarsaz, 26, 11020 Antey-Saint-André AO, Tel. 0166 548402, www.campingcervino.com

129 Camping Glair

GPS 45.862398, 7.612098

Kleiner, einfacher Campingplatz am Nordufer des kleinen Lago di Maen, allerdings kein direkter Blick auf den See. Ein Großteil der Parzellen befindet sich unter Baumkronen (kein Satellitenempfang). **Lage/Anfahrt:** Auf der SR46 bis Maen und nach Überquerung der Brücke sofort halbrechts in die Nebenstraße; **Platzanzahl:** 91; **Untergrund:** Wiese; fest; **Sicherheit:** umzäunt; **Preiskat.:** €€; **Max. Stand:** unbegrenzt; **Geöffnet:** ganzjährig; **Kontakt:** Camping Glair, Frazione Glair, 6, 11028 Valtournenche AO, Tel. 0335 7662804, www.campingglair.it

130 Wohnmobilstellplatz Breuil-Cervinia

GPS 45.925886, 7.620379

Große Asphaltfläche ohne besonderen Komfort, jedoch mit einem traumhaften Blick auf die Südwand des Matterhorns. Gute Ausgangslage für eine Wandertour

Auch durch Aosta kann man ganz entspannt flanieren

085oi-mm

zur Berghütte Rifugio Duca degli Abruzzi all'Oriondé oder zum Croce Carrel. **Lage/Anfahrt:** Am südlichen Ortsrand von Breuil-Cervinia, gleich neben der SR46. Der SR46 bis zum Talende folgen; **Platzanzahl:** 50; **Untergrund:** Asphalt; **Preiskat.:** €; **Max. Stand:** unbegrenzt; **Geöffnet:** ganzjährig; **Kontakt:** Via Bob, 11028 Valtournenche AO (Breuil-Cervinia)

AOSTA

(ab Mongrando 78 km – km 143)

Aosta ist der **Hauptort** des gleichnamigen Tals. Westlich der Stadt verläuft das Haupttal weiter in Richtung Frankreich, während nach Norden das Valpellin-Tal in Richtung Schweiz abzweigt, das sich in mehrere kleine Seitentäler verästelt. Die Lage von Aosta war wegen der nahegelegenen Alpenübergänge schon vor 2000 Jahren bedeutend, weshalb sich hier auch die Römer niederließen, deren Spuren bis heute zu sehen sind.

Beim Rundgang durch Aosta spürt man noch immer die **schachbrettartige Struktur der Altstadt.** Sie entstand durch das rechtwinklig angelegte Römerlager, aus dem die Stadt hervorging. Besonders am westlichen Altstadtrand kann man noch Teile der historischen Stadtmauer besuchen, die bis ins Mittelalter genutzt wurde. Im Osten erhebt sich der **Arco d'Augusto.** Dieses Ehrentor ist bis heute gut erhalten und wurde nach dem Stadtgründer, dem ersten römischen Kaiser Augustus, benannt. Es wurde rund 300 Meter östlich des eigentlichen östlichen Stadttores errichtet und stand daher einst außerhalb von Aosta. Heute fließt der Straßenverkehr durch einen Kreisverkehr rund um das Tor. Vom Wohnmobilstellplatz sind es hierher nur fünf Minuten Fußweg.

Gleich hinter dem Arco d'Augusto beginnt die **Fußgängerzone** mit zahlreichen Einkehr- und Einkaufsmöglichkeiten. Sie führt geradewegs auf das imposante Stadttor **Porta Pretoria** zu, wo die eigentliche Altstadt von Aosta beginnt. Halbrechts, nur wenige Meter von der Porta Pretoria entfernt, erhebt sich die über 20 Meter hohe Wand des **Amphitheaters.** Mehrere Türme und Ruinen in unmittelbarer Nähe lassen es noch heute ein-

131 Wohnmobilstellplatz Aosta

GPS 45.736126, 7.330017

Die Stadt ist sehr charmant, der Wohnmobilstellplatz mit teils sehr engen Stellflächen zwischen Hauptstraße, Bahngleisen und Wohnbebauung allerdings nur zweckmäßig und auch die Ver- und Entsorgungsmöglichkeiten funktionieren nicht immer. Dafür ist man von hier in wenigen Minuten in der Altstadt. Da man hier auch stundenweise parken kann, bietet sich der Platz als Ausgangspunkt für eine Stadtbesichtigung an. **Lage/Anfahrt:** Die SS26 Richtung Stadtzentrum verlassen, an der Esso-Tankstelle halblinks fahren. Den Platz erreicht man kurz nach der Überquerung eines kleinen Flusses; **Platzanzahl:** 50; **Untergrund:** Asphalt; **Sicherheit:** umzäunt; **Preiskat.:** €€; **Max. Stand:** unbegrenzt; **Geöffnet:** ganzjährig; **Kontakt:** Via Caduti del Lavoro, 15, 11100 Aosta AO

094oi-mm

095ol-mm

drucksvoll wirken. Die Hauptfußgängerzone verläuft weiter geradeaus und passiert dabei einige Plätze, allen voran die **Piazza Emile Chanoux.** Der langgestreckte, rechteckige Platz wird an seiner Nordseite vom Rathaus mit seinem Laubengang dominiert.

Nördlich von Aosta kann man, anstatt der Hauptroute zu folgen, auch die Stadt auf der SS27 verlassen und durch ein weiteres Nebental in die **Schweiz** gelangen. Dazu fährt man entweder auf der SS27 und damit über den **Großen-Sankt-Bernhard-Pass** in fast 2500 Metern Höhe oder man nutzt den kostenpflichtigen **Großen-Sankt-Bernhard-Tunnel.** Er ist 6,8 km lang und war bei seiner Fertigstellung im Jahr 1964 der erste Straßentunnel, in dem man die Alpen durchqueren konnte.

Außerdem zweigen zwei weitere Nebentäler vom Aostatal ab, die durch ihre Abgeschiedenheit Ruhe und mehrere Wandermöglichkeiten bieten.

Das Rathaus markiert das Zentrum der Stadt Aosta

132 Wohnmobilstellplatz Fénis

GPS 45.736988, 7.483565

Sehr einfacher Übernachtungsplatz, der etwas abseits von der Autobahn gut als Zwischenübernachtung dienen kann. **Lage/Anfahrt:** Zwischen einem Friedhof und dem Fluss Dora Baltea mit Blick auf das Castello di Fénis, aber auch an der Zufahrtsstraße zwischen Autobahn und Ortschaft. Die A5 oder die SS26 an der Ausfahrt Nus verlassen und in Richtung Fénis fahren. Nach Überquerung des Flusses bis zum Kreisverkehr, halbrechts und an der ersten Möglichkeit links über den Kanal; **Platzanzahl:** 15; **Untergrund:** Asphalt; **Preiskat.:** €; **Max. Stand:** unbegrenzt; **Geöffnet:** ganzjährig; **Kontakt:** Località Chez Machet, 10, 11020 Fénis AO

133 Camping Grand Combin

GPS 45.824404, 7.330185

Terrassenförmig angelegte, ruhige Parzellen auf einem Platz in einem der ruhigen Seitentäler nördlich von Aosta. Überwiegend Dauercamper in Wohnwagen, aber auch Plätze für Wohnmobile. Viele schattige Bäume, kleiner Pool, Shop. **Lage/Anfahrt:** Aosta auf der SS27 verlassen, aber schon bald in Richung Valpelline abbiegen und dort im Ort der Beschilderung nach rechts folgen; **Platzanzahl:** 170; **Untergrund:** Wiese; fest; **Sicherheit:** umzäunt, beleuchtet, bewacht; **Preiskat.:** €€€; **Max. Stand:** unbegrenzt; **Geöffnet:** Mitte Juni–Mitte Sept.; **Kontakt:** Camping Grand Combin, Prailles, 12, 11010 Valpelline AO, Tel. 0165 73250, www.grandcombin.com

134 Wohnmobilstellplatz und Campingplatz Tunnel

GPS 45.818345, 7.228564

Ruhiger Campingplatz mit vielen Dauercampern. Vor dem eigentlichen Platz hat man einen eigenen Bereich für sechs Wohnmobile eingerichtet. Dieser ist mit einer Schranke versehen und bietet Strom sowie Ver- und Entsorgung. Der Stellplatz vor dem Campingplatz kostet 18 € inkl. vier Personen, einem Hund und Ver- und Entsorgung. Der Campingbereich darf jedoch dann nicht benutzt werden. Die Standdauer auf dem Stellplatz beträgt max. zwei Nächte. **Lage/Anfahrt:** Ungefähr auf halber Strecke zwischen Aosta und dem Großen-Sankt-Bernhard-Tunnel, nahe der SS27, aber dennoch recht ruhig. Auf der SS27 in Richtung Tunnel und in der scharfen Rechtskurve bei Étroubles die zweite Einfahrt nach links nehmen; **Platzanzahl:** 6 auf dem Stellplatz und weitere 20 auf dem Campingplatz; **Untergrund:** Wiese; **Sicherheit:** umzäunt, beleuchtet, bewacht; **Preiskat.:** €€–€€€; **Max. Stand:** unbegrenzt; **Geöffnet:** Ende Jan.–Anf. Mai, Ende Mai–Mitte Okt., Anf. Dez.–Anf. Jan; **Kontakt:** Camping Tunnel, Rue des Chevrières, 4, 11014 Étroubles AO, Tel. 0165 78292, www.campingtunnel.it

ABSTECHER: NATIONALPARK GRAN PARADISO

(hin und zurück ca. 54 km)

Südlich des Aostatals erstreckt sich der Nationalpark Gran Paradiso, benannt nach seinem zentral gelegenen höchsten Berg. Der **Gran Paradiso** ist 4016 Meter hoch und gilt als höchster Berg Italiens, der komplett, also mit seiner gesamten Basis, auf italienischem Boden steht. Für Bergsteiger oder solche, die es werden wollen, gilt er als der einfachste „4.000er" in den Alpen, was aber nicht bedeutet, dass man ihn „mal eben so" erwandern kann. Um ihn herum erstreckt sich der gleichnamige Nationalpark, der im Jahr 1922 als erster Nationalpark Italiens eingerichtet wurde. Er beherbergt eine **Vielzahl an Tierarten,** so zum Beispiel auch die selten gewordene Schmetterlingsart Apollo. Der Klassiker ist aber die Sichtung eines **Alpensteinbocks,**

096oi-as©mima140186 - stock.adobe.com

▷ *Das Aosta-Tal bietet sich für zahlreiche Wandertouren an*

den man im Sommer meist oberhalb der Baumgrenze auf den üppigen Almen sehen kann. Mehrere Tausend Tiere leben im Nationalpark, die sich im Frühjahr und Winter auch in den niedrigeren Tallagen aufhalten.

Hauptausgangspunkt für den Nationalpark sind die Ortschaften **Saint-Pierre** und **Villeneuve** westlich von Aosta (s. S. 115). Von dort zweigen mehrere schmale Täler südwärts ab und bieten dadurch mehrere Möglichkeiten, um den Nationalpark zu erfahren. Die schönste Möglichkeit, den Nationalpark kennenzulernen, ist aber natürlich zu Fuß. So kann man zum Beispiel ab **Valnontey** südlich des Cogne-Tals über den fast 3300 Meter hohen Gebirgspass Col du Loson in das parallel verlaufende Tal Valsavarenche wandern. Es gibt aber viele weitere und kleinere Touren, die eine schöne Tageswanderung ermöglichen. Eine Vielzahl an Wandervorschlägen findet man auf der deutschsprachigen Website des Nationalparks: www.pngp.it.

135 Wohnmobilstellplatz Cogne (Revettaz)

GPS 45.608343, 7.358723

Sehr großer Stellplatz mit engen Stellflächen. In der Hochsaison ist Kuschelcamping garantiert. Vom Platz aus kann man per Treppe oder mit dem Fahrstuhl in den etwas höher gelegenen Ort gelangen. **Lage/Anfahrt:** Guter Ausgangspunkt für einen Besuch von Cogne und vor allen Dingen für Wandertouren im Nationalpark. Ab Aymavilles über die SR47 in das Tal hinein. In Cogne vor der Brücke halbrechts in Richtung Stellplatz, der hinter dem Großparkplatz liegt; **Platzanzahl:** 120; **Untergrund:** Asphalt; **Sicherheit:** beleuchtet; **Preiskat.:** €; **Max. Stand:** 3 Nächte; **Geöffnet:** ganzjährig; **Kontakt:** Area Camper Revettaz, Località Revettaz, 11012 Cogne (AO), Tel. 0328 9036422

Mit dem Skyway (s. S. 123) kommt man bequem nach oben und genießt die Aussicht auf den Mont Blanc

136 Wohnmobilstellplatz Champlong (Lillaz)

GPS 45.596221, 7.387885

Großer Stellplatz, der eine ideale Alternative zu dem in Cogne darstellt. Trotz der Größe weniger rummelig als im Nachbarort. Großer Picknickbereich in unmittelbarer Nähe. **Lage/Anfahrt:** Am Ortseingang von Champlong, direkt an einem Fluss. Einfach der SR47 an Cogne vorbei weiter in das Tal folgen; **Platzanzahl:** 32; **Untergrund:** Asphalt; **Sicherheit:** beleuchtet; **Preiskat.:** €; **Max. Stand:** 3 Nächte; **Geöffnet:** ganzjährig; **Kontakt:** Area Sosta Camper „Lillaz“, Frazione Lillaz, 11012 Cogne AO, Tel. 0328 9036422

137 Camping al Sole

GPS 45.592429, 7.390057

Kleiner Campingplatz, überwiegend Holzchalets, aber auch einige Stellflächen für Durchreisende. **Lage/Anfahrt:** Am hinteren Ende des Cogne-Tals. Der SR47 an Cogne vorbei weiter in das Tal folgen, auf die Beschilderung achten; **Platzanzahl:** 10; **Untergrund:** Wiese; **Sicherheit:** umzäunt, beleuchtet, bewacht; **Preiskat.:** €€; **Max. Stand:** unbegrenzt; **Geöffnet:** ganzjährig; **Kontakt:** Camping al Sole, Frazione Lillaz, 11012 Cogne AO, Tel. 0165 74252, www.campingalsole.com

138 Campeggio Lo Stambecco

GPS 45.587928, 7.343378

Großer terrassierter Platz am Hang, daher mit teilweise leicht schrägen Parzellen. Gute Ausgangslage für Wandertouren im Nationalpark. **Lage/Anfahrt:** In einem Seitental des Cogne-Tals. Am Rande des kleinen Dorfes Valnontey. Am ersten Kreisverkehr vor Cogne nicht in Richtung Zentrum, sondern halbrechts nach Valnontey. Etwas steile und enge Zufahrt auf kurzer Schotterpiste; **Platzanzahl:** 140; **Untergrund:** Wiese; **Sicherheit:** umzäunt, beleuchtet, bewacht; **Preiskat.:** €€; **Max. Stand:** unbegrenzt; **Geöffnet:** Mitte Mai–Mitte Sept.; **Kontakt:** Campeggio Lo Stambecco, Frazione Valnontey, 4, 11012 Cogne AO, Tel. 0165 74152, www.campeggiolostambecco.it

139 Camping Gran Paradiso (Cogne)

GPS 45.583303, 7.34121

Herrlich ruhiger und abgeschiedener Platz. **Lage/Anfahrt:** Am Ende des ohnehin schon ruhigen Seitentals südlich von Cogne. Am ersten Kreisverkehr vor Cogne nicht in Richtung Zentrum, sondern halbrechts nach Valnontey. Noch gut 400 Meter am Campeggio Lo Stambecco vorbei; **Platzanzahl:** 100; **Untergrund:** Wiese; **Sicherheit:** umzäunt; **Preiskat.:** €€; **Max. Stand:** unbegrenzt; **Geöffnet:** Ende Mai–Mitte Sept.; **Kontakt:** Campeggio Gran Paradiso, Loc. Valnontey, 58, 11012 Cogne AO, Tel. 0165 749204, www.campeggiogranparadisocogne.it

140 Wohnmobilstellplatz Valsavarenche

GPS 45.594043, 7.207276

Ruhiger Stellplatz im mittleren Tal des Nationalparks. Ebenfalls gute Ausgangsmöglichkeit für Wanderungen zum Col du Loson. **Lage/Anfahrt:** Kurz vor dem kleinen Dorf Valsavarenche am Gebirgsbach Savara. In Villeneuve die SS26 verlassen und der SR23 bis zum Platz folgen; **Platzanzahl:** 10; **Untergrund:** Rasengitter; **Sicherheit:** beleuchtet; **Preiskat.:** €; **Max. Stand:** unbegrenzt; **Geöffnet:** ganzjährig; **Kontakt:** SR23, 11010 Valsavarenche

141 Camping Gran Paradiso Valsavarenche

GPS 45.54963, 7.21261

Ruhiger, von hohen Bergen umgebener Campingplatz direkt am Fluss. **Lage/Anfahrt:** Sehr weit im Tal Valsavarenche. Der SR23 in das Tal folgen. Vor der Flussüberquerung links in die Einfahrt. **Platzanzahl:** 30; **Untergrund:** Wiese; fest; **Sicherheit:** umzäunt, beleuchtet, bewacht; **Preiskat.:** €€; **Max. Stand:** unbegrenzt; **Geöffnet:** Juni–Sept.; **Kontakt:** Camping Gran Paradiso Valsavarenche, Località Plan de la Pesse, 1, 11010 Valsavarenche AO, Tel. 0165 905801, www.campinggranparadiso.it

MONT BLANC (COURMAYEUR)

(35 km – km 178)

Gute 30 Kilometer kann man westlich von Aosta noch weiter in das Tal hineinfahren. Und es lohnt sich, denn nach Süden zweigen die Zufahrtsstraßen in den **Nationalpark Gran Paradiso** ab (s. S. 117), während das Tal nach Westen hin immer enger wird und man nach kurzer Zeit vor dem majestätischen Mont Blanc steht. Offiziell endet das Aostatal in der kleinen Ortschaft Courmayeur (s. S. 123), doch eine Sackgasse ist das Tal

097ol-mm

nicht. Denn durch den Mont-Blanc-Tunnel gelangt man durch das mächtigen Gebirgsmassiv geradewegs nach Frankreich und zum dortigen Ski-Ort Chamonix.

Der **Mont Blanc** müsste in diesem Buch richtigerweise als Monte Bianco bezeichnet werden, denn so lautet der italienische Name des höchsten Bergs der Alpen. Manche Quellen bezeichnen ihn mit seiner Höhe von 4810 Metern als den höchsten Gipfel des gesamten Kontinents. Aber das ist Definitionssache, denn der höchste Berg Russlands, der 5642 Meter hohe Elbrus im Kaukasus, liegt je nach Betrachtungsweise in Asien oder in Europa.

0980i-mm

Die **Erstbesteigung** des Mont Blanc fand im August 1786 statt. Wofür die beiden aus Chamonix stammenden Bergsteiger Jacques Balmat und Michel-Gabriel Paccard noch mehr als einen Tag benötigten, das schaffen Extremsportler heute in etwas weniger als fünf Stunden – sogar inklusive Abstieg. Mitte des letzten Jahrhunderts gab es am Mont Blanc zwei schwere **Flugzeugunglücke.** Sowohl 1950 als auch 1966 zerschellten Flugzeuge von Air India, die beide vom heutigen Mumbai nach London unterwegs waren und jeweils einen Zwischenstopp in Genf einlegen wollten. Das erste Flugzeug hätte nur 30 Meter weiter westlich fliegen müssen, um unbeschadet am Berg vorbeizukommen. Das zweite Flugzeug zerschellte 60 Meter unterhalb des Gipfels. Insgesamt kamen bei den beiden Unglücken 168 Personen ums Leben. Noch heute finden Bergsteiger menschliche Überreste und Gepäck der Passagiere im Glacier des Bossons.

Der **französisch-italienische Grenzverlauf** über das Massiv ist nicht eindeutig geklärt. Aus italienischer Sicht ist der Mont Blanc der höchste Berg Frankreichs und Italiens, denn die Grenze verlaufe genau über den Gipfel. Die Franzosen sehen das allerdings anders und behaupten, das gesamte Gipfelgebiet gehöre zu Frankreich. Damit wäre der höchste Gipfel Italiens der „nur" 4748 Meter hohe, etwas vorgelagerte Mont Blanc de Courmayeur. Beide Gipfel sind lediglich durch einen kaum spürbaren Bergsattel auf 4740 Metern Höhe voneinander getrennt.

142 Camping International Touring

GPS 45.721758, 7.270062

Großer, lebhafter Campingplatz mit moderner Ausstattung. **Lage/Anfahrt:** Ruhige Lage direkt am Fluss Dora Baltea, doch gleich am gegenüberliegenden Ufer verläuft die deutlich zu hörende Autobahn. Aosta über die SS26 in Richtung Frankreich bzw. Courmayeur verlassen. Rund drei Kilometer hinter dem Stadtzentrum auf der linken Seite; **Platzanzahl:** 200; **Unter-**

grund: Wiese; fest; **Sicherheit:** umzäunt, beleuchtet, bewacht; **Preiskat.:** €€€; **Max. Stand:** unbegrenzt; **Geöffnet:** Mai–Sept.; **Kontakt:** Camping International Touring, SS 26 km, Fraz. Arensod, 10, 11010 Sarre AO, Tel. 0165 257061, www.campingtouring.com

143 Camping Monte Bianco

GPS 45.717167, 7.261084
Kleiner, modern ausgestatteter Campingplatz. **Lage/Anfahrt:** Ruhige Lage direkt am Fluss Dora Baltea, doch gleich am gegenüberliegenden Ufer verläuft die deutlich zu hörende Autobahn. Aosta über die SS26 in Richtung Frankreich bzw. Courmayeur verlassen. Platz liegt linker Hand neben dem Camping International Touring; **Platzanzahl:** 60; **Untergrund:** Wiese; **Sicherheit:** umzäunt, beleuchtet, bewacht; **Preiskat.:** €€; **Max. Stand:** unbegrenzt; **Geöffnet:** Mai–Sept.; **Kontakt:** Camping Monte Bianco, Frazione Saint Maurice, 15, 11010 Saint Maurice AO, Tel. 0165 258514, www.campingmontebianco.it

144 Wohnmobilstellplatz Aymavilles

GPS 45.701302, 7.239852
Zentral und dennoch ruhig gelegener, kleiner Stellplatz im hinteren Bereich eines kleinen öffentlichen Parkplatzes. **Lage/Anfahrt:** Aosta über die SS26 in Richtung Frankreich bzw. Courmayeur verlassen. Am Eingang in das Cogne-Tal (Nationalpark), direkt im Ort Aymavilles. Hinter dem Camping Monte Bianco die SS26 verlassen und auf die SR47 wechseln. Durch den Ort und am Kreisverkehr hinter der Kirche rechts. Nach der Grünanlage links über den Parkplatz; **Platzanzahl:** 15; **Untergrund:** Rasengitter; **Preiskat.:** €; **Max. Stand:** unbegrenzt; **Geöffnet:** ganzjährig; **Kontakt:** Frazione Chef Lieu, 24, 11010 Aymavilles AO

145 Camping Pont Breuil

GPS 45.524079, 7.200696
Abgeschiedener geht es kaum. Traumhaft schön gelegener Campingplatz. Dahinter geht es nur noch zu Fuß weiter in die Berge. Die einzigen Nachbarn sind Murmeltiere und Alpensteinböcke in den steilen Felswänden rund um den Platz. Viel Platz auch rund um das eigene Wohnmobil. **Lage/Anfahrt:** Am Ende des Tals Valsavarenche. Der SR23 bis zum Ende folgen; **Platzanzahl:** 100; **Untergrund:** Wiese; fest; **Sicherheit:** umzäunt, bewacht; **Preiskat.:** €€; **Max. Stand:** unbegrenzt; **Geöffnet:** Mitte Juni–Mitte Sept.; **Kontakt:** Camping Pont Breuil, Località Pont, 25, 11010 Valsavarenche AO, Tel. 0165 95458, www.campingpontbreuil.com

146 Camping Arvier

GPS 45.702397, 7.164846
Kleiner, beliebter, dennoch ruhiger Platz im kleinen Dorf Arvier im Hauptal, viel Baumbestand. Fußläufig von der Ruine des kleinen Castello di La Mothe entfernt. **Lage/Anfahrt:** Auf der SS26 bis zum Kreisverkehr bei Arvier und dann links. Sofort scharf rechts der Beschilderung folgen; **Platzanzahl:** 25; **Untergrund:** Wiese; **Sicherheit:** umzäunt, beleuchtet, bewacht; **Preiskat.:** €€€; **Max. Stand:** unbegrenzt; **Geöffnet:** ganzjährig; **Kontakt:** Camping Arvier, Via Chaussa, 17, 11011 Arvier AO, Tel. 0165 069006, www.campingarvier.com

147 Wohnmobilstellplatz Valgrisenche Stausee

GPS 45.620107, 7.059815
Einfach gelöst: Auf einer großen Rasenfläche hat man mittels Gehwegplatten zweispurige Stellflächen geschaffen, damit man nach Regen nicht steckenbleibt. Der Platz ist äußerst ruhig und abgelegen. Man muss es allerdings mögen, gleich unterhalb einer hohen Staumauer übernachten zu wollen. **Lage/Anfahrt:** Am Ende des Tals Valgrisenche, unterhalb des Lago di Beauregard. Ab Arvier der SR25 bis zum Ende folgen; **Platzanzahl:** 24; **Untergrund:** fest; **Sicherheit:** umzäunt; **Preiskat.:** €; **Max. Stand:** unbegrenzt; **Geöffnet:** ganzjährig

Wo Berge sind, gibt es entsprechend auch viele Wasserfälle

151 Wohnmobilstellplatz Pré-Saint-Didier

GPS 45.762358, 6.988932

Schattig gelegener Stellplatz gleich neben einer Felswand. Gut für eine Zwischenübernachtung. **Lage/ Anfahrt:** Am Rand eines kleinen Orts kurz vor Courmayeur. Auf der SS26 muss man zunächst daran vorbeifahren, weil man nicht links abbiegen darf. An einer der nächsten Möglichkeiten wenden und wieder zurückfahren; **Platzanzahl:** 30; **Untergrund:** Rasengitter; **Sicherheit:** Schranke; **Preiskat.:** €; **Max. Stand:** unbegrenzt; **Geöffnet:** ganzjährig; **Kontakt:** Avenue du Mont Blanc, 3, 11010 Pré-Saint-Didier AO

148 Wohnmobilstellplatz La Thuile

GPS 45.708393, 6.953138

Von Pré-Saint-Didier zweigt ein Seitental in Richtung Kleiner-Sankt-Bernhard-Pass bzw. Frankreich ab. Ungefähr auf halber Strecke zum Grenzübergang befindet sich dieser etwas größere Parkplatz in relativ ruhiger Lage. Sehr schöner Ausgangspunkt, um bei einer zweistündigen Wandertour die sehenswerten Rutor-Wasserfälle zu erreichen. Nach einer weiteren halben Stunde gelangt man zur Rifugio Alberto Deffeyes, von wo aus man den gleichnamigen Gletscher erblickt. **Lage/Anfahrt:** Am Ortsrand von La Thuile. Nach der Überquerung der Straßenbrücke im Ort sofort links abbiegen; **Platzanzahl:** 35; **Untergrund:** Pflaster; **Sicherheit:** umzäunt; **Preiskat.:** €€; **Max. Stand:** unbegrenzt; **Geöffnet:** ganzjährig; **Kontakt:** Frazione Villaret, 11016 La Thuile AO

149 Campeggio Monte Bianco La Sorgente

GPS 45.805441, 6.923996

Man sieht den Gipfel vor lauter Bergen nicht, so könnte man diesen und die folgenden beiden Campingplätze beschreiben. Sie liegen alle so nah am Fuße des Mont Blanc im Val Veny, dass man den Gipfel nicht erblicken kann. Gute Ausgangslage für Wanderungen mit Ausblick auf den Mont Blanc. **Lage/ Anfahrt:** Im Val Veny südöstlich von Courmayeur. In Courmayeur die Hauptstraßen verlassen und über kleine Nebenstraßen nach Val Veny (ausgeschildert), über die kleine Brücke nach rechts; **Platzanzahl:** 150; **Untergrund:** Wiese; **Sicherheit:** umzäunt, beleuchtet, bewacht; **Preiskat.:** €€€; **Max. Stand:** unbegrenzt; **Geöffnet:** Ende Mai–Mitte Sept.; **Kontakt:** Campeggio Monte Bianco La Sorgente, Courmayeur loc. Peuterey 1, Val Veny, 11013 Courmayeur AO, Tel. 0335 5226120, www.campinglasorgente.net

150 Camping Aiguille-Noire

GPS 45.800472, 6.923388

Großer, moderner Campingplatz am Fuß des Mont Blanc. **Lage/Anfahrt:** In Courmayeur die Hauptstraßen verlassen und über kleine Nebenstraßen ins Val Veny (ausgeschildert), nur nicht über die Brücke, sondern weiter geradeaus; **Platzanzahl:** 50; **Untergrund:** Wiese; **Sicherheit:** umzäunt, beleuchtet, bewacht; **Preiskat.:** €€€; **Max. Stand:** unbegrenzt; **Geöffnet:** Juni–Sept.; **Kontakt:** Camping Aiguille-Noire, Località La Zerotta, Val Veny, 11013 Courmayeur AO, Tel. 0165 869041, www.aiguillenoire.com

⑮② Hobo Camping Val Veny

GPS 45.799707, 6.921518

Moderner Campingplatz, der wegen seiner Lage sehr beliebt ist. **Lage/Anfahrt:** In Courmayeur die Hauptstraßen verlassen und über kleine Nebenstraßen ins Val Veny (ausgeschildert). Gleich hinter dem Camping Aiguille-Noire; **Platzanzahl:** 40; **Untergrund:** Wiese; **Sicherheit:** umzäunt, beleuchtet, bewacht; **Preiskat.:** €€€; **Max. Stand:** unbegrenzt; **Geöffnet:** Juni–Sept.; **Kontakt:** Hobo Camping Val Veny, Località Cuignon, 7, 11013 Courmayeur AO, Tel. 0165 869073, www.campinghobo.com

⑮③ Camping Tronchey

GPS 45.83839, 7.00209

Einfacher Campingplatz in ruhiger Lage. **Lage/Anfahrt:** In einem Seitental (Val Ferret) nordöstlich von Courmayeur. Die SS26 zwischen Courmayeur und der Einfahrt in den Mont-Blanc-Tunnel in Richtung Val Ferret verlassen. Hinter dem Golfklub halblinks die Schotterpiste hinauf; **Platzanzahl:** 40; **Untergrund:** Wiese; fest; **Sicherheit:** umzäunt; **Preiskat.:** €€; **Max. Stand:** unbegrenzt; **Geöffnet:** Mitte Juni–Mitte Sept.; **Kontakt:** Camping Tronchey, 15 Località Tronchey Val Ferret, 11013 Courmayeur AO, Tel. 0165 869707, www.tronchey.com

Im hinteren, oberen Teil des Aostatals erstreckt sich vor der grandiosen Kulisse des Mont-Blanc-Massivs die Ortschaft **Courmayeur.** Sie ist selbstverständlich vom Berg und dem Tunnel nach Chamonix geprägt. Die meisten Besucher werden den Mont Blanc nicht besteigen, aber es gibt natürlich großartige Möglichkeiten, ihn zu sehen und sich ihm zu nähern. Eine einfache Möglichkeit ist die Fahrt mit dem im Jahr 2015 eröffneten **Skyway Monte Bianco.** In unmittelbarer Nähe der Tunneleinfahrt startet diese einzigartige Kabinenbahn, die rund 80 Personen befördern kann, mit Zwischenstation am Pavillon du Mont Fréty bis zur **Punta Helbronner.** Schon hier ist man in einer sagenhaften Höhe von fast 3500 Metern, was wiederum bedeutet, dass man auch im Sommer warme Kleidung mitnehmen sollte.

Wem das noch nicht reicht, der kann im Anschluss mit der Kleinkabinenbahn über das folgende Vallée Blanche reisen. Diese halbstündige Fahrt verläuft über rund fünf Kilometer bis zum **Aiguille du Midi.** Drei kleine Kabinen fahren dabei in einer Gruppe über ein majestätisches weißes Hochtal (Vallée Blanche), wobei der Höhenunterschied nur noch gering ist. Die Bergstation auf dem französischen Aiguille du Midi liegt knapp unterhalb von 3800 Metern. Man sollte jedoch nicht erschrecken, wenn die Kleinkabinenbahn mitten über der Schneewüste stoppt. Fünfmal geschieht das, damit anderen Pas-

Mont-Blanc-Tunnel

Der Zweite Weltkrieg lag gerade einmal vier Jahre zurück, als Frankreich und Italien ein Abkommen über den Bau des heutigen Mont-Blanc-Tunnels schlossen. Bis zum Baubeginn verging noch ein ganzes Jahrzehnt, doch dann ging alles relativ schnell. 1962 fand der Durchstoß statt und weitere drei Jahre später konnte der über 11 km lange Tunnel mit nur einer Röhre feierlich eröffnet werden. Für die Durchfahrt gilt eine Höchstgeschwindigkeit von 70 km/h und ein Mindestabstand zum Vordermann von 150 Metern. Das ist unter anderem die Folge aus dem verheerenden Unglück vom 24. März 1999. Damals geriet ein Lkw in Brand, vermutlich durch eine weggeworfene Zigarettenkippe. 39 Menschen starben, die meisten von ihnen sind erstickt, weil auch das Sicherheitskonzept der beiden Betreibergesellschaften völlig unzureichend war. Das Feuer konnte erst nach über zwei Tagen gelöscht werden. Bis zum Jahr 2002 war der Mont-Blanc-Tunnel gesperrt, wurde komplett saniert und mit neuen Brandschutzvorkehrungen versehen.

sagiere in die Seilbahn zusteigen können. Von der markanten Felsspitze am Ziel hat man ebenfalls einen wunderbaren Blick über weite Teile des Mont-Blanc-Massivs und nicht nur das. Hier kann man nach dem Genuss des Ausblicks gleich in die nächste Seilbahn einsteigen und sich in den französischen Ort **Chamonix** befördern lassen. Allerdings haben die gemächlichen Fahrten durch die Lüfte ihren Preis. Von Courmayeur bis zum Berg Punta Helbronner kostet die einfache Fahrt pro Person 42 € (hin und zurück 55 €). Von der Punta Helbronner bis Chamonix zahlt man hin und zurück 103 €.

Wer sich nicht für Seilbahnfahrten begeistern kann und dennoch einen tollen Ausblick auf das Massiv genießen möchte, der kann zu einer Wanderung ab dem **Val Veny** aufbrechen. Auf der Südseite des Tals erhebt sich der 2343 Meter hohe **Mont Chetif.** Der Gipfel ist über einen Klettersteig erreichbar, doch an der Nordflanke kann man ein **Bergrestaurant mit Aussichtsterrasse** sehr gut und einfach zu Fuß erreichen.

Der Po

Von den Römern wurde der Po als Padus bezeichnet, was ungefähr einem veralteten Wort für Pfad entspricht. Der Fluss entspringt nahe der Grenze von Italien zu Frankreich in den Cottischen Alpen. Der nächstgelegene Berg, der Monte Viso, ist der südlichste Alpengipfel mit einer Höhe von über 3500 Metern. Von hier aus schlängelt sich der Fluss überwiegend in östliche Richtung bis zu seinem Delta in der Region Venezien. Dabei legt er über 650 Kilometer zurück, was ihn zum längsten Fluss Italiens macht. Nach ihm ist die flache Landschaft zwischen den Alpen und dem weiter südlich gelegenen Gebirgszug des Apennin benannt.

Die erste größere Stadt nach Verlassen der Quellregion und der Alpen ist Turin. Sie bleibt auch bis zur Mündung in die Adria die größte Stadt am Ufer des Po. Südöstlich von Pavia nimmt der Fluss das Wasser des Tessin (Ticino) auf, ohne die Stadt zu berühren. Auch Piacenza und Cremona werden nur am Rande gestreift. Vielmehr bewahrt sich der Po einen häufig naturbelassenen Charakter und mäandert zwischen einigen Naturreservaten durch die Landschaft.

Informationen rund um den Po und die Sehenswürdigkeiten entlang des Flusses findet man auch im Internet auf den Seiten der entsprechenden Regionen, die der Po durchfließt, so zum Beispiel auf www.travelemiliaromagna.it und www.visitferrara.eu. Tipps zu Sehenswürdigkeiten und Ausflügen sind dort auch auf Englisch bzw. Deutsch abrufbar.

Parken

P 18 **Parkplatz Val Veny,** GPS 45.791240, 6.907466, westlich von Courmayeur

Die Route 2 führt nun durch das Aostatal zurück. Am Ausgang des Tals, bereits wieder im Piemont, erstreckt sich am Ufer des Flusses Dora Baltea die Kleinstadt Ivrea. Sie markiert auf dem Weg nach Turin den Übergang zwischen den Alpen und der weitläufigen und natürlich deutlich flacheren Landschaft der **Po-Ebene.**

IVREA

(ab Courmayeur, 107 km – km 285)

Die **Altstadt** von Ivrea ist eher überschaubar und wird nicht von beeindruckenden Sehenswürdigkeiten dominiert. Sie besteht aus mehreren Piazze und Gassen, in denen es sich einfach mal zu schlendern lohnt. Dennoch gehört ein Teil Ivreas seit dem Jahr 2018 zum Weltkulturerbe der UNESCO. Grund hierfür ist die Computerfirma **Olivetti,** die in Ivrea gegründet wurde und die Stadt maßgeblich geprägt hatte.

154 Wohnmobilstellplatz Ivrea

GPS 45.46344, 7.876272

Die Zufahrt wirkt ein wenig wie zu einem Hinterhof. Dafür steht man dann aber direkt an einer Grünanlage am Flussufer. Einfacher Übernachtungsplatz, keine zehn Minuten Fußweg von der Altstadt entfernt. Zum Industriekomplex von Olivetti ist es ähnlich weit, jedoch in die andere Richtung. **Lage/Anfahrt:** Südliches Flussufer in Ivrea. Die SS26 vom Aostatal kommend vor der Stadtmauer nach rechts verlassen. Über den Fluss und hinter dem Kreisverkehr die erste links. Hinter der Rechtskurve abermals links; **Platzanzahl:** 8; **Untergrund:** Asphalt; **Sicherheit:** Schranke; **Preiskat.:** €; **Max. Stand:** unbegrenzt; **Geöffnet:** ganzjährig; **Kontakt:** Piazza Croce Rossa, 10015 Ivrea TO

155 Wohnmobilstellplatz Lago di Viverone

GPS 45.401605, 8.042745

Angenehmer, wenig frequentierter Stellplatz südlich des Sees, ist jedoch durch eine Straße und Einfamilienhäuser vom Ufer abgetrennt. **Lage/Anfahrt:** Rund eine halbe Autostunde von Ivrea entfernt, kann aber als kleiner Umweg auf dem Weg nach Turin kombiniert werden. Ab Ivrea über die SP228 bis zum Kreisverkehr nach Viverone. Dort rechts Richung Masseria-Comuna. Nicht über die näherliegende Autobahn fahren. Es existiert dort keine Ausfahrt; **Platzanzahl:** 30; **Untergrund:** Wiese; **Sicherheit:** umzäunt; **Preiskat.:** €€; **Max. Stand:** unbegrenzt; **Geöffnet:** März–Oktober; **Kontakt:** Str. Becco di Cigno, 40, 13886 Masseria-Comuna BI

TURIN

(54 km – km 339)

Über die Autobahn 5 gelangt man von Ivrea spielend nach Turin. Die Alpengipfel hat man weit hinter sich gelassen, nur am westlichen Horizont sind noch einige Berge auszumachen und man lernt nun die Po-Ebene kennen. Turin (italienisch Torino) ist nach Rom, Mailand und Neapel die **viertgrößte Stadt Italiens.** Erfreulicherweise bietet sie mehrere Wohnmobilstellplätze, von denen aus man die Altstadt mit dem Rad, per Bus oder sogar auch zu Fuß erreichen kann.

Mitte des 19. Jahrhunderts war Turin Hauptstadt von Italien, bevor es von Florenz und später von Rom abgelöst wurde. Die **Altstadt** hat im Wesentlichen ein Schachbrettmuster, das aus der Zeit der Römer stammt. Sie erstreckt sich überwiegend am westlichen Ufer des Po und bietet mehrere Kirchen, Piazzi und vor allen Dingen kilometerlange Laubengänge. Als Ausgangspunkt für einen Stadtrundgang sollte man die rechteckige **Piazza Vittorio Veneto** wählen. Der bis zu 300

Nicht nur in der Turiner Altstadt, auch beim Spaziergang am Po-Ufer entdeckt man Sehenswürdigkeiten

Piazza della Repubblica
Mercato di Porta Palazzo
Piazza Don Paolo Albera
Via Priocca
Corso Regina Margherita
Rondò Rivella
Giardino dell'Anagrafe
Santuario della Consolata
Quadrilatero romano
Archäologische Zone und Porta Palatinaa
Museo di Antichità
Galleria Sabauda
Giardini Reali
Basilica Mauriziana
San Domenico
Sant'Agostino
Santa Chiara
Santo Sudario
Museo della Sindone
San Giovanni Battista
MAO – Museo d'Arte Orientale
QUADRILATERO ROMANO
Piazza San Giovanni
Turiner Dom
Cappella della Sacra Sindone
Palazzo Reale
Piazzetta Reale
Biblioteca Reale
Real Chiesa di San Lorenzo
Piazza Castello
Palazzo Madama mit Museo Civico d'Arte Antica
Teatro Regio
Piazza Savoia
Madonna del Carmine
San Dalmazzo
Spirito Santo
Basilica del Corpus Domini
Piazza Palazzo di Città
Santissima Trinità
Santi Martiri
San Rocco
San Francesco d'Assisi
Santa Maria di Piazza
Chiesa della Misericordia
Biblioteca civica centrale
Galleria dell'Industria Subalpina
Palazzo Carignano mit Museo Nazionale del Risorgimento Italiano
Teatro Carignano
San Tommaso
Santa Barbara Vergine e Martire
Giardino Lamarmora
Cinema Lux
Museo Egizio
San Filippo Neri
Corso Cernaia
Caserma Cernaia
Giardino Andrea Guglielminetti
Teatro Alfieri
Piazza Solferino
Giardino Alfredo Frassati
San Giuseppe
Santa Teresa
Piazza San Carlo
San Carlo Borromeo
Santa Cristina
Piazza CLN
Immacolata Concezione
Chiesa della Visitazione
Corso Giacomo Matteotti
Piazzetta Madonna degli Angeli
Via Andrea Doria
Santi Angeli Custodi
Largo Vittorio Emanuele II
Corso Vittorio Emanuele II
RE UMBERTO
PORTA NUOVA
Stazione Porta Nuova
GAM – Galleria Civica d'Arte Moderna e Contemporanea
Giardino Sambuy
Piazza Carlo Felice
Corso Re Umberto
Via XX Settembre

0 200 m

© Reise Know-How 2024

100oi-as©Marco Saracco - stock.adobe.com

Meter lange Platz erstreckt sich bis zur wichtigsten Brücke der Stadt, der **Ponte Vittorio Emanuele I,** die ihn mit dem historischen Zentrum mit der Rundkirche **Gran Madre di Dio** verbindet. Sowohl Brücke als auch Gotteshaus entstanden in der ersten Hälfte des 19. Jahrhunderts.

Der lebhaftere und auch größere Teil der Turiner Innenstadt beginnt jedoch am anderen Ende der Piazza. Schon hier sieht man an den beiden Häuserreihen die **Arkaden,** die sich in der folgenden Via Po fortsetzen. Zahlreiche Boutiquen, Souvenirläden, Cafés und weitere Einkehrmöglichkeiten verbergen sich an den schattigen Bürgersteigen. Allein die Via Po verläuft rund 700 Meter geradeaus. Bei dem Spaziergang in den Laubengängen lohnt sich aber auch immer wieder ein Abstecher in die abzweigenden kleineren Straßen. Das gilt vor allem für die nach Norden verlaufende **Via Montebello.** Sie mündet nach wenigen Schritten in eine Fußgängerzone, an der sich rechter Hand die beeindruckende **Mole Antonelliana** erhebt. Das Bauwerk, oder genauer gesagt die Kuppel dieses Gebäudes, hat man möglicherweise schon auf der italienischen 2-Cent-Münze gesehen. Die Mole Antonelliana gilt als eines der Wahrzeichen der Stadt und überragt sämtliche anderen Bauten der Altstadt. Entstanden ist sie Ende des 19. Jahrhunderts und war damals eigentlich als Synagoge geplant, doch die jüdische Gemeinde konnte den Bau aus finanziellen Gründen nicht vollenden, sodass andere Geldgeber in die Bresche sprangen. Diese verwarfen jedoch die Idee eines jüdischen Gotteshauses und ließen ein Museumsgebäude entstehen. Bei ihrer Fertigstellung überragte die Mole Antonelliana den Kölner Dom um rund elf Meter und war nach dem Obelisken in Washington D.C. das zweithöchste begehbare Gebäude der Welt. Heute beherbergt das Bauwerk das **Nationale Filmmuseum,** doch beliebt ist der Besuch schon wegen der einzigartigen Aussicht, die man von der Kuppel aus erleben kann. Besonders ist zudem die Fahrt zur Aussichtsplattform: Inmitten der großen Halle befindet sich ein gläserner Fahrstuhl, der lediglich an Seilen aufgehängt ist und so beinahe freischwebend durch den gesamten Innenraum nach oben gezogen wird. Wem das zu aufregend ist, der kann auch weiterhin die 650 Stufen bewältigen, die nach oben führen.

⌃ *Blick über die Dächer von Turin*

Wer die Via Po in südliche Richtung verlässt und sich dort in den beinahe rechtwinkligen Straßenzügen aufhält, wird auf weitere kleinere Plätze treffen, so zum Beispiel auf die **Piazza Carlo Emanuele II,** auf der sich in einer kleinen Grünanlage die Statue desselbigen erhebt. Die rechteckige **Piazza San Carlo** wird wiederum von weiteren Laubengängen flankiert, die zum gemütlichen Schaufensterbummel einladen. Zwischen diesem Platz und der Piazza Carlo Alberto, der sich wiederum vor der Nationalbibliothek erstreckt, erreicht man das **Museo Egizio.** Es gehört weltweit zu den bedeutendsten Museen der Ägyptologie und ist das älteste seiner Art. Schon im frühen 19. Jahrhundert wurde es gegründet und zeigt heute ca. 6500 Ausstellungsstücke. Mit den zwei großen ägyptischen Standbildern vor dem Haupteingang in der Via Accademia delle Scienze lässt es sich nicht übersehen.

Am Ende der Via Po erreicht man die Piazza Castello, auf der sich der **Palazzo Madama** als Stadtpalast erhebt. An der Stelle des Palastes befand sich einst das römische Stadttor. Die Herzöge von Savoyen ließen es in den Palazzo Madama integrieren und so ist es heute nicht mehr als solches zu erkennen. Beeindruckend ist das Bauwerk vor allen Dingen von innen, und das nicht nur wegen des darin enthaltenen **Museums für Antike Kunst** (Museo Civico d'Arte Antica), sondern vor allem wegen der prachtvollen Ausstattung und der sehenswerten Treppenhäuser.

Am nördlichen Ende der Piazza Castello schließt sich die kleinere **Piazzetta Reale** an, die man durch einen Durchgang im Zaun zwischen beiden Plätzen erreicht und wo sich mit dem **Königlichen Palast** (Palazzo Reale) das nächste sehenswerte Gebäude erhebt. Das aus vier Flügeln bestehende Stadtschloss entstand im 17. Jahrhundert und diente den Königen des Hauses Savoyen als Residenz. Sowohl der Palazzo Madama als auch der Königspalast werden seit 1997 von der UNESCO als Weltkulturerbe geschützt. Dazu gehört auch die **Biblioteca Reale,** die innerhalb des Königlichen Schlosses besichtigt werden kann und die das berühmte Selbstporträt von Leonardo da Vinci beherbergt.

Gleich angrenzend an den Schlosspalast befindet sich der **Turiner Dom** an der Piazza San Giovanni. Man erreicht ihn zu Fuß durch einen kleinen Torbogen vor dem Schloss. Rein optisch betrachtet kommt der Dom relativ schlicht daher. Der freistehende Campanile an der Nordseite stammt aus den 1460er-Jahren und gehörte zu einem Vorgängerbau des Doms, der in seiner heutigen Gestalt erst wenige Jahrzehnte nach dem Turm fertiggestellt wurde. Hinter der Vierung des Doms befindet sich die Cappella della Sacra Sindone, die eines der wohl bedeutendsten sakralen Schätze beherbergt – das **Turiner Grabtuch.**

Grabtuch von Turin

Um kein Leinentuch wird so heftig diskutiert wie um das Grabtuch von Turin. Es ist etwas mehr als vier Meter lang und mehr als einen Meter breit. Seine älteste Erwähnung stammt aus dem 14. Jahrhundert, als es in einer Kapelle im heutigen französischen Jura aufbewahrt wurde. Später ging es in den Besitz des Hauses Savoyen über und wurde zugleich immer wieder der Öffentlichkeit präsentiert.

Auf dem Tuch ist das Abbild eines Menschen zu sehen, von dem Gläubige behaupten, es sei Jesus Christus. Von Seiten der Kirche wurde die Echtheit des Tuches jedoch infrage gestellt und es gilt nicht als Reliquie, sondern als Ikone. Bis heute ranken sich zahlreiche Theorien um die Entstehungsgeschichte.

Im Jahr 1988 gab es eine Radiokohlenstoffdatierung, die von drei unabhängig voneinander arbeitenden Laboren durchgeführt wurde. Sie kamen alle zu dem Ergebnis, dass das Grabtuch von Turin ungefähr aus dem 14. Jahrhundert stammt, was mit der Ersterwähnung zusammenfällt. Seit Ende des 17. Jahrhunderts wird das Tuch in der Cappella della Sacra Sindone des Turiner Doms aufbewahrt und nur zu besonderen Anlässen der Öffentlichkeit gezeigt.

Nördlich des Doms, gleich neben dem frei stehenden Campanile, blickt man auf eine Ausgrabungsstätte, die ein römisches Theater zeigt. Dahinter findet man den Zugang zur **Galleria Sabauda.** Die umfangreiche Gemäldegalerie umfasst überwiegend Werke von italienischen, französischen und niederländischen Malern. So dürfen Gemälde des Renaissance-Malers Botticelli und des Barockkünstlers Rembrandt nicht fehlen.

Die Via della Basilica führt vom Campanile weg zur **Basilika des heiligen Mauritius und Lazarus,** die beinahe wie ein Eckgebäude an einer Kreuzung wirkt. Biegt man hinter dieser Basilica Mauriziana rechts ab, so gelangt man kurz darauf zur großen **Piazza della Repubblica.** Hier schlägt das Herz eines jeden höher, der Einkäufe auf dem Markt liebt, denn hier erstreckt sich unter freiem Himmel und in verschiedenen Markthallen **einer der größten Märkte Europas.** Haupteinkaufstag ist natürlich der Samstag, an dem sich dann bis zu 100.000 Menschen zwischen den zahlreichen Marktständen aufhalten. Zu den Höhepunkten des Marktbesuchs gehört der Gang durch die Markthalle, die im Eingangsbereich mit einer Glasfassade und einer über 100 Jahre alten Wanduhr verziert ist.

Neben den kunsthistorischen und architektonischen Schätzen ist Turin für viele Wohnmobilfahrer auch gerade deshalb interessant, weil hier im Jahr 1899 die Automarke **Fiat** gegründet wurde. Die Fabbrica Italiana Automobili Torino baut nämlich nicht nur Pkws, sondern bekanntlich auch Transporter. Der oftmals als Wohnmobil verwendete Ducato wurde erstmalig im Jahr 1982 produziert. Wer sich in der heutigen globalen Welt in Turin dem Thema Auto widmen möchte, der wird es nicht ganz einfach haben. Der Autohersteller ist, zusammen mit dem ebenfalls in Turin gegründeten Hersteller Lancia, mittlerweile ein Tochterunternehmen von Fiat Chrysler Automobiles mit Sitz in Amsterdam und Zentrale in London. Geblieben ist der südliche Turiner Stadtteil **Lingotto,** der vom Fiat-Konzern geprägt war. Dort erhebt sich das gleichnamige Produktionsgebäude, das auf dem Dach eine ovale, rund einen Kilometer lange Teststrecke besitzt. Mittlerweile ist im Lingotto ein Messe- und Kongresszentrum eingerichtet.

Und immer wieder locken Lokale mit ihren Terrassen zu einer Pause

102oi-mm

Doch Autofans kommen in Turin dennoch auf ihre Kosten. Nur fünf Gehminuten von der ehemaligen Fiat-Produktionsstätte entfernt befindet sich am Ufer des Po das **Museo Nazionale dell'Automobile „Avv. Giovanni Agnelli".** In einer topmodernen Ausstellung innerhalb eines futuristisch anmutenden Gebäudes widmet sich das Museum aber nicht nur dem lokalen Autohersteller, sondern der gesamten automobilen Geschichte vom Rennwagen bis zum Automobildesign.

Darüber hinaus bietet Turin zwei sehr schöne Aussichtspunkte, die eine tolle Sicht über die gesamte Altstadt ermöglichen, während sich bei schönem Wetter am Horizont die schneebedeckten Alpengipfel abzeichnen. Da wäre zum einen die Kirche **Santa Maria dei Monte del Cappuccini.** Das im Renaissancestil errichtete Gotteshaus des Kapuzinerordens erhebt sich auf einem Hügel nahe der eingangs erwähnten Ponte Vittorio Emanuele I. Durch eine Grünanlage südlich der Gran Madre di Dio gelangt man schnell zu Fuß hinauf und hat den wohl schönsten Ausblick auf Turin. Wenn man schon dort oben ist, kann man zugleich das **Museo Nazionale della Montagna** besuchen. Es wurde bereits in der zweiten Hälfte des 19. Jahrhunderts vom italienischen Alpenverein gegründet und befasst sich dementsprechend mit dem Alpinismus.

Im weiter nördlich gelegenen Ortsteil Sassi startet die einer Straßenbahn ähnelnde Zahnradbahn Tranvia. Auf einer 3 km langen und kurvigen Strecke überwindet die Bahn einen Höhenunterschied von über 400 Metern und fährt hinauf auf den Berg **Superga,** wo sich die gleichnamige **Wallfahrtskirche** aus der ersten Hälfte des 18. Jahrhunderts befindet. Auch von hier genießt man einen wunderbaren Ausblick auf die Turiner Po-Ebene bis zu den Alpen. Innerhalb der Kirche befinden sich zahlreiche Grabstätten verschiedener Persönlichkeiten aus dem Hause Savoyen, darunter Könige und Königinnen von Sardinien.

Ein besonderes Augenmerk sollte man auch auf die Rückseite der Wallfahrtskirche werfen. Dort erinnert ein Kreuz an das Schicksal des Fußballvereins **AC Turin.** Der Verein, der heute als FC Turin bekannt ist, dominierte in den 1940er-Jahren den italienischen Fußball und war der erfolgreichste Verein des Landes. Fünfmal hintereinander gewann man die italienische Meisterschaft, unterbrochen vom Zweiten Weltkrieg. Im Jahr 1949 sicherte sich der Verein die Meisterschaft bereits fünf Spieltage vor Ende der Saison, woraufhin man sich ein Freundschaftsspiel gegen Lissabon gönnte. Auf dem Rückflug prallte die Maschine des Typs Fiat G.212 bei Nebel gegen den Berg unterhalb der Kirche. Der Tod fast sämtlicher Spieler bedeutete das Ende des sportlichen Erfolgs. Bis heute konnte der FC Turin nicht mehr an die vergangenen Erfolge anknüpfen. Bekanntlich wird der italienische Fußball mittlerweile vom Lokalrivalen Juventus dominiert.

Sehenswertes

- **Museo Nazionale dell'Automobile „Avv. Giovanni Agnelli",** Corso Unità d'Italia, 40, Tel. 011 677666, www.museoauto.com, Mo 10–14, Di–So 10–19 Uhr, Eintritt: 12 €. Die gesamte Geschichte des Automobilbaus in moderner Gestalt. Ausgestellt sind über 80 historische Fahrzeuge.
- **Mole Antonelliana mit Museo Nazionale del Cinema,** Via Montebello, 20, Tel. 011 8138564, www.museocinema.it, Mi–So 9–20, Sa bis 23 Uhr, Eintritt: 12 €. Inklusive Fahrt auf die Plattform zahlt man 17 €. Filmmuseum mit zahlreichen Exponaten zum Thema Kino und Film. Überwiegend italienische, aber auch internationale Filmkunst.
- **Palazzo Madama mit Museo Civico d'Arte Antica,** Piazza Castello, Tel. 011 4433501, www.palazzomadamatorino.it, Mi–Mo 10–18 Uhr, Eintritt: 10 €. Mittelalterliche Skulpturen und Gemälde im Stadtpalast der Herrscher von Savoyen, heute Teil des UNESCO-Weltkulturerbes.
- **Turiner Dom,** Piazza San Giovanni, Tel. 011 4361540, www.duomoditorino.it, tägl. 7–12.30 und 15–19 Uhr.
- **Palazzo Reale,** Piazzetta Reale, 1, Tel. 011 4361455, www.museireali.beniculturali.it, Di–So 8.30–19 Uhr, Eintritt: 15 €. Sehenswertes Stadt-

103oi-mm

schloss aus dem 17. Jahrhundert, unter anderem mit einem monumentalen Treppenhaus.

› **Santa Maria dei Monte del Cappuccini,** Piazzale Monte dei Cappuccini, 3, Tel. 011 6604414, tägl. 9-12 und 15-19 Uhr. Kirche aus der Spätrenaissance, die sich auf dem gleichnamigen Hügel befindet, von dem aus man einen wunderbaren Blick auf die Stadt genießt.

› **Basilica di Superga,** Strada Basilica di Superga, 73, Tel. 011 8997456, www.basilicadisuperga.com, Do-Di 10-13.30 und 14.30-19 Uhr, Eintritt frei. Barockkirche mit imposanter Kuppel, die durch die Lage auf dem Berg auch einen ebenfalls tollen Ausblick auf Turin bietet.

› **Galleria Sabauda,** Piazzetta Reale, 1, Tel. 011 5211106, www.museireali.beniculturali.it, Di-So 10-19 Uhr. Eintritt: 15 €. Gemäldegalerie mit hochrangigen Werken verschiedener Künstler.

› **Museo Egizio,** Via Accademia delle Scienze, 6, Tel. 011 4406903, https://museoegizio.it, Tel. 011 4406903, Mo 9-14, Di-So 9-18.30 Uhr, Eintritt: 15 €. Bedeutende und umfangreiche ägyptische Sammlung.

› **Mercato di Porta Palazzo,** Piazza della Repubblica, Tel. 011 5216242, www.scopriportapalazzo.com, Markt unter freiem Himmel: Mo-Fr 7-14, Sa 7-19.30 Uhr, Fischmarkt in der Markthalle: Mo-Do 7-13, Fr 6.30-13, Sa 6.30-19.30 Uhr, Lebensmittelmarkt in der Halle: Di-Fr 8-13 und 15.30-19, Sa 7-19.30 Uhr, Hauptmarkthalle: Di-Fr 8-19, Sa 7.30-19 Uhr

› **Museo Nationale della Montagna Duca degli Abruzzi,** Piazzale Monte dei Cappuccini, 7, Tel. 011 6604104, www.museomontagna.org, Di-So 10-18 Uhr, Eintritt: 10 €. Alpines Museum.

Über die Ponte Vittorio Emanuele I gelangt man in die Altstadt von Turin

Dem Haus Savoyen gehörten zahlreiche Paläste

Die Region und das Haus Savoyen

Humbert I. Biancamano lebte zu Beginn des 11. Jahrhunderts und war unter anderem Graf des Aostatals. Er gilt als Gründer der Dynastie des Hauses Savoyen und vererbte seine Grafschaften, zu denen auch drei wichtige Alpenpässe gehörten, an seine Söhne. Im Laufe der Jahrhunderte wuchsen die Ländereien Savoyens immer weiter an, wechselten ihre Besitzer, wurden aufgeteilt und wieder vereint. In der Blütezeit reichte Savoyen von Lyon über den Genfersee und Piemont bis nach Nizza. Im 16. Jahrhundert nahmen französische Truppen weite Teile Savoyens ein, unter anderem auch die damals bedeutende Stadt Turin, die mittlerweile zur Hauptstadt Savoyens erhoben wurde. Mehrere Schlachten, Kriege und Friedensverträge später gehörte auch die Insel Sardinien zum Haus Savoyen und wurde ebenfalls von Turin aus regiert. Im 19. Jahrhundert gelang es, die verschiedenen Königreiche und Großherzogtümer im Gebiet Italiens zu einen. 1878 wurde der aus dem Haus Savoyen stammende und in Turin geborene Umberto I. König von Italien. Nach Ende des Zweiten Weltkriegs wurde die Monarchie in Italien für beendet erklärt. Umberto II. war der letzte König, allerdings nur für einen Monat, bevor er ins portugiesische Exil wechselte. Sämtliche Besitztümer des Hauses Savoyen fielen an den Staat Italien und erst im Jahr 2002 erlaubte das italienische Parlament der Familie die Rückkehr nach Italien.

Die Residenzen des Königshauses wurden 1997 in die Liste des schützenswerten Weltkulturerbes aufgenommen. Neben den im Stadtrundgang bereits vorgestellten Palästen Madama und Reale gehören auch die Fassade des Teatro Regio di Torino, der Palazzo Carignano, das Castello del Valentino und mehrere kleinere Palazzi und Villen in Turin dazu. Weitere Schlösser und Paläste befinden sich außerhalb der eigentlichen Stadt, aber in der heutigen Metropolregion Turin, so zum Beispiel das Castello di Rivoli, das Schloss von Stupinigi, das Castello di Racconigi und der beeindruckende Palast Venaria Reale. Letzteres ist das zweitgrößte Schloss Italiens und beherbergt vor allen Dingen einen weitläufigen Schlosspark.

104oi-as©Alessandro Cristiano - stock.adobe.com

› **Castello di Rivoli mit Museo d'Arte Contemporanea,** Piazzale Mafalda di Savoia, 10098 Rivoli TO, Tel. 011 9565222, www.castellodirivoli.org, Di–Fr 10–17, Sa/So 10–19 Uhr, Eintritt: 10 €. Zeitgenössisches Museum mit Werken ab den 1960er-Jahren, verschiedene Wechselausstellungen pro Jahr. Das Castello befindet sich in der Stadt Rivoli, westlich von Turin. Zu erreichen ab dem Turiner Stadtzentrum über den Corso Francia.

› **Reggia di Venaria Reale und Parco Naturale La Mandria,** Piazza della Repubblica, 4, 10078 Venaria Reale TO, Tel. 011 4992333, www.lavenaria.it, Di–Fr 9.30–17.30, Sa/So 9.30–19 Uhr. Palast, der Teil der Residenzen des Hauses Savoyen ist. Angrenzend an das Schloss erstrecken sich das ehemalige Jagdgebiet und ein 60 Hektar großer Schlosspark.

Turin bietet gleich mehrere Wohnmobilstellplätze (s. S. 125)

156 Wohnmobilstellplatz Turin (Caio Mario)

GPS 45.028649, 7.640421

Großer, im Jahr 2015 angelegter Wohnmobilstellplatz mit Sanitärgebäude und modernem Bezahlsystem mittels Guthabenkarte. Der Platzwart ist von 7.30 bis 19.30 Uhr vor Ort. In der Hochsaison gut besucht, weshalb eine frühzeitige Anreise empfehlenswert ist. **Lage/Anfahrt:** Südlich der Altstadt, gegenüber dem Autowerk von Fiat Chrysler. Gegenüber vom Platz befindet sich eine Haltestelle der Straßenbahnlinie 4, mit der man ins Stadtzentrum gelangt. Auf der A55 bis zur Ausfahrt Stupingi und dort in Richtung Torino (Sud bzw. Centro). Geradeaus bis zur Esso-Tankstelle. Am dortigen Kreisverkehr halblinks in Richtung Flughafen. Der Platz liegt rechter Hand; **Platzanzahl:** 57; **Untergrund:** Rasengitter; **Sicherheit:** umzäunt, beleuchtet, Videoüberwachung mit 45 (!) Kameras; **Preiskat.:** €€; **Max. Stand:** 5 Nächte; **Geöffnet:** ganzjährig; **Kontakt:** Area Sosta Camper Caio Mario, Via Felice Rignon, 12, 10135 Torino TO

158 Wohnmobilstellplatz Turin (Grinto)

GPS 45.009331, 7.672246

Sehr moderner Stellplatz, privat geführt. Gehört zum angrenzenden Campingplatz mit Restaurant. Die vorbeiführende Hauptverkehrsstraße ist jedoch deutlich zu hören. Sieben Kilometer südlich der Piazza Vittorio Venete. Ins Stadtzentrum ist es ein rund eineinhalbstündiger Spaziergang entlang des Po oder man fährt mit dem Bus (muss aber umsteigen). Die Zufahrt zum Platz ist nur während der Öffnungszeiten möglich, sonst ist er durch ein Tor versperrt. **Lage/Anfahrt:** A55 bis Autobahnkreuz Tangenziale, A6 Richtung Stadtzentrum, auf Ausschilderung achten; **Platzanzahl:** 41; **Untergrund:** Schotter; **Sicherheit:** umzäunt, beleuchtet, bewacht; **Preiskat.:** €€€; **Max. Stand:** unbegrenzt; **Geöffnet:** ganzjährig, Check-In jedoch nur 8–13 und 15–20 Uhr; **Kontakt:** Area Sosta Camper Grinto, Corso Trieste, 94, 10024 Moncalieri TO, Tel. 0392 2088455, www.grinto.it

106oi-mm

Zu erreichen ist der Komplex ab der Autobahn 55 (Ausfahrt Venaria). Dort in den Ort Venaria und der Beschilderung folgen.

- **Palazzina di Caccia di Stupinigi,** Piazza Principe Amedeo, 7, 10042 Stupinigi, Nichelino TO, Tel. 011 3581220, www.ordinemauriziano.it, Di–Fr 10–17.30, Sa/So 10–18.30 Uhr, Eintritt: 12 €. Das Barockschloss ist ein ehemaliger Jagdsitz der Herzöge von Savoyen und wurde im 18. Jahrhundert erbaut. Um hinzukommen, verlässt man die Autobahn 55 an der Ausfahrt Stupingi und folgt dann am Kreisverkehr der Beschilderung zum nahe gelegenen Schloss.

Information

- **Tourismus Turin,** Piazza Castello/Via Garibaldi, 10121 Torino (TO), Tel. 011 535181, www.turismo torino.org

Ver-/Entsorgung

- **Entsorgungsstation Turin,** Str. Castello di Mirafiori, 10135 Torino TO, am südlichen Stadtrand, GPS 45.009354, 7.648527

157 Wohnmobilstellplatz Druento

GPS 45.141627, 7.572324

Sehr ruhiger und abgelegener Stellplatz in der Nähe eines kleinen Flusses. **Lage/Anfahrt:** Am Nordrand von Druento, einem Dorf nordwestlich von Turin. Mit dem Fahrrad 15 Minuten bis zum Palazzo della Venaria Reale (Haus Savoyen, Weltkulturerbe). Nördlich von Turin die A55 überqueren und auf der SP8 bis zum fünften Kreisverkehr, wo der Platz ausgeschildert ist; **Platzanzahl:** 30; **Untergrund:** Schotterrasen; fest; **Sicherheit:** umzäunt, beleuchtet; **Preiskat.:** €; **Max. Stand:** unbegrenzt; **Geöffnet:** ganzjährig; **Kontakt:** Viale Giacomo Medici del Vascello, 14, 10040 Druento TO

ROUTE 4: ENTLANG

Strecke:
Turin (S. 125) – **Ventimiglia** (251 km, S. 139) – **Sanremo** (17 km, S. 139) – **Albenga** (63 km, S. 142) – **Genua** (94 km, S. 146) – **Abstecher: Portofino** (von Rapallo hin und zurück ca. 20 km, S. 153) – **Cinque Terre** (Levanto, 85 km, S. 156) – **La Spezia** (34 km, S. 160)

Streckenlänge:
ohne Abstecher ca. 544 km
mit Abstecher ca. 564 km

In Richtung Süden wird es wieder hügeliger und man durchquert zunächst die nicht ganz so steile Bergwelt im Hinterland Liguriens, bevor die Steilküsten der Region erreicht werden. Dort warten Kurorte wie Sanremo und man fährt ganz entspannt durch Urlaubsorte wie Albenga mit seinen Geschlechtertürmen und Finale Ligure mit einer Strandpromenade. Hinter Savona genießt man in der Altstadt von Genua Kultur, blickt den Kreuz-

DER STEILKÜSTEN DES MITTELMEERS

107oi-as©monticellllo - stock.adobe.com

fahrtschiffen hinterher und nutzt den Bus, um das malerische Portofino zu erreichen. Westlich davon schlüpft man wieder in die Wanderschuhe und folgt den Pfaden durch den Nationalpark Cinque Terre, wo jedes der fünf erreichten Dörfer schöner wirkt als das vorherige. Die Hafenstadt La Spezia und das kleinere Örtchen Porto Venere, ebenfalls auf der Liste der Weltkulturgüter, markieren das Ende der Reise entlang der ligurischen Küste. Wer nicht in die Toskana weiterfahren will, kehrt ins Hinterland zurück und fährt Richtung Po-Ebene nach Parma.

Manarola ist eines der schönen Dörfer der Cinque Terre (s. S. 156)

Man möchte meinen, zum **Mittelmeer** sei es von Turin aus noch eine lange Strecke. Immerhin war man kurz zuvor noch im alpinen Aostatal. Doch **Savona** (s. S. 143) an der italienischen Riviera in Ligurien ist von Turin aus in gerade einmal eineinhalb Stunden erreichbar. Die Fahrt über die A6/E717 verläuft durch eine relativ unspektakuläre Landschaft. Hier kann man also tatsächlich ein wenig „Kilometer fressen" und dabei den Anblick der Alpengipfel am westlichen Horizont genießen.

Die **italienische Riviera** erstreckt sich von der italienisch-französischen Küste bis zu den Cinque Terre kurz vor der Toskana. Ungefähr auf halber Strecke befindet sich mit **Genua** (s. S. 146) die größte Stadt Liguriens. Der Küstenbereich westlich von Genua wird als **Riviera di Ponente** bezeichnet, östlich der Stadt spricht man von der **Riviera di Levante.** Die Riviera di Ponente wird wiederum in die Blumenriviera nahe der Grenze und in die Palmenriviera unterteilt.

Um die Riviera di Ponente nicht auszulassen, zweigt die Route 4 auf dem Weg nach Savona bei Ceva von der A6/E717 ab und folgt der SS28 durch das gebirgige Hinterland. Bei Ponte di Nava verlässt man das Piemont und erreicht Ligurien und bei Imperia die Mittelmeerküste, was ab Turin einer Fahrzeit von etwas weniger als zweieinhalb Stunden entspricht.

Auf der Suche nach der Piemont-Kirsche

Kennen Sie die Piemont-Kirsche? Denn nur mit der Piemont-Kirsche ist die Praline Mon Chérie unverwechselbar und echt, so sagt es zumindest die Werbung des Süßwarenherstellers Ferrero. Dieser hat seinen Sitz in Alba, südöstlich von Turin, also im Piemont. Gegründet wurde die Firma kurz nach dem Zweiten Weltkrieg vom Konditor Petro Ferrero, der aus Farigliano, nahe Mondovì, stammte. Noch vor der Unternehmensgründung schuf er eines der wohl bekanntesten Produkte seiner Firma – den Brotaufstrich Nutella. Den Markennamen, bestehend aus der englischen Form für Nuss und der italienischen, weiblichen Verniedlichungsform -ella, bekam die Creme jedoch erst im Jahr 1964. Noch heute ist die Firma im Familienbesitz und zur Nuss-Nougat-Creme gesellten sich zahlreiche weitere Produkte. Neben Hanuta, Duplo und Yogurette sind vor allen Dingen die zahlreichen Süßwaren bekannt, die mit dem Wort Kinder beginnen.

Aber wo wächst jetzt die Piemont-Kirsche? Das ist einfach: Sie wächst in Chile, im deutschen Ortenau-Kreis und vor allen Dingen in Polen. Es gibt nämlich keine „Piemont-Kirsche", vielmehr handelt es sich um ein Markenzeichen und die Kirschen werden rund um den Globus eingekauft. Allerdings muss man zugeben, dass die Werbespots des letzten Jahrhunderts auch nie etwas anderes behauptet haben. Dennoch ist es heute ein weit verbreiteter Irrglaube, dass Piemont-Kirschen eben im Piemont reifen.

159 Entsorgungsstation Mondovì

GPS 44.418826, 7.854445

Eigentlich nur eine Ver- und Entsorgungsstation, doch oftmals wird der dazugehörige Parkplatz des Einkaufszentrums auch für Übernachtungen genutzt. Für eine Übernachtung zwischen Turin und der Küste günstig gelegen. **Lage/Anfahrt:** Am Südrand eines Einkaufszentrums nahe der Autobahn. Die E6 an der Ausfahrt Mondovì verlassen, hinter dem Mauthäuschen rechts Richtung Einkaufszentrum halten (Lkw-Verbot). Erster Kreisverkehr geradeaus, zweiter Kreisverkehr halblinks (P5); **Platzanzahl:** 10; **Untergrund:** Pflaster; **Preiskat.:** €; **Max. Stand:** unbegrenzt; **Geöffnet:** ganzjährig; **Kontakt:** C.p.s. di Odasso Dario, Str. del Cassanio, 12084 Mondovì CN

▷ Sanremo glänzt nicht nur mit seiner Altstadt, sondern auch mit seiner Promenade

160 Wohnmobilstellplatz Ormea

GPS 44.142387, 7.90567
Kleiner, ruhiger Stellplatz in Ortsrandlage, in der Hochsaison schnell gefüllt und ohne Alternative. **Lage/ Anfahrt:** An einem Fluss gelegen, südlich von Ormea mitten im Gebirge. Das kleine Ortszentrum ist fußläufig erreichbar. Auf der SS28 nach Ormea und im Ort links auf die Via Orti in Richtung Area Autocaravan und Carabinieri; **Platzanzahl:** 6; **Untergrund:** Rasengitter; **Preiskat.:** €; **Max. Stand:** unbegrenzt; **Geöffnet:** ganzjährig; **Kontakt:** Via Orti della Rana, 12078 Ormea CN

VENTIMIGLIA

(251 km – km 251)

Von Imperia fährt man auf der A10/E80 durch zahlreiche Tunnel durch das gebirgige Hinterland nach Ventimiglia, wo die weitere Fahrt von einem Küstenort zum nächsten beginnt. Der Ort ist oft auch als XXmiglia ausgeschildert, da XX die römische Schreibweise für 20 (Venti) ist. In die Altstadt sollte man sich mit dem Wohnmobil erst gar nicht wagen. Schon die Fahrt und vor allen Dingen die Parkplatzsuche gestalten sich als nervenaufreibend. Eine Möglichkeit bietet sich zum Beispiel bei GPS 43.793371, 7.602423. Doch generell sind bei der Parkplatzsuche ein geübtes Auge, eine schnelle Reaktion und ein aufmerksamer Beifahrer sehr hilfreich. Das gilt im Übrigen natürlich für alle Ortschaften entlang der Riviera.

Die Altstadt von Ventimiglia erstreckt sich mit kleinen Gassen westlich des Flusses Roya auf einem Hügel. Von hier aus hat man einen wunderbaren Blick auf das Mittelmeer und kann nach Westen den Küstenstreifen Frankreichs erspähen. Beim Spaziergang durch Ventimiglia passiert man auch die über 1000 Jahre alte Kirche Santa Maria Assunta am Beginn der Fußgängerzone. Besonders sehenswert, aber noch fünf Kilometer weiter westlich der Altstadt gelegen, ist der **Botanische Garten Hanbury.** Olivenhaine, Akazien, Kakteen und Aloen gedeihen an einem Hang, der im 19. Jahrhundert vom Briten Thomas Hanbury umgestaltet und zu einem beliebten Ausflugsziel wurde.

SANREMO

(17 km – km 268)

Quirlig geht es vor allem im nächsten namhaften Ort zu. **Sanremo** ist geprägt durch einen großen Jachthafen im Osten der Stadt. Nur wenige Meter von dort entfernt, erhebt

108oi-as©Rafal Wolinski - stock.adobe.com

sich am Corso Felice Cavallotti 116 das **Wohnhaus von Alfred Nobel,** der hier am 10. Dezember 1896 verstarb.

Ebenfalls sehenswert ist das an einem Hang gelegene und verwinkelte Altstadtviertel **La Pigna.** Dass man in den engen und teils dunklen Gassen zwischendurch die Orientierung verliert, ist garantiert. Einen Spaziergang in den von Verbindungsgängen überspannten Gassen dieses Viertels sollte man sich auf keinen Fall entgehen lassen. Zu einem Besuch des Kurortes gehört aber zum Abschluss natürlich auch der Spaziergang an der von Palmen gesäumten **Promenade.**

Sehenswertes

› **Villa Nobel,** Corso Felice Cavallotti, 116, 18038 Sanremo IM, direkt an der SS1 im Osten von Sanremo, Tel. 0184 507380, www.info-sanremo.com, Di–Sa 10–12.30 Uhr, Fr–Sa auch 15–18 Uhr, 4 €. Ausstellung über das Leben von Alfred Nobel in seinem Wohnhaus. Im Erdgeschoss finden oftmals Lesungen und Konzerte statt. Darüber befinden sich die Privaträume des einstigen Industriellen.

Parken

P 19 **Parkplatz Sanremo,** GPS 43.813730, 7.770693, Piazzale Carlo Dapporto, strandseitig neben der SS1. Großparkplatz auch für größere Wohnmobile geeignet.

161 Wohnmobilstellplatz Camper Park Nervia

GPS 43.795155, 7.631

Moderner Stellplatz mit Restaurant, Bar und Kinderspielplatz. In den Abendstunden durch Veranstaltungen seitens der Betreiber schon mal etwas lauter. Stellflächen recht eng. **Lage/Anfahrt:** In einem Tal des Flusses Nervia. 15 Minuten Fußweg bis zum Strand und 40 Minuten bis zur Kathedrale Santa Maria Assunta mitten in der Altstadt. Die SS1 an der östlichen Seite der Nervia-Brücke verlassen und am Flussbett entlang; **Platzanzahl:** 60; **Untergrund:** Schotter; **Sicherheit:** umzäunt, beleuchtet, bewacht; **Preiskat.:** €€; **Max. Stand:** unbegrenzt; **Geöffnet:** ganzjährig; **Kontakt:** Camper Park Nervia, Via I Maggio, 37–41, 18033 Camporosso IM, Tel. 0328 0386624, www.camperparknervia.com

162 Camping Vallecrosia

GPS 43.784252, 7.633484

Wer den langgestreckten Campingplatz zu Fuß durch das Tor verlässt, ist direkt am Strand. Der Platz hat jedoch keinen Meerblick. Der Fußweg zur Kathedrale in der Altstadt dauert etwa eine halbe Stunde. **Lage/Anfahrt:** In Vallecrosia ab der SS1 der Beschilderung folgen, Höhenbegrenzung 3,90 m, enge Toreinfahrt; **Platzanzahl:** 42; **Untergrund:** fest; **Sicherheit:** umzäunt, beleuchtet, bewacht; **Preiskat.:** €€€; **Max. Stand:** unbegrenzt; **Geöffnet:** Mitte April–Ende Okt.; **Kontakt:** Camping Vallecrosia, Via G. Marconi, 149, 18019 Vallecrosia IM, Tel. 0184 295591, www.campingvallecrosia.com

163 Wohnmobilstellplatz Sanremo Pian di Poma

GPS 43.805303, 7.749199

Bis im Ort ein neuer Stellplatz entsteht (der bisherige Großparkplatz wird bebaut), übernachtet man übergangsweise am Sportplatz in wenig charmanter Umgebung. **Lage/Anfahrt:** Am Beginn des Radschnellwegs, gute Ausgangslage für einen Besuch von Sanremo. Von der SS1 vor Sanremo rechts auf die Parkfläche; **Platzanzahl:** 30; **Untergrund:** fest; **Preiskat.:** €; **Max. Stand:** unbegrenzt; **Geöffnet:** ganzjährig; **Kontakt:** Corso Guglielmo Marconi, 129, 18038 Sanremo IM

164 Villagio dei Fiori

GPS 43.802388, 7.745377

Großer Campingplatz in Toplage mit allem erdenklichem Komfort inkl. Meerwasserpool, Whirlpool, Restaurant und eigenem Strand. Hunde verboten. **Lage/Anfahrt:** Gleich neben dem Wohnmobilstellplatz Sanremo. Von der SS1 in Sanremo rechts in die Einfahrt; **Platzanzahl:** 60; **Untergrund:** fest; **Sicherheit:** umzäunt, beleuchtet, bewacht; **Preiskat.:** €€€€; **Max.

Stand: unbegrenzt; **Geöffnet:** ganzjährig; **Kontakt:** Villagio dei Fiori, Via Tiro a Volo, 3, 18038 Sanremo IM, Tel. 0184 660635, www.villaggiodeifiori.it

Auf der Weiterfahrt von Sanremo durchquert bzw. passiert man kleine Ortschaften wie **Riva Ligure** und **San Lorenzo al Mare** bis man nach **Porto Maurizio** gelangt, das bereits zu Imperia gehört.

165 Campeggio Il Pozzo

GPS 43.855035, 7.960577
Enge Stellflächen auf einem engen Platz. **Lage/Anfahrt:** Oberhalb der Ortschaft, keine zehn Minuten Fußweg zum Strand. Von der SS1 links in Richtung SS47 abbiegen. Enge Zufahrt, besser am folgenden Parkplatz wenden; **Platzanzahl:** 25; **Untergrund:** Schotter; **Sicherheit:** umzäunt; **Preiskat.:** €€€; **Max. Stand:** unbegrenzt; **Geöffnet:** ganzjährig; **Kontakt:** Campeggio Il Pozzo, Via Vignasse, 18017 San Lorenzo al Mare IM, Tel. 0339 3326961, www.campeggio ilpozzo.it

Parken

P **20 Parkplatz Taggia,** GPS 43.832961, 7.857603, Area 24 Parking, 5, Argine Destro, an der Mündung der Fora di Taggia. Großparkplatz, der von Einheimischen auch zur Übernachtung genutzt wird.

P **21 Parkplatz Santo Stefano al Mare,** GPS 43.837068, 7.905869, D'Albertis, Lungomare D'Albertis. Parkplatz mit Höhenbeschränkung, die jedoch nicht immer geschlossen ist. Wird von Einheimischen auch als Übernachtungsplatz genutzt.

Inmitten der Altstadt von **Porto Maurizio** erhebt sich auf einem kleinen Hügel nahe der Küste die größte Kirche Liguriens. Der Bau der **Basilika** (geöffnet tägl. 8–18 Uhr) dauerte ein halbes Jahrhundert und war zu Beginn des 19. Jahrhunderts fertiggestellt. Weniger beeindruckend als die Höhe des zweitürmigen Gotteshauses ist die Länge von immerhin 70 Metern. Durch sie und die Lage der Kirche in den engen Gassen ist die Kuppel auf der Vierung kaum zu erkennen. Dieses kunstvoll gestaltete Element schaut man sich ohnehin besser von innen an. Bei einer geführten Tour, die jedoch leider selten angeboten wird, kann man auch hinauf zur Kuppel gehen (Infos vor Ort).

Radschnellweg an der ligurischen Küste

Eine besonders schöne und einfache Art, die ligurische Küste kennenzulernen, ist eine Radtour auf der Pista Ciclabile della Liguria. Dieser zweispurig ausgebaute Radweg verläuft auf einer ehemaligen Bahntrasse und verbindet die Ortschaften Ospedaletti und Imperia auf einer Länge von 24 Kilometern. Dabei streift er auch den derzeit provisorischen Wohnmobilstellplatz Sanremo Pian di Poma 163.

166 Camping Angolo di Sogno

GPS 43.897341, 8.079676
Zwar überwiegend Bungalows auf einer schmalen Landzunge, aber ganz am Ende der kurzen Halbinsel gibt es auch Platz für Wohnmobile. So steht man direkt an einem Kiesstrand. **Lage/Anfahrt:** Auf halber Strecke zwischen Imperia und San Bartolomeo al Mare. Imperia nicht auf der SS1 verlassen, sondern auf der kleineren und der Küste noch näher gelegenen Uferstraße; **Platzanzahl:** 20; **Untergrund:** Schotter; fest; **Sicherheit:** umzäunt, beleuchtet, bewacht; **Preiskat.:** €€€€; **Max. Stand:** unbegrenzt; **Geöffnet:** ganzjährig; **Kontakt:** Camping Angolo di Sogno, Viale Torino, 53, 18013 Diano Marina IM, Tel. 0183 752885, www.angolodisogno.com

167 Wohnmobilstellplatz San Bartolomeo al Mare

GPS 43.924259, 8.105007
Einfacher Übernachtungsplatz, der auch als Parkplatz genutzt wird. Maximale Länge 7,20 m. **Lage/Anfahrt:**

Hinter Wohnhäusern versteckt, angrenzend an das Flussbett des Torrente Cervo. Am Kreisverkehr im Ort auf die SP34 wechseln, durch die Unterführung und wenig später rechts in die Via Manzoni, diese bis zum Ende fahren; **Platzanzahl:** 40; **Untergrund:** Schotterrasen; **Preiskat.:** €; **Max. Stand:** 2 Nächte; **Geöffnet:** ganzjährig; **Kontakt:** Via Alessandro Manzoni, 27, 18016 San Bartolomeo al Mare IM

Nach Osten geht die Reise weiter auf der SS1, die auch als **Via Aurelia** bezeichnet wird. Die antike Via begann in Rom und verlief an der Küste entlang bis Pisa. In späterer Zeit bezeichnete man auch den weiteren Verlauf bis in das französische Arles als Via Aurelia.

⊡ *In Albenga stehen gleich drei Geschlechtertürme dicht beieinander*

ALBENGA

(63 km – km 331)

Als nächstes erreicht man Albenga, dessen mittelalterliches Stadtzentrum mehrere **Geschlechtertürme** beherbergt. Diese Art von Türmen entstand zunächst in der Toskana des 12. und 13. Jahrhunderts als Symbol für den Wohlstand der Erbauer. Je reicher die Kaufmannsfamilie oder die Bankiers, desto höher wurden die Türme üblicherweise. Sie ähneln den Türmen einer Burg, sind aber oft schlanker und höher, weil sie in den damals schon engen Städten errichtet wurden. Mehrere Hundert Geschlechtertürme gab es einst in Italien. Doch schon früh wurden viele von ihnen geschleift oder stürzten im Laufe der Zeit ein. Im historischen Zentrum von Albenga erheben sich gleich drei schlanke Türme nebeneinander. Einer von ihnen wird als Rathausturm genutzt, während ein zweiter Turm als Glockenturm für die Cattedrale di San Michele Arcangelo dient.

110oi-mm

Die Via Aurelia bzw. SS1 führt auch weiterhin als Hauptroute an der ligurischen Küste entlang und bietet während der Fahrt immer wieder einen tollen Ausblick auf das Mittelmeer, unterbrochen lediglich von nicht minder sehenswerten Ortschaften wie **Pietra Ligure** und **Finale Ligure.** Sie sind beliebte Urlaubsorte und bestechen durch gemütliche Altstädte mit zahlreichen Einkehrmöglichkeiten oder Straßencafés, von denen aus man zum Beispiel in Pietra Ligure bei einem kühlenden Eis einen Blick auf die Basilica di San Nicolò werfen kann. Und natürlich kann man auf den Promenaden flanieren, die sich entlang der kilometerlangen Strände erstrecken.

Deutlich größer und wuseliger geht es anschließend in **Savona** zu. Die Stadt ist stark von der Schifffahrt geprägt. Schon im Mittelalter besaß sie einen bedeutenden Hafen, der von Schiffen der nahe gelegenen Republik Genua zerstört wurde. Heute sind es eher die Kreuzschiffpassagiere, die die Stadt aufsuchen. Die Reederei Costa Crociere hat zwar ihren Sitz in Genua, schuf jedoch einen Sommer-Basishafen in Savona, sodass hier regelmäßig Schiffe von Costa und auch von Aida anlegen. Darüber hinaus legen in Savona die Fähren zu den Inseln Sardinien und Korsika ab.

Rund eine Dreiviertelstunde ist man ab Savona unterwegs, bis man den Stadtrand von Genua erreicht hat. Dazwischen warten weitere Strandabschnitte und Altstädte wie die von **Varazze** auf sonnenhungrige und kulturbegeisterte Besucher.

168 Camping Village

GPS 43.844541, 7.90727

Terrassierte Plätze an einem Hang oberhalb von Santo Stefano al Mare. **Lage/Anfahrt:** 15 Minuten Fußweg zum Meer. Ab der SS1 der Beschilderung folgen; **Platzanzahl:** 40; **Untergrund:** fest; **Sicherheit:** umzäunt, beleuchtet; **Preiskat.:** €€€; **Max. Stand:** unbegrenzt; **Geöffnet:** ganzjährig; **Kontakt:** Camping Village, Strada Porsani, 18010 Santo Stefano al Mare IM, Tel. 0327 3247447, www.campervillage.it

169 Camping Lino

GPS 43.92337, 8.109203

Großer Familiencampingplatz mit engen Parzellen. Manövrierfähigkeit ist hier gefragt. Zugang zu einer Art Lagune mit seichtem Wasser, daher gut für Kinder geeignet. Ansonsten auch mit Pool. Camping Lino ist einer von drei benachbarten Campingplätzen. Rechts und links daneben gibt es die ähnlich ausgestatteten, jedoch etwas kleineren Plätze Del Mare und Miramare. **Lage/Anfahrt:** Östlich der Cervo-Mündung. Nach der Überquerung des Cervo die SS1 halbrechts verlassen; **Platzanzahl:** 100; **Untergrund:** fest; **Sicherheit:** umzäunt, beleuchtet, bewacht; **Preiskat.:** €€€€; **Max. Stand:** unbegrenzt; **Geöffnet:** Anfang April–Ende Oktober; **Kontakt:** Camping Lino, Via Nazario Sauro, 4, 18010 Cervo IM, Tel. 0183 752390, www.campinglino.com

170 Wohnmobilstellplatz Marina di Andora (Flipper)

GPS 43.957462, 8.145021

Die Ortschaft besitzt keine nennenswerte Innenstadt, doch als ruhiger Übernachtungsort während einer Reise entlang der Küste ist der Platz ideal. **Lage/Anfahrt:** Rund 750 Meter landeinwärts in einem relativ ruhigen Wohnviertel. Nach Überquerung des Flusses die SS1 nach links verlassen, erst später rechts in die Via Sant'Angela, an ihrem Ende erneut nach rechts in die Via S. Lazzaro; **Platzanzahl:** 25; **Untergrund:** Asphalt; **Sicherheit:** Mauer, Schranke; **Preiskat.:** €€; **Geöffnet:** ganzjährig; **Kontakt:** Via S. Lazzaro, 67, 17051 Andora SV

171 Agricampeggio Ca' de Michè

GPS 44.052351, 8.221712

Dieser Campingplatz hebt sich wohltuend von den anderen, teils engen Plätzen direkt an der Küste ab. Großzügige Wiese mit genug Platz, um auch die Markise ausfahren zu können. Mit Sanitärbereich. Es gibt eine Vielzahl an weiteren Campingplätzen in Albenga,

Wanderung abseits der Küste

Besonders nördlich von Finale Ligure erheben sich sanfte bewaldete Hügel mit einer Höhe zwischen 300 und 400 Metern. Dieses hügelige Hinterland lädt zu stundenlangen Wanderungen ein, bei denen man an einigen Höhlen und Ausgrabungsstätten vorbeikommt.

Ein guter Ausgangspunkt für eine mehrstündige Wanderung ist zum Beispiel die Kirche in Orco (GPS 44.222160, 8.344879). Überquert man hier die Straße und folgt dem Weg leicht bergauf, dann gelangt man wenig später zu verschiedenen Kletterfelsen und zur Grotta della Strapatente.

die sich alle entlang des Strands oder in unmittelbarer Nähe zum Meer befinden. **Lage/Anfahrt:** 10 Minuten Fußweg zum Strand oder in die andere Richtung in die Altstadt. Auf der SS1 nach rechts in das Zentrum von Albenga fahren, an der Ampel links abbiegen, am Kreisverkehr rechts, nach 700 m auf linker Seite; **Platzanzahl:** 25; **Untergrund:** Wiese; **Sicherheit:** umzäunt, beleuchtet, bewacht; **Preiskat.:** €€€; **Max. Stand:** unbegrenzt; **Geöffnet:** ganzjährig; **Kontakt:** Agricampeggio Ca' de Michè, Viale 8 Marzo, 45, 17031 Albenga SV, Tel. 0347 6539663, www.agricampeggio cademiche.it

172 Wohnmobilstellplatz Borghetto San Spirito

GPS 44.115788, 8.235943

Sehr kleiner und einfacher, aber sauberer Stellplatz bei einem Bauern. Ruhige Lage und dennoch nur 900 m zum Strand. **Lage/Anfahrt:** Abseits des Rummels zwischen Albenga und Loano. Die SS1 vor der Flussüberquerung nach links verlassen. 400 m hinter der Unterführung links halten; **Platzanzahl:** 15; **Untergrund:** Schotter; fest; **Sicherheit:** umzäunt, bewacht; **Preiskat.:** €€€; **Max. Stand:** unbegrenzt; **Geöffnet:** ganzjährig; **Kontakt:** Via Juvarra, 17052 Borghetto Santo Spirito SV

173 Wohnmobilstellplatz Pietra Ligure

GPS 44.154445, 8.283885

Sehr enger Stellplatz, umgeben von Wohnhäusern. Mit Sanitärbereich, Grillplatz, Spülbereich. **Lage/Anfahrt:** Ideal für den Besuch von Pietra Ligure, keine zehn Minuten Fußweg zur Basilika in der Altstadt. Die SS1 am Kreisverkehr im Ort halblinks verlassen und der SP24 um die Kurve folgen. Der Platz befindet sich linker Hand; **Platzanzahl:** 50; **Untergrund:** Schotter; **Sicherheit:** umzäunt, beleuchtet, bewacht; **Preiskat.:** €€; **Max. Stand:** unbegrenzt; **Geöffnet:** ganzjährig; **Kontakt:** Area Camper di Pietra Ligure, Via Francesco Crispi, 43, 17027 Pietra Ligure SV, Tel. 0340 2301594, www.areacamperpietra.it

174 Wohnmobilstellplatz Finale Ligure (Caprazoppa)

GPS 44.165828, 8.337608

Die Lage direkt am Ufer ist unschlagbar, einen Strand gibt es jedoch nicht und gleich nebenan ist eine Industriehalle. Gut für eine Zwischenübernachtung oder den Besuch der Ortschaft. In der Hochsaison sehr voll und eng. Markise, Tische und Stühle nicht erlaubt. **Lage/Anfahrt:** Nach Durchquerung des Tunnels am Ortseingang von Finale Ligure direkt rechts auf den Platz; **Untergrund:** fest; **Service:** Entsorgung nur von 8–19.30 Uhr; **Preiskat.:** €€; **Max. Stand:** 36 Std.; **Geöffnet:** ganzjährig; **Kontakt:** Area Sosta Camper Caprazoppa, Viale Rinaldo Piaggio, 1, 17024 Finale Ligure SV, Tel. 019 6816023, www.finaleambiente.it

175 Wohnmobilstellplatz Spotorno (Merello)

GPS 44.237226, 8.434777

Weniger als Urlaubsort denn als Übernachtungsplatz oder Parkplatz gedacht. 6000 m² große Fläche mit zum Teil viel zu engen Parzellen. **Lage/Anfahrt:** Nur durch die Via Aurelia (SS1) vom weiten und gut besuchten Strand abgetrennt. Die SS1 östlich von Spotorno verlassen. Der Platz liegt links etwas unterhalb der Straße; **Platzanzahl:** 120; **Untergrund:** Schotterrasen; **Sicher-**

heit: umzäunt; **Preiskat.:** €€; **Max. Stand:** unbegrenzt; **Geöffnet:** ganzjährig; **Kontakt:** Via Merello, 5, 17028 Spotorno SV

176 Wohnmobilstellplatz Vado Ligure (Savona)

GPS 44.277597, 8.441376

Großer Stellplatz, von einer Mauer umgeben und wenig charmant, doch für einen Besuch von Savona sehr praktisch. Auf der anderen Straßenseite verläuft ein zweispuriger Radweg entlang der Strandpromenade, der jedoch kurz vor Savona endet. **Lage/Anfahrt:** Zwischen Bahngleisen und der SS1 vor den Toren Savonas und in unmittelbarer Nähe des Fähranlegers zu den Inseln. Auf der SS1 am Fährterminal vorbei, wenig später auf der linken Seite; **Platzanzahl:** 60; **Untergrund:** Pflaster; **Sicherheit:** umzäunt, beleuchtet, bewacht, Schranke; **Preiskat.:** €€; **Max. Stand:** 2 Nächte; **Geöffnet:** ganzjährig; **Kontakt:** Area di Sosta Vado Ligure, SS1, km 579, 17047 Vado Ligure SV, Tel. 019 886664

177 Wohnmobilstellplatz Celle Ligure

GPS 44.349026, 8.556033

Einfacher Übernachtungsplatz am Rand eines Parkplatzes, aber gut für eine Zwischenübernachtung. Die etwas weiter unterhalb gelegene Autobahn ist zu hören. **Lage/Anfahrt:** Zwischen Celle Ligure und Varazze an einem Hang gelegen. Nur 10 Minuten Fußweg zum Strand. Am Ortsausgang (Zebrastreifen) links auf die Serpentinenstraße und kurz hinter der Autobahnüberquerung rechts; **Platzanzahl:** 24; **Untergrund:** Asphalt; **Preiskat.:** €; **Geöffnet:** ganzjährig; **Kontakt:** Via Natta, 26, 17015 Celle Ligure SV

An der ligurischen Küste folgt eine malerische Altstadt der nächsten

GENUA

(94 km – km 425)

Die **Hauptstadt Liguriens** ist natürlich auch zugleich die größte Stadt der Region. Schon früh wurde das heutige Stadtgebiet als Hafen genutzt. Die Römer siedelten sich im 3. Jh. v. Chr. an, doch es wird vermutet, dass bereits zuvor die Griechen diesen Standort kannten. Nach den Römern kamen die Langobarden und die Franken. Schon im 11. Jh. waren die Genuesen eine **Seemacht** und der Handel blühte auf. Das damals noch konkurrierende Pisa wurde in der größten Seeschlacht des Mittelalters im August 1284 geschlagen. Rund 100 Schiffe standen sich auf beiden Seiten gegenüber und es gab mehrere Tausend Tote. Die Republik Genua konnte in der Folge ihre Macht festigen, hatte jedoch später Auseinandersetzungen mit der ebenfalls aufstrebenden Republik Venedig. Der wohl berühmteste Genuese dürfte **Christoph Kolumbus** sein, der Mitte des 15. Jh. geboren wurde und sich im Auftrag des spanischen Königshauses aufmachte, um einen Seeweg nach Indien zu finden. Der Rest ist Geschichte.

Nach Ende des Zweiten Weltkriegs entwickelte sich Genua zu einer **Industriestadt,** die in den 1980er-Jahren an Bedeutung verlor. Hohe Arbeitslosigkeit ging mit einer überdurchschnittlichen Kriminalitätsrate einher. Erst zur Jahrtausendwende konnte sich die Stadt wieder fangen und wurde für den **Tourismus** interessant. 1992 feierte man den 500. Jahrestag der Entdeckung Amerikas durch den berühmten Sohn der Stadt, 2004 trug man den Titel Europäische Kulturhauptstadt und zwei Jahre später wurden Teile der Altstadt zum **Weltkulturerbe** erhoben.

Weltweite tragische Schlagzeilen machte Genua im Sommer 2018, als die vierspurige Autobahnbrücke bei schlechtem Wetter und nach deutlicher Vernachlässigung des Bauwerks einstürzte. 43 Menschen kamen dabei ums Leben. Die Brücke galt bis dahin als eine der wichtigsten Verbindungen zwischen dem östlichen und westlichen Teil der Stadt.

Nicht nur Hauptstadt Liguriens, sondern auch beliebtes Reiseziel: Genua

114oi-mb

212oi-mb

Die weitläufig verzweigte **Altstadt** erstreckt sich östlich des **Porto Antico,** der heute auch oft Ausgangspunkt für die Stadterkundungen der Kreuzfahrtschiffpassagiere dient. Wer einen Parkplatz an der **Marina Bar** (179) ergattern konnte, der wird erstmal erschlagen sein von der Hektik und Lautstärke Genuas. Gleich nebenan ist eine vierspurige Straße, leicht erhöht darüber weitere vier Spuren der SS1 und auf der gegenüberliegenden Seite nicht ganz so schmucke Wohnhäuser, die so wirken, als würden sie das Mittelmeer von der Altstadt trennen. Diese erstreckt sich nämlich dahinter und gilt als eine der größten Altstädte Europas. Das macht es nicht gerade einfach, sie zu erkunden. Zudem ist der Wohnmobilstellplatz für Ortsunkundige denkbar ungünstig angelegt. Die einfachste Möglichkeit, sich der Altstadt zu nähern, ist es, parallel zur Hochbrücke der SS1 gen Westen und in Richtung **Hafen** zu spazieren. Dieser erstreckt sich nach kurzer Zeit auf der linken Seite und wartet u. a. mit dem **Acquario di Genova** aus, einem der größten Aquarien Europas. Zahlreiche Kaimauern ragen wie einzelne Finger in den halbrunden Hafen hinein und bieten Anlegeplätze für Kreuzfahrtschiffe und Fähren.

Auf der rechten Seite zweigt die Via San Lorenzo in die Altstadt ab und verläuft als Fußgängerzone bis zum mittelalterlichen Stadttor **Porta Soprana.** Es besteht aus zwei Rundtürmen, die, von der Westseite aus betrachtet, zunächst wie eine Kirche wirken. Auf der anderen Seite des Torbogens geht der Fußweg leicht bergab zu einer alten Klosterruine und gleich dahinter zu einem ebenfalls historischen Gebäude, das als **Geburtshaus von Christoph Kolumbus** bezeichnet wird. Belegt ist das allerdings nicht und es gibt Stimmen, die behaupten, dass Kolumbus sich nie in diesem Gebäude aufgehalten hat.

Hinter dem vermeintlichen Kolumbus-Haus sollte man links in die Via Dante abbiegen und wenig später die **Piazza de Ferrari** mit ihrem breiten Springbrunnen überqueren. Sie ist nur einer von zahlreichen Plätzen in der Stadt, an ihrer Westseite erhebt sich der **Palazzo Ducale,** in dem ein Kulturzentrum untergebracht ist. Geht man am Reiterstandbild vorbei und hält sich an der folgenden

Die Piazza de Ferrari in der Altstadt wurde nach dem genuesischen Politiker benannt, nicht nach dem Motorsportler

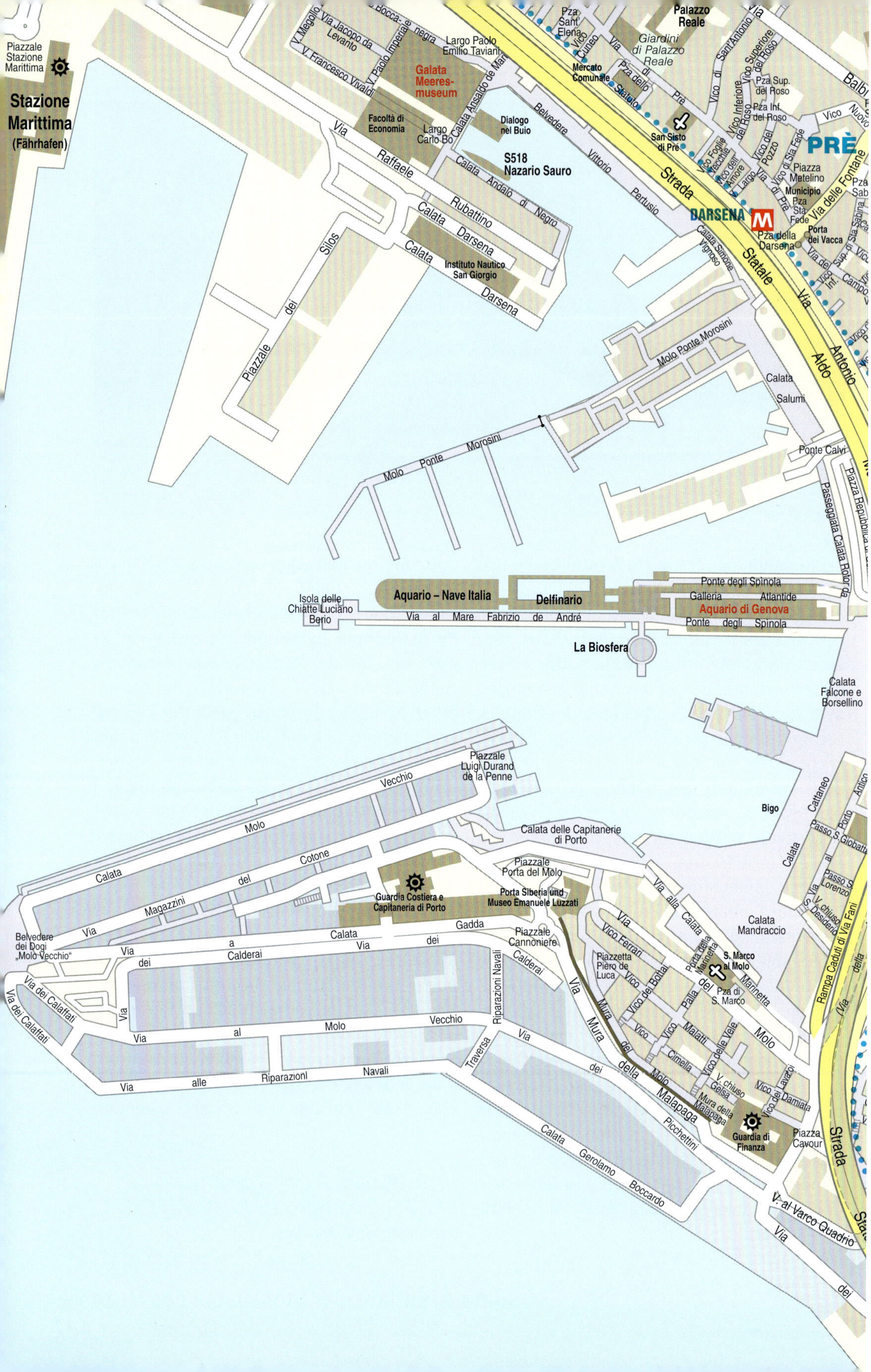

Piazzale Stazione Marittima
Stazione Marittima (Fährhafen)
V. Megollo
Via Jacopo da Levante
V. Francesco Vivaldi
V. Paolo Imperiale
Bocca-negra
Largo Paolo Emilio Taviani
Galata Meeres-museum
Facoltà di Economia
Largo Carlo Bo
Calata Ansaldo de Mari
Dialogo nel Buio
S518 Nazario Sauro
Calata Andalo di Negro
Via Raffaele Rubattino
Calata Darsena
Calata Darsena
Istituto Nautico San Giorgio
Piazzale dei Silos
Belvedere Vittorio Pertusio
Pza Sant' Elena
Vico Cuneo
Mercato Comunale
Palazzo Reale
Giardini di Palazzo Reale
Via di Pré
Pza dello Statuto
San Sisto di Pré
Vico di Sant'Antonio
Vico Inferiore del Roso
Vico Superiore del Roso
Pza Sup. del Roso
Pza Inf. del Roso
Via Balbi
Vico Nuovo
PRÈ
Vico Foglie Vecchie
Vico dell' Amore
Largo
Vico del Pozzo
Vico di Sta Fede
Piazza Metelino
Municipio
Pza Sta Fede
Via delle Fontane
Porta dei Vacca
Pza della Darsena
DARSENA
M
Strada Statale
Via Aldo Antonio
Calata Simone Vignoso
Molo Ponte Morosini
Molo Ponte Morosini
Calata Salumi
Ponte Calvi
Passeggiata Calata Rotondo
Piazza Repubblica
Ponte degli Spinola
Galleria Atlantide
Aquario di Genova
Ponte degli Spinola
Aquario – Nave Italia
Delfinario
Isola delle Chiatte Luciano Berio
Via al Mare Fabrizio de André
La Biosfera
Calata Falcone e Borsellino
Bigo
Piazzale Luigi Durand de la Penne
Calata delle Capitanerie di Porto
Calata Cattaneo
Passo S. Giobatta
Passo S. Lorenzo
Via al Porto Antico
V. chiuso S. Desiderio
Calata Mandraccio
Rampa Caduti di Via Fani
Calata Molo Vecchio
Via del Cotone
Via Magazzini
Guardia Costiera e Capitaneria di Porto
Piazzale Porta del Molo
Porta Siberia und Museo Emanuele Luzzati
Piazzale Cannoniere
Calata Gadda
Via a dei Calderai
Via dei Calderai
Belvedere dei Dogi „Molo Vecchio“
Via dei Calafati
Via dei Calafati
Via al Molo Vecchio
Via alle Riparazioni Navali
Riparazioni Navali
Traversa
Via dei Malapaga
Via Mura del Molo
Via alla Calata
Via Vico Ferrari
Piazzetta Piero de Luca
Vico dei Bottai
Vico Palla
Porta della Marinetta
S. Marco al Molo
Pza di S. Marco
Via del Molo
Marinetta
Vico Malatti
Vico Cimella
Vico delle Vele
V. chiuso Gelsa
Mura della Malapaga
Vico dei Lavatoi
Vico Damiata
Guardia di Finanza
Piazza Cavour
Calata Gerolamo Boccardo
Mura della Malapaga
Picchettini
V. al Varco Quadrio
Via dei
Strada Statale

0 100 m
© REISE KNOW-HOW 2024
Basilica della Santissima Annunziata del Vastato
Pza della Nunziata
Via Paolo Emilio Bensa
Largo della Zecca
ZECCA
Scalinata di San Nicolosio
Piazza Goffredo Villa
Giardini Giov. Barbagelata
Spianata di Castelletto
Belvedere Luigi Montaldo
Scalinata Lercari
S. Filippo Neri
Galleria Giuseppe Garibaldi
Municipio
Palazzo Albini
Museum im Palazzo Bianco
Museum im Palazzo Rosso
Palazzo Tursi
Palazzo Nicolosio Lomellino
Piazza del Portello
PORTELLO
Museo d'arte orientale Edoardo Chiossone
Villetta di Negro
Basilica di San Siro
San Marcellino
San Pancrazio
Via Gramsci
Moro
(Stadtautobahn)
Piazza Caricamento
Galleria Nazionale di Palazzo Spinola
San Luca
Sta Maria Maddalena
MADDALENA
Basilica di Santa Maria delle Vigne
Palazzo San Giorgio
SAN GIORGIO
Piazza Banchi
San Pietro in Banchi
Scuole Pie
Piazza Campetto
Piazza San Matteo
Galleria Mazzini
Teatro Carlo Felice
Monumento a Garibaldi
Largo Pertini
Piazza Piccapietra
PORTORIA
Catedrale San Lorenzo
Museo del Tesoro
Museo Diocesano
Palazzo Ducale
Piazza Giacomo Matteotti
Piazza Raffaele de Ferrari
DE FERRARI
Via XX Settembre
Palazzo della Borsa
Palazzo della Poste
Chiesa Evangelica Battista
Chiesa del Gesù
Sti Cosma e Damiano
San Giorgio
San Torpete
MOLO
Chiesa di Santa Maria di Castello
Chiesa di San Donato
Giardini Emanuele Luzzati
Porta Soprana und Torri di Sant'Andrea
Casa Colombo (Kolumbushaus)
Piazza Dante
V. Ceccardo Roccatagliata Ceccardi
Sant'Agostino
Museo di Sant'Agostino
179 Wohnmobilstellplatz Genua (Marina Bar)

Gabelung halbrechts, so gelangt man wenig später zur langgestreckten Piazza delle Fontane Marose. Von ihr zweigt die **Via Garibaldi** ab, die östlichste der drei Straßen, die als **Le Strade Nuove** in die Liste des Weltkulturerbes aufgenommen wurden. Zahlreiche Adelspaläste säumen die Straßen und werden als **Palazzi dei Rolli** bezeichnet. Sie waren im Stadtregister (den „Rolli") verzeichnet. Da die Republik Genua keine eigenen Repräsentationsbauten hatte, wurde im Falle eines Staatsbesuchs per Losverfahren der Palast ausgewählt, in dem der Staatsgast empfangen und untergebracht wurde – die Kosten mussten die jeweiligen Besitzer zahlen. An der Via Garibaldi erreicht man bereits nach kurzer Zeit auf der rechten Seite den **Palazzo Doria Tursi,** in dem heute das Rathaus der Stadt untergebracht ist. Schräg gegenüber, unverkennbar an der roten Farbe auszumachen, ist der **Palazzo Rosso.** Und wiederum schräg gegenüber davon, also gleich neben dem Rathaus, das Pendant **Palazzo Bianco,** der weiße Palast.

Die Via Garibaldi geht direkt in die **Via Cairoli,** die zweite der drei Strade Nuove, über. An ihrem Ende sieht man halbrechts den Zugang zu einer von mehreren **Standseilbahnen** innerhalb der Stadt. Sie fährt zwischen 6.40 und 24 Uhr durchgehend auf den Berg Righi, der einen schönen Überblick über Genua ermöglicht. Die Fahrt kostet 1,50 €. Wendet man sich am Ende der Via Cairoli nach links, erreicht man die **Piazza della Nunziata,** an der sich eine der zahlreichen Kirchen der Stadt erhebt. Links des Gotteshauses folgt die **Via Balbi** als letzte der drei Strade Nuove. An Palästen, der Universität, Museen und Einkehrmöglichkeiten vorbei reicht sie bis zur **Piazza Acquaverde,** wo sich das Christoph-Kolumbus-Denkmal erhebt.

In südlicher Richtung ist es wieder nicht weit bis zum Hafen, wo sich auf der Westseite das Wahrzeichen Genuas befindet. Die sogenannte **Lanterna** gehört zu den höchsten Leuchttürmen der Welt. Schon im 12. Jahrhundert stand an dieser Stelle ein Leuchtfeuer mit ähnlich großer Höhe. Anfang des 16. Jahrhunderts wurde er in den damals zahlreichen kriegerischen Auseinandersetzungen stark zerstört und anschließend wiederaufgebaut, wobei er dabei das heutige Aussehen erhielt. Anders als klassische Leuchttürme ist er nicht rund, sondern hat einen quadratischen Grundriss, wobei er aus zwei quaderförmigen Elementen zu bestehen scheint, die aufeinander stehen. Der Turm kann nur an den Wochenenden von 14.30 bis 18.30 Uhr besichtigt und bestiegen werden (6 €).

◁ *Die Galleria Giuseppe Mazzini bietet überdachtes Shoppingvergnügen*

Sehenswertes

- **Museum im Palazzo Bianco,** Via Garibaldi, 11, www.museidigenova.it. Di–Fr 9–19 Uhr, Sa, So 10–19.30 Uhr, 9 €. Wichtige Kunstsammlung mit zahlreichen Meisterwerken holländischer, flämischer und italienischer Meister.
- **Museum im Palazzo Rosso,** Via Garibaldi, 18, www.museidigenova.it, Di–Fr 9–19 Uhr, Sa, So 10–19.30 Uhr, 9 €. Bedeutende Gemäldegalerie mit Werken von Dürer, Van Dyck und anderen. Schon das Innere des Bauwerks mit seinen zahlreichen Fresken ist sehenswert.
- **Palazzo Tursi,** Via Garibaldi, 19, www.museidigenova.it. Di–Fr 9–19 Uhr, Sa, So 10–19.30 Uhr, 9 €. Nicht nur das Rathaus ist im Palazzo Tursi untergebracht, sondern auch eine Galerie mit Wandteppichen, einer Münzsammlung und weiteren Exponaten wie eine Geige von Paganini.
- **Galata Meeresmuseum,** Calata de Mari, 1, direkt am Hafen Porto Antico, www.galatamuseodelmare.it, täglich 10–19.30 Uhr, 17 €. Im ältesten noch bestehenden Gebäude des Arsenals der Republik Genua ist das größte maritime Museum der Mittelmeerküste untergebracht. Zu den Highlights der über 6000 Exponate zählt eine original rekonstruierte Galeere aus dem 17. Jahrhundert.
- **Leuchtturmmuseum,** Via alle Lanterna, Sa, So 14.30–18.30 Uhr, 8 €. Multimediale Ausstellung über die Geschichte und Nutzung der Lanterna.
- **Acquario di Genova,** Ponte Spinola, Tel. 010 23451, www.acquariodigenova.it, tägl. 9.30–20 Uhr, Eintritt: 18 €. Das unter Beteiligung von Star-Architekt Renzo Piano entworfene Aquarium ist mit seinen 12.000 Bewohnern eines der größten Europas.

213ol-mb

Information

- **Touristeninformation Genua,** Via Garibaldi, 12r, und Via al Porto Antico, 2, www.visitgenoa.it

Parken

P 22 Parkplatz auf dem Berg Righi, GPS 44.424068, 8.938156, Via Mure delle Chiappe, 47. An der Bergstation der Standseilbahn Righi-Zecca, nahe des Observatoriums, gibt es einen kleinen Parkplatz, der für einen kurzen Rundgang durch die Stadt genutzt werden kann. Man fährt ab hier mit der Standseilbahn (6.40–24 Uhr, 1,50 €) direkt in die Altstadt hinab. Als Bonbon hat man einen schönen Ausblick auf Genua. Allerdings sind der Parkplatz und auch die Auffahrt (Serpentinen) nicht für Dickschiffe geschaffen. Für kleinere Wohnmobile bis zu sechs Meter Länge jedoch kein Problem.

Die Lanterna di Genova am Hafen von Genua ist im wahrsten Sinne des Wortes herausragend

178 Camping Villa Doria

GPS 44.43148, 8.81336

Dieser ruhige und freundliche Campingplatz bietet sich ideal für eine Besichtigung Genuas an. Mit kleiner Bar und Shop. **Lage/Anfahrt:** Westlich von Genua in einem engen Seitental gelegen, dennoch nur 800 m von einem Strand entfernt. In die Altstadt Genuas gelangt man am besten mit dem Bus oder Regionalzug. Die SS1 am Strand verlassen. Die Zufahrt ist nicht einfach, entweder 3-m-Höhenbegrenzung auf der Viale Giorgio Modugno oder 2,20 m Seitenbreite über die Piazza Mario Rapisardi. Generell enge Zufahrt; **Platzanzahl:** 50; **Untergrund:** fest; **Sicherheit:** umzäunt, beleuchtet, bewacht; **Preiskat.:** €€€; **Max. Stand:** unbegrenzt; **Geöffnet:** ganzjährig; **Kontakt:** Camping Villa Doria, Via al Campeggio Villa Doria, 15N, 16156 Genova GE, Tel. 010 6969600, www.campingvilladoria.it

179 Wohnmobilstellplatz Genua (Marina Bar)

GPS 44.403565, 8.930506

Einfacher Platz mit schräg angelegten Parzellen (etwas Platz zur Seite), innerstädtisch mit entsprechender Geräuschkulisse. **Lage/Anfahrt:** Altstadt- und Hafennähe, angrenzend an die Marina Bar. Die SS1 an der Ausfahrt zum Parkplatz Porto Antico verlassen, die SS1 unterqueren und wenig später an der Ampel halblinks halten; **Platzanzahl:** 16; **Untergrund:** Asphalt; **Sicherheit:** Schranke; **Preiskat.:** €€€; **Max. Stand:** unbegrenzt; **Geöffnet:** ganzjährig; **Kontakt:** Via della Marina, 6, 16128 Genova GE

180 Wohnmobilstellplatz Genua

GPS 44.393228, 9.007808

Kein Ort für einen längeren Aufenthalt und aufgrund der geringen Größe auch stets voll, aber für einen Besuch der Stadt Genua zumindest einen Versuch wert. Der Platz gehört zu einem benachbarten Wohnmobilhändler. **Lage/Anfahrt:** Weit im Osten der Stadt, direkt neben der an dieser Stelle sechsspurigen SS1 gelegen. Mit dem Bus gelangt man von hier aus in die Altstadt. Von Genua kommend fährt man zunächst am Stellplatz vorbei und hat erst an der Beschilderung Croce Verde Quinto eine Wendemöglichkeit; **Platzanzahl:** 10; **Untergrund:** Asphalt; **Sicherheit:** Schranke; **Preiskat.:** €€€; **Max. Stand:** unbegrenzt; **Geöffnet:** ganzjährig; **Kontakt:** Pons Camper e Caravan, Via Funtanin, 2, 16148 Genova GE, Tel. 010 3991788, www.pons.it

Man kann Genua entweder über die Autobahn E80 oder auf der Küstenstraße SS1 gen Osten verlassen. Letzteres ist natürlich interessanter, da man die kleinen Küstenorte ein wenig näher kennenlernen kann. Wer zwischen Bogliasco und Pontetto (GPS 44.377644, 9.076598) einen Parkplatz am Straßenrand erwischt, der sollte zu Fuß die SS1 unterqueren und über die Bahngleise am Bahnhof Pontetto gehen, um wenig später den Aussichtspunkt an der **Scogliera di Pontetto** zu erreichen. Hier genießt man eine wunderbare Aussicht auf das Mittelmeer mit der Bucht von Genua bzw. dem Golfo Paradiso, wie der Küstenabschnitt hier auch bezeichnet wird.

Etwas größer ist **Recco,** wo sich rund um einen Hafen auch mehrere kleine Strände befinden. Parkmöglichkeiten für kleinere Wohnmobile und Kastenwagen finden sich nördlich der Eisenbahnbrücke (GPS 44.363211, 9.143860) unweit des Hafens. Größere Wohnmobile oder gar Dickschiffe gehen in der dicht bebauten Ortschaft aber leider leer aus.

Im folgenden Küstendorf **Camogli** finden dann auch Fahrer von kleineren Fahrzeugen nur schwer einen Parkplatz. Das ist insbesondere deshalb schade, weil sich die Wohnhäuser rund um den kleinen Hafen farbenprächtig präsentieren und schon einen ersten Vorgeschmack auf die nahen Cinque Terre bilden. Einen Parkplatz weit außerhalb, von dem aus man mit dem Bus nach Camogli fahren kann, gibt es dann allerdings doch an der SS1 (GPS 44.341303, 9.174956).

ABSTECHER: PORTOFINO

(von Rapallo hin und zurück ca. 20 km)

Das beliebte und daher oft überlaufene Portofino befindet sich an der südöstlichen Spitze der gleichnamigen Halbinsel, die den Golfo Paradiso vom Golf von Tigullien abtrennt. Der Ort lässt sich zwar theoretisch mit dem Pkw erreichen, doch es macht angesichts fehlender Parkplätze keinen Sinn, die vielen Kilometer entlang der Küste in die Sackgasse zu fahren. Man sollte daher besser ab **Santa Margherita Ligure** oder **Rapallo** auf den öffentlichen Bus oder von Rapallo aus auch auf ein **Schiff** ausweichen. Zudem lohnt sich ein Blick auf die Altstadt von Rapallo und ein kleiner Spaziergang entlang der Promenade. Doch selbst hier ist das Parken mit einem Wohnmobil reine Glückssache, weshalb die Übernachtung auf einem Campingplatz zu empfehlen ist, um sich gar nicht erst dem ganzen Stress auszusetzen. Wer gut und gern zu Fuß unterwegs ist, kann die Strecke vom Campingplatz nach Portofino sogar zu Fuß (ca. 10 km je Richtung) oder alternativ mit dem Fahrrad zurücklegen.

Portofino selbst ist klein und überschaubar, präsentiert sich aber in geradezu prachtvoller Schönheit. Schon der englische König Richard Löwenherz, Friedrich Nietzsche, Guy de Maupassant, mehrere Päpste und Künstler zog es hierher und der Ort wurde in zahlreichen Filmen verewigt und sogar als Kulisse in den Universal Studios in Florida nachgebaut.

Die Häuser von Portofino befinden sich in einer Art Tal, das auf den sehr schmalen **Hafen** zuläuft. Durch seine Ausrichtung nach Norden ist der Hafen vom offenen Mittelmeer ein wenig geschützt, denn die Südseite wird von einer felsigen Halbinsel begrenzt. Auf ihr wurde im 14. Jahrhundert das **Castello Brown** errichtet, das wiederum einen großartigen Ausblick auf den Ort ermöglicht. Um die Burg zu erreichen, passiert man automatisch die **Kirche San Giorgio,** die atemberaubend auf einer steil abfallenden Felskante erbaut wurde.

Auf der Weiterfahrt erstrecken sich in **Chiavari,** das sich an der Mündung des Torrente Entella befindet, einige Strände und zwei große Jachthäfen. Im etwas weiter östlich gelegenen Ort **Sestri Levante** verlässt die SS1 den Küstenbereich und wird nun zu einer eher kurvigen Gebirgsstraße. Wer sich weiterhin nahe der Küste aufhalten und beliebte Orte wie **Bonassola** besuchen möchte, muss nun mit kleineren und engeren Straßen wie der SS332 vorliebnehmen.

181 Camping Genova Est

GPS 44.380809, 9.072078

Campingplatz unter Bäumen mit veralteten, aber sauberen Sanitäreinrichtungen an einem Berghang

Vertrag von Rapallo

Im April 1922 trafen sich der damalige deutsche Außenminister Walther Rathenau und der sowjetische Politiker Tschitscherin zur Unterzeichnung eines Vertrages, der die Beziehungen zwischen den beiden Staaten normalisieren sollte. Deutschland, als Schuldiger des wenige Jahre zuvor beendeten Ersten Weltkriegs als auch Russland als sozialistisches Land waren in der Weltpolitik wenig angesehen. Dass ausgerechnet diese beiden Länder sich nun zusammentaten, wurde mit viel Misstrauen zur Kenntnis genommen. So wird vermutet, dass die Vertragsunterzeichnung mit dazu führte, dass Frankreich das Ruhrgebiet besetzte und noch mehr auf die vereinbarten Reparationszahlungen pochte. Unterschrieben wurde der Vertrag im Treaty Room im mondänen Imperial Palace Hotel in Santa Margherita Ligure. Der Vertrag ist nicht zu verwechseln mit dem Grenzvertrag von Rapallo, bei dem Italien und das spätere Jugoslawien zwei Jahre zuvor die Grenzziehung zwischen beiden Staaten klärten.

oberhalb von Bogliasco gelegen. Steiler Fußweg hinunter in den Ort. Shuttlebusservice zum Bahnhof und zum Strand. Vom Bahnhof aus ist man in ungefähr 20 Minuten in Genuas Altstadt. **Lage/Anfahrt:** Hinter einer weiten Rechtskurve die SS1 Richtung Campingplatz verlassen; **Platzanzahl:** 30; **Untergrund:** fest; **Sicherheit:** umzäunt, beleuchtet, bewacht; **Preiskat.:** €€€; **Max. Stand:** unbegrenzt; **Geöffnet:** Ende März–Mitte Oktober; **Kontakt:** Camping Genova Est, Via Guglielmo Marconi, 16031 Località Cassa, Bogliasco GE, Tel. 010 3472053, www.camping-genova-est.it

182 Camping Rapallo

GPS 44.356924, 9.199586

Guter Ausgangspunkt für den Besuch von Portofino (aber auch noch für Genua). Die Bushaltestelle ist nur 500 m entfernt. **Lage/Anfahrt:** Westlich von Rapallo, nahe der Autobahn E80. Über die Autobahn bis Rapallo oder aus dem Ort heraus auf die SP31 Richtung San Massimo. Weiter der Beschilderung folgen. Enge Anfahrt durch Einbahnstraße, in die Zufahrt muss man scharf nach rechts abbiegen; **Platzanzahl:** 30; **Untergrund:** Wiese; **Sicherheit:** umzäunt, beleuchtet, bewacht; **Preiskat.:** €€€; **Max. Stand:** unbegrenzt; **Geöffnet:** ganzjährig; **Kontakt:** Camping Rapallo, Via S. Lazzaro, 16035 Rapallo GE, Tel. 0185 262018, www.campingrapallo.it

183 Camping Miraflores

GPS 44.357581, 9.21012

Ebenfalls idealer Ausgangspunkt für Genua und Portofino. Gäste dürfen das benachbarte Freibad zu Sonderkonditionen benutzen. Stellenweise jedoch etwas laut durch die angrenzende Autobahn. **Lage/Anfahrt:** Direkt an der Ausfahrt Rapallo der E80. Nach dem Verlassen der Autobahn hinter dem Mauthäuschen im Kreisverkehr wenden; **Platzanzahl:** 20; **Untergrund:** fest; **Sicherheit:** umzäunt, beleuchtet, bewacht; **Preiskat.:** €€€; **Max. Stand:** unbegrenzt; **Geöffnet:** ganzjährig; **Kontakt:** Camping Miraflores, Via Savagna, 10, 16035 Rapallo GE, Tel. 0185 263000, www.campingmiraflores.it

184 Camping Santanna Camping al Mare

GPS 44.282259, 9.391422

Sehr kleiner, familiär geführter, freundlicher Campingplatz in einem ruhigen Tal am Ende einer Sackgasse. **Lage/Anfahrt:** Keine Zufahrt direkt ab der SS1, nur über Sestri Levante. Dort die Gleise überqueren und parallel zu den Gleisen Richtung Westen; **Platzanzahl:** 10; **Untergrund:** Wiese; fest; **Sicherheit:** umzäunt, beleuchtet, bewacht; **Preiskat.:** €€€; **Max. Stand:** unbegrenzt; **Geöffnet:** März–Anf. Nov.; **Kontakt:** Camping Santanna Camping al Mare, Via Antica Romana Occidentale, 390, 16039 Sestri Levante GE, Tel. 0185 43924, www.campingsantanna.com

185 Camping Mare Monti

GPS 44.26324, 9.442418

Platz im gebirgigen Teil Liguriens mit viel Schatten und engen Stellflächen, viele Mobilheime. **Lage/Anfahrt:** Direkt an der SS1 westlich von Riva Ponente. Auf der SS1 bleiben, Platz liegt links; **Platzanzahl:** 30; **Untergrund:** Schotter; fest; **Sicherheit:** umzäunt, beleuchtet, bewacht; **Preiskat.:** €€€; **Max. Stand:** unbegrenzt; **Geöffnet:** ganzjährig; **Kontakt:** Camping Mare Monti, SS1 Via Aurelia, 259, 16039 Sestri Levante GE, Tel. 0185 44348, https://campingmaremonti.com

186 Camping Smeraldo (Moneglia)

GPS 44.238178, 9.477666

Unschlagbarer Campingplatz, der sich an der Küste westlich von Moneglia erstreckt. Auf der einen Seite das Meer, auf der anderen Seite ein kleinerer Gebirgszug. Hier stört einfach nichts, außer die Tatsache, dass der Platz nur für kleine Kastenwagen zugänglich ist. Im Juli und August sind Hunde nicht erlaubt. Der Fußweg vom Campingplatz in den Ort recht abenteuerlich und nicht für jeden zu empfehlen. **Lage/Anfahrt:** Maximale Höhe 3,20 m, maximale Länge 7 m. Die Beachtung dieser Limits ist extrem wichtig. Ab Moneglia fährt man nämlich durch mehrere Tunnel und mitten im einspurigen Tunnel folgt die sehr enge Ausfahrt direkt auf den Platz. Der Tunnel ist ampelbetrieben. Grün ist ab Moneglia in jeder Stunde nur bei 5, 25 und 45 Minuten; **Platzanzahl:** 30; **Untergrund:** fest; **Sicherheit:** umzäunt, beleuchtet, bewacht; **Preiskat.:** €€€€; **Max. Stand:** unbegrenzt; **Geöffnet:** Anf. März–Anf. Nov.; **Kontakt:** Camping Smeraldo, Località Preata, 16030 Moneglia GE, Tel. 0185 49375, www.villaggiosmeraldo.it

187 Camping La Secca

GPS 44.240135, 9.485394

Kleiner Campingplatz mit Schatten spendenden Sonnenrollos über den Parzellen. **Lage/Anfahrt:** Direkt am Meer; Zufahrt nur durch einen ampelgesteuerten Tunnel (5, 25, 45 Minuten nach jeder vollen Stunde ist grün); **Platzanzahl:** 30; **Untergrund:** Schotter; fest; **Sicherheit:** umzäunt, beleuchtet, bewacht; **Preiskat.:** €€€€; **Max. Stand:** unbegrenzt; **Geöffnet:** Juni bis September; **Kontakt:** Camping La Secca, Località La Secca, 1, 16030 Moneglia GE, Tel. 0185 49441, www.camping-la-secca.com

188 Camping Fornaci

GPS 44.214205, 9.519383

Platz mit engen Stellflächen, an der Mündung des Torrente Derva in das Mittelmeer. Nur wenige Schritte bis zum Wasser. Die Sanitäranlagen sind zwar etwas in die Jahre gekommen, doch das macht die Lage direkt am Meer wieder wett. Guter Ausgangspunkt für einen Besuch der Cinque Terre. **Lage/Anfahrt:** Die SS1 in Richtung Deiva Marina verlassen, weiter auf der S332 und der SP40 bis zum Ende; **Platzanzahl:** 10; **Untergrund:** Asphalt; **Sicherheit:** umzäunt, beleuchtet; **Preiskat.:** €€€; **Max. Stand:** unbegrenzt; **Geöffnet:** ganzjährig; **Kontakt:** Camping Fornaci, 19014 Fornaci La Spezia, Tel. 0187 816295, www.campingfornacialmare.it

189 Camping degli Ulivi

GPS 44.216566, 9.520602

Terrassenförmig angelegter Platz mit schönem Ausblick, aber Lärm durch die direkt am Platz vorbeifahrenden Züge. **Lage/Anfahrt:** Unmittelbar am Bahnhof von Deiva Marina. Die SS1 in Richtung Deiva Marina verlassen, weiter auf der S332 und der SP40 bis zum Ende; **Platzanzahl:** 20; **Untergrund:** Schotter; fest; **Sicherheit:** umzäunt, beleuchtet, bewacht; **Preiskat.:** €€€€, Alleinreisende müssen in der Hochsaison für zwei Erwachsene zahlen; **Max. Stand:** unbegrenzt; **Geöffnet:** Anf. April–Anf. Okt.; **Kontakt:** Camping degli Ulivi, Loc.Fornaci, 19014 Deiva Marina SP, Tel. 0187 816495, www.campingdegliulivi.it

190 Camping Framura

GPS 44.211543, 9.52344

Abgelegener Platz direkt am Mittelmeerufer. Überwiegend Dauercamper und nur wenige Touristenplätze. Diese sind dann auch überwiegend von Einheimischen besetzt. Typische italienische Lebhaftigkeit bis in die späten Nachtstunden, bei der man am besten mitmacht. **Lage/Anfahrt:** Hinter Camping Fornaci, direkt am Wasser, jedoch kein Strand. Die SS1 in Richtung Deiva Marina verlassen, weiter auf der S332 und der SP40 bis zum Ende, an den beiden anderen Campingplätzen vorbei und nur noch ein Stück weiter durch einen engen Tunnel; **Platzanzahl:** 15; **Untergrund:** fest; **Sicherheit:** umzäunt, beleuchtet, bewacht; **Preiskat.:** €€€; **Max. Stand:** unbegrenzt; **Geöffnet:** April–Okt.; **Kontakt:** Camping Framura, Località La Spiaggetta, Framura, SP 19014, Tel. 0187 815030, www.campingframura.it

191 Camping Acqua Dolce

GPS 44.166714, 9.613348

Großer Familiencamping mit verschiedenen Bereichen bzw. Terrassen. Nachhaltiger Platz mit eigenem Garten. Strom und warmes Wasser aus regenerativen Quellen. **Lage/Anfahrt:** Am Ortsrand von Levanto, guter Ausgangspunkt für einen Besuch der Cinque Terre. In Pian di Barca die SS1 verlassen und der SP38 bis Levanto folgen; **Platzanzahl:** 100; **Untergrund:** Schotter; fest; **Sicherheit:** umzäunt, beleuchtet, bewacht; **Preiskat.:** €€€€; **Max. Stand:** unbegrenzt; **Geöffnet:** ganzjährig; **Kontakt:** Camping Acqua Dolce, Via Guido Semenza, 5, 19015 Levanto SP, Tel. 0187 808465, www.campingacquadolce.com

192 Wohnmobilstellplatz Levanto

GPS 44.17428, 9.618191

Einfacher Parkplatz mit engen Stellflächen zwischen Bahngleisen und Tankstelle, der als Alternative zum Übernachten genutzt werden darf. **Lage/Anfahrt:** Vorteil des Platzes: direkt am Bahnhof von Levanto und damit direkte Anbindung an die Cinque Terre. In Pian di Barca die SS1 verlassen und der SP38 bis Levanto folgen, vor der Eisenbahnunterführung nach links auf den Platz; **Platzanzahl:** 15; **Untergrund:** Asphalt; **Preiskat.:** €€€, 3 € je Std., wenn man nur parken möchte; **Max. Stand:** 36 Stunden; **Geöffnet:** ganzjährig; **Kontakt:** Via Nostra Signora della Guardia, 19015 Levanto SP

193 Camping Albero d'Oro

GPS 44.175529, 9.621998

Einer von drei Campingplätzen, die in Levanto in direkter Nachbarschaft liegen. Schattige und großzügig bemessene Parzellen sowie Standard-Sanitäreinrichtungen machen alle drei Campingplätze aus. Für welchen man sich schließlich entscheidet, spielt kaum eine Rolle, da sie sich in Lage und Ausstattung stark ähneln. Bar. **Lage/Anfahrt:** 600 m vom Bahnhof von Levanto entfernt, zum Strand weitere 800 m. SS1 bis Pian di Barca, dann SP38 bis Levanto, hinter einer scharfen Linkskurve gleich links; **Preiskat.:** €€€; **Max. Stand:** unbegrenzt; **Geöffnet:** ganzjährig; **Kontakt:** Camping Albero d'Oro, Via Albero d'Oro, 6A, 19015 Levanto SP, Tel. 0187 800400, www.campingalberodoro.com

194 Camping Pian di Picche

GPS 44.174931, 9.623236

Siehe Camping Albero d'Oro. **Lage/Anfahrt:** SS1 bis Pian di Barca, dann SP38 bis Levanto, hinter einer scharfen Linkskurve gleich links und hinter Camping Albero d'Oro die nächste links, an der Gabelung wieder links; **Platzanzahl:** 40; **Untergrund:** Wiese; fest; **Sicherheit:** umzäunt, beleuchtet, bewacht; **Preiskat.:** €€€; **Max. Stand:** unbegrenzt; **Geöffnet:** ganzjährig; **Kontakt:** Camping Pian di Picche, Loc. Pian di Picche, 19015 Levanto SP, Tel. 0187 800597, www.piandipicche.it

195 Camping 5 Terre

GPS 44.173963, 9.625034

Siehe Camping Albero d'Oro. **Lage/Anfahrt:** SS1 bis Pian di Barca, dann SP38 bis Levanto, hinter einer scharfen Linkskurve gleich links und hinter Camping Albero d'Oro die erste links, an der Gabelung halbrechts; **Platzanzahl:** 25; **Untergrund:** Wiese; fest; **Sicherheit:** umzäunt, beleuchtet, bewacht; **Preiskat.:** €€€; **Max. Stand:** unbegrenzt; **Geöffnet:** April–Anf. Nov.; **Kontakt:** Camping 5 Terre, Località Serra Mereti, 19015 Levanto SP, Tel. 0187 801252, www.campingcinqueterre.it

CINQUE TERRE

(Genua – Levanto: 85 km – km 510)

Die Cinque Terre können zweifellos als einer der schönsten Abschnitte der ligurischen Küste bezeichnet werden, mindestens jedoch als einer der ungewöhnlichsten. Er besteht aus einer steil abfallenden Küste, in der sich fünf (=Cinque) kleine Dörfer wie Perlen an einer Kette aneinanderreihen. Von Nord nach Süd sind das **Monterosso al Mare, Vernazza, Corniglia, Manarola** und **Riomaggiore.** Sie alle haben einen eigenen unverwechselbaren Charakter und liegen abgeschieden.

Mit dem Pkw oder gar mit dem Wohnmobil sind die Orte generell nicht zu erreichen. Eine Ausnahme bildet Monterosso al Mare, wobei die Anfahrt mit dem Womo aber nicht zu empfehlen ist. Lediglich außerhalb der Saison von Oktober bis Mitte März besteht die Möglichkeit, den einzigen größeren Parkplatz des Ortes (GPS 44.144228, 9.646530) mit dem Wohnmobil zu nutzen.

Der einzige und auch empfehlenswerte Wohnmobilstellplatz 196 in der Region liegt oberhalb von Monterosso al Mare. In der Hauptsaison ist es jedoch wahrscheinlicher,

1160i-mm

einen Sechser im Lotto zu haben als einen der begehrten wenigen Plätze zu ergattern. Doch kein Grund zum Verzagen, denn die fünf Dörfer der Cinque Terre sind wunderbar einfach mit der Bahn zu erreichen. Daher sollte man in den weiter nördlich gelegenen Orten wie **Deiva Marina** oder **Levanto** auf einem der Campingplätze einchecken und die Cinque Terre **per Bahn erkunden.**

Man sollte sich jedoch darauf einstellen, dass man in den Sommermonaten nicht allein unterwegs ist. Die Cinque Terre stehen auf der Liste des **UNESCO-Weltkulturerbes** und sind nicht nur ein beliebtes Reiseziel für Besucher aus aller Welt, sondern geben auch ein schönes Fotomotiv ab. Sie können auf einem Wanderweg wunderbar erkundet werden.

Postkartenmotiv: Manarola (s. S. 159) ist eines der Aushängeschilder der Cinque Terre

Die Fahrzeit des Zuges ab Levanto ist sehr kurz. Selbst nach Riomaggiore, den am weitesten entfernten Ort der Cinque Terre, beträgt die Fahrzeit gerade einmal 21 Minuten. Und dazwischen hält der Regionalzug noch in Monterosso al Mare (4 Minuten Fahrzeit), Vernazza und Corniglio (jeweils weitere drei Minuten) und in Manarola (wieder satte vier Minuten Fahrzeit). Die Orte sind also denkbar einfach zu erreichen und die Fahrt zudem auch noch preislich moderat. Züge fahren von morgens um 5 Uhr bis kurz nach Mitternacht alle 20 Minuten. Mit der Cinque Terre Card, die an allen Bahnhöfen und an der Touristinformation erhältlich ist, ist die Nutzung aller Wanderwege und der Züge inklusive. Sie kostet in der Hauptsaison pro Tag 18,20 €. Ein Zweitagesticket kostet 33 €.

Das größte der fünf Dörfer ist **Monterosso al Mare,** das durch die Bahnstrecke ein wenig vom kleinen Strand abgetrennt ist. Gleich hinter der Bahnunterführung erhebt sich die

Wandern in den Cinque Terre

Die wohl schönste Möglichkeit, die fünf Dörfer der Cinque Terre und alles, was dazwischen liegt, näher kennenzulernen, hat man bei einer Wandertour von Monterosso al Mare bis Riomaggiore. Dabei gibt es nicht nur den einen Weg, der an der Küste entlangführt und die Dörfer miteinander verbindet. Immerhin sind die Ortschaften Teil des gleichnamigen Nationalparks, der auch noch weit in das Hinterland hineinragt.

Allerdings gibt es drei wesentliche Dinge zu beachten: Der Zugang zu den Wanderwegen im Cinque Terre kostet Eintritt. Eine Tageskarte kostet 7,50 € (Cinque Terre Card Trekking). Damit darf man alle Wege benutzen, hat WLAN-Zugang, wo es vorhanden ist, und auch die Mini-Busse innerhalb des Parks können genutzt werden. Wer etwas mehr drauflegt, der kann mit der Cinque Terre Card Treno auch die Regionalzüge zwischen Levanto und La Spezia nutzen (16 €).

Darüber hinaus muss man wissen, dass es auch immer wieder mal zu längeren Sperrungen von Strecken kommen kann. Mal ist ein Steinschlag verantwortlich, ein anderes Mal liegt es einfach an einer veralteten, nicht mehr sicheren Verbindung. So ist es zum Beispiel seit einigen Jahren nicht möglich, den Küstenweg zwischen Manarola und Corniglia zu erwandern. Die Sperrung soll noch bis 2025 dauern. Ähnliches gilt auch für den weiteren Küstenweg zwischen Manarola und Riomaggiore. An anderen Stellen sind es manche Abstiege von den gebirgigen Bereichen des Nationalparks bis hinab zur Küste, die hin und wieder für längere Zeit nicht zugänglich sind. Hier ist es also ratsam, sich vor Beginn der Wandertour auf der Seite des Nationalparks über die tagesaktuellen Bedingungen zu informieren: www.parconazionale5terre.it.

Zu guter Letzt ist das Tragen von festem Schuhwerk unabdingbar und wird von den Mitarbeitern innerhalb des Parks kontrolliert. Wer Flipflops oder Ähnliches trägt, muss mittlerweile mit empfindlichen Geldstrafen rechnen. Leider werden die oft steilen und auch nicht immer gesicherten Wege von vielen Besuchern mit einfachen Spazierwegen verwechselt.

aus dem 14. Jahrhundert stammende Kirche San Giovanni Battista. Dahinter geht es die quirlige Fußgängerzone durch das Dörfchen hinauf und mehrere Shops und Restaurants laden zum Verweilen ein. Am Ende der Häuser verläuft die Straße weiter bergauf und führt automatisch zum Wohnmobilstellplatz. Rund eine Dreiviertelstunde sollte man für die zweieinhalb Kilometer Fußweg bergauf einplanen.

Monterosso al Mare ist zweigeteilt und besitzt noch ein etwas moderneres Viertel. Der Ortsteil Fegina erstreckt sich auf der anderen Seite eines mächtigen Felsvorsprungs, der bis in das Wasser ragt. Verbunden sind die Teile der Stadt durch einen kleinen, kunstvoll verzierten Tunnel, der von den Einwohnern auch mit dem Auto befahren werden darf, aber ansonsten wie ein Fahrrad- und Fußgängertunnel wirkt. In Fegina befindet sich zudem der Bahnhof von Monterosso al Mare und etwas weiter westlich das Wahrzeichen des Orts, die Statue des Giganten. Diese mehrere Meter hohe Figur wurde Anfang des letzten Jahrhunderts aus dem Felsen geschlagen und trug einstmals eine muschelförmige Ausflugsterrasse, doch nach einem Sturm wurden Teile des Giganten beschädigt.

Der nächste Ort ist das ebenfalls quirlige **Vernazza.** Es gibt einige enge Gassen, die man erkunden kann. Das Hauptaugenmerk richtet sich dabei auf die Via Roma, die zwischen Bahnhof und Küste kaum 200 Meter lang ist. Sie endet am kleinen Bootshafen, an dessen Kai sich die Kirche San Margherita erhebt. Diese ist noch einmal 100 Jahre älter als die Kirche in Monterosso al Mare.

Bemerkenswert ist der Anblick von Vernazza auch außerhalb der Saison. Denn wenn die Vielzahl an Touristen deutlich abgenommen hat und die Fischer nicht mehr ganz so oft auf das Meer hinausfahren, werden die kleinen Boote reingeholt und in der Fußgängerzone vor den Wohnhäusern vertäut.

Ganz aus der Rolle fällt der mittlere der fünf Orte, **Corniglia.** Während die anderen Ortschaften bis ans Wasser ragen und auf Meeresniveau liegen, wurden die Häuser von Corniglia auf einem Felshang rund 100 Meter über dem Mittelmeer errichtet. Vom Bahnhof aus kann man entweder zu Fuß der steilen Via Stazione folgen, den Shuttlebus benutzen oder man entscheidet sich für die steile Ziegelsteintreppe Scalinata Lardarina. Im steten Zickzack überwindet man dabei fast 400 schweißtreibende Stufen. Egal, wofür man sich entscheidet, die Aussicht am Ende der einzigen Dorfstraße ist traumhaft schön und man sieht von hier bereits den nächsten Ort.

Manarola gilt bei den meisten Besuchern der Cinque Terre als das schönste der fünf Dörfer und wird oft als Wahrzeichen der Region Cinque Terre gesehen. Die farbenprächtigen Wohnhäuser sind so angeordnet, dass sie wie eine mächtige, bunte Festung wirken. Den schönsten Blick auf den Ort hat man von einer felsigen Landzunge nördlich des kleinen Naturhafens. Die Häuser von Manarola füllen das enge Tal aus, sodass kein Platz mehr für den Bahnhof blieb. Dieser befindet sich auf der anderen Seite eines Felshangs. Der Zugang in den Ort erfolgt durch einen kurzen Fußgängertunnel. Hat man diesen einmal durchquert, steht man mittendrin im Geschehen. Restaurants, Bars und Souvenirläden umgeben einen und zur Linken sieht man einige Treppenstufen, die auf einen zentralen Platz führen, von dem aus man einen schönen Ausblick auf die zum Wasser führende Fußgängerzone genießt.

Der letzte verbliebene Ort ist **Riomaggiore,** der nun wieder ein wenig größer ist. Und dennoch geht es natürlich auch zwischen den malerischen Häusern der Via Colombo, die das Zentrum des Ortes bildet und wie in den anderen Ortschaften von der Küste deutlich bergauf führt, eng zu. Zum farbenfrohen Ortsbild gehören auch die Kirche San Giovanni Battista aus dem 14. Jahrhundert und der Bahnhof, der sich aus Platzgründen überwiegend in einem Tunnel befindet. So erreicht man das kleine, bunte Dorf erst durch einen Fußgängertunnel ab dem Bahnsteig.

Information

- **Welcome Center Monterosso al Mare,** Via Fegina, 40, im Bahnhof, Tel. 0187 817059
- **Welcome Center Vernazza,** Via Roma, 51, im Bahnhof, Tel. 0187 812533
- **Welcome Center Corniglia,** Via alla Stazione, im Bahnhof, Tel. 0187 812523
- **Welcome Center Manarola,** im Bahnhof, Tel. 0187 760511
- **Welcome Center Riomaggiore,** Piazza Rio Finale, 26, im Bahnhof, Tel. 0187 920633
- **Welcome Center Levanto,** im Bahnhof, Tel. 0187 801312

117ol-mm

Alle fünf Ortschaften der Cinque Terre bestechen mit ihren kleinen Gassen

1180i-mm

196 Wohnmobilstellplatz Monterosso al Mare

GPS 44.155106, 9.659419

Sehr ruhiger Platz mit überraschend breiten Parzellen im Halbkreis unterhalb einer Felswand. Keine Sanitäranlagen. Wer außerhalb der Saison anreist oder wenn die Betreiber nicht vor Ort sind, muss klingeln und erhält telefonisch Zugang durch die Schranke. Die Parzellen sind nur für Fahrzeuge bis 8 m Länge gedacht. **Lage/Anfahrt:** Oberhalb von Monterosso an der SP38. Sowohl morgens als auch abends wird vom Betreiber ein Shuttleservice angeboten. Auf der SP38 kommt der Platz auf der linken Seite; **Platzanzahl:** 14; **Untergrund:** Schotter, Schotterrasen; **Sicherheit:** umzäunt, beleuchtet, Schranke; **Preiskat.:** €€; **Max. Stand:** unbegrenzt; **Geöffnet:** ganzjährig; **Kontakt:** Park Camper Il Poggio 5 Terre, strada al SP38, 112, 19016 Monterosso al Mare SP, Tel. 0366 4246163, www.parkcamperilpoggio5terre.it

LA SPEZIA

(34 km – km 544)

Südlich von Cinque Terre endet Ligurien mit der Hafenstadt La Spezia. Auch von hier aus hat man mit dem Zug eine gute Anbindung an die fünf Dörfer im Nationalpark.

La Spezia liegt an einem Meerbusen, an dessen südwestlicher Spitze sich drei vorgelagerte Inseln befinden. **Palmaria** ist die größte Insel im Ligurischen Meer und gehört mit den beiden benachbarten und wesentlich kleineren Eilanden **Tino** und **Tinetto** zum UNESCO-Weltkulturerbe Cinque Terre. In den Sommermonaten bestehen für Fußgänger Schiffsverbindungen zu der von Steilküsten und Grotten geprägten Insel.

Den meisten Mittelmeerreisenden ist La Spezia wegen der Fährverbindungen nach Korsika und Sardinien ein Begriff. Wer etwas mehr Zeit mitbringt, kann das Hinterland mit seinen kleinen Tälern und natürlich die nahegelegenen Cinque Terre aufsuchen. Doch auch der Besuch der Altstadt ist keine schlechte Idee. Sie ist zwar nicht so eindrucksvoll wie die Altstädte in der nahen Toskana, doch sie hat einige sehenswerte Gebäude zu bieten – insbesondere die historischen Kirchen – und das mächtige **Castello di San Giorgio** oberhalb des Zentrums. Das älteste Bauwerk der Stadt stammt aus dem 12. Jahrhundert und bietet nicht nur eine kleine archäologische Ausstellung (Di–So 10.30–17.30 Uhr, Mo nur bis 13.30 Uhr, 7 €), sondern auch einen schönen Panoramablick.

Wer den kurzen Aufstieg scheut, der kann auch die wenigen Höhenmeter mit einem kostenlosen Schrägaufzug ab der Via XX Settembre überwinden. Diesen erreicht man ab der Altstadt mit einem weiteren kostenlosen Fahrstuhl in der Via Indipendenza. Zwischen beiden Fahrstühlen muss lediglich die Straße überquert werden.

197 Wohnmobilstellplatz La Spezia

GPS 44.104122, 9.859173

Enge Stellflächen im Industriegebiet. Umgeben von verschiedenen Werften, aber sehr günstig und mit guter Ausgangslage für Fahrten mit dem Bus nach La Spezia oder nach Portovenere, um mit dem Schiff zur Insel Palmaria zu gelangen. Kleines WC-Häuschen. Ein- und Ausfahrt nur von 8 bis 12 und von 14.30 bis 20 Uhr möglich. **Lage/Anfahrt:** An der östlichen Seite der Bucht von La Spezia. Auf der SP331 Richtung San Terenzo. Nach der Überquerung einer kleinen Hebebrücke links in Richtung Autobahn und sofort rechts in die Einfahrt; **Platzanzahl:** 50; **Untergrund:** Wiese; fest; **Sicherheit:** umzäunt, Schranke; **Preiskat.:** €; **Max. Stand:** 2 Nächte; **Geöffnet:** ganzjährig; **Kontakt:** Area di Sosta La Spezia, Viale S. Bartolomeo, 805/b, 19126 La Spezia SP, Tel. 0339 8052587

198 Wohnmobilstellplatz Portovenere

GPS 44.060579, 9.844589

Einfacher Übernachtungsplatz am Rande einer Straße. **Lage/Anfahrt:** Oberhalb des Ortes, rund 20 Minuten Fußweg bis zum Jachthafen. Ab La Spezia der SP530 folgen, am Kreisverkehr kurz vor dem Ort jedoch die zweite Ausfahrt nehmen und auf den Platz fahren; **Platzanzahl:** 10; **Untergrund:** Asphalt; **Sicherheit:** beleuchtet; **Preiskat.:** €€; **Max. Stand:** 2 Nächte; **Geöffnet:** ganzjährig; **Kontakt:** Via Olivio, 19025 Portovenere

Von La Spezia aus geht es weiter in die Toskana. Östlich des Stadtzentrums beginnt die A15 und bringt einen zur E80. Auf dieser erreicht man in südlicher Richtung nach kurzer Fahrzeit die toskanischen Städte **Lucca** mit seiner sehenswerten Altstadt und **Pisa** mit dem weltweit bekannten Schiefen Turm.

Auch für unsere Weiterreise durch Oberitalien werden wir kurzzeitig die Toskana berühren, denn anstelle der E80 entscheiden wir uns für die E31 und durchqueren die Region **Lunigiana,** die sowohl zu Ligurien als auch zur Toskana gehört. Die Autobahn führt durch ein Tal der Apuanischen Alpen und an Ortschaften wie Pontremoli und Montelungo vorbei. Kurz darauf erreicht man, kaum spürbar in einem Tunnel unterhalb des Gebirgszugs, die Region Emilia Romagna und reist weiter bis vor die Tore **Parmas** (s. S. 180), wo man auf die nächste Route in diesem Buch trifft.

Parken

P 23 Parkplatz Bardone, GPS 44.625227, 10.100938, Largo della Pieve, 4-1, 43040 Terenzo PR. Ehemaliger Wohnmobilstellplatz, der jedoch nicht mehr offiziell betrieben wird. Übernachtungen sind hier auf der gepflasterten Fläche jedoch noch kostenlos möglich. In ruhiger Lage eines kleinen, höher gelegenen Dorfes kann man hier in kurzer Entfernung zur Autobahn zwischen Küste und Parma eine ruhige Zwischenübernachtung mit schöner Aussicht auf das hügelige Umland genießen. Kleines Sanitärgebäude. Lage/Anfahrt: Neben dem Friedhof von Bardone. Die E33 bei Fornovo verlassen und dann die SS62 und die SP39 bis Bardone.

119oi-as©Unclesam - stock.adobe.com

Bei La Spezia endet die ligurische Küste und es beginnt die Toskana

ROUTE 5:

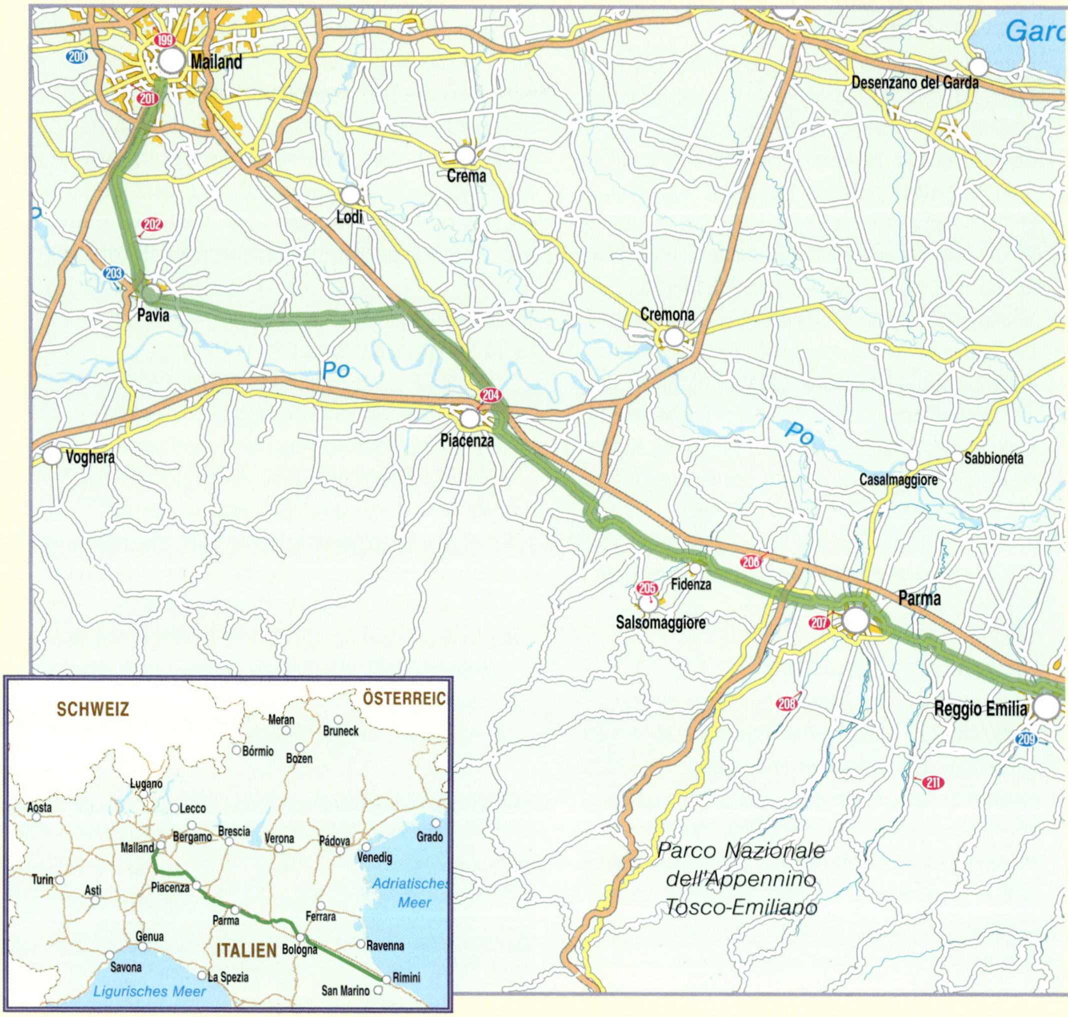

Strecke:
Mailand (S. 164) - **Pavia** (40 km, S. 172) - **Piacenza** (53 km, S. 176) - **Fidenza** (44 km, S. 178) - **Parma** (26 km, S. 180) - **Reggio Emilia** (28 km, S. 184) - **Modena** (34 km, S. 186) - **Sant'Agata Bolognese** (25 km, S. 190) - **Bologna** (32 km, S. 191) - **Rimini** (118 km, S. 199)

Streckenlänge:
ca. 400 km

Oberitalien bietet an jeder Ecke Kultur, Geschichte und Tradition, auf der nun folgenden Route sogar in geballter Form. Hat man den Comer See (s. S. 41) verlassen, geht es gleich mit dem Besuch der größten Stadt der Region weiter. Mailand besticht durch den Dom, die Scala und ein faszinierendes Shoppingcenter, in dessen Schaufenstern man die neuste Mode erblickt.

DIE VIA EMILIA NÖRDLICH DES APENNIN

120oi-as©Franco Ricci - stock.adobe.com

Entlang der historischen Via Emilia verläuft die Reise bis kurz vor die Adriaküste sehr einfach. Eine Stadt reiht sich an die nächste und jede von ihnen trägt einen bekannten Namen. Ob es nun Pavia, Piacenza, Parma, Modena oder Bologna ist – sie alle bieten herausragende Sehenswürdigkeiten, Kulturdenkmäler und zwischendurch gibt es immer wieder die Möglichkeit, ganz entspannt durch die Region Emilia-Romagna zu fahren oder Abstecher in das angrenzende Apennin-Gebirge zu unternehmen.

Gehört zum Pflichtprogramm eines Oberitalien-Urlaubs – der Mailänder Dom (s. S. 170)

MAILAND

Mit fast eineinhalb Millionen Einwohnern ist Mailand nach Rom die **zweitgrößte Stadt Italiens.** Zieht man die Metropolregion heran, verdoppelt sich die Einwohnerzahl.

In Mailand befindet man sich ungefähr auf halber Höhe zwischen dem Po und dem Alpenrand. Diese Lage gilt auch als Ursprung für den Namen Milano. Dieser leitete sich vom antiken Mediolanum ab, was grob übersetzt für den Mittelpunkt einer Ebene steht.

Für einen Rundgang durch die Altstadt sollte man sich natürlich ein wenig Zeit nehmen. Schon der Besuch des berühmten **Mailänder Doms** fällt etwas länger aus. Er erhebt sich an der Ostseite des **Domplatzes (Duomo),** der mit Bus und Metro sowohl von den Stellplätzen als auch von den Campingplätzen sehr gut zu erreichen ist. Schon über dieses beeindruckende Gotteshaus könnte man ganze Bücher verfassen und hat es auch getan. Von seiner Grundfläche her ist der Mailänder Dom nach dem Petersdom in Rom und der Kathedrale im spanischen Sevilla das drittgrößte Gotteshaus. Er bietet 40.000 Menschen Platz. Lediglich in der Höhe zeigt sich der Dom beinahe bescheiden: In über einhundert Metern Höhe steht die goldene Figur der Madonna auf der Spitze des Vierungsturms. Zum Vergleich: Die Türme des Kölner Doms sind fast 160 Meter hoch – vom Ulmer Münster ganz zu schweigen.

Hat man den ersten Wow-Effekt außen hinter sich gebracht, geht es innen gleich weiter. 52 Säulen tragen die fünf Kirchenschiffe des Langhauses und die drei Schiffe des Querhauses. Nicht minder sehenswert ist der Ausblick von oben und anders wie in den meisten Kirchen dieser Größenordnung genießt man die Sicht nicht nach einer Turmbesteigung, sondern sogar vom Dach. Der Zugang zu Treppe und Fahrstuhl befindet sich außen am Dom.

Der Grundstein für den Dom wurde im Jahr 1386 gelegt, fertiggestellt wurde er offiziell in der zweiten Hälfte des 16. Jahrhunderts. Doch gab es noch weitere Pläne, die im Laufe der Zeit teilweise verwirklicht wurden. So ließ zum Beispiel Napoleon die Fassade umbauen und später gab es sogar Bemühungen einen freistehenden Glockenturm zu errichten, der aber nicht verwirklicht wurde.

Der **Domplatz** stammt in seiner heutigen Form aus der Mitte des 19. Jahrhunderts. Er wird vom Reiterstandbild König Vittorio Emanueles II. und von den ihn umgebenden Gebäuden dominiert. Dazu gehört südlich des Doms das Stadtschloss von Mailand, der **Palazzo Reale,** der jedoch im direkten Vergleich zum Dom beinahe bescheiden wirkt. Bis in die 1930er-Jahre war der Palazzo Reale sogar ein Stück weit größer und besaß noch ei-

121oi-mm

Die Galleria Vittorio Emanuele II. in Mailand beeindruckt mit einer imposanten Glaskuppel

nen weiteren Gebäudeflügel, der jedoch von den Faschisten abgerissen wurde, um Platz für den **Palazzo dell'Arengario** zu schaffen. Er sollte als Versammlungshalle dienen, in der Mussolini seine Reden halten wollte. Der Zweite Weltkrieg beendete die Bauarbeiten nicht, sondern unterbrach sie lediglich. Mitte der 1950er-Jahre wurde der Palazzo fertiggestellt und beherbergt heute das **Museo del Novecento,** das sich der Kunst des 20. Jh. widmet.

An der Nordseite der Piazza del Duomo beeindruckt ein imposanter Triumphbogen, der den Zugang zur sehenswerten **Einkaufsgalerie Vittorio Emanuele II.** ermöglicht. Der König selbst eröffnete das nach ihm benannte Bauwerk im Jahr 1867. Der Gebäudekomplex besteht aus vier sich zentral treffenden Gebäudeflügeln. Nicht nur an ihrem Schnittpunkt trifft man auf alle bekannten Namen der Modebranche und kann sehr viel Geld ausgeben, wenn man denn möchte. Über den stuckverzierten Fassaden der Galleria spannen sich Glasdächer, die ihre Vollendung in der zentralen Glaskuppel haben. Seine Urlaubskasse kann man natürlich auch woanders leeren, doch gesehen haben sollte man diesen eleganten Konsumtempel auf jeden Fall.

Verlässt man die Galleria nach Norden hin, so betritt man mit der **Piazza della Scala** gleich den nächsten Platz. Umgeben von einigen Parkbänken unter schattigen Baumkronen erhebt sich in der Mitte eine Skulptur, die **Leonardo da Vinci** darstellt und die in der zweiten Hälfte des 19. Jahrhunderts geschaffen wurde. Gleich dahinter erhebt sich an der Nordwestseite des Platzes eines der wohl berühmtesten Opernhäuser der Welt. Das **Teatro alla Scala,** Namensgeber für den Platz und oft einfach nur als **Scala** oder Mailänder Scala bezeichnet, wurde 1778 eröffnet und ersetzte ein wenige Jahre zuvor abgebranntes Theaterhaus. In den halbkreisförmigen Logen, die sich über sechs Etagen erstrecken, kann man einen wunderbaren Opernabend genießen.

122ol-mm

Darüber hinaus bietet die Altstadt von Mailand natürlich zahlreiche weitere sehenswerte Bauwerke, Palazzi und Plätze. So gelangt man zum Beispiel vom westlichen Ausgang der Galleria Vittorio Emanuele II. zur Via Dante und auf ihr zum **Castello Sforzesco.** Schon früh gab es hier eine Burg der Familie Visconte. Diese wurde jedoch Mitte des 15. Jahrhunderts zerstört und durch das Kastell von Francesco I. Sforza ersetzt. Es beeindruckt mit einer 20 Meter hohen Ziegelsteinmauer, die an zwei Ecken von Rundtürmen flankiert wird. In der Mitte der Mauer erhebt sich ein Mittelturm mit einem quadratischen Grundriss. Durch diesen betritt man die Freifläche des ebenfalls quadratisch angelegten Kastells. Beinahe schon Furcht einflößend wirken die noch höheren und komplett fensterlosen Mauern in der westlichen Ecke des Kastells. Nur die mit schöner Regelmäßigkeit angeordneten kleinen Löcher sind in den hohen Mauern zu erkennen. Hierbei handelt es

Vittorio Emanuele II. ist allgegenwärtig

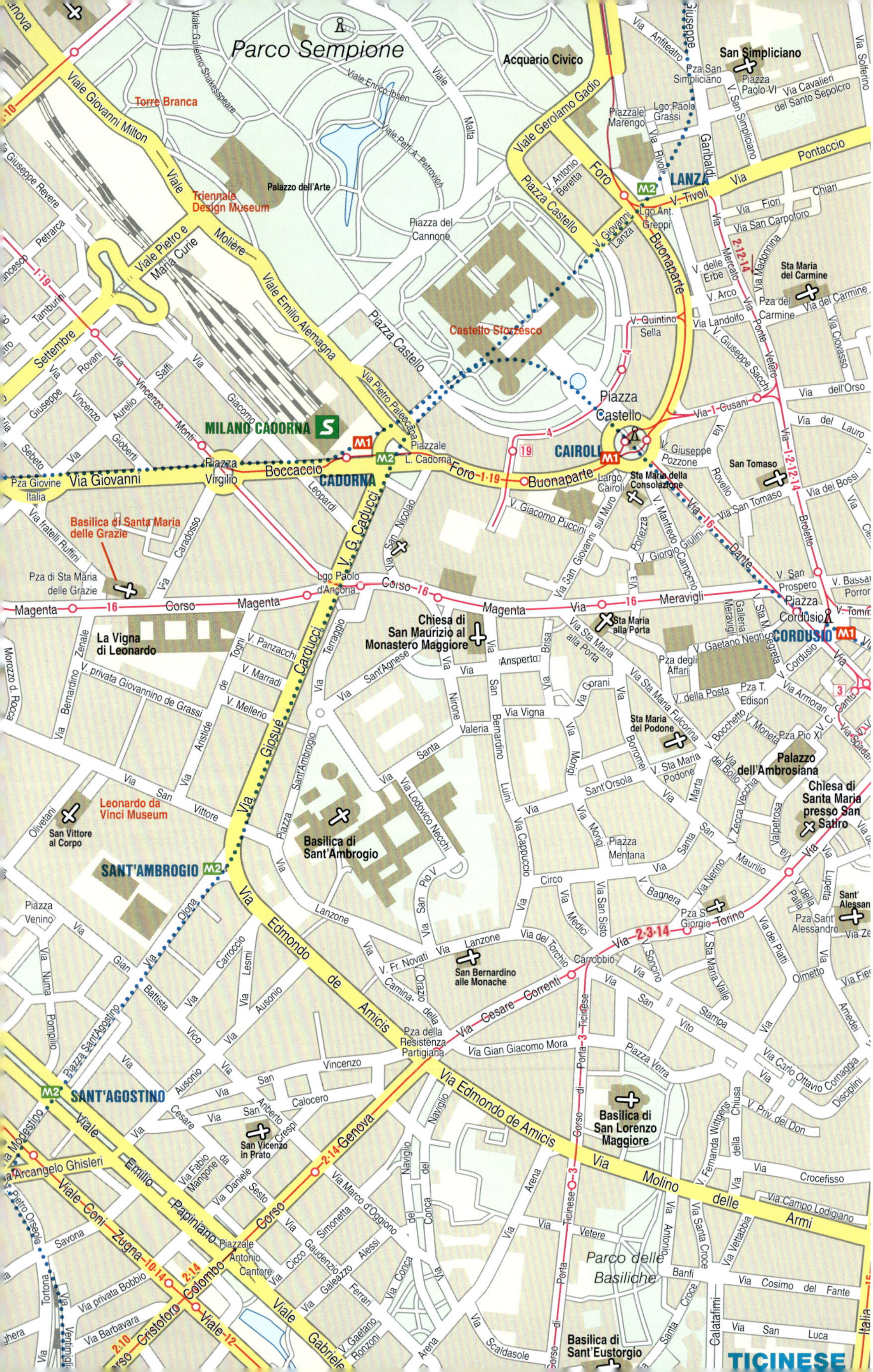

Parco Sempione
Torre Branca
Acquario Civico
Palazzo dell'Arte
Triennale Design Museum
Piazza del Cannone
Castello Sforzesco
Piazza Castello
MILANO CADORNA
CADORNA
CAIROLI
LANZA
San Simpliciano
Sta Maria del Carmine
San Tomaso
Sta Maria della Consolazione
Basilica di Santa Maria delle Grazie
Pza di Sta Maria delle Grazie
La Vigna di Leonardo
Chiesa di San Maurizio al Monastero Maggiore
Sta Maria alla Porta
CORDUSIO
Piazza Cordusio
Sta Maria del Podone
Palazzo dell'Ambrosiana
Chiesa di Santa Maria presso San Satiro
Leonardo da Vinci Museum
San Vittore al Corpo
SANT'AMBROGIO
Basilica di Sant'Ambrogio
Piazza Mentana
San Bernardino alle Monache
Pza della Resistenza Partigiana
SANT'AGOSTINO
San Vicenzo in Prato
Basilica di San Lorenzo Maggiore
Parco delle Basiliche
Basilica di Sant'Eustorgio
TICINESE
Piazzale Antonio Cantore
Viale Giovanni Milton
Viale Emilio Alemagna
Viale Gerolamo Gadio
Foro Buonaparte
Via Giovanni Boccaccio
Corso Magenta
Via Meravigli
Via Giosuè Carducci
Via Edmondo de Amicis
Corso Genova
Via Molino delle Armi
Via Torino
Via Dante
Via Pontaccio
Viale Papiniano
Viale Coni Zugna
Corso Cristoforo Colombo
Viale Gabriele
Corso di Porta Ticinese
Via Cesare Correnti
Carrobbio
Piazza Virgilio
Via San Vittore
Via Lanzone

Mailand
0 200 m
© Reise Know-How 2024
Giardini Pubblici Indro Montanelli
Giardini di Villa Reale Comunale
Pinacoteca di Brera
Orto Botánico di Brera
San Marco
Pza S. Marco
Via Fatebene-fratelli
Piazza Cavour
Via Palestro
Corso Venezia
Palestro
San Francesco di Paola
Montenapoleone
Via Senato
Museo Bagatti Valsecchi
Chiesa Copta Ortodossa
San Giuseppe
Casa Museo Poldi Pezzoli
Quadrilatero d'oro
Casa di Manzoni
Via Mozart
Via Monforte
Teatro alla Scala
Pza della Scala
Palazzo Marino
San Fedele
San Babila
Piazza San Babila
Centro Storico
Galleria Vittorio Emanuele
Corso Vittorio Emanuele
Via San Damiano
Via Pietro Mascagni
Sta Maria della Passione
Pza dei Mercanti
Duomo
Pza del Duomo
Galleria Vittorio Emanuele II
Dom
Museo del Duomo
Museo del Novecento
Piazzetta Reale
Palazzo Reale
Sta Maria della Sanità
Via Uberto Visconti di Modrone
Lgo Augusto
Chiesa di San Bernardino alle Ossa
Sto Stefano Maggiore
Via Cesare Battisti
San Pietro in Gessate
Corso di Porta Vittoria
Palazzo di Giustizia
Sant'Antonio Abate
Chiesa Evangelica Valdese
Via Larga
Missori
Via Francesco Sforza
Università
Giardino della Guastalla
Via San Barnaba
Sta Maria della Pace
Rotonda della Besana
Corso di Porta Romana
San Nazaro in Brolo
Ospedale Maggiore Policlinico
Basilica di Sant'Eufemia
Corso Italia
Via Santa Sofia
Sta Maria della Visitazione
Basilica di San Calimero
Crocetta
Via Lamarmora
Sta Maria al Paradiso
Corso di Porta Romana
Sta Maria dei Miracoli presso San Celso
Viale Monte Nero
Viale Regina

124oi-mm

sich übrigens nicht um Schießscharten, wie man vielleicht vermuten könnte, sondern um Vertiefungen, in denen einst das Baugerüst befestigt war.

Das Schloss beherbergt heute in seinem Inneren mehrere Museen und Ausstellungen.

Hinter dem Kastell erstreckt sich die weitläufige Grünanlage des **Parco Sempione** mit mehreren Skulpturen, Sportfeldern, Brunnen und einem weitverzweigten Wegesystem. In seinem westlichen Teil befindet sich das **Triennale Design Museum.** Gleich daneben erhebt sich der **Torre Branca,** der anlässlich der Triennale im Jahr 1932 errichtet wurde.

⌂ *Eine ganz besondere Sehenswürdigkeit Mailands sind die Bosco-Verticale-Hochhäuser*

Damals hieß er noch Torre Littoria. Vierzig Jahre später wurde der relativ schlichte Metallturm geschlossen, bis er von der Familie Branca, bekannt vom Magenbitter Fernet Branca, restauriert und der Öffentlichkeit zur Verfügung gestellt wurde. Heute können kleine Gruppen von bis zu sechs Personen mit dem Fahrstuhl zur obersten Etage des Turms fahren und die Aussicht über die gesamte Stadt genießen. Dabei sieht man nicht nur den Mailänder Dom in der Altstadt, sondern auch die modernen Bürohochhäuser nördlich des Zentrums und den **Arco della Pace** am Ende des Sempione-Parks. Dieses als **Friedensbogen** bezeichnete Bauwerk stammt aus der ersten Hälfte des 19. Jahrhunderts und sollte eigentlich an den Ruhm Napoleons erinnern. Doch das napoleonische Königreich ging noch vor Ende der Bauarbeiten unter, sodass es schließlich dem Frieden von 1815 nach dem Ende des Wiener Kongresses gewidmet wurde.

Rund vier Kilometer westlich des Bogens und des Parks besteht für Fußballfreunde noch die Möglichkeit, das legendäre **Giuseppe-Meazza-Stadion** zu besichtigen. Noch heute kennt man die Spielstätte auch unter dem ehemaligen Namen San Siro, damals benannt nach dem Mailänder Stadtviertel, in dem es gebaut wurde. Heute ist es Austragungsort für die Spiele von AC Mailand und Inter Mailand. Die beiden Mannschaften waren es auch, die im Jahr 1926 beim Eröffnungsspiel gegeneinander antraten. Inter gewann damals mit 6:3.

Südlich des Parco Sempione bzw. rund eineinhalb Kilometer westlich des Mailänder Doms befindet sich am Corso Magenta die Kirche **Santa Maria delle Grazie.** Das aus Ziegelstein errichtete Kirchengebäude wirkt angesichts der zahlreichen historischen Bauten in Oberitalien und auch in Mailand auf den ersten Blick zunächst relativ unscheinbar. Insbesondere die Westfassade ist wenig pompös gestaltet. Von außen deutlich imposanter ist hingegen die Apsis mit der Kuppel, die im gotischen Stil wesentlich später hinzugefügt wurde. Die Kirche steht auf der Liste des UNESCO-Weltkulturerbes, was allerdings nicht nur auf das Gebäude zurückzuführen ist, sondern auch auf seinen „Inhalt", denn in der Kirche befindet sich eines der bekanntesten Gemälde der Welt. Ende des 15. Jahrhunderts schuf Leonardo da Vinci **„Das Abendmahl".** Das neun Meter breite und über vier Meter hohe Wandgemälde zeigt Jesus und die zwölf Apostel beim letzten gemeinsamen Essen. Mehrere Jahre benötigte da Vinci für das Werk, das jedoch schon zu seinen Lebzeiten Risse erhielt. Die Tür unterhalb des abgebildeten Tisches wurde später in die Wand eingefügt, weshalb die Füße von Jesus auf dem Originalbild nicht mehr vorhanden sind. Die Besichtigung des Kunstwerks ist möglich. In kleinen Gruppen mit maximal 30 Personen kann man durch eine Sicherheitsschleuse den Raum mit dem Wandgemälde betreten. Für die Besichtigung stehen 15 Minuten zur Verfügung. Voraussetzung hierfür ist aber eine Onlineanmeldung unter https://cenacolovinciano.vivaticket.it. Meist sind die Plätze jedoch auf Monate hinaus komplett ausgebucht.

Ein sehenswertes Profan-Bauwerk ist übrigens der **Mailänder Hauptbahnhof.** Am Ende der Via Vittor Pisani befindet sich die eindrucksvolle Empfangshalle des Kopfbahnhofs, die zu Beginn des letzten Jahrhunderts auf Geheiß von König Vittorio Emanuele III. gebaut wurde. Fertiggestellt wurde der Bahnhof jedoch in der Zeit des Faschismus, woraufhin der eigentlich als schlichtes Bauwerk geplante Bahnhof zu seinem heutigen monumentalen Aussehen gelangte.

Beachtenswert sind auch die Hochhäuser der Stadt. Die Liste der höchsten Hochhäuser Italiens wird von drei Gebäuden in Mailand angeführt. Entstanden sind der Torre Unicredit mit einer Gesamthöhe von 231 Metern sowie der Torre Allianz und der Torre Generali erst in der zweiten Dekade dieses Jahrhunderts. Doch das aufsehenerregendste Hochhaus Mailands dürfte der **Bosco Verticale** sein. Im Gegensatz zu den drei anderen Bauten handelt es sich nicht um ein Bürogebäude, sondern um ein Wohnhaus mit 27 Etagen und einer Höhe von 110 Metern. Die Höhe ist dabei aber gar nicht so besonders, sondern die Optik. Der Gebäudekomplex besteht aus dem Haupthaus und einem weiteren, kleineren Hochhaus mit einer Höhe von 80 Metern. Im Jahr 2014 wurden er neben dem Bahnhof Milano Porta Garibaldi fertiggestellt. Beide Wohntürme haben zahlreiche Balkone und Vorsprünge, an denen 900 Bäume und mehr als 2000 weitere Pflanzen befestigt bzw. angepflanzt wurden. Somit ist die gesamte Fassade nicht mehr zu sehen und wird von der Natur verdeckt. Schon die Planungen für die Anordnungen der verschiedenen Laub- und

Mailänder Mode

Es gibt Unternehmen, die man zwangsläufig mit einer Stadt verbindet. Bei Mailand gehören dazu zweifelsohne prachtvoll klingende Namen wie Armani, Gucci, Dolce & Gabbana und Prada. Sie alle haben ihren Sitz in der „Modehauptstadt". Begonnen hat alles Mitte des letzten Jahrhunderts, als man eine Modemesse in Mailand etablierte und später eine sogenannte Modewoche für Designermode entwickelte. Daraus entwickelte sich die Mailänder Modewoche, die mittlerweile viermal im Jahr stattfindet. Im Januar und Juni wird Mode für den Herren vorgestellt, im Februar und September sind die Kollektionen für die Damen an der Reihe.

Der aus Piacenza stammende Modedesigner Giorgio Armani gründete seinen Konzern im Jahr 1975. Ihm folgten 1978 Gianni Versace und Mitte der 1980er-Jahre Domenico Dolce und Stefano Gabbana. Wesentlich älter ist das Unternehmen Prada, das bereits 1913 von Mario Prada gegründet wurde. Noch im selben Jahr eröffnete Prada in der Galleria Vittorio Emanuele II. die erste Filiale, die sich bis heute am zentralen Punkt des Shoppingcenters befindet. Alle Modeunternehmen machen zusammen einen milliardenschweren Umsatz.

Nadelbäume dauerte rund zwei Jahre. Ein weiteres Jahr verging für die eigentliche Bepflanzung, da die Bäume bereits mindestens drei, teilweise sogar bis zu neun Meter hoch waren. Bei diesem preisgekrönten Wohnkonzept vereinte man urbanes Leben mit Natur und schaffte dabei ein verbessertes Mikroklima in den Wohnungen und auf den Balkonen. Ein eigenes Bewässerungssystem versorgt die Pflanzen und eigens angestellte Gärtner kümmern sich, an Seilen hängend, bis zu viermal im Jahr für die notwendige Pflege.

Sehenswertes

- **Dom,** Piazza del Duomo, tägl. 9–18 Uhr, Eintritt: 6 €, 10 € für den Treppenaufgang zum Dach, 15 € für die Fahrt mit dem Fahrstuhl und 24 €, um die Wartezeit am Fahrstuhl abzukürzen
- **Palazzo Reale,** Piazza del Duomo, Mo 14.30–19.30 Uhr, Di–So 9.30–19.30 Uhr, Do u. Sa auch bis 22.30 Uhr
- **Galleria Vittorio Emanuele II.** Zugang rund um die Uhr, die einzelnen Geschäfte schließen unterschiedlich zu handelsüblichen Zeiten.
- **Teatro alla Scala,** Largo Ghiringhelli 1, Piazza Scala, ein Besuch der Scala ist tägl. außer an Feiertagen von 9–17.30 Uhr möglich (letzter Eintritt 17 Uhr), 12 €. Einschränkungen können aber bei Veranstaltungen und Proben vorkommen. Darüber hinaus werden auch Führungen auf Englisch angeboten (tägl. 16 Uhr).
- **Torre Branca,** Viale Luigi Camoens, 2, an den Wochenenden 10–13.30, 15–18.30 und 20.30–24 Uhr, Mi 10.30–12.30 und 16–18.30 Uhr, Eintritt: 6 €
- **Santa Maria delle Grazie,** Piazza di Santa Maria delle Grazie, Anmeldung für die Besichtigung von „Das letzte Abendmahl" erforderlich, siehe Beschreibung im Text. Eintritt: 15 €.
- **Bosco Verticale,** Via Gaetano de Castillia, 9. Wohngebäude, Besichtigung nur von außen möglich.
- **Leonardo da Vinci Museum,** Via S. Vittore, 21, www.museoscienza.org, Di–Fr 9.30–17, Sa 9.30–18.30 Uhr, 10 €. Wissenschafts- und Technikmuseum, das in einem alten Klostergebäude des 16. Jahrhunderts untergebracht ist. Es zeigt mehrere Wissenschafts- und Flugmodelle basierend auf den Zeichnungen von Leonardo da Vinci. Außerdem gibt es ein Foucaultsches Pendel zu sehen, das die Erdrotation beweist, ein U-Boot und ein Luftschraubenmodell von da Vinci, das stark an die Hubschrauber der Gegenwart erinnert. Im Museum wird auch Mondgestein aufbewahrt. Es wurde von einer der Apollo-Missionen mitgebracht und vom damaligen Präsidenten Nixon der italienischen Regierung geschenkt. Gezeigt wird es jedoch nur zu besonderen Anlässen.
- **Pinacoteca di Brera,** Via Brera, 28, https://pinacotecabrera.org, Di–So 8.30–19.15 Uhr, 12 € Gemäldegalerie, die in einem Klostergebäude des 14. Jahrhunderts untergebracht wurde. Gezeigt werden über 400 Werke, unter anderem von Raffael. Kunst vom 14. Jahrhundert bis heute.
- **WOW – Comic Museum,** Viale Campania, 12, www.museowow.it, Di–Fr 15–19 Uhr, Sa/So 15–20 Uhr, Eintritt frei. Nicht nur für Kinder interessant: Das Comic-Museum beschäftigt sich mit Illustrationen und Comic-Kunst. Hier trifft man also auf Micky Maus und Charlie Brown in künstlerischer Darstellung.
- **Museo del Duomo,** Piazza Duomo, 14, http://museo.duomomilano.it, Do–Di 9–18 Uhr, 7 € inkl. Eintritt zum Dom. Statuen, Wandteppiche, Terrakottamodelle, Grafiken, Gemälde und Holzmodelle zeigen die Geschichte des Baus der Kathedrale und dokumentieren das Leben in Mailand in der Zeit, als der Dom errichtet wurde.
- **Museo del Novecento,** Piazza del Duomo, 8, Tel. 02 88444061, www.museodelnovecento.org, Mo 14.30–19.30, Di–Fr 9.30–19.30, Sa 9.30–22.30, So 9.30–19.30 Uhr, 5 €. Überwiegend zeitgenössische Kunst des 20. Jahrhunderts italienischer Künstler. Das Museum erhielt jedoch auch eine großzügige Spende mit Werken von Roy Lichtenstein, Andy Warhol und weiteren Künstlern.
- **MUMAC – Museum of Espresso Coffee Machines,** Via Pablo Neruda, 2, http://mumac.it. Di–Fr 10–17 Uhr, Eintritt frei, Besuch nur nach Voranmeldung auf der Website möglich. Ein Museum, das sich mit der einhundertjährigen Geschichte der Espressomaschine befasst.
- **Armani Silos,** Via Bergognone da Fossano, 40, www.armanisilos.com, Mi–So 11–19 Uhr, 12 €, Besichtigung nur nach Voranmeldung auf der Website. In schlichten Silo-Gebäuden werden 600

Kleidungsstücke und 200 Mode-Accessoires von Giorgio Armani gezeigt.

- **Castello Sforzesco,** Piazza Castello, www.milanocastello.it, Di–So 7–19.30 Uhr, Eintritt frei, Museen: Di–So 9–17.30 Uhr (letzter Eintritt 16.30 Uhr), Kombiticket 5 €. An jedem ersten und dritten Dienstag im Monat herrscht freier Eintritt. Die Kunstgalerie im Kastell ist eine bedeutende Gemäldegalerie, die über 200 Werke ihr Eigen nennt. Ausgestellt sind sie in den sechs Hallen des Schlosses. Darüber hinaus gibt es verschiedene andere Ausstellungen und Museen. So sind zum Beispiel Renaissance-Skulpturen der Lombardei oder die „Pietà Rondanini" zu sehen, bei der es sich um die letzte und leider unvollendete Skulptur von Michelangelo handelt. Desweiteren gibt es noch ein Ägyptisches Museum und die Musikinstrumentenausstellung im Schloss.
- **Triennale Design Museum,** Viale Emilio Alemagna, 6, www.triennale.org. tägl. 10.30–20.30 Uhr, 10 €. Italienisches Design mit ständig wechselnden Ausstellungsthemen.
- **Fußballmuseum im Giuseppe-Meazza-Stadion,** Via dei Piccolomini, 6, www.sansirostadium.com. Bei einer Führung kann man nicht nur das Fußballmuseum kennenlernen, sondern auch beispielsweise den Weg von den Umkleidekabinen zum Spielfeld zurücklegen. Die Besuchszeiten sind natürlich immer abhängig von den Spieltagen der Mannschaften. Informationen dazu gibt es vorher auf der Website.

Information

- **Touristeninformation Mailand,** Piazza della Scala/Galleria Vittorio Emanuele II, Tel. 02 88455555, www.turismo.milano.it

199 Wohnmobilstellplatz Mailand

GPS 45.511603, 9.160392

Sicherer Stellplatz mit Toiletten und Duschen, allerdings in klassischer Form mit sehr engen Stellflächen und auch von Lkws und Bussen genutzt. In der Nebensaison bleibt aber auch schon mal Platz, um die Markise auszufahren. Freundlicher Betreiber, der auch Auskünfte erteilt, wie man mit dem ÖPNV in die Altstadt gelangt. Außerdem gibt es tägl. Zwischen 9 und 11 Uhr einen Shuttleservice zur nahegelegenen Bahnstation Bovisa. Kein Ort für einen längeren Urlaub, aber für eine Stadtbesichtigung ideal. Wenig einladend ist jedoch das Umfeld in Form eines zum Teil heruntergekommenen Gewerbegebiets. **Lage/Anfahrt:** In einem Industriegebiet rund vier Kilometer nördlich des Arco della Pace. Bis zum Dom wäre man zu Fuß knapp 80 Minuten unterwegs. E64, Ausfahrt Cormano, erste Möglichkeit rechts, im Kreisverkehr geradeaus, durch Wohnviertel und Industriegebiet besser mittels Navigation; **Platzanzahl:** 100, davon nur 40 mit Strom (3 kW); **Untergrund:** Asphalt; fest; **Sicherheit:** umzäunt, beleuchtet, bewacht, Schranke, Video; **Preiskat.:** €€€; **Max. Stand:** unbegrenzt; **Geöffnet:** ganzjährig, 24 Std. zugänglich; **Kontakt:** New Park Milano, Via Luigi Tüköry, 6, 20161 Milano MI, Tel. 02 6453053, www.newparkmilano.eu

123oi-mm

200 Camping Città di Milano

GPS 45.473611, 9.082797

Großer Campingplatz mit Mobilheimen, aber auch einer umfangreichen Campinganlage unter schattigen Bäumen. Große Parzellen. **Lage/Anfahrt:** Am westlichen Stadtrand von Mailand, gut vier Kilometer vom Stadion und neun Kilometer vom Schloss entfernt. Bushaltestelle gleich vor dem Platz; A50 zur Ausfahrt 3a, weiter in Richtung Zentrum, hinter Q8-Tankstelle rechts, nächste Ampelkreuzung wieder rechts. Zufahrt auf der linken Seite; **Platzanzahl:** 240; **Untergrund:** Schotterrasen, Rasengitter, Wiese; fest; **Sicherheit:** umzäunt, beleuchtet, bewacht; **Preiskat.:** €€€€; **Max. Stand:** unbegrenzt; **Geöffnet:** ganzjährig; **Kontakt:** Camping Città di Milano, Via Gaetano Airaghi, 61, 20153 Milano MI, Tel. 02 48207017, www.camping milano.it

201 Wohnmobilstellplatz Milano Navigli

GPS 45.444637, 9.140216

Sehr einfacher, aber sicherer Stellplatz. Die Infrastruktur ist ziemlich in die Jahre gekommen, für eine Stadtbesichtigung ist der Platz jedoch annehmbar. **Lage/Anfahrt:** Am südwestlichen Stadtrand zwischen Bahngleisen und einem Kanal. Fußweg zum Dom ca. 1 Stunde. Bis Armani-Museum nur eine halbe Stunde zu Fuß. SS494 bis zum Kreisverkehr an der Piazza Pietro Fratini, geradeaus bis zum kleineren Kreisel, zweimal rechts, enge Zufahrt am Kanal entlang; **Untergrund:** fest; **Sicherheit:** umzäunt, beleuchtet, bewacht; **Preiskat.:** €€€; **Max. Stand:** unbegrenzt; **Geöffnet:** ganzjährig; **Kontakt:** Area di Sosta Milano Navigli, Alzaia Naviglio Grande, 196, 20146 Milano MI, Tel. 02 428101

In der Mitte der Ponte Coperto (s. S. 174) wird an Albert Einstein erinnert

PAVIA

(40 km - km 40)

Natürlich könnte man relativ schnell und einfach direkt von Mailand nach Piacenza (s. S. 176) fahren, die beinahe schnurgerade A1 verbindet beide Städte, doch eine entspannte Fahrt durch die Po-Ebene, zum Teil in Flussnähe und als kleiner Umweg über die Stadt Pavia, ist schöner. Unterwegs wird man sich über die bewässerten Felder rechts und links der Route wundern. Wenn dann im Wohnmobil beim Raten, was denn da wohl wächst, Reis genannt wird, liegt man genau richtig. Nicht nur in südostasiatischen Ländern gibt es **Reisplantagen,** auch in der Po-Ebene findet Reisanbau statt – und zwar nicht zu knapp. Auch wenn die Reisfelder im Verhältnis zur Mitte des letzten Jahrhunderts kleiner geworden sind, so stammt die Hälfte des in Europa hergestellten Reises aus Italien und davon wiederum 90 % aus der Region zwischen Pavia und Mantua, wo man schon im 15. Jahrhundert Reis pflanzte. Die Fahrt abseits der Autobahn lohnt sich aber auch, weil sich nördlich von Pavia ein sehenswertes Kartäuserkloster inklusive Wohnmobilstellplatz in ruhiger Landschaft befindet.

Die Klosteranlage **Certosa di Pavia** (GPS 45.255918, 9.146189) lässt sich von Mailand aus ebenfalls leicht über die SP35 erreichen. Erbaut wurde sie Ende des 14. Jahrhunderts in einem Park des damaligen Herzogs von Mailand. Die Parkanlage erstreckte sich damals vom Castello Visconteo bis zum heutigen Standort des Klosters. Das sind mal eben siebeneinhalb Kilometer Luftlinie, denn das Schloss des Herzogs befindet sich am nördlichen Ortsrand von Pavia. Heute gibt es zwischen Kloster und Kastell beinahe ausschließlich landwirtschaftliche Nutzflächen und von einem Park ist nichts mehr zu sehen. Das Kloster hingegen beeindruckt an der dazugehörigen Klosterkirche mit einer schmucken Renaissancefassade. Zahlreiche Marmorfiguren zieren sie und sie trug zusammen mit dem Kreuzgang innerhalb des Gebäudeensembles dazu bei, dass die Klosteranlage bereits Mitte des 19. Jahrhunderts als eines der ersten Italienischen Nationaldenkmäler (Monumenti nazionali) ausgezeichnet wurde. Im Laufe der Geschichte wechselten sich die Orden ab und das Kloster wurde zwischenzeitlich auch von den Karmelitern genutzt. Heute leben Zisterzienser-Mönche in dem sehenswerten Bauwerk (Besichtigung Di–So 9–11.30 und 14.30–16.30 Uhr).

Wer gerade eben erst die Metropole Mailand besucht hat, der wird bei der Anfahrt nach **Pavia** das Gefühl haben, eine Kleinstadt zu erreichen. In der Tat leben in Pavia gerade einmal 70.000 Einwohner und bis auf ein wenig Peripherie besteht der Ort fast nur aus der sehenswerten Altstadt. Leider gibt es im Stadtgebiet keinen ausgewiesenen Stellplatz. So reist man entweder vom Stellplatz am Kloster aus mit dem Fahrrad an oder man sucht einen der **öffentlichen Parkplätze** auf.

Die **Altstadt** ist durch ihre auf römischen Strukturen basierende rechtwinklige Anordnung relativ übersichtlich. Zwei Einkaufsstraßen verlaufen in Ost-West- (Corso Camillo Benso Cavour) und in Nord-Süd-Richtung (Corso Strada Nuova), wobei der Schnittpunkt eine beinahe unscheinbare Kreuzung bildet. Der Hauptplatz der Altstadt, die **Piazza della Vittoria,** liegt jedoch nur einen Block entfernt und wird von mehreren Gebäuden mit ihren Laubengängen flankiert. Von dort erblickt man in südlicher Richtung die mächtige Kuppel des benachbarten Doms. Der Bau des Gotteshauses begann zwar bereits Ende des 15. Jahrhunderts, fertiggestellt wurde er aber erst mit der ackteckigen Kuppel, die fast 100 Meter aufragt und 400 Jahre später aufgesetzt wurde. Neben der Westfassade des Doms ragen noch einige Grundmauern in die Höhe. Es sind die Überreste eines ehemaligen Campanile, der im März 1989 urplötzlich einstürzte und dabei vier Menschenleben forderte.

Mittelalterlich sind auch die drei **Geschlechtertürme** im Nordwesten der Altstadt. Im 12. Jahrhundert waren es 50 Türme, die sich im gesamten Stadtgebiet verteilten – man sollte bedenken, dass Pavia zum

125oi-mm

damaligen Zeitpunkt noch deutlich kleiner war. Die drei noch verbliebenen Türme, die nicht in weitere Bebauung integriert wurden, befinden sich an der Piazza Leonordo da Vinci, gleich neben der Universität Pavias, die zu den ältesten Europas gehört. Die Touristeninformation hält eigens einen Stadtplan parat, auf dem die Standorte aller damaligen Geschlechtertürme verzeichnet sind.

Ob man nun auf Spurensuche ist oder einfach nur entspannt in der Altstadt lustwandelt – man sollte sich nicht entgehen lassen, dem Corso Strada Nuovo bis zu seinem südlichen Ende zu folgen. Dabei erreicht man dann nämlich wieder den Fluss **Ticino** (Tessin), den wir am Lago Maggiore bereits kennengelernt haben.

Von Pavia aus sind es keine zehn Kilometer flussabwärts, bis der Ticino in den Po mündet. Sehenswert ist am Ufer aber vor allen Dingen die mit einem Holzdach überspannte **Ponte Coperto.** Leider handelt es sich nur noch um die Rekonstruktion einer gotischen Brücke aus dem 14. Jahrhundert. Das originale Bauwerk erlitt im Zweiten Weltkrieg so große Schäden, dass es 1948 abgerissen werden musste. Die Überreste des aus Ziegelsteinen errichteten nördlichen Brückenkopfs sieht man noch direkt neben der neuen Brücke. In der Mitte der fünfbogigen Brücke befindet sich nicht nur eine kleine Kapelle, sondern auch eine Tafel mit dem deutschsprachigen Zitat: „An die schöne Brücke in Pavia habe ich oft gedacht …". Die Inschrift wurde im Jahr 2005 anlässlich des 50. Todestags von **Albert Einstein** angebracht. Von ihm stammte nämlich der Ausspruch. Als Jugendlicher wohnte er mit seinen Eltern ein Jahr lang in Pavia, genauer gesagt in der Casa Foscolo in der Via Ugo Foscolo am östlichen Ende der Altstadt. Auch an der nicht ganz so eindrucksvollen Fassade des Hauses erinnert eine Tafel an die Zeit des Physikers in Pavia.

Gastronomie

› **Ristorante Pizzeria Marechiaro Di Beniamino Mandara,** Piazza della Vittoria, 9. Pizzeria in der Altstadt, direkt am Hauptplatz, nördlich vom Dom. Es gibt klassische italienische Pizza mit dünnem, krossen Boden. Auf Wunsch auch zum Mitnehmen.

Parken

P 24 **Parkplatz Pavia (1),** GPS 45.192022, 9.152728

P 25 **Parkplatz Pavia (2),** GPS 45.194863, 9.153711

126oi-mm

202 Wohnmobilstellplatz Certosa di Pavia

GPS 45.256911, 9.14121

Ruhiger, abgelegener Stellplatz als Teil eines Parkplatzes für die Klosteranlage. Picknickplätze vorhanden. **Lage/Anfahrt:** Nur 300 Meter vom Kloster entfernt, ca. 8 km nördlich von Pavia, daher auch guter Ausgangspunkt für eine Radtour in die Stadt. Auf der SP35 bis zur Ampelkreuzung in Certosa di Pavia, dort links, hinter dem letzten Haus wieder links; **Platzanzahl:** 6; **Untergrund:** Schotterrasen; fest; **Sicherheit:** Schranke; **Preiskat.:** €€; **Max. Stand:** 3 Nächte; **Geöffnet:** ganzjährig; **Kontakt:** 27012 Certosa di Pavia

203 Camping Ticino

GPS 45.195223, 9.120157

Kleiner, ruhiger Campingplatz mit viel Schatten unter Bäumen. Ideal gelegen für einen Besuch der Altstadt von Pavia. Entweder fährt man mit dem Bus die wenigen Haltestellen oder man folgt der Hauptstraße zu Fuß für rund zwei Kilometer. Gemütlicher ist der Spazierweg am Ufer des Ticino. **Lage/Anfahrt:** Am westlichen Ortsrand von Pavia, westlich der Autobahn, direkt am Ufer des Ticino. Auf der A53 bis zur Ausfahrt 7, Richtung Pavia. Vor der Kirche an der T-Kreuzung rechts abbiegen, 600 m weiter links in die Einfahrt; **Platzanzahl:** 50; **Untergrund:** Wiese; **Sicherheit:** umzäunt, beleuchtet, bewacht; **Preiskat.:** €€€; **Max. Stand:** unbegrenzt; **Geöffnet:** Mitte April–Ende September; **Kontakt:** Camping Ticino, Via Mascherpa, 16, 27100 Pavia PV, Tel. 0339 1166674, www.campingticino.it

127oi-mm

Parco Regionale della Valle del Ticino

Bei Pavia mündet der Ticino in den Po, womit gleichzeitig die Landschaft des Parco Ticino ihr Ende findet. Dieses Naturschutzgebiet (www.parcoticino.it) war der erste Regionalpark dieser Art Italiens und wurde 1974 ins Leben gerufen. Er erstreckt sich vom Südufer des Lago Maggiore entlang des gesamten unteren Flusslaufs bis vor die Tore Pavias. Der naturbelassene Fluss mäandert dabei durch die Landschaft und bietet eine Heimstätte für zahlreiche Tierarten, vor allen Dingen für die Vogelwelt, so zum Beispiel für den farbenprächtigen Eisvogel, für Störche und für Schwarzspechte. Daneben hat man aber auch Gelegenheit, Stachelschweine zu Gesicht zu bekommen. Auf einem weiten Abschnitt ist die Uferlandschaft des Ticino außerdem von zahlreichen Karstquellen geprägt. Nicht umsonst spricht man bei diesem Biosphärenreservat auch von einem „grünen Korridor", der sich westlich von Mailand nach Süden erstreckt.

Entdecken und erforschen kann man das Naturschutzgebiet auf mehreren Wegen, zum Beispiel bei Wanderungen auf dem fast 800 km langen Streckennetz, bei Touren mit dem Rad oder auch im Kanu direkt vom Wasser aus. Zahlreiche Wandervorschläge gibt es auf der leider nur italienischsprachigen Website http://natura.parcoticino.it. Darüber hinaus gibt es aber auch mehrere Besucherzentren, in denen man Informationen, Kartenmaterial und Auskünfte erhält:

- ***Centro Parco Monte Diviso,*** *Via Brennero, 11, Località Caiello di Gallarate (Va)*
- ***Centro Parco La fagiana,*** *Via Valle – Pontevecchio di Magenta*
- ***Centro Parco ex Dogana Austroungarica,*** *Via del Gregge, angolo Via De Amicis, frazione Tornavento, Lonate Pozzolo (VA)*
- ***Centro Parco La Sforzesca,*** *Via Ronchi, 5 – Vigevano*

PIACENZA

(53 km – km 93)

Während der Ticino in den Po mündet und dieser dann schlangenlinienförmig nach Osten mäandert, verläuft die weitere Route auf relativ gerader Strecke durch die Po-Ebene. Nördlich des Flusses kann man die SP234 nutzen, um später auf die E35 bzw. auf die A1 zu stoßen, während am Südufer die A21 verläuft und einen ebenfalls nach Piacenza bringt. Nur ein wenig weiter südlich kann man wiederum auch die SP10 nutzen, um sich die Mautgebühren der Autobahnen zu sparen. So oder so verlässt die Route vorübergehend die Lombardei und führt zum ersten Mal in die Region Emilia-Romagna. Dabei trifft man in Piacenza wieder auf den Po, der die Altstadt jedoch nur im Norden kurz streift. Kurz zuvor nimmt der Fluss noch das Wasser der Trebbia auf, die im ligurischen Apennin entspringt und rund 115 Kilometer nach Norden fließt.

Das Zentrum der Stadt ist noch heute von einer gut erhaltenen **Stadtmauer** umgeben, die zwar nicht mehr durchgehend ist, aber in ihrer Gesamtlänge immer noch einen sechs Kilometer langen Fußmarsch erfordert, will man sie komplett abgehen.

Im Zentrum der Altstadt steht der **Palazzo Gotico** an der Piazza Cavalli. Er wurde im 13. Jahrhundert errichtet und fällt durch seine Fassade deutlich auf. Im unteren Bereich besteht das Bauwerk aus insgesamt elf spitzen Bögen und die Fassade besteht aus weißem Stein und Marmor. Die Etage über den Spitzbögen ist hingegen von Terrakotta dominiert, was dem Gebäude ein eher rot-weißes Äußeres verleiht. Gleich daneben und etwas kleiner steht das dagegen unscheinbar wirkende **Rathaus.**

Die Piazza Cavalli ist ein wenig seltsam gestaltet und nicht gleichmäßig. So ist das Rathaus ein wenig eingerückt und wirkt beinahe so, als wolle es sich im Schatten des Palazzo Gotico verstecken. Westlich des Platzes erhebt sich die Kirche **San Francesco.** Sie stammt aus dem 12. Jahrhundert, ist aber nicht die Hauptkirche von Piacenza. Noch davor nehmen zwei kleinere Geschäftshäuser einen Teil des Platzes ein, ganz so, als hätte man sie irgendwann mal dort errichtet, weil gerade noch ein wenig Platz übrig war.

Den **Dom** erreicht man links der Kirche San Francesco über die Fußgängerzone Via XX Settembre. An ihrem Ende öffnet sich auf der linken Seite der Domplatz und die Kathedrale, ebenfalls im 12. Jahrhundert erbaut, erhebt sich gleich gegenüber. Der 71 m hohe **Glockenturm** wurde aus Ziegelstein errichtet und ist ein wenig jünger als das Kirchenschiff, kann aber immerhin auch bis auf das Jahr 1330 zurückblicken. Im Inneren beeindruckt die Kirche mit Gewölbefresken und einer Säule (zu sehen auf der rechten Seite), die ebenfalls komplett mit Fresken ausgeschmückt wurde.

Ebenfalls beeindruckend, aber im westlichen Bereich der Stadtmauer ganz am anderen Ende der Altstadt befindlich, ist die **Basilica di Santa Maria di Campagna.** Auch in dieser Renaissancekirche sind mehrere Fresken zu sehen, doch das Hauptaugenmerk richtet sich hier auf die kunstvoll verzierte Kuppelinnenseite.

Bei einem Stadtrundgang durch die Altstadt von Piacenza merkt man schnell, dass das Zentrum von Kirchen dominiert wird. Außer San Francesco, Santa Maria und dem Dom wäre noch die Kirche **San Antonio** zu nennen. Sie befindet sich unweit des Doms und ist gut an ihrem markanten Vierungsturm zu erkennen, der einen achteckigen Grundriss besitzt. Weniger auffällig ist hingegen die romanische **Basilica di San Savino,** die zu Beginn des 12. Jahrhunderts errichtet wurde. Erwähnenswert ist zudem noch die Kirche **San Sisto** am nördlichen Rand der Altstadt. Sie ist Teil der gleichnamigen Abtei, die relativ viel Raum einnimmt. Ende des 9. Jahrhunderts wurde das Kloster von der Kaiserin Engelberga gegründet. Seither wurden in der Kirche zahlreiche Reliquien verschiedener Heiliger aufbewahrt.

Information

› **Touristeninformation,** Piazza Cavalli, 10, Tel. 0523 492001

204 Wohnmobilstellplatz Piacenza

GPS 45.056254, 9.702892
Unter einer Straßenbrücke und neben mehreren Bahngleisen. Nur für eine Nacht zu empfehlen, um die Altstadt zu besichtigen, die gleich angrenzend beginnt. Es ist notwendig, die vor Ort angegebene Telefonnummer anzurufen, damit das Tor geöffnet wird. Am anderen Ende der Leitung wird jedoch nur Italienisch gesprochen. Hilfreich: „Per favore apri il cancello. Siamo campeggiatori" (Deutsch: „Bitte öffnen Sie das Tor. Wir sind Camper"). **Lage/Anfahrt:** Am nördlichen Rand der Altstadt, nahe des Kreisverkehrs Piazzale Milano. Am Kreisverkehr auf die SP10 ostwärts und gleich nach dem nächsten, kleineren Kreisverkehr links abbiegen; **Platzanzahl:** 13; **Untergrund:** Asphalt; **Sicherheit:** umzäunt; **Preiskat.:** €€; **Max. Stand:** unbegrenzt; **Geöffnet:** ganzjährig; **Kontakt:** Viale Sant'Ambrogio, 22, 29121 Piacenza PC, Tel. 346 084950

In Piacenza hat man die Möglichkeit, auf die im Buch vorgeschlagene Route 6 (s. S. 201) zu wechseln, die in der Nähe des Flusses Po bis zum Delta verläuft. Auf Route 5 folgt man aber der SS9 oder der Autobahn 1 in Richtung Südosten. Wie Perlen an einer Schnur reihen sich die Städte Piacenza, Fidenza, Parma, Reggio Emilia, Modena, Bologna und Cesena aneinander. Die Verbindungslinie ist dabei die genannte SS9, die beinahe schnurgerade von Nordwest nach Südost verläuft. Sie ist identisch mit der historischen **Via Emilia,** die bereits im 2. Jahrhundert v. Chr. von den Römern angelegt wurde. Schon damals verband die Straße, nach der die Region Emilia-Romagna benannt wurde, die einzelnen Städte zwischen der Adriaküste bei Rimini und Piacenza. Wer es eiliger hat und nur einige der Orte besuchen möchte, kann die mautpflichtige und parallel verlaufende Autobahn nutzen. Bis Bologna handelt es sich um die A1 bzw. um die E35, südöstlich davon nutzt man die A14. Die Autobahn 1 zweigt bei Bologna nach Süden ab und durchquert das Apennin-Gebirge in Richtung Toskana.

Der **Apennin** ist auf dem Weg bis San Marino unser ständiger Begleiter. Auch wenn er grundsätzlich kleiner ist als die Alpen, ragt er an seiner höchsten Stelle immerhin bis zu

Raffaels Engel

Bekannt ist die Kirche San Sisto für ein Gemälde, das heute an ganz anderer Stelle zu bewundern ist. Die Sixtinische Madonna, zu Beginn des 16. Jahrhunderts erschaffen von Raffaelo Santi, kurz Raffael, war ursprünglich für den Hochaltar der Kirche vorgesehen, doch Mitte des 18. Jahrhunderts hatte die Kirche finanzielle Probleme, weshalb das Gemälde für eine damals bereits sehr hohe Summe an den polnischen König August III. verkauft wurde, der sich als Kunstsammler verstand. Er ließ das Gemälde nach Dresden bringen, wo es noch heute in der Gemäldegalerie Alter Meister zu besichtigen ist. Während des Siebenjährigen Kriegs wurde die Sixtinische Madonna aus Sicherheitsgründen in der Festung Königstein im Elbsandsteingebirge verwahrt und nach dem Ende des Zweiten Weltkriegs fiel das Kunstwerk vorübergehend an die Sowjetunion, die es später jedoch an die DDR zurückgab.

Das Motiv des Bildes ist vielen Menschen auf den ersten Blick unbekannt. Es zeigt die Madonna mit dem Jesuskind, die hl. Barbara und Papst Sixtus II. Wesentlich berühmter ist das Gemälde für einen kleinen Bildausschnitt, den sicherlich jeder schon mal gesehen hat: die beiden Engel, die sich in Kindergestalt am unteren Bildrand aufstützen und mit einem leicht gelangweilten Gesichtsausdruck nach oben blicken. Auch wenn sie heute als Raffaels Engel bezeichnet werden, so ist gar nicht vollständig geklärt, ob er sie auch tatsächlich gemalt hat, denn wie Untersuchungen ergaben, wurden sie später auf das eigentliche Gemälde aufgetragen.

2912 m nach oben, allerdings befindet sich dieser Gipfel, der Gran Sasso d'Italia, deutlich weiter im Süden, in der Region Abruzzen. Das Vorland des nördlichen Apennin, durch das diese Route führt, markiert dagegen die Grenze zwischen der Emilia-Romagna und der Toskana und wird auch oft als Beginn der italienischen Halbinsel bezeichnet.

Nach Verlassen des Stellplatzes in Piacenza wendet man sich nach links und fährt entlang des Altstadtrands bis zum Kreisverkehr, an dem sich auf einer Säule die sogenannte **Kapitolinische Wölfin** mit den beiden Gründern Roms, Romulus und Remus, befindet. Hier wendet man sich nach links und folgt nun strikt der SS9 aus der Stadt hinaus und über das flache Land südostwärts. Kleine, eher unbedeutende Orte wie Pontenure und Roveleto befinden sich auf dem Weg. Dass die Region wenig touristisch ist, zeigt sich unter anderem auch an den anfangs fehlenden Übernachtungsmöglichkeiten. Das gilt leider auch für die Stadt Fidenza, dabei lohnt die Altstadt zumindest einen kurzen Zwischenstopp. Immerhin bietet sie einen schönen Eindruck von einer typischen oberitalienischen Stadt, ohne gleich von Touristen und dem damit verbundenen Rummel dominiert zu werden.

128oi-mm

FIDENZA

(44 km – km 137)

Das Zentrum der gepflegten Innenstadt markiert die Piazza Garibaldi, wo sich vor dem Stadtpalast ein **Obelisk** erhebt. Von den Laubengängen des Palazzo zweigt nach rechts eine kleine Gasse ab, die geradewegs zum **Dom von Fidenza** führt. Dieser ist dem hl. Donnino gewidmet, dem Wunder nachgesagt werden, die ganz im Zeichen des Themas Reisen stehen. So soll er Ende des 3. Jahrhunderts enthauptet worden sein, aber mit dem Kopf unter dem Arm noch einen Fluss überquert haben. Daher sind in der Kirche, deren Westfassade übrigens als unvollendet gilt, verschiedene Motive des Reisens und Pilgerns zu sehen.

Parken

P 26 Parkplatz Fidenza, GPS 44.866213, 10.065412

Etwas außerhalb von Fidenza kann man bei einem kleinen Abstecher den Kurort **Salsomaggiore Terme** erreichen. Schön anzusehen ist hier das Gebäude der Terme Berziere an der Fußgängerzone – nicht zu verwechseln mit dem eher nüchtern gehaltenen Thermengebäude am Kurpark. Zum Kurort wurde die Stadt durch das stark salzhaltige Wasser, heute liegt der Schwerpunkt aber auf den zahlreichen Anwendungen, die in der palastähnlichen und mit Marmor ausgeschmückten Therme angeboten werden.

Etwas außerhalb von Salsomaggiore Terme befinden sich jeweils auf einem Hügel zwei Schlösser. Das **Castello di Tabiano** befindet sich südöstlich der Ortschaft (GPS 44.792524, 10.024864) und wurde im 11. Jahrhundert auf den Überresten einer ehemaligen römischen Siedlungsstätte errichtet. Die beeindruckende Anlage ist mit

‹ An Teilen des Po-Ufers lässt es sich auch hervorragend radeln

unzähligen Zinnen verziert und bietet von seinem mächtigen Turm einen schönen Ausblick auf die leicht hügelige Umgebung, die bereits den Beginn des Apennin markiert. Im Rahmen einer einstündigen Führung können die Gewölbekeller, die umfassende Bibliothek des Schlosses und verschiedene Säle (Mo, Do 17 Uhr, Sa, So 10, 11.30, 15.30 und 17 Uhr, 10 €) besichtigt werden.

Im Nordwesten erhebt sich mindestens ebenso lange die **Burg Scipione** (GPS 44.827069, 9.963735, Parkmöglichkeiten sind leider kaum vorhanden). Auch hier kann man auf einem geführten Rundgang (Do 15, 17, Sa 15, 16, 17 Uhr, So 10.30, 11.30, 15, 16, 17 Uhr, 9 €) verschiedene Räumlichkeiten besichtigen und in einem der Nebengebäude ist eine kleine Osteria untergebracht, in der exquisite Speisen angeboten werden.

› **Osteria Del Castello,** Località Scipione Castello, 63, 43039 Salsomaggiore Terme PR, Do–So 12.30–14 Uhr und 19.30–21.30 Uhr. Leider eine schlechte Parksituation für Wohnmobile.

Ein weiteres, beeindruckendes Schloss erreicht man nach kurzer Fahrt auf der SP109 von Salsomaggiore aus. Das **Castello Vigoleno** ist nicht nur ein Schloss, sondern ein kleines Dorf, das sich innerhalb der Festungsanlage befindet (GPS 44.816449, 9.900283), und besichtigt werden kann. Der Eintritt kostet 4 €, doch die Öffnungszeiten variieren über das Jahr verteilt von Monat zu Monat. Der Schwerpunkt der Öffnungszeiten liegt auf dem Nachmittag, detaillierte Informationen entnimmt man der Website https://castellodivigoleno.com/visita.

205 Wohnmobilstellplatz Salsomaggiore Terme

GPS 44.82002, 9.989732

Der Ortsname lässt schon ahnen, dass es sich um einen Kurort handelt, doch der Stellplatz ist nur ein einfacher Übernachtungsplatz für eine Zwischenübernachtung in der Region. **Lage/Anfahrt:** Hinter dem Bahnhof der kleinen Ortschaft, rund 9 km südwestlich von Fidenza. Ab Fidenza auf der SP359R in den Ort. Dort am Bahnhof links in die Via Gramsci; **Platzanzahl:** 20; **Untergrund:** Schotter; **Service:** Strom funktioniert nicht zuverlässig; **Preiskat.:** €; **Max. Stand:** unbegrenzt; **Geöffnet:** ganzjährig; **Kontakt:** Via Antonio Gramsci, 1, 43039 Salsomaggiore Terme PR

206 Wohnmobilstellplatz Fontanellato

GPS 44.877946, 10.170887

Ungewöhnlicher Stellplatz, bei dem man sich in den Schatten von großen Solarmodulen stellen kann. Gleichzeitiger Fernsehempfang ist dann natürlich nicht möglich, aber es gibt auch noch einige Plätze ohne diese großen metallenen Gerüste. Nur 500 m sind es durch den kleinen Ort bis zu einer charmanten Wasserburg aus dem 12. Jahrhundert. **Lage/Anfahrt:** Am Ortsrand von Fontanellato, zwischen Fidenza und Parma, durch einen Erdwall von der A1 abgetrennt. An der Autobahnausfahrt Fidenza auf die SP63 wechseln und in den Ort. Am Kreisverkehr gegenüber dem Supermarkt halbrechts bis zum Stoppschild, wieder rechts; **Platzanzahl:** 30; **Untergrund:** Asphalt; **Service:** Stehtoiletten; **Sicherheit:** umzäunt, Schrankenanlage, Video; **Preiskat.:** €; **Max. Stand:** unbegrenzt; **Geöffnet:** ganzjährig; **Kontakt:** Via XXIV Maggio, 43012 Fontanellato PR

Auf der **Weiterfahrt auf der SS9 von Fidenza nach Parma** erreicht man in **Sanguinaro** einen größeren Kreisverkehr, an dem sich an der dritten Ausfahrt ein außergewöhnlicher Abstecher lohnt. Nach kurzer Fahrt sieht man den Hinweis zum Labirinto, dem man folgen sollte. Der aus Parma stammende Verleger und Designer Franco Maria Ricci hat sich hier einen Kindheitstraum erfüllt, der für jeden zugänglich ist. Zunächst einmal hat er im Laufe seines Lebens eine umfangreiche Kunstsammlung zusammengetragen, die er in einem kleinen, vierflügeligen Kastell ausstellt. Gleich hinter dem Kastell erstreckt sich auf 30.000 m² ein **Labyrinth,** das Jung und Alt gleichermaßen begeistert. Anders als die herkömmlichen Maislabyrinthe, die wir saisonal aus unseren Breiten kennen, besteht dieses ausschließlich aus **Bambusgehölzen.** Auf breiten Pfaden wandelt und verirrt man sich zwischen 200.000 Pflanzen aus 20 unterschiedlichen Bambusarten. Manche von ihnen können eine Höhe von bis zu 15 Metern erreichen. Die ersten Bambusse wurden im Jahr 2005 gepflanzt und obwohl Bambus eigentlich eine schnell wachsende Pflanze ist, konnten die Ausstellung und der Irrgarten erst zehn Jahre später feierlich eröffnet werden.

› **Labirinto della Masone,** Str. Masone, 121, 43012 Fontanellato PR, Tel. 0521 827081, www.labirintodifrancomariaricci.it, Mi–Mo 10.30–19 Uhr, Eintritt: 18 €

129oi-mm

Eine riesige Sonnenuhr ziert die Fassade des Gouverneurspalasts in Parma

PARMA

(26 km – km 163)

Die Besichtigung von Parma stellt einen nicht vor große Herausforderungen. Von der SS9 ist es nur ein Katzensprung zum Wohnmobilstellplatz und von dort kann man entweder mit dem Bus fahren oder man legt die dreieinhalb Kilometer in die Altstadt auf einer schnurgeraden Straße per Fahrrad oder zu Fuß zurück. Die Distanz mag sich weit anhören, aber die eigentliche Innenstadt beginnt schon vorher und vermittelt bereits unterwegs einige nette Eindrücke. Dazu gehören zum Beispiel die **Piazzale Santa Croce,** die man unterwegs passiert, aber auch gleich dahinter auf der linken Seite die **Universitätsbibliothek** mit ihren zwei Türmen und der folgende Laubengang des alten Krankenhauses. Das **Ospedale Vecchio** war bis zum Jahr 1926 mehrere Jahrhunderte in Betrieb und erinnert in seiner kreuzförmigen Struktur mit mehreren Innenhöfen an eine Kirche bzw. an eine Klosteranlage. Heute wird der Komplex von der Stadtbibliothek, aber auch vom Stadtarchiv genutzt. Kurz darauf folgt auf der rechten Seite die nicht minder beeindruckende **Pfarrkirche der Santissima Annunziata** aus dem 16. Jahrhundert, an die sich im hinteren Bereich ein Nonnenkloster mit einem schönen Kreuzgang anschließt.

Gleich dahinter überquert man den Fluss Parma und hat die eigentliche **Altstadt** erreicht. Alternativ kann man auch ab dem ovalen Kreisverkehr der Piazzale Santa Croce halblinks und damit nördlich des alten Krankenhauses die Altstadt erreichen. Dabei spaziert man auf breiten Schotterpfaden durch eine fast 700 m lange und bis zu 250 Meter breite **Parkanlage,** die als grüne Lunge Parmas bezeichnet werden kann.

Die Altstadt beherbergt die eigentlichen Sehenswürdigkeiten der Stadt. Dort, am rechten Flussufer, wurde die Stadt im 2. Jahrhundert als römische Kolonie gegründet. Das bedeutendste Bauwerk ist zweifelsohne der **Dom,** der sich am quadratischen und verhältnismäßig kleinen Domvorplatz erhebt. Das im frühen 12. Jahrhundert geweihte Gotteshaus ist mit seiner klassisch oberitalienischen Giebelfassade im romanischen Stil erbaut worden. Natürlich gab es im Laufe der Jahrhunderte zahlreiche bauliche Veränderungen. So sind die später angebauten Seitenkapellen gotisch und zeigen sehenswerte Fresken. Andere Elemente im Inneren präsentieren sich im Stil der Renaissance.

Bevor man in die Kirche eintritt, sollte man noch einen Blick auf die Westfassade werfen. Sie besteht aus drei Loggien mit zahlreichen Säulen, wobei die obere dritte Loggia dem Verlauf des schrägen Kirchendachs folgt. Rechts daneben erhebt sich der über 60 Meter hohe **Campanile,** der Ende des 13. Jahrhunderts entstanden ist und einen zuvor vorhandenen Kirchturm ersetzte. Das Innere des Kirchenschiffs ist mit zahlreichen Fresken schmuckvoll ausgestattet, das gilt insbesondere auch für die Kuppel.

Ein besonderes Augenmerk richtet man auf dem Domplatz auch gen Süden. Nur durch die Gasse vom Kirchturm getrennt, erhebt sich dort das **Baptisterium San Giovanni** mit seinem achteckigen Grundriss. Ungewöhnlich ist hierbei die Größe, denn was eigentlich als Taufkapelle dient, überragt das Dach des Doms, bleibt aber zumindest noch unter der Größe des Campanile. Während der Zugang zum Dom kostenfrei ist, wird für das Baptisterium Eintritt verlangt, doch ist der Besuch zweifelsfrei lohnend. Zahlreiche kunstvolle Fresken zieren die 16 Nischen im Erdgeschoss. Darüber befinden sich zwei Säulengänge, von denen einer mit mehreren Skulpturen bestückt ist. Sie zeigen einen Zyklus, der sowohl Monate als auch Jahreszeiten darstellt. Es wird vermutet, dass diese Reliefskulpturen eigentlich für das Hauptportal des Doms vorgesehen waren. Sie zeigen Männer, die passend zur Jahreszeit bzw. zum Monat die dann typischen landwirtschaftlichen Tätigkeiten durchführen. Überspannt wird der hohe Saal von einer Kuppel, die durch Rippen in 16 Abschnitte unterteilt ist. Auch hier ist jeder einzelne Abschnitt zwischen den Rippen kunstvoll ausgeschmückt.

130oi-rmm

Zwischen Campanile und Baptisterium sieht man am Ende der Gasse bereits den nächsten Kirchturm. Er gehört zur **Kirche San Giovanni,** die sich mit ihrem umfassenden Klosterkomplex gleich hinter dem Dom erstreckt. Zwar wurde die Abtei bereits Ende des 10. Jahrhunderts gegründet, doch nach einem verheerenden Brand im 15. Jahrhundert mussten Teile des Klosters und die Klosterkirche wiederaufgebaut werden. Daher stammen die Marmorfassade der Kirche und auch der 75 Meter hohe Kirchturm in ihrer heutigen Form aus dem frühen 17. Jahrhundert. Es bedarf kaum der Erwähnung, dass auch hier die Innenräume mit zahlreichen Fresken ausgestattet sind.

Wer zwischen Dom und Kloster der schmalen Gasse Borgo Pipa nach Norden folgt, erreicht eine Grünanlage auf der Piazza Salvo d'Aquisto. Rechter Hand befindet sich dort der eher unscheinbare Palazzo Borri, während zur Linken ein ehemaliges Kirchenge-

⧈ *Nicht nur das Deckengewölbe, sondern auch die Seitenwände des Doms sind ausgeschmückt*

bäude zum Besuch einlädt. Die Kirche wurde im Jahr 2008 entweiht und beherbergt heute die **Casa del Suono,** also das Haus der Töne. Dabei handelt es sich um ein kleines Museum, das die Geschichte der Musik vom Grammophon bis zur Jukebox behandelt. Das Besondere ist, dass die Ausstellungsräume sich in den verschiedenen Nischen der einstigen Kirche befinden und zum ehemaligen Innenraum des Kirchenschiffs offen sind.

Zurück am Domplatz erreicht man durch die Strada Duomo nach wenigen Augenblicken die **Piazza della Pace.** Der Platz trug ursprünglich den Namen Piazza del Partigiano und beherbergte einen Palast sowie das Theater Reinach. Der deutsche Name des Theaters stammt vom Frankfurter Bankier Oscar Reinach, der sich einen Adelstitel wünschte und daher der Stadt Parma eine großzügige Spende übermittelte. Daraufhin wurde ihm vom König Vittorio Emanuele II. der Titel eines Barons vergeben und die Stadt erhielt ein nach ihm benanntes Theaterhaus. Dieses wurde bei einem Luftangriff im Jahr 1944 allerdings vollständig zerstört und nicht mehr aufgebaut, weshalb der Platz nun größer ist und Friedensplatz genannt wird.

Unübersehbar erheben sich an der Westseite des Platzes der **Palazzo della Pilotta.** Dabei handelt es sich nicht um ein einzelnes Gebäude, sondern um einen größeren Gebäudekomplex, dessen einzelne Bauwerke mehrere Innenhöfe bilden und verschiedene Einrichtungen beherbergen. An erster Stelle wäre zum Beispiel das **Archäologische Nationalmuseum** zu nennen, das zu den ältesten Sammlungen dieser Art zählt und bereits Mitte des 18. Jahrhunderts gegründet wurde. Gezeigt werden nicht nur zahlreiche Exponate aus der Römerzeit, die vor allen Dingen in der Region rund um Parma gefunden wurden, sondern auch verschiedene Antiquitäten und Ausstellungsstücke aus Ägypten. In einem anderen Flügel des Palazzo ist die **Nationalgalerie** Parmas untergebracht, die zahlreiche Gemälde zeigt, darunter auch Werke von Leonardo da Vinci.

Leider nicht mehr im Original vorhanden, weil es während der Bombardierung im Zweiten Weltkrieg ebenfalls komplett zerstört wurde, ist das **Teatro Farnese.** Es wurde aber originalgetreu rekonstruiert und präsentiert sich in beeindruckender Weise mit einer prachtvollen Holzvertäfelung und einer ebenfalls gänzlich aus Holz bestehenden Zuschauertribüne.

Aber auch rund um den Palazzo gibt es einiges zu entdecken. Sowohl in den Innenhöfen als auch außerhalb des Gebäudekomplexes befinden sich mehrere Denkmäler. Dazu gehört zum Beispiel das **Denkmal für den Komponisten Giuseppe Verdi.** Das zwischen zwei Granitsockeln stehende Bronzerelief ist zwar recht groß, doch in Wirklichkeit nur noch ein kleiner Überrest des ehemaligen Denkmals. Dieses stand ursprünglich am Bahnhof von Parma und bestand aus einem halbkreisförmigen Säulengang, in dessen Zentrum sich ein monumentaler Triumphbogen erhob, höher als der Palazzo della Pilotta. Nach den Kriegszerstörungen verblieb nur das Relief, das sich einst vor dem Triumphbogen befand und das schließlich an den heutigen Standort verlegt wurde, wo es mittlerweile ein fast unbeachtetes Dasein fristet.

Ebenfalls sehenswert ist die **Basilika Santa Maria della Steccata.** Man erreicht sie von der Piazza della Pace über die Strada G. Garibaldi in wenigen Schritten nach Süden. Sie beeindruckt im Inneren durch kunstvoll gestaltete Fresken aus dem 17. Jahrhundert, insbesondere die in der Kuppel, in denen Mariä Himmelfahrt dargestellt wird, sind sehenswert. Gleich dahinter erreicht man einen weiteren wichtigen Platz Parmas, die von mehreren Palazzi umgebene Piazza Guiseppe Garibaldi. Wichtigstes Gebäude ist der an der Nordseite befindliche, in Gelbtönen gehaltene **Gouverneurspalast.**

Wer dem Altstadttrubel ein wenig entfliehen möchte, der begibt sich an den südlichen Rand der Altstadt und überquert dort die SS62. Gleich dahinter befindet sich die fünfeckige Anlage der einstigen **Zitadelle.** Sie wurde Ende des 16. Jahrhunderts angelegt und war von mehreren Bastionen umgeben. Später wurde sie als Militärschule genutzt und verfiel nach Ende des Zweiten Weltkriegs zusehens. Im Jahr 2009 ließ man die Anlage restaurieren und schuf innerhalb der Festungsanlage eine heute beliebte Grünanlage, in der regelmäßig Jahrmärkte und Kunsttage zelebriert werden.

Sehenswertes

- **Dom,** Piazza Duomo, tägl. 9.30–18.30 Uhr
- **Baptisterium San Giovanni,** Piazza Duomo, tägl. 9.30–18.30 Uhr, 8 €
- **Casa del Suono,** Piazzale Salvo D'Acquisto, Mi–So 10–18 Uhr, Eintritt frei
- **Basilika Santa Maria della Steccata,** tägl. 7.30–12 und 15–18.30 Uhr
- **Teatro Farnese,** Piazza della Pilotta, https://complessopilotta.it/teatro-farnese, Di–Sa 8.30–19, So 13–19 Uhr, 12 €
- **Archäologisches Nationalmuseum Parma,** Piazza della Pilotta, http://pilotta.beniculturali.it, Di–Sa 8.30–19, So 13–19 Uhr, 12 €
- **Galleria Nazionale di Parma,** Piazza della Pilotta, http://pilotta.beniculturali.it, Di–Sa 8.30–19 Uhr, So 13–19 Uhr, 12 €

Information

- **Touristeninformation Parma,** Piazza Garibaldi, 1, Tel. 0521218889, www.turismo.comune.parma.it, tägl. 9–19 Uhr

207 Wohnmobilstellplatz Parma

GPS 44.808826, 10.284282

Der Platz befindet sich zwischen einem Großparkplatz und der Schallschutzmauer einer vierspurigen Straße. Seinen Vorteil spielt er mit seiner sicheren Lage am Stadtrand von Parma aus, gleich nebenan befindet sich zudem eine Einkaufsmöglichkeit (Lidl) und im weiteren Umfeld gibt es einen Baumarkt, eine Tankstelle und Kfz-Werkstätten. Hunde erlaubt. **Lage/Anfahrt:** Westlich von Parmas Altstadt. Bereits ab der SS9 ausgeschildert (Ausfahrt 10); **Platzanzahl:** 27; **Untergrund:** Rasengitter; **Sicherheit:** umzäunt, beleuchtet, bewacht, Schrankenanlage, Sichtschutz; **Preiskat.:** €€; **Geöffnet:** ganzjährig (erreichbar von 8–22 Uhr); **Kontakt:** Area Sosta Camper Parma, Largo 24 Agosto 1942, 21/a, 43126 Parma PR, Tel. 0521 710246, www.areasostacamperparma.it

208 Wohnmobilstellplatz Sala Baganza

GPS 44.708355, 10.232214

Ideale Ausweichmöglichkeit, falls der Stellplatz in Parma komplett belegt ist. Ruhiger Stellplatz inmitten verschiedener Sportanlagen und mit angrenzendem Kinderspielplatz. **Lage/Anfahrt:** Südwestlich von Parma am Ortsrand. Nur 14 km von der Altstadt Parmas. Am einfachsten über die SS62 und später über SP15. Im Ort der Beschilderung zum „scarico autocaravan" oder den Sport-Symbolen folgen; **Platzanzahl:** 15; **Untergrund:** Asphalt; **Preiskat.:** €; **Max. Stand:** 2 Nächte; **Geöffnet:** ganzjährig; **Kontakt:** Area Sosta Camper Sala Baganza, Via G. di Vittorio, 43038 Sala Baganza PR

Salone del Camper

Die größte Camping- und Wohnmobilmesse Italiens findet in Parma statt, und zwar jährlich Mitte September. Innerhalb des Landes hat sie einen vergleichbaren Status wie hierzulande der Caravan Salon in Düsseldorf oder die CMT in Stuttgart, auch wenn die Besucherzahlen deutlich kleiner sind. Wer also zu dem Zeitpunkt gerade in der Region ist und Lust auf einen Messebesuch verspürt, der sollte die Messehallen nordwestlich von Parma ansteuern (GPS 44.846734, 10.289951). Hunderte von Wohnmobilen fassen die Parkplätze rund um die Messehallen, eine Vielzahl davon sind mit Strom ausgestattet und vorbildlich sind auch die Entsorgungsstationen, von denen es gleich fünf an der Zahl gibt. Im Jahr 2021 wurde der Salone del Camper von über 100.000 Campern besucht, über 600 Fahrzeuge gab es zu sehen und fast 300 Aussteller waren vor Ort. Aktuelle Informationen zu den Messeterminen gibt es unter www.salonedelcamper.it.

REGGIO EMILIA

(28 km – km 191)

Die weitere Fahrt in Richtung Südosten ist wieder sehr einfach. Auf der SS9 sind es in der von Landwirtschaft geprägten Region gerade einmal rund 25 Kilometer von Parma bis in den nächstgrößeren Ort Reggio Emilia. Vollständig heißt die Stadt **Reggio nell'Emilia,** womit sie den Namen der gleichnamigen Provinz trägt, die sich innerhalb der Region Emilia-Romagna befindet. Reggio Emilia gehört wieder zu den italienischen Städten, in denen man es als Wohnmobilist nicht ganz so einfach hat. Stellplätze in Altstadtnähe sind Mangelware, doch vom Agriturismo La Razza 209 aus kann man die Stadt per Fahrrad gut erreichen.

Trotz seiner **hübschen Altstadt** mit den verwinkelten und engen Gassen ist Reggio Emilia weniger populär als andere Städte Oberitaliens. Die Stadt protzt zwar nicht mit großem Dom, hohen Geschlechtertürmen oder herausragenden Palazzi, aber sie hat dennoch – oder gerade deswegen – ihren eigenen besonderen Charme. Mehrere **Laubengänge** finden sich zum Beispiel an der Piazza San Prospero, die wiederum gleich an zwei Seiten von sehenswerten Kirchen flankiert wird. An der Ostseite erhebt sich die **Basilica di San Prospero.** Ungewöhnlich an der barocken Kirche sind die Löwenfiguren, die die drei Treppenstufen vor dem Gotteshaus flankieren. Sie entstanden Anfang des 16. Jahrhunderts und sollten eigentlich Säulen tragen, die jedoch nie fertiggestellt wurden. Ebenfalls unvollständig ist der achteckige Kirchturm, der sich gleich rechts neben der Basilika befindet.

Auf der gegenüberliegenden Seite der Piazza befindet sich die Apsis und damit die Rückseite der **Kathedrale di Santa Maria Assunta.** Um ihre Fassade zu erreichen, unterquert man linker Hand die Durchgänge in der Vicolo Broletto. Diese bilden beinahe einen kleinen Innenhof, in dem man sich auch ganz gut in einem der Restaurants verwöhnen lassen kann. Nach dem zweiten Durchgang befindet man sich auf der Piazza Camillo Prampolini, die von der breiten Kirchenfassade dominiert wird.

Die beiden Kirchen sind jedoch nur eine kleine Auswahl der fast zwei Dutzend Gotteshäuser innerhalb von Reggio Emilia und darüber hinaus gibt es auch noch profane Bauwerke zu besichtigen. Zu den bedeutendsten, nicht nur für die Stadt, sondern für das ganze Land, gehört das **Rathaus,** denn dort

Der Gang nach Canossa

Der Gang nach Canossa sollte von Wohnmobilfahrern wörtlich genommen werden. Denn die Burgruine (GPS 44.574762, 10.454800), die sich südwestlich von Reggio Emilia befindet, bietet leider keine Parkmöglichkeiten, schon gar nicht für größere Wohnmobile. Der nächstgelegene einfache Stellplatz befindet sich in Ciano d'Enza 211, was eine gut zweistündige Wanderung bedeuten würde, oder man nimmt das Fahrrad aus der Heckgarage. Die einstige Burganlage gehörte Mathilde von Canossa, die zwischen dem römisch-deutschen König Heinrich IV. und dem Papst Gregor VII. eine Vermittlerrolle einnahm. Nach der Exkommunikation des Königs wurde ihm eine Frist von einem Jahr gesetzt, um nach Canossa zu gehen, wo der Papst ihn von diesem Bann befreien könnte. Der König, gerade einmal 26 Jahre jung, musste zwischen Grenoble und Turin die Alpen überqueren und erreichte in den Januartagen des Jahres 1077 völlig erschöpft den Hügel mitsamt Burg von Canossa. Drei Tage ließ man ihn vor der Burg ausharren, bis der Papst ihn nach diesem Bitt- und Bußgang empfing. Heute gilt der Gang nach Canossa als geflügeltes Wort, um einen demütigenden Bußgang zu bezeichnen. Von der eigentlichen Burganlage gibt es heute wenig beeindruckende Überreste. Interessant ist jedoch das kleine zugehörige Museum, in dem die Geschichte näher betrachtet wird (Di–So 9–17 Uhr, 4 €).

131o-mm

befindet sich die **Sala del Tricolore,** in der man sich am 7. Januar 1797 auf die heute bekannte italienische Nationalflagge mit den Farben grün, weiß und rot geeinigt hat. Noch heute wird an dem Tag feierlich der Flagge gedacht. Gleich neben der Sala del Tricolore kann man sich im dazugehörigen Museum mit der Geschichte der Trikolore befassen.

In Richtung Norden erreicht man nach wenigen Schritten zwei große Plätze, die ineinander übergehen und auf das **Operngebäude** mit seinen zahlreichen Säulen zulaufen. Links der Oper breitet sich eine weitläufige Grünanlage aus, die vom Gebäude der **Universität** begrenzt wird. Wer vor seinem Aufenthalt in der Stadt auf die Karte blickt, wird schnell feststellen, dass sich hinter der Universität ein großer Parkplatz befindet. Er sieht einladend aus, besitzt jedoch eine Höhenbegrenzung und ist daher nicht für Wohnmobile geeignet. Eine Alternative wäre grundsätzlich der kostenlose Parkplatz am Bahnhof **Mediopadana.** Jedoch muss man hier den Konjunktiv verwenden, weil dieser Pendlerparkplatz beinahe immer voll ist und man sehr viel Glück benötigt, um einen freien Platz zu finden. Dennoch lohnt es sich, wenigstens einmal dorthin zu fahren, besonders dann, wenn man sich für Architektur interessiert. Sowohl der Bahnhof als auch die Brücke, die man unterwegs überquert, um von der Innenstadt aus die Autobahn zu queren, wurden vom Stararchitekten **Santiago Calatrava** erschaffen. Wer bereits Bauwerke von Calatrava gesehen hat, wird seine Handschrift sofort erkennen. Dazu zählen oftmals geschwungenen Linien in hellen Tönen wie das verdrehte Hochhaus Turning Torso in Malmö, die Samuel-Beckett-Brücke in Dublin und die neue U-Bahn-Station World Trade Center in New York. Bei den meisten von ihm entworfenen Bauwerken handelt es sich um Brücken und so kann man in Venedig (s. S. 266) ein weiteres Bauwerk von ihm sehen. Bei Mediopadana handelt es sich nicht um den im Ort befindlichen Bahnhof, sondern um einen Hochgeschwindigkeitsbahnhof, von dem aus Shuttlebusse und kleine Züge in die Innenstadt fahren. Er ist der einzige Zwischenstopp auf der Hochgeschwindigkeitsstrecke zwischen Mailand und Bologna, die weitgehend parallel zur Autobahn 1 und damit auch zur SS9 verläuft. Hochgeschwindigkeitszüge können auf der 182 km langen Trasse bis zu 300 km/h schnell fahren.

Der Bahnhof Mediopadana wurde vom Stararchitekten Santiago Calatrava entworfen

Sehenswertes

› **Museo del Tricolore,** Piazza Antonio Casotti, 1, im Rathaus neben der Sala di Tricolore, Tel. 0522 456033, www.musei.re.it, Di–Sa 9–12 und 21–23 Uhr, So 21–23 Uhr, Eintritt frei

Information

› **Turismo Reggio Emilia,** Via Farini, 1/A, Tel. 0522 451152, https://turismo.comune.re.it

209 Agriturismo La Razza

GPS 44.642358, 10.616842

Camping in ruhiger Lage auf einem Bauernhof mit angeschlossenem Restaurant. Bei Kindern steht natürlich das Streicheln von Ziegen und Schafen hoch im Kurs. Zudem sind Führungen über das Areal möglich. **Lage/Anfahrt:** Komplett außerhalb von Reggio Emilia und dennoch nur sieben Kilometer bis in die Altstadt. Ab der Innenstadt auf der SP25 in südlicher Richtung (Albinea) und hinter einem Kreisverkehr nach links der Beschilderung folgen; **Platzanzahl:** 10; **Untergrund:** Wiese; fest; **Preiskat.:** €€; **Max. Stand:** unbegrenzt; **Geöffnet:** ganzjährig; **Kontakt:** Agriturismo La Razza, Via Monterampino, 7, 42123 Reggio nell'Emilia RE, Tel. 0522 569531, www.larazza.it

210 Wohnmobilstellplatz Rubiera

GPS 44.642136, 10.777914

Kein Ort für einen Urlaub, aber für eine Zwischenübernachtung ideal. Einfacher Parkplatz an den Fabrikhallen der Firma Tetra Pak. **Lage/Anfahrt:** Auf halber Strecke zwischen Reggio Emilia und Modena im Süden der Ortschaft Rubiera im Industriegebiet. In Rubiera die SS9 nach rechts verlassen und auf der Viale della Resistenza geradeaus, bis hinter dem Kreisverkehr das Hinweisschild erscheint; **Platzanzahl:** 20; **Untergrund:** Asphalt; **Preiskat.:** €; **Max. Stand:** unbegrenzt; **Geöffnet:** ganzjährig; **Kontakt:** Via della Chiusa, 42048 Rubiera RE

⊡ Auch die Kathedrale von Modena steht auf der Liste des UNESCO-Weltkulturerbes

211 Wohnmobilstellplatz Ciano d'Enza

GPS 44.599887, 10.415285

Einfacher Stellplatz am Rand eines kleinen Orts. Nutzbar als Ausgangspunkt für eine kleine Radtour zur Burg von Canossa. **Lage/Anfahrt:** Ruhige Ortsrandlage in der Nähe eines Sportplatzes. Von Reggio Emilia über Nebenstraßen nach San Polo d'Enza und weiter nach Ciano; **Platzanzahl:** 2; **Untergrund:** Asphalt; **Preiskat.:** €; **Max. Stand:** unbegrenzt; **Geöffnet:** ganzjährig; **Kontakt:** 42026 Ciano d'Enza, Reggio Emilia

MODENA

(34 km – km 225)

Die SS9 bzw. die Via Emilia bleibt weiterhin die Hauptverbindungsroute zwischen den Städten. Doch bevor man sich Modena nähert, kann man bei **Rubiera** einen kurzen Zwischenstopp einlegen und ein **Naturreservat** besuchen (GPS 44.668966, 10.825037). Es besteht aus einer Ansammlung kleinerer Seen, zwischen denen man einen Spaziergang abseits des Städtetrubels genießen kann. Und wer seine Lebensmittelvorräte auffüllen muss oder eventuell kleinere Ersatzteile für den Innenraum des Wohnmobils benötigt, wird in dem großen **Einkaufszentrum** (GPS 44.650415, 10.853685) im Westen der Stadt Modena fündig.

Die SS9 verläuft nördlich des Stadtzentrums und es macht Sinn, sich gar nicht erst mit der Parkplatzsuche in der Altstadt zu befassen, sondern direkt den außerhalb gelegenen **Wohnmobilstellplatz** 212 aufzusuchen. Von dort gelangt man mit dem Fahrrad, dem Bus oder bei entsprechender Kondition auch zu Fuß in das Zentrum von Modena. So oder so wird man dabei immer wieder schon aus der Ferne das Wahrzeichen der Stadt erblicken können. Der **Torre Ghirlandina** ist das kulturelle und geografische Zentrum der Altstadt und heißt übersetzt „Turm Kleine Girlande". Der ursprünglich romanische Turm wurde Mitte des 12. Jahrhunderts errichtet und ragt rund 86 Meter in die Höhe. Die Spitze mit ihrem achteckigen Grundriss wurde erst im Laufe der folgenden Jahrhunderte auf das Dach des Turms gesetzt. Sowohl der Turm als auch die dazugehörige Kathedrale gelten als schützenswertes Kulturgut und stehen daher auf der Liste der UNESCO-Welterbestätten. An der Stelle der heutigen **Kathedrale** standen bereits seit dem 5. Jahrhundert zwei Vorgängerkirchen, die aus Platzgründen jeweils durch das nachfolgende größere Gotteshaus ersetzt wurden. Alle wurden dort errichtet, wo sich das Grab des hl. Geminianus befand. Die heutige Kathedrale ist ihm geweiht und er gilt als Schutzheiliger von Modena, aber auch von San Gimignano und Pontremoli in der Toskana. Es wird berichtet, dass er die Stadt Modena vor dem Einfall der Hunnen bewahrt hat.

Zum Weltkulturerbe der UNESCO gehört auch die mit Kopfsteinpflaster versehene **Piazza Grande,** die sich südlich des Doms ausbreitet. Beim Flanieren in den Gassen der Altstadt wird man noch auf weitere Plätze und Kirchen treffen. Sei es die Piazza Roma vor dem Gebäude der Militärakademie oder die dreieckige Piazza San Francesco D'Assisi mit dem angrenzenden gleichnamigen Gotteshaus. Beliebt bei Einheimischen und auch bei Besuchern ist zweifellos die **Markthalle Albinelli.** Was man hier nicht an Früchten, Gemüse und Gewürzen findet, erhält man in Modena vermutlich nirgendwo. Am Rande der Markthalle befinden sich kleine Stände mit Theken, an denen regionale Produkte feilgeboten werden. Da darf natürlich der lokale Käse genauso wenig fehlen wie der Balsamico-Essig. Gegründet wurde die im Jugendstil errichtete Markthalle im Jahr 1931, in ihrem Zentrum befindet sich ein Brunnen mit der Skulptur einer Frau, die Obstträgerin genannt wird.

Generell wird in der Markthalle Wert darauf gelegt, Traditionen zu bewahren, Speisen zu probieren und Rezepte auszutauschen.

Austausch ist auch ein gutes Stichwort für die Firma **Panini,** die in Modena ihren Ursprung hatte. Olga Cuoghi Panini eröffnete zusammen mit ihren acht Söhnen im Januar 1945 einen Zeitungskiosk nahe des Doms. Aus diesem entwickelten sie einen Zeitungsvertrieb, mit dem sie wiederum die ersten Sammelalben verkauften, die heute weltweite Bekanntheit erlangten. Die Skulptur eines Fußballers am Domplatz erinnert an den Grundstein des Unternehmens.

Nördlich des Doms verläuft die **Via Emilia** als beliebte Flaniermeile und teilt die Altstadt in einen nördlichen und einen südlichen Bereich. Die Straße besteht aus Kopfsteinpflaster, die Fußgänger sind unter den zahlreichen Markisen der Händler oder in den vielen Laubengängen unterwegs.

Hinter dem Herzogspalast, in dem sich die Militärakademie befindet, folgt man dem Corso Vittorio Emanuele II wenige Hundert Meter zu einem Kreisverkehr, überquert diesen und biegt gleich dahinter rechts in die Via Paolo

132oi-mm

Klassik und Moderne aus Modena

*Modena ist auch wegen zweier Söhne der Stadt bekannt. Da wäre zunächst **Luciano Pavarotti,** der 1935 in Modena geboren wurde und in bescheidenen Verhältnissen aufwuchs. Er gilt als einer der berühmtesten Opernsänger und war Mitglied der Drei Tenöre. Doch er stand nicht nur auf der Opernbühne, sondern gab auch große Konzerte. Im New Yorker Central Park hörte ihm gar eine halbe Million Menschen zu. Kein Klassikkonzert eines Einzelkünstlers hatte mehr Zuhörer. Nach langer schwerer Krankheit verstarb Pavarotti im Jahr 2007 in seiner Geburtsstadt Modena. Noch im Jahr zuvor hatte er seinen letzten großen Auftritt bei der Eröffnungsfeier der Olympischen Winterspiele in Turin. Sein Leichnam wurde im offenen Sarg im Dom zu Modena aufgebahrt. 100.000 Menschen wollten sich von ihm verabschiedeten. Die Trauermesse wurde weltweit übertragen und vom Tenor Andrea Bocelli musikalisch begleitet.*

***Enzo Ferrari** wurde 1898 in Modena geboren und verstarb 1988 im Alter von 90 Jahren ebenfalls dort. Er war Kfz-Schlosser und hatte früh Interesse am damals noch jungen Motorsport. Deshalb bewarb er sich als Werksfahrer bei Fiat in Turin, was ihm jedoch nur eine Ablehnung einbrachte. Nach Erfolgen, die er mit eigenen Mitteln finanzierte, wurde er Werksfahrer bei Alfa Romeo und gründete 1929 seinen eigenen Rennstall, die heute legendäre Scuderia Ferrari.*

*Unter dem Motto „Slow food, fast cars" kann man den Pass **„Discover Ferrari & Pavarotti Land"** erwerben. Im Preis ab 35 € sind der Besuch der beiden Ferarri-Museen, des Pavarotti-Museums, der Zutritt und eine Führung durch ein Feinkostmuseum und bei drei Produzenten regionaler Lebensmittel inbegriffen. Ebenfalls inklusive ist das Shuttle zwischen den Stätten. Erhältlich ist der Pass in den Tourismusbüros von Bologna (s. S. 197) und Modena (s. S. 189), in den beiden Ferrari-Museen und online unter www.ferraripavarottiland.it.*

Ferrari ein. Dort erreicht man das **Geburtshaus von Enzo Ferrari,** das in das angrenzende moderne **Ferrari-Museum** integriert ist. Die Ausstellung inkl. Multimediashow ähnelt einem Showroom und zeigt relativ wenige Fahrzeuge, allerdings wird hier auch mehr auf das Leben und Wirken von Enzo Ferrari eingegangen. Wer sich für die Herstellung der Sportwagen interessiert, sollte gleich das Kombiticket wählen, um auch Zugang zum Museum in Maranello zu bekommen. Damit hat man 48 Stunden Zeit, beide Museen zu besichtigen. Alle 90 Minuten pendelt auch ein Shuttlebus zwischen den Orten.

Maranello befindet sich rund 14 Kilometer südlich von Modena und wird vom Ferrari-Werk geprägt. Selbst wer sich lediglich in dem kleinen Zentrum der ansonsten eher unbedeutenden Ortschaft aufhält, wird vor dem Rathaus von der Skulptur Enzo Ferraris begrüßt. Formel-1-Enthusiasten bekommen nur wenige Hundert Meter entfernt, etwas außerhalb des Zentrums, leuchtende Augen, wenn sie das Gelände des Ferrari-Museums betreten (GPS 44.530024, 10.861981) und die roten Boliden erblicken. Auf einer 45-minütigen Bustour kann man Teile der Werksanlage besichtigen und erhält einen Blick auf die werkseigene Teststrecke Pista di Fiorano. Während der Rundtour durch Maranello und vor allen Dingen im Museum wird man natürlich auch immer wieder auf den Namen Michael Schumacher treffen, der als erfolgreichster Formel-1-Pilot gilt und den Rundenrekord auf der Pista di Fiorano hält.

Zurück in Modena kann man gleich hinter dem Enzo-Ferrari-Museum den Showroom und Teile des Automobilwerks von **Maserati** besichtigen. Der Sportwagenhersteller wurde zwar 1914 in Bologna gegründet, hat aber seinen Sitz und die Produktionsstätte in Modena.

Abschließend lohnt sich noch der Besuch des **Friedhofs San Cataldo** im Nordwesten der Stadt. Nicht wegen des Kontrasts zwischen ruhiger Begräbnisstätte und dröhnenden Motoren und auch nicht allein, weil hier Enzo Ferrari bestattet wurde, sondern wegen des **Beinhauses,** das man mal gesehen haben sollte. Das rot leuchtende Gebäude wurde würfelförmig errichtet und besteht aus vier Etagen, die man über Außentreppen im Innenhof erreichen kann. Über Balkone gelangt man zu den einzelnen Gräbern, die kreuzförmig in der Vertikalen angelegt wurden. Umrahmt wird der Würfel von einem nie fertiggestellten Langhaus, in dem ebenfalls auf mehreren Etagen Gräber untergebracht wurden.

Sehenswertes

› **Casa Museo Luciano Pavarotti,** Stradello Nava, 6, außerhalb des eigentlichen Stadtkerns und südlich der Autobahn 1 in ländlicher Region. Zu erreichen über die SS12 in Richtung Montale und Maranello. Über die Autobahn und den folgenden Kreisverkehr hinweg, kurz darauf an der Beschilderung rechts. (GPS 44.597225, 10.910418), Tel. 059 460778, www.casamuseolucianopavarotti.it, tägl. 10–18 Uhr, Eintritt: 10 €. In der Stadtrandvilla, in der der Tenor seinen Lebensabend verbrachte, erzählt eine umfangreiche Ausstellung vom Leben und Wirken von Luciano Pavarotti. Unter dezenter musikalischer Begleitung wird man durch die ehemaligen Privaträume geführt und erhält einen wunderbaren Einblick in sein Leben und die Welt der Musik.

› **Museo Enzo Ferrari,** Via Paolo Ferrari, 85, Tel. 059 4397979, https://musei.ferrari.com, tägl. 9.30–19 Uhr, Nov.–März nur bis 18 Uhr, Eintritt: 22 € (Kombiticket für beide Ferrari-Museen: 30 €). Das Ferrari-Museum bietet in einem sehenswerten Gebäude nur eine kleine Auswahl an Fahrzeugen. Der Schwerpunkt der Ausstellung liegt auf dem Leben des Gründers Enzo Ferrari.

› **Museo Ferrari Maranello,** Via Alfredo Dino Ferrari, 43, 41053 Maranello MO, entweder mit dem Shuttlebus vom Museo Enzo Ferrari oder auf eigene Faust über SS12 und SP467R nach Maranello, Tel. 0536 949713, https://musei.ferrari.com, tägl. 9.30–19 Uhr, Nov.–März nur bis 18 Uhr, Eintritt: 22 € (Kombiticket für beide Ferrari-Museen: 30 €)

› **Maserati Showroom,** Viale Ciro Menotti, 322, 41121 Modena MO, Tel. 059 590511, www.maserati.com, Mo–Fr 9–19 Uhr, Sa 9–18 Uhr. Der Showroom und einige Bereiche der Fertigung können nach vorheriger Anmeldung besichtigt werden.

133oi-mm

Ein Einkaufsbummel in der Markthalle von Modena ist auf jeden Fall lohnenswert

Information

› **Touristeninformation Modena,** Piazza Grande, 14, Tel. 059 2032660, www.visitmodena.it

Einkaufstipp

› **Mercator Albinelli,** Via Luigi Albinelli, 13, südlich der Piazza Grande, www.mercatoalbinelli.it, Mo–Fr 6.30–14.30 Uhr, Sa bis 19.30 Uhr, im Winter Sa 6.30–14.30 und 16.30–19 Uhr

Ver-/Entsorgung

› **Area Sosta Camper Montale,** GPS 44.578814, 10.908506, Via Colombo Cristoforo, 13, 41051 Montale MO, aus der SS12 von Modena nach Montale, gleich hinter den ersten Geschäften auf der rechten Seite zweimal rechts abbiegen. Grundsätzlich nur eine Ver- und Entsorgungsstation, doch der umliegende öffentliche Parkplatz wird in der Regel auch zum Übernachten genutzt.

212 Wohnmobilstellplatz Modena

GPS 44.613556, 10.943995
Umrahmt von Garagenhöfen und einem Sportplatz befindet sich der Platz ansonsten von Feldern umgeben rund drei Kilometer Luftlinie abseits der Altstadt. Wirkt auf den ersten Blick ungewöhnlich, ist aber eine gute Wahl, um Modena in Ruhe zu besichtigen. **Lage/Anfahrt:** Von der SS9 auf die SS12 gen Süden wechseln. Am Kreisverkehr mit der Weintrauben-Skulptur weiter auf die SS623 Richtung Vignola, hinter einer Tankstelle rechts, an einer T-Kreuzung wieder rechts und die nächste Straße links; **Platzanzahl:** 28; **Untergrund:** Asphalt; **Sicherheit:** umzäunt, beleuchtet, Schrankenanlage; **Preiskat.:** €€; **Max. Stand:** unbegrenzt; **Geöffnet:** ganzjährig (8–23 Uhr); **Kontakt:** Area Sosta Camper Modena, Str. Collegarola, 84/1, 41126 Modena MO, Tel. 0335 427561. Das Schiebetor öffnet sich nach einem kurzen Anruf unter der angegebenen Nummer.

213 Camping International Modena

GPS 44.654306, 10.867127
Einfacher Campingplatz mit etwas veralteten Sanitäranlagen. Nur 100 m weiter befindet sich ein Womo-Händler, der in Sachen Zubehör oder Werkstätten im Notfall weiterhelfen kann. **Lage/Anfahrt:** Inmitten der Autobahnausfahrt Modena-Nord und direkt neben den Mauthäuschen. Größeres Steakhaus direkt nebenan. Autobahn 1, Ausfahrt Modena-Nord, am Kreisverkehr links und am nächsten Kreisel wieder zurück in Richtung Autobahn, aber natürlich nicht wieder drauffahren, sondern vorher rechts zum Platz; **Platzanzahl:** 40; **Untergrund:** Rasen; **Sicherheit:** umzäunt, beleuchtet; **Preiskat.:** €€€; **Max. Stand:** unbegrenzt; **Geöffnet:** ganzjährig; **Kontakt:** Str. Cave di Ramo, 111, 41123 Modena MO, Tel. 059 332252, www.internationalcamping.eu

214 Area Sosta Camper Terra dei Motori, Maranello

GPS 44.540631, 10.826755
Einfacher Wohnmobilstellplatz am Rand eines großen Industrie- und Gewerbegebiets. Relativ viel Lkw-Verkehr, ansonsten jedoch ruhige Lage. **Lage/Anfahrt:** Rund vier Kilometer Fußweg oder Radstrecke bis zum Ferrari-Museum in Maranello. Ab Modena über SS724 bis zur SP467R (hier links) und kurz darauf SP16, an jedem folgenden Kreisverkehr halblinks halten; **Platzanzahl:** 14; **Untergrund:** Pflaster; fest; **Sicherheit:** umzäunt, Schrankenanlage; **Preiskat.:** €; **Max. Stand:** unbegrenzt; **Geöffnet:** ganzjährig; **Kontakt:** Area Sosta Camper Terra dei Motori, Via Cameazzo, 6, 41042 Fiorano Modenese MO, www.camperclubfioranomodenese.it, Tel. 0339 7298238. Vor Ort muss man die Nummer wählen, unter der man einen Code genannt bekommt. Nach Eingabe des Codes in das Zahlenfeld öffnet sich die Schranke.

SANT'AGATA BOLOGNESE

(25 km – km 250)

Wer sich nicht für die legendären Sportwagenhersteller Italiens interessiert, wird Modena vermutlich auf der Via Emilia, auch SS9 genannt, nach Südosten verlassen und als nächstes Ziel die Stadt Bologna (s. S. 191) anvisieren. Alle anderen sollten einen nur wenige Kilometer langen Umweg über die weiter nördlich verlaufende SP255 in Richtung San Giovanni in Persiceto wagen. Dort kommt man über die SP568 später wieder südwärts, doch zuvor wartet direkt an der Straße noch ein weiteres Automobilwerk inklusive kleinem Museum.

1948 wurde im nahegelegenen Örtchen Cento ein Traktorhersteller gegründet, der sich später auf die Produktion von luxuriösen Sportwagen konzentrierte. Der Gründer dieser Firma hieß **Ferruccio Lamborghini.**

› **Museo Lamborghini,** Via Modena, 12, 40019 Sant'Agata Bolognese BO, auf der SP255 bis Sant'Agata Bolognese, das Werk befindet sich auf der rechten Seite, Tel. 051 6817611, www.lamborghini.com, tägl. 9.30–17 Uhr, Nov.–März nur bis 16 Uhr, geschl.: Neujahr, Weihnachten und am 15. August, Eintritt: 20 €. Leider gibt es nur eine begrenzte Zahl an kleinen Parkplätzen ein Stück vor dem Werk (GPS 44.660389, 11.122389) oder in den umliegenden Straßen. Überschaubare Ausstellung der Lamborghini-Fahrzeuge inkl. Kinosaal mit moderner Vorführung. Für 75 € kann man auch an einer Führung durch die Werkshallen teilnehmen. Das Fotografieren und Filmen an der Produktion ist nicht erlaubt und Kinder unter sechs Jahren sowie Personen mit eingeschränkter Mobilität können nicht daran teilnehmen. Für die Werksbesichtigung muss zudem online ein Termin ausgewählt werden.

BOLOGNA

(32 km – km 282)

Mit Bologna erreicht man die größte Stadt an der Via Emilia, eine Stadt, die auf **über 3000 Jahre Geschichte** zurückblicken kann. Die ursprüngliche Siedlung der Etrusker wurde knapp 200 Jahre vor Christus von den Römern erobert und von diesen ausgebaut. Nach dem Untergang des Römischen Reichs verlor auch Bologna an Bedeutung. Erst mit der Gründung der **Universität** begann ihr erneuter Aufschwung. Mit 23 Fakultäten ist sie heute zwar „nur" die drittgrößte Universität des Landes, doch durch ihre Gründung im Jahr 1088 kann sie sich als älteste Universität Europas bezeichnen.

Im 12. Jahrhundert gehörte Bologna zu den zehn bevölkerungsreichsten Städten Europas. Gleichzeitig entwickelte sich eine Skyline, die damals ihresgleichen suchte und sicherlich auch heute noch beeindruckend

134oi-mm

Das Wahrzeichen von Bologna sind die beiden Türme Asinelli und Garisenda

MARCONI
MALPIGHI
Piazza dei Martiri 1943–1945
Piazza 7 Novembre 1944
Parco del Cavaticcio
Parco 11 Settembre 2001
Cinema Lumière
MAMbo (Museo d'Arte Moderna di Bologna) und Museo Morandi
Piazza Pierpaolo Pasolini
CUP Metropolitano
San Carlo
San Filippo e Giacomo
Sympò
Paladozza
Piazza Manfredi
Giardino Decorato al Valore Civile
Largo Caduti del Lavoro
Teatro Arena del Sole
Piazzetta San Giuseppe
Santa Maria della Pioggia
Piazzetta della Pioggia
Ospedale Militare
Santa Maria della Carita'
Basilica di Santa Maria Maggiore
Teatro Manzoni
San Colombano e Madonna dell'Orazione
Museo Civico Medievale
Bischofskirche (Cattedrale Metropolitana di San Pietro)
Santi Gregorio e Siro
Giardino Salvatore Pincherle
Piazza San Francesco
Basilica di San Francesco
Palazzo Re Enzo
Piazza del Nettuno
Palazzo Comunale
Rathaus
Fontana del Nettuno
Voltone del Podestà
Palazzo Podestà
Piazza Maggiore
Basilica di San Petronio
Sant'Isaia
Museo della Resistenza di Bologna
Guardia Medica Ovest
San Salvatore
Questura
Madonna dei Poveri
Piazza Galvani
Piazza de' Celestini
San Paolo Maggiore
San Clemente
S. Caterina di Via Saragozza
Palazzo Albergati
San Procolo
Via Riva di Reno
Via San Felice
Via Ugo Bassi
Via Sant'Isaia
Via Barberia
Via Saragozza
Via Marconi
Via del Pratello
Via delle Lame
Via Don Giovanni Minzoni
Via Indipendenza
Via IV Novembre
Via de' Carbonesi
Via d'Azeglio

Bologna
0
200 m
© Reise Know-How 2024
Piazza XX Settembre
Porta Galliera
Parco della Montagnola
Via dell'Indipendenza
Via Milazzo
San Benedetto
Beata Vergine del Soccorso
Via Masini
Piazza di Porta Mascarella
Porta Mascarella
Viale Carlo Berti Pichat
Gasometro
Orto Botanico ed Erbario
Università di Bologna
Porta S. Donato
Piazza di Porta San Donato
Via Irnerio
Piazza dell'Otto Agosto
Mercato „La Piazzola di Bologna"
Santa Maria e San Domenico della Mascarella
IRNERIO
Via Augusto Righi
Via delle Belle Arti
Pinacoteca Nazionale di Bologna
Piazza Vittorio Puntoni
Università
Via Zamboni
Via San Giacomo
di Bologna
Palazzo Poggi
Piazza Antonino Scaravilli
Teatro Comunale
Largo Respighi
Piazza Giuseppe Verdi
Basilica di San Martino Maggiore
Piazza San Martino
Via Marsala
Museo Ebraico di Bologna (Jüdisches Museum)
GHETTO EBRAICO
San Nicolò
Piazzetta Rosa Bianca
San Sigismondo
Sta. Mari Incoronat
Santi Vitale e Agricola in Arena
Torresotto di San Vitale
Sta. Maria della Pietà
Via San Vitale
Porta S. Vitale
Torre degli Asinelli
Santi Bartolomeo e Gaetano
Galleria Due Torri
Piazza della Mercanzia
Strada Maggiore
Palazzo della Mercanzia
San Michele de Leprosetti
Piazza S. Michele
Museo internazionale e biblioteca della musica di Bologna
Museo Davia Bargellini und Museo Civico d'Arte Industriale (Museum für Industriekunst)
Piazzetta dei Carabinieri
Piazzetta dei Servi di Maria
Chiesa di Santa Maria dei Servi
Santa Caterina
Chiesa di Santa Maria della Vita
Museo Civico Archeologico
Palazzo De' Toschi
Palazzo Pepoli mit Museo della Storia di Bologna
Piazza Santo Stefano
Basilica di Santo Stefano
Sette Chiese
Piazza del Francia
Piazza Minghetti
Via Luigi Carlo Farini
Piazza Cavour
Piazza Calderini
Piazza San Giovanni in Monte
San Giovanni in Monte
Chiesa Sconsacrata di Santa Lucia
Piazza San Domenico
Basilica di San Domenico
GALVANI
Via San Petronio

wäre. Bis zu 180 Geschlechtertürme dominierten das Stadtbild und lassen einen heute zum Begriff eines mittelalterlichen Manhattan verleiten. Wie auch in anderen italienischen Städten stürzten im Laufe der Zeit viele der Geschlechtertürme ein oder wurden in späteren Zeiten geschleift oder gar gesprengt. Noch 20 Türme sind erhalten, wobei die meisten mittlerweile in die Gebäudestruktur neuerer Häuser eingebunden wurden und man ihnen den Status eines Turms nicht auf den ersten Blick ansieht.

Zwei Geschlechtertürme sind aber nicht nur sofort erkennbar, sondern haben sich auch zum Wahrzeichen der Stadt entwickelt. Sie erheben sich in direkter Nachbarschaft dort, wo einst die mittelalterliche Via Emilia von Osten kommend die Altstadt erreichte. Sie stammen aus dem frühen 12. Jahrhundert und tragen die Namen **Asinelli und Garisenda.** Der Nordturm (Garisenda) ist der kleinere von ihnen und dennoch stolze 49 Meter hoch. Auffällig ist sofort seine deutliche Neigung, mit der es zu einem Überhang von 3,20 m kommt. Zum Vergleich: Der schiefe Turm von Pisa hat einen Überhang von 3,90 m. Die deutliche Neigung führte dazu, dass der Turm im 14. Jahrhundert um rund 12 Meter auf seine jetzige Höhe gekürzt wurde. Auch beim Nachbarturm Asinelli geht man davon aus, dass er eigentlich 60 m hoch war. Er wurde aber nicht gekürzt, sondern im Gegenteil sogar noch auf seine heutige Größe von über 97 Metern erhöht. Auch der Torre Asinelli steht nicht kerzengerade in der Altstadt, sondern weist eine Neigung von immerhin 2,20 m auf.

Während der kleinere Torre Garisenda für die Öffentlichkeit nicht zugänglich ist, kann der höhere Torre Asinelli bestiegen werden. Höhenangst und Klaustrophobie sollte man dabei aber besser nicht haben und es ist Kondition gefragt, denn für die Besteigung im teils engen Turm muss man rund 500 hölzerne Stufen überwinden. Dafür wird man oben mit einem tollen Rundumblick weit über die Altstadt von Bologna hinaus belohnt.

Leider ist der Blick von der Straße nach oben zu den Türmen kaum möglich, ohne dass die zahlreichen Oberleitungen der Elektrobusse im Weg sind. Diese fahren auch auf der lebhaften Via Rizzoli, die von den Türmen

1350i-mm

wegführt und auf der man nach etwas mehr als 200 Metern den Torre Lamberti erreicht. Er ist Teil des **Palazzo Re Enzo,** der im 13. Jahrhundert erbaut wurde und noch vom Torre dell'Arengo überragt wird, der jedoch nicht zu den Geschlechtertürmen zählt. Auf der Südseite des Palasts erreicht man die **Piazza Maggiore** als zentralen Ort der Stadt.

Gleich gegenüber vom Palazzo erhebt sich die breite Fassade der **Basilica di San Petronio.** Mit ihrem Kirchenschiff von über 130 Metern Länge zählt sie zu den größten Kirchen weltweit. Wenn es um die Architektur an sich geht, ist sie sogar die größte Kirche ihrer Art. Denn keine andere Kirche, die ausschließlich aus Backstein errichtet wurde, ist größer. Es gab im 16. Jahrhundert sogar Pläne, die Basilika größer zu bauen als den damaligen Petersdom in Rom, was aber von Papst Pius IV. verboten wurde. Dass Größe nicht alles ist, zeigt sich an dieser Kirche aber in besonderem Maße und ist von der Piazza Maggiore aus nicht zu übersehen. Im unteren Bereich präsentiert sich die Kirche zwar mit schönen Sichtblenden aus Marmor, doch im oberen Abschnitt liegt die schmucklose Backsteinfassade komplett frei. Auch das Hauptportal, die Porta Magna, gilt als unvollendet und sollte eigentlich einen spitzen Abschluss über dem Eingang erhalten. Das Innere des Kirchenschiffs wird von 22 Kapellen flankiert, die mit zahlreichen wertvollen Kunstwerken und Kunstgegenständen ausgeschmückt sind.

Von der Kirche wendet man sich nach links und blickt auf das **Rathaus** mit seinem Uhrenturm. Der Palast besteht aus mehreren Gebäudeteilen, die im Laufe der Jahrhunderte entstanden sind. Im Inneren ist die Besichtigung verschiedener Säle möglich. Vor dem Rathauskomplex befindet sich der ebenfalls sehenswerte **Neptunbrunnen.** Er ist ein beliebter Treffpunkt für Jung und Alt und gleichzeitig auch ein wenig anzüglich. Die nackte Skulptur zeigt Neptun mit seinem Dreizack und zu seinen Füßen vier Nymphen, aus deren Brüsten Wasser emporschießt. Der aus Marmor und Bronze bestehende Brunnen wurde Mitte des 16. Jahrhunderts gefertigt.

136ol-mm

Diesen anzüglichen Neptunbrunnen dürfte man wohl heute nicht mehr so gestalten

Breite Straßen laden in der Altstadt von Bologna zum Flanieren ein

Hinter dem Brunnen überquert man wieder die Via Rizzoli und erreicht durch die Laubengänge der abzweigenden Via dell'Indipendenza die **Bischofskirche** von Bologna. Man muss schon ein wenig aufpassen, dass man sie in der lebhaften Straße zwischen den zahlreichen anderen Gebäuden und Geschäften nicht achtlos passiert. Die im 12. Jahrhundert bei einem Großbrand zerstörte und wieder aufgebaute Kirche wurde später barockisiert und zeigt sich im hellen Innenraum daher mit einer kunstvollen Ausstattung und reichhaltiger Verzierung. Einen schönen Ausblick auf Bologna bietet auch hier der **Campanile,** der mit seinen 70 Metern Höhe der zweithöchste Turm der Stadt ist. Während man nach Süden die an-

Bologna Welcome Card

Mit der Bologna Welcome Card hat man in zahlreichen Sehenswürdigkeiten kostenfreien Eintritt, dazu zählen die meisten Museen und auch der Torre Asinelli. In der Basisversion kostet die Rabattkarte 25 € pro Person. In einer erweiterten Form (Bologna Welcome Card Plus) ist sie für 40 € zu haben. Darin enthalten sind dann auch die Fahrt mit der Touristenbahn zur San-Luca-Kirche und Fahrten mit dem roten Hop-on-hop-off-Bus.

Erhältlich sind die Welcome-Karten in der Touristeninformation und online auf www.bolognawelcome.com.

steigenden Hügel außerhalb der Stadt und die Basilika deutlich sehen kann, ist aber kurioserweise auch vom Kirchturm aus die Sicht zu den beiden Türmen Garisenda und Asinelli behindert. Denn genau in der Sichtachse erhebt sich der **Torre Azzoguidi,** der den ungehinderten Blick versperrt. Er ist in Privatbesitz und kann nicht bestiegen werden, doch zur Linken sieht man auf einen weiteren Turm, der einen tollen Panoramablick auf die meisten Türme Bolognas ermöglicht. Allerdings ist der **Torre Prendiparte** nicht „mal eben" zu besteigen. Auch er befindet sich in Privatbesitz und beherbergt ein kleines Hostel. Ohne gleich ein B&B-Zimmer zu buchen, kann man den Turm im Rahmen einer Führung besuchen. Diese findet jeden Samstag um 15.30 Uhr statt und dauert zwei Stunden. Darin enthalten ist nicht nur die Besteigung des Torre Prendiparte, sondern auch ein Rundgang durch die Altstadt mit Besichtigung und Erläuterung (nicht Besteigung!) der beiden Türme Asinelli und Garisenda. Die Rundtour kostet 15 Euro pro Person, mit der Welcome Card gibt es 3 Euro Ermäßigung.

Ein wenig abseits der Türme gibt es in der nördlichen Altstadt auch noch etwas ganz anderes zu besichtigen. Man folgt der Via dell'Indipendenzia weiter bis zur Kreuzung, an der auch einige Bäume Schatten spenden, und biegt rechts in die Via Augusto Righi ein. Hinter der kleinen Pizzeria an der Ecke geht es erneut nach rechts in die Gasse Via Piella. Nach wenigen Metern befindet sich auf der rechten Seite ein kleines Fenster in der Wand. Falls es nicht ohnehin schon geöffnet ist und sich nicht eine Menschentraube davor versammelt hat, kann das **Finestrella** geöffnet werden, damit man einen schönen Blick auf das sogenannte **Kleine Venedig** erhält. Zwischen den beiden Häuserreihen fließt das Wasser des schmalen **Canale delle Moline** und bietet einen tollen Anblick, den man einfach mal genießen sollte. Wem es zu voll ist, der kann natürlich auch einfach die Straßenseite wechseln und auf der anderen Seite zum Kanal hinabblicken. Auch an den beiden Enden des Kanals, an der Via Malcontenti und der Via Oberdan, ist der Blick auf den Kanal möglich.

Natürlich bietet eine Stadt wie Bologna zahlreiche weitere Besichtigungsmöglichkeiten. Zu nennen wären da die verschiedenen Palazzi, die sich innerhalb der Altstadt verteilen und natürlich die Vielzahl an Museen, bei denen für jeden Geschmack etwas dabei ist. Auch an Kirchen bleibt noch eine große Auswahl, so zum Beispiel die **Sieben Kirchen des Klosterkomplexes Santo Stefano** am gleichnamigen Platz. Die Gotteshäuser, die sich alle gleich nebeneinander befinden, gelten als die ältesten in Bologna und stammen teilweise aus dem 5. Jahrhundert. Wer sehr viel Zeit mitgebracht hat, der kann sich auch auf die Suche nach der alten Stadtmauer begeben. An ihrem Verlauf, der der heutigen Ringstraße entspricht, sind noch mehrere sehenswerte Stadttore erhalten.

Auch außerhalb der eigentlichen Altstadt wartet noch eine besondere Sehenswürdigkeit auf den Besucher. Man sollte es sich nicht entgehen lassen, den Hügel **Colle della Guardia** zu erklimmen. Auf ihm befindet sich die Kirche **Santuario della Madonna di San Luca.** Die Wallfahrtskirche ist mit zahlreichen Kunstwerken ausgeschmückt, doch Hauptanziehungspunkt für zahlreiche Pilger ist das

Madonnenbildnis, das mindestens aus dem 12. Jahrhundert stammt. Um die Kirche zu erreichen, begibt man sich im Westen der Stadt zum **Arco del Meloncello.** Der Bogen markiert den Startpunkt für einen Spaziergang durch einen **Arkadengang,** der mit fast vier Kilometern der längste der Welt ist. Zusammen mit den vielen anderen Säulengängen der Stadt steht er seit 2021 auf der Liste der UNESCO-Weltkulturerbestätten. Über 600 Rundbögen passiert man auf dem langen und teilweise steilen Weg hinauf auf den Colle della Guardia. Oben angekommen, genießt man außerdem eine tolle Aussicht auf die noch sanfte Hügellandschaft des nördlichen Apennin. Lediglich auf einen Ausblick auf die Stadt Bologna muss man leider verzichten. Wer nicht in der Lage ist, den Weg durch den Arkadengang zu Fuß zu gehen, kann auch die kleine Touristenbahn benutzen. Das Tagesticket kostet 10 €, für Inhaber der Welcome Card Plus ist die Fahrt inklusive, bei der Basiskarte erhält man 2 Euro Ermäßigung. Die Bahnfahrt startet an der Piazza Maggiore.

Sehenswertes

- **Basilica di San Petronio,** Piazza Galvani, 5, tägl. 7.45–13.30 u. 14.30–18.30, So bis 19 Uhr
- **Rathaus,** Piazza Maggiore, Di–Do 10–13 Uhr
- **Bischofskirche,** Via dell'Indipendenza, 7, tägl. 7–19 Uhr
- **Santuario della Madonna di San Luca,** Via di San Luca, 36, tägl. 7–12.30 u. 14.30–19 Uhr
- **Torre degli Asinelli,** Piazza di Porta Ravegnana, am Ende der Via Rizzoli, 9.30–19.30 Uhr, Besucher werden schubweise eingelassen, in den Wintermonaten nur bis 17.45 Uhr, Eintritt: 5 €
- **Pinacoteca Nazionale di Bologna,** Via delle Belle Arti 56, www.pinacotecabologna.beniculturali.it, Kernöffnungszeit: Di–So 8.30–19.30 Uhr, Eintritt: 6 €, freier Eintritt mit der Welcome Card. Umfangreiche Gemäldeausstellung mit Werken bedeutender Künstler, zum Beispiel das Altarbild „Die Verzückung der Heiligen Cäcilia" von Raffael.
- **Museo Civico Medievale,** Via Manzoni 4, www.museibologna.it/arteantica, Di–So 10–16.30 Uhr, in den Ferien auch Mo, 6 €, freier Eintritt mit der Welcome Card. Das Mittelalter-Museum erzählt von der turbulenten Geschichte der Stadt und zeigt eine umfangreiche Kollektion an Exponaten aus Bronze, Handarbeiten und alten Schriften.
- **Museo Civico Archeologico,** Via dell'Archiginnasio, 2, www.museibologna.it/archeologico, Di–So, saisonal unterschiedliche Zeiten, Kernöffnungszeit tägl. 10–18 Uhr, Eintritt: 6 €, freier Eintritt mit der Welcome Card. Auch diese Ausstellung befasst sich mit der Geschichte der Stadt und der Region. Allerdings geht sie auch noch auf die hier einst ansässigen Etrusker ein.

Information

- **Bologna Welcome,** Piazza Maggiore, Tel. 051 6583111, www.bolognawelcome.com

Einkaufstipp

- **Mercato „La Piazzola di Bologna",** Piazza dell Otto Agosto, ein Häuserblock nördlich des Kanals, www.lapiazzoladibologna.it, Fr/Sa und an ausgewählten Sonntagen 8–19.30 Uhr, vor allen Dingen in der Adventszeit. Großer Markt mit zahlreichen Händlern, der stellenweise an einen Trödelmarkt erinnert. Doch neben viel Ramsch und Billigprodukten gibt es auch schmackhafte Lebensmittel zu erwerben.

215 Campingplatz Centro Turistico Città di Bologna

GPS 44.524006, 11.374312

Größere gepflegte Anlage, auf der auch Chalets angeboten werden. Die Anordnung der Parzellen ist etwas unüblich, sodass man im vorderen Bereich des Platzes mit dem Wohnmobil unmittelbar vor den Chalets steht. Im hinteren Bereich hat es dann schon eher Camping-Charakter. **Lage/Anfahrt:** Nordöstlich außerhalb von Bologna, ruhig gelegen, rund vier Kilometer sind es mit dem Fahrrad oder zu Fuß in die Altstadt. Auf der A14 bis zur Ausfahrt 7–7bis, rechts halten und der Beschilderung folgen, Tickets für den Shuttlebus in die Altstadt von Bologna (Linie 68 bis Via dei Mille, 20 Minuten Fahrzeit) können an der Rezeption gekauft werden. Dieser fährt jedoch nur alle zwei Stunden, die letzte Rückfahrt zum Platz ist um 20.40 Uhr; **Platzanzahl:** 80; **Untergrund:** Rasengitter, Wiese; fest; **Sicherheit:**

umzäunt, beleuchtet, bewacht; **Preiskat.:** €€€; **Max. Stand:** unbegrenzt; **Geöffnet:** ganzjährig, außer in der Weihnachtszeit und über den Jahreswechsel; **Kontakt:** Centro Turistico Città di Bologna, Via Romita, 12/4a, 40127 Bologna BO, Tel. 051 325016, www.hotelcamping.com

216 Wohnmobilstellplatz Bottega del Camper Bologna

GPS 44.524683, 11.332834
Stellplatz bei einem Wohnmobilhändler mit angeschlossener Werkstatt und Zubehörshop. Keine Schönheit, aber für den Besuch von Bologna zweckmäßig. **Lage/Anfahrt:** Rund drei Kilometer Fußweg in die Altstadt. Der Platz befindet sich im Nordwesten der Stadt. A14 bis zur Ausfahrt 5. An den beiden folgenden Kreisverkehren jeweils die letzte Ausfahrt nehmen; **Platzanzahl:** 20; **Untergrund:** Schotter; fest; **Sicherheit:** umzäunt, beleuchtet, Videoüberwachung; **Preiskat.:** €€; **Max. Stand:** unbegrenzt; **Geöffnet:** ganzjährig; **Kontakt:** Bottega del Camper Bologna, Via della Beverara, 157, 40131 Bologna BO, Tel. 051 6341504, www.camperopoli.it

217 Wohnmobilstellplatz Ca' Vecchia

GPS 44.406565, 11.261374
Ruhiger Stellplatz unter Baumkronen, Restaurant gleich nebenan. **Lage/Anfahrt:** Nahe der Autobahn 1, eine knappe halbe Autostunde südlich von Bologna. Ab Bologna über die SS64 bis kurz vor Sasso Marconi, linke Seite; **Platzanzahl:** 12; **Untergrund:** Schotter; fest; **Sicherheit:** umzäunt, Schranke; **Preiskat.:** €; **Max. Stand:** unbegrenzt; **Geöffnet:** ganzjährig (7–23 Uhr); **Kontakt:** Area Sosta Camper Ca' Vecchia, Via Maranina, 9, 40037 Sasso Marconi BO, www.cavecchia.it/area-camper

In etwas mehr als einer Stunde kann man von Bologna nach Florenz fahren. Auf der Autobahn 1, die bei Bologna nun nach Süden abzweigt, durchquert man den nördlichen Apennin und befindet sich mitten in der Toskana. Die hier vorgeschlagene Route verläuft aber weiterhin auf der Via Emilia am Südrand von Oberitalien.

An der SS9 folgen die vier Ortschaften Imola, Faenza, Forlì und Cesena, die alle vier überschaubar sind, jedoch ihren eigenen Reiz haben. **Imola** präsentiert sich am Rande der Altstadt mit einer kleinen Festung, die aus einem quadratischen Grundriss und zwei Innenhöfen besteht. Mächtige, aber nicht hohe Rundtürme an jeder Ecke machen die Burg zu einem Blickfang. Ansonsten ist Imola natürlich berühmt für die **Rennstrecke,** die sich interessanterweise gerade einmal 600 m von der Altstadt entfernt befindet. Benannt ist sie offiziell nach Enzo und Dino Ferrari, die mit ihrem Rennstall die Strecke als ihr Heimspiel betrachteten. Die Idee für die Rennstrecke geht außerdem auf den Ferrari-Gründer zurück. Bis zum Jahr 2006 wurde hier der Große Preis von San Marino ausgetragen, nun gilt die fast fünf Kilometer lange Strecke, in deren Runde sich Wohnhäuser, Felder und sogar einen Sportplatz befinden, als nicht mehr zeitgemäß für die Formel 1. Allerdings finden noch heute Motorradrennen und andere Motorsportereignisse statt. Man kann auf der Viale Dante Alighieri sehr einfach den Innenbereich erreichen und zu Fuß durch die kleine Parkanlage zum Denkmal für **Ayrton Senna** gelangen. Dieser starb hier beim Großen Preis von San Marino am 1. Mai 1994. In seinem Auto fand man die Flagge Österreichs, die der Brasilianer vermutlich bei einem Sieg schwenken wollte, denn am Tag zuvor war bereits der Österreicher Roland Ratzenberger beim Qualifying ebenfalls tödlich verunglückt. Er hatte zwei Wochen zuvor erst sein erstes Formel 1-Rennen zu Ende gebracht.

Die Ortschaft **Faenza** besticht durch die beiden Piazze del Popolo und della Libertà, die in der Altstadt ineinander übergehen. Sie werden von mehreren Arkadengängen und der Kirche San Pietro flankiert. Zwischen den beiden Plätzen erhebt sich ein Uhrenturm und gleich gegenüber blickt man auf die breite und sehenswerte Fassade des Rathauses.

Sie besteht aus dem Laubengang im Erdgeschoss und der von Säulen getragenen Loggia darüber.

Parken

P 27 Parkplatz Faenza, GPS 44.283457, 11.888649

Auch in **Forlì** richtet man sein Augenmerk auf den Platz im Zentrum. Hier trägt er den Namen Piazza Aurelio Saffi. **Cesena** wiederum ist weniger attraktiv und hat lediglich eine besondere Bedeutung in der Geschichte des Vatikans. Gleich drei Päpste, nämlich Pius VI., Pius VII. und Pius VIII. stammen aus der Stadt, weshalb sie auch als Stadt der drei Päpste bezeichnet wird.

Parken

P 28 Parkplatz Forlì, GPS 44.224949, 12.029366

P 29 Parkplatz Cesena, GPS 44.144559, 12.229047

RIMINI

(118 km – km 400)

Leider gibt es entlang der Strecke zwischen Bologna und Cesena keine Wohnmobilstell- oder Campingplätze. Doch bevor man zum Abschluss der Via Emilia auf **Rimini** (s. S. 282) und damit die **Route 9** trifft, überrascht dann doch noch der kleine Ort Santarcangelo di Romagna mit einem modernen Wohnmobilstellplatz.

218 Wohnmobilstellplatz Santarcangelo di Romagna

GPS 44.057974, 12.4473

Schlichter, aber moderner Stellplatz mit allem, was man sich für eine Zwischenübernachtung wünscht. Relativ ruhige Lage und fußläufige Erreichbarkeit der kleinen Innenstadt. **Lage/Anfahrt:** Zwischen Sportzentrum und Wohnviertel im Süden der Ortschaft. Am großen Kreisverkehr im Ort die zweite Ausfahrt nehmen, über den nächsten Kreisverkehr hinweg, kurz darauf auf der linken Seite; **Platzanzahl:** 15; **Untergrund:** Schotter; **Sicherheit:** umzäunt, beleuchtet, Schrankenanlage; **Preiskat.:** €€; **Max. Stand:** 2 Nächte; **Geöffnet:** ganzjährig; **Kontakt:** Area Sosta Camper Santarcangelo di Romagna, Via della Resistenza, 47822 Santarcangelo di Romagna RN

137ol-mm

Das Ayrton-Senna-Denkmal in Imola

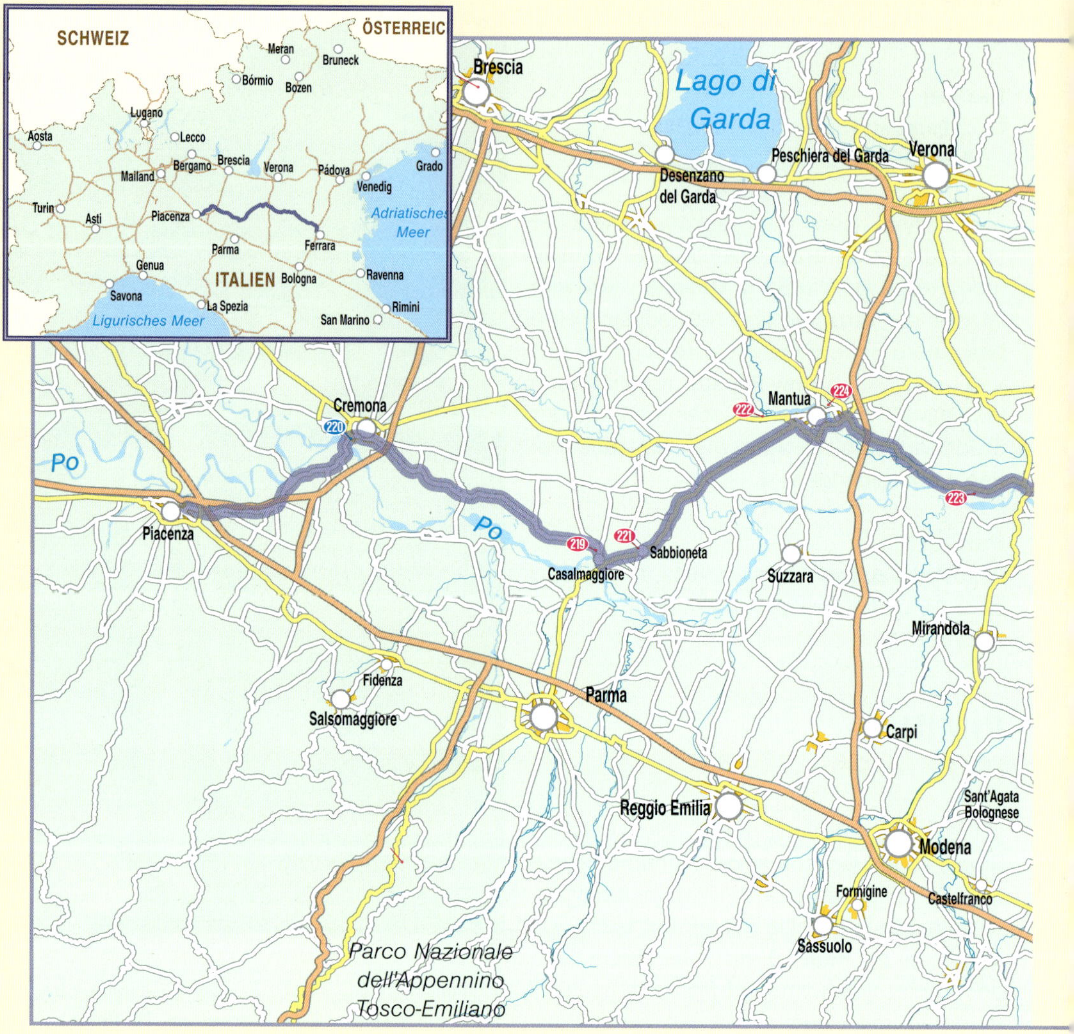

Strecke:

Piacenza (S. 176) - **Cremona** (40 km, S. 202) - **Sabbioneta** (47 km, S. 206) - **Mantua** (32 km, S. 206) - **Ferrara** (87 km, S. 210)

Streckenlänge:

ca. 206 km

Der Unterlauf des Po bietet von Piacenza bis zum Delta an der Adria eine entspannende Landschaft, die zudem leicht zu befahren ist. Zwar gibt es nicht „die" eine Straße am Flussufer auf dem Weg zum Meer, doch man sieht den Po immer wieder. Auf ruhigen Stellplätzen und manchmal sehr einfachen Übernachtungsplätzen oder auch Picknickarealen ist man inmitten von Oberitalien abseits des touristischen Rummels. Hier lässt man es

ROUTE 6: AM UNTERLAUF DES PO

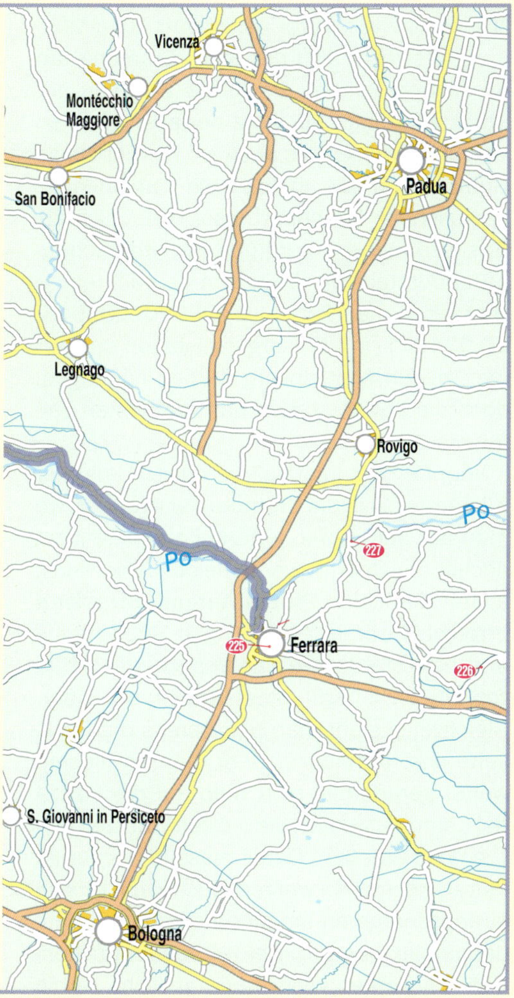

142ol-as©EyesTravelling - stock.adobe.com

sich gut gehen, erholt sich und blickt auf den Fluss, dessen Wasser gemächlich nach Osten zieht. Und wenn es dann doch mal zu ruhig wird, steuert man das Wohnmobil zu den wenigen größeren Städten der Region. Cremona besitzt den zweithöchsten Campanile des Landes und bietet mit der traditionellen Geigenbaukunst wahren Hörgenuss. In Mantua verzaubert in den Seen rund um die Altstadt mit Lotusblüten und in Ferrara begeben wir uns auf die Spuren der Adelsfamilie Este. Und niemanden wird wundern, dass man auch in diesen drei Städten auf ein UNESCO-Weltkulturerbe trifft.

Blick auf die Domkirche von Mantua (s. S. 206)

In **Piacenza** (s. S. 176), das einer der Stopps der Route 5 ist, kann man das Wohnmobil auf die Autobahn 21 steuern, um relativ flott nach Cremona zu gelangen, doch die dafür fällige Mautgebühr kann man sich auch sparen und stattdessen der SP10 folgen. Der Fluss **Po,** dem wir auf dieser Route weitgehend folgen, ist während der Reise nur kurz zu sehen. Er mäandert durch die Landschaft und bildet dabei zahlreiche Schleifen. Die Straßen in der flachen Po-Ebene wurden hingegen relativ gerade gebaut und verlaufen daher nicht am Ufer entlang. Zwischen Piacenza und Cremona bildet der Fluss die Grenze zwischen der Emilia-Romagna und der nördlich gelegenen Lombardei. Ungefähr auf halber Strecke befindet sich das ehemalige **Kernkraftwerk Caorso.** Es wurde 1978 in Betrieb genommen und nach der Reaktorkatastrophe von Tschernobyl (1986) wieder heruntergefahren. In einer Volksabstimmung wurde damals für den Ausstieg aus der Kernenergie gestimmt. In der vierten Legislaturperiode Berlusconis plante man den Wiedereinstieg und hatte sogar schon neue Atomkraftwerke vorgesehen. Doch dann kam Fukushima und eine erneute Volksabstimmung. Von den ehemals vier vorhandenen Kernkraftwerken Italiens ist keines mehr am Netz.

Etwas weiter flussabwärts mündet der Adda, den wir schon vom Comer See (s. S. 41) her kennen, in den Po. In seinem Unterlauf durchquert er auf seinen letzten Flusskilometern den nach ihm benannten **Regionalpark Adda-Süd,** der von einer weitläufigen Auenlandschaft dominiert wird.

⊡ *Das Baptisterium in Cremona ist unbedingt besuchenswert*

CREMONA

(40 km – km 40)

Nur wenige Kilometer östlich der Adda-Mündung erstreckt sich die Stadt Cremona am nördlichen Po-Ufer. Der Fluss wird von der Stadt allerdings nur kurz berührt, was den Vorteil bietet, dass es auch am Po-Ufer einige Grünanlagen gibt und sich ein Campingplatz in Flussnähe befindet. Dieser bietet sich als Basis für eine Erkundung der überschaubaren Altstadt an. Zwar gibt es auch einen zentrumsnahen Parkplatz (GPS 45.137513, 10.034341) mit Entsorgungsstation und der inoffiziellen Möglichkeit, dort zu nächtigen, doch die Sanitärstation hat ihre besten Zeiten hinter sich.

Vom Campingplatz ist es nur ein knapper Kilometer bis in die **Cremoneser Altstadt,** wo man auf dem Corso Vittorio Emanuele II zunächst am Opernhaus vorbeigeht und wenig später die kleine **Piazza Antonio Stradivari** erreicht. Neben dem dortigen Straßencafé ehrt eine Statue den Namensgeber des Platzes und wohl berühmtesten Sohn der Stadt. Gleichzeitig sieht man hier bereits die Rückseite des Rathauses. Geht man an diesem weiter geradeaus, trifft man auf die Piazza del Comune, wo sich die stolzen Wahrzeichen Cremoas erheben. Dabei muss in der Tat im Plural gesprochen werden, auch wenn es sich strenggenommen um einen einzigen Gebäudekomplex handelt. Bei den beeindruckenden Bauwerken weiß man gar nicht, wohin man zuerst schauen soll. Vor einem erhebt sich der **Torrazzo,** der mit seiner Höhe von 112 Metern der **zweithöchste Campanile Italiens** ist. Damit überragt er sogar den wesentlich bekannten Glockenturm am Markusplatz in Venedig um satte 14 Meter. Rechts neben dem Turm befindet sich der aus dem 12. Jahrhundert stammende Dom und gleich daneben blickt man auf die Taufkapelle mit ihrem achteckigen Grundriss. Angesichts dieser Sehenswürdigkeiten geht das Rathaus gegenüber vom Dom beinahe unter. Dabei besticht es mit einem beeindruckenden Arkadengang und zahlreichen Zinnen auf dem Dach.

Zwar wurde der **Dom** im romanischen Stil erbaut, doch er trägt durch mehrere Erweiterungen auch Elemente der Renaissance und der Gotik. Ein wahrer Blickfang ist er durch die marmorne Fassade, die mit mehreren Galerien ausgestattet ist. So mächtig das Gotteshaus wirkt, so filigran scheinen die Säulen zu sein, die einen Bogengang im Erdgeschoss bilden. Oberhalb der Galerien und des Hauptportals fällt natürlich die Rosette auf und fast scheint es so, als wolle sie eine Einheit mit dem Ziffernblatt auf dem Turm gleich nebenan bilden. Dieses hat immerhin einen Durchmesser von über acht Metern und gehört damit zu den größten Kirchturmuhren der Welt.

Wenn man schwindelfrei ist, sollte man den Aufstieg auf den Turm wagen. 500 Stufen sind zu überwinden, die anfangs noch leicht zu begehen sind. Da sich der Turm oberhalb der Glocken jedoch verjüngt bzw. immer spitzer wird, sind die letzten Höhenmeter nur noch über eine hölzerne Wendeltreppe zu erreichen. Belohnt wird man für den Aufstieg mit interessanten Informationen über den Turm und die Turmuhr und natürlich einer tollen Fernsicht, die weit über Cremona und den Fluss Po hinausgeht.

Ungewöhnlich ist der Anblick des 34 Meter hohen **Bapisteriums.** Die meisten Seitenwände bestehen aus Backsteinziegeln, lediglich die Front hin zum Dom ist ebenfalls mit Marmor verkleidet. Das Innere der Taufkapelle ist weniger schmuckvoll als das vergleichbare Baptisterium in Parma und auch schlichter als die prächtige Ausstattung des benachbarten Doms.

Hinter der Kirche verläuft die Via Giovanni Maria Platina bis zur Piazza Sant'Angelo und der angrenzenden Piazza Marconi, wo sich das moderne **Violinenmuseum** befindet. Die Ausstellung ist nicht nur sehens-, sondern

139oi-mm

Geigenbaukunst in Cremona

Cremona steht vor allen Dingen für eine Sache, und zwar für den Geigenbau. Auch wer mit Geigenmusik wenig Berührungspunkte hat, kennt zumindest den klangvollen Namen Stradivari. ***Antonio Giacomo Stradivari*** *wurde Mitte des 17. Jahrhunderts geboren (das genaue Jahr ist nicht belegt). 1737 starb er in Cremona.*

Über seine frühen Jahre ist nur wenig bekannt. Es wird vermutet, dass er Schreiner war, aber auch Schüler von Andrea Amati, der aus Cremona stammte und mehrere Violinen, Bratschen und Violoncelli schuf. Stradivari soll seine bekanntesten Geigen auf dem Dachboden seines Hauses gebaut haben.

Fest steht, dass er eine Vielzahl an Musikinstrumenten fertigte. Noch heute existieren über 600 seiner Geigen. Manche von ihnen werden noch genutzt, andere werden ausgestellt und ganz andere befinden sich wiederum in Privatsammlungen. Gemeinsam haben sie alle, dass sie sehr wertvoll sind. Der bis heute höchste Preis für eine Stradivari wurde 2008 mit umgerechnet 16 Millionen US-Dollar erzielt. Noch knapp vier Jahrzehnte zuvor, im Jahr 1971, war dieselbe Geige im Auktionshaus Sotheby's für den verhältnismäßigen Schnäppchenpreis von 200.000 Dollar versteigert worden. Das Musikinstrument mit dem Namen Lady Blunt, benannt nach Anne Blunt, ihrer ersten Besitzerin, der Enkelin von Lord Byron, wurde 1721 hergestellt. Ihr wird nachgesagt, dass sie sich heute noch nahezu im Originalzustand befindet.

Doch Stradivari war nicht der einzige Geigenbauer in Cremona. Weitere Instrumentenbauer wie ***Bergonzi, Guarneri*** *und natürlich* ***Amati*** *trugen zum Ruf der Stadt in puncto Geigenbaukunst bei.*

Das Besondere am Geigenbau in Cremona ist die Herstellungsart, bei der keine vorgefertigten Teile benutzt werden. Im Jahr 2012 wurde die Cremoneser Geigenbaukunst zum immateriellen Weltkulturerbe ernannt. Noch weit über 100 Geigenbauer sind heute in der Stadt tätig.

natürlich auch hörenswert. Zahlreiche bedeutende Musikinstrumente von Stradivari und Amati können hier besichtigt werden und im geschwungenen Auditorium lauscht man den Klängen echter Stradivari-Violinen.

Sehenswertes

› **Dom und Campanile,** Piazza del Comune, tägl. 8–12 u. 15.30–19 Uhr

› **Baptisterium,** Piazza Sant'Antonio Maria Zaccaria, 11, tägl. 10–13 u. 14.30–18 Uhr, 3 €

› **Museo del Violino,** Piazza Guglielmo Marconi, Tel. 0372 801801, www.museodelviolino.org, Di–So 10–18 Uhr, Eintritt: 12 €

Gastronomie

› **Ristorante Il Violino,** Via Sicardo Vescovo, 3, www.ilviolino.it. Gleich gegenüber vom Dom werde in gehobener Atmosphäre raffinierte italienische Speisen serviert. Selbst das Dessert wird in Form einer Geige kreiiert.

In Cremona hat man die Qual der Wahl, wie man in den nächstgrößeren Ort, nach Mantua, fahren möchte. Die schnellste Verbindung ist die SP10, auf der man die rund 70 Kilometer in etwas mehr als einer Stunde zurücklegt.

Wer lieber dem weiter südlich liegenden Flusslauf folgen möchte, der nutzt kleinere Nebenstraßen. Dabei orientiert man sich an den Ortschaften **Casalmaggiore** und **Viadana,** die ungefähr auf halber Strecke liegen. Spätestens bei **Borgoforte** wechselt man auf die größere SS62, um nordwärts in das nahe gelegene Mantua zu fahren.

Da beide Varianten touristisch wenig interessant und ohne nennenswerte Infrastruktur sind, wird man auf klassische Wohnmobilstellplätze oder gar Campingplätze unterwegs verzichten müssen. Dennoch bietet die Anfahrt über die kleineren Straßen einige schöne Picknickplätze oder zumindest

220 Camping Parco al Po

GPS 45.125099, 10.008662

Ruhiger Campingplatz im Grünen, gute Ausgangslage für eine Besichtigung von Cremona. Es sind nur 15 Minuten Fußweg in die Altstadt. Ein Restaurant befindet sich in der Nähe. Die Ein- und Ausfahrt erfolgt über ein vollautomatisches Schrankensystem. Der Übergang zwischen Wohnmobilstellplatz und Campingplatz ist fließend. Achtung, jedes Jahr im November findet nebenan ein großes Festival statt. **Lage/Anfahrt:** Nah am Flussufer und bei einem Freizeitzentrum gelegen. Nach der Überquerung des Flusses die SP10 halbrechts verlassen und in der Linkskurve an der Pizzeria rechts abbiegen; **Platzanzahl:** 56, einige Stellplätze sogar überdacht; **Untergrund:** Wiese; fest; **Sicherheit:** umzäunt, Videoüberwachung; **Preiskat.:** €-€€; **Max. Stand:** unbegrenzt; **Geöffnet:** ganzjährig; **Kontakt:** Camping Parco al Po, Via del Sale, 60, 26100 Cremona CR, Tel. 0340 8420465, www.campingcremona.it

0050i-mmi

zweckmäßige Parkplätze, die teilweise auch zum Übernachten genutzt werden können. Etwas abseits des Flusses erreicht man ab Casalmaggiore über die SP420 zudem den kleinen Ort Sabbioneta (s. S. 206).

Park- und Picknickplätze

P 30 Parkplatz Polesine Parmense, GPS 45.020933, 10.092265, Via Vittorio Catelli, 3a, 43010 Polesine Parmense PR, . Am südlichen Flussufer, südlich von Cremona, in der Nähe eines kleinen Kastells und eines Restaurants.

31 Picknickplatz am Po, GPS 45.041726, 10.184018, 26046 San Daniele Po. Zwischen Cremona und Casalmaggiore an einem kleinen Dorf nahe der SP33, nördliches Po-Ufer, kleine Bar in der Nähe.

P 32 Parkplatz bei Roccabianca, GPS 45.022709, 10.227313, Argine Cristo, 2, 43010 Roccabianca PR. Geschotterter Parkplatz, nicht schön, aber zweckmäßig und in der Nacht auch ruhig. Direkt am Fluss.

P 33 Parkplatz bei Torricella, GPS 44.983835, 10.308335, Via Argini Nord, 2, 43018 Sissa PR. Westlich von Casalmaggiore, aber am südlichen Po-Ufer, Parkplatz eines Restaurants direkt am Wasser.

219 Wohnmobilstellplatz Casalmaggiore

GPS 44.993896, 10.411734

Dieser einfache Stellplatz ist Teil eines Parkplatzes. Für eine Übernachtung ist er zweckmäßig, aber kein Ort für einen Urlaub. **Lage/Anfahrt:** Der Platz befindet sich am örtlichen Stadion. Im Ort muss man die SP343R verlassen und in Richtung Sportzentrum fahren; **Platzanzahl:** 20; **Untergrund:** Asphalt; **Sicherheit:** beleuchtet; **Preiskat.:** €; **Max. Stand:** 2 Nächte; **Geöffnet:** ganzjährig; **Kontakt:** Wohnmobilstellplatz Casalmaggiore, Str. Vicinale Baslenga di Mezzo, 7–12, 26041 Casalmaggiore CR

SABBIONETA

(47 km – km 87)

Mit weniger als 5000 Einwohnern ist die Ortschaft sehr überschaubar und bietet dennoch einen kleinen Vorgeschmack auf Mantua, denn beide Altstädte wurden gemeinsam in die Weltkulturerbeliste der UNESCO aufgenommen: Mantua als Paradebeispiel einer Stadterweiterung in der Renaissance und Sabbioneta, das zu dieser Zeit neu entstand, als Beispiel der damaligen Vorstellungen einer idealen Stadt.

Der Adelige **Vespasiano Gonzagha** (1531–1591) erbte das damals unbedeutende Dorf Mitte des 16. Jh. und ließ eine Residenz errichten, was heute als erste autonome Stadtgründung dieser Epoche bezeichnet wird. Er plante, aus Sabbioneta eine Kunst- und Kulturstadt zu machen, doch nach seinem Tod endete die Bautätigkeit und Sabbioneta verfiel in eine Art Dornröschenschlaf. Die Renaissancebauwerke sind aber bis heute erhalten geblieben und einen Zwischenstopp wert.

Ver-/Entsorgung

› **Boretto,** Via Europa, GPS 44.899010, 10.550589, Asphaltparkplatz vor dem Friedhof

221 Wohnmobilstellplatz Sabbioneta

GPS 44.994604, 10.48856

Einfacher Wohnmobilstellplatz außerhalb der Altstadt. Sehr enge Stellflächen. Das relativiert sich aber, da der Platz selten komplett belegt ist. Gelegentlich wird er auch von Pkw genutzt. **Lage/Anfahrt:** In unmittelbarer Nähe zu einem Fabrikgelände, aber nur wenige Gehminuten in die Altstadt. Ab Casalmaggiore auf der SP420 bis zum Ort und auf die SP63 wechseln. Gleich dahinter auf der linken Seite; **Platzanzahl:** 20; **Untergrund:** Asphalt; **Sicherheit:** beleuchtet; **Preiskat.:** €; **Max. Stand:** 2 Nächte; **Geöffnet:** ganzjährig; **Kontakt:** Wohnmobilstellplatz Sabbioneta, Via Piccola Atene, 28–6, 46018 Sabbioneta MN

MANTUA

(32 km – km 119)

Für Mantua sollte man sich ausgiebig Zeit nehmen. Nach dem Abstellen des Wohnmobils auf dem Stellplatz geht es nach wenigen Schritten auf einen Damm, von dem aus man einen tollen Blick auf die Stadt hat. Rechter Hand breitet sich der **Lago di Mezzo** aus, während zur Linken der Lago Inferiore zu sehen ist. Sie sind zwei der vier Seen, die im 12. Jahrhundert angelegt wurden, um damit eine Verteidigungslinie um die Stadt zu schaffen. Eigentlich handelt es sich um das Wasser des Flusses **Mincio,** der hier zu den Gewässern **Superiore, di Mezzo, Inferiore und Paiolo** aufgestaut wurde. Sie sind jeweils durch Dämme voneinander abgetrennt und nur kleine Durchlässe ermöglichen es, dass der eigentliche Fluss weiter seinen Weg in Richtung Po finden kann.

Eine Besonderheit sind die zahlreichen **Lotusblumen,** die vor allen Dingen im westlichsten der Seen, dem **Lago Superiore,** zu sehen sind. Sie wurden im frühen 20. Jahrhundert dort angepflanzt, weil man damals aus ihnen Lebensmittelstärke gewinnen wollte. So schön die Lotusblume auch ist, insbesondere zur Blütezeit im Juli und August, so sind sie dennoch Neophyten, also eine gebietsfremde Art, und gehören eigentlich nicht hierher.

Gleich nach dem Verlassen des Damms betritt man die **Altstadt,** die von der UNESCO als schutzwürdiges Weltkulturerbe bezeichnet wird. Herausragend ist dabei der Gebäudekomplex **Palazzo Ducale.** Es handelt sich um den ehemaligen Herzogspalast, der erstmalig im frühen 14. Jahrhundert als solcher genutzt wurde. Beinahe jeder nachfolgende Herzog wünschte sich einen eigenen Gebäudeflügel, in dem auch die eigenen Kunstwerke untergebracht werden konnten. So entwickelte sich der Palast im Laufe der Zeit zu dem heutigen Komplex, der zu einem der größten Paläste Europas zählt und mehr als 500 Säle beherbergt. Die entstandenen Gebäudeflügel umschließen sieben Gärten

Mantua und die Liebe

Natürlich ist es nur ein Zufall, doch immer wieder stößt man in Mantua auf das Thema Liebe. So ist die Stadt zunächst einmal der Verbannungsort von Romeo in der wohl bekanntesten Liebesgeschichte der Welt,"Romeo und Julia". Darüber hinaus wachsen in den umliegenden Seen zahlreiche Lotuspflanzen, die in ihrer natürlichen Heimat Asien, vor allen Dingen in China, als Symbol für die Liebe und die eheliche Verbundenheit gesehen werden. Und zu guter Letzt werden im Archäologiemuseum am Palazzo Ducale die sogenannten „Liebenden von Valdaro" ausgestellt. Hierbei handelt es sich um zwei menschliche Skelette, die am östlichen Stadtrand von Mantua gefunden wurden. Sie sind über 5000 Jahre alt und die Überreste eines jungen Paares, das eng umschlungen in seinem Grab lag. Die Gesichter waren nur wenige Zentimeter voneinander entfernt und sich gegenseitig zugewandt, was einen schon beinahe romantischen Eindruck hinterlässt.

und acht Innenhöfe, weshalb man sich für die Besichtigung ausreichend Zeit nehmen sollte. In einem der Flügel ist unter anderem das Nationale Archäologische Museum untergebracht, in dem die sogenannten „Liebenden von Valdaro" gezeigt werden (s. Exkurs oben).

Entlang der Piazza Sordello kommt man zum ältesten Bauwerk des Palazzo Ducale, dem **Palazzo del Capitano,** der schon durch seine zahlreichen Zinnen auf dem Dach auffällt. Gleich gegenüber befindet sich die **Domkirche,** die Ende des 14. Jahrhunderts erbaut wurde und im 18. Jahrhundert eine Marmorfassade erhielt. Ebenfalls sehenswert und Teil des Weltkulturerbes ist die **Kirche Sant'Andrea.** Sie erreicht man bei einem gemütlichen Spaziergang durch die Arkaden, die an der Piazza Sordello beginnen und an der Piazza Broletto und der Piazza delle Erbe vorbei bis zur Piazza Andrea Mantegna verlaufen. Von außen fällt die Kirche kaum auf, immerhin wurden viele Wohn- und Geschäftshäuser direkt an das Kirchenschiff gebaut, doch im Inneren beeindruckt sie mit der tollen Ausschmückung der Gewölbedecken und mit ihrer prachtvollen Kuppel.

Zeit nehmen sollte man sich auch für den Besuch des **Palazzo Te,** der sich am südlichen Rand der Altstadt und damit sogar fast eineinhalb Kilometer von der Kirche Sant'Andrea entfernt befindet. Der Architekt Giulio Romano, der bei Raffael lernte, schuf dieses Lustschloss für die Adelsfamilie Gonzaga. Im Wesentlichen handelt es sich um ein vierflügeliges Gebäude, das einen Innenhof umschließt, doch die wahre Schönheit kommt im Inneren des Palazzo Te zum Vorschein. Zahlreiche Räume wurden mit farbenprächtigen Fresken ausgestaltet. Als Höhepunkt gilt dabei die Sala dei Giganti, die Halle der Riesen. Der quadratisch angelegte Raum gilt als Haupthalle, deren Decke optisch so bemalt wurde, als würde sich dort eine Kuppel befinden: Dargestellt wird Zeus, der mit einem Blitz die Riesen bekämpft, die gerade zum Olymp aufsteigen wollen.

Mantua bietet darüber hinaus noch einiges mehr. Zahlreiche **Museen** in der Altstadt lassen den Aufenthalt kurzweilig werden und nicht vergessen werden sollte das vorgelagerte Dorf **Andes,** das als Geburtsort Vergils bezeichnet wird. Er gilt als wichtigster Autor der römischen Antike und schuf das Nationalepos „Aeneis". In dem Zusammenhang sei auch die nach ihm benannte Grünanlage am Südufer des Lago di Mezzo zu empfehlen. Am Rande der Altstadt bildet sie eine grüne Lunge, die gern zum Verweilen und als Treffpunkt der Einheimischen genutzt wird. Am Ende der Piazza Virgiliana erhebt sich eine Statue des Dichters.

Wenige Kilometer westlich von Mantua, direkt an der SP10 und idealerweise auch mit einem Wohnmobilstellplatz versehen, kann man das Dorf **Grazie di Curtatone** besuchen. Die dortige Kirche **Santuario della Beata Vergine** überrascht im Inneren mit einer Vielzahl an Votivfiguren, teilweise aus Wachs, und einem ausgestopften Krokodil, das aus ungeklärten Gründen bereits seit dem 15. Jahrhundert unter der Decke hängt.

Die Ortschaft grenzt an den **Parco del Mincio,** ein Naturreservat des Flusses, das sich nordwestlich von Mantua erstreckt. Es ist von mehreren Wanderrouten und Radwegen durchzogen, doch beliebt sind natürlich auch Fahrten mit dem Ausflugsboot oder mit dem Kanu. Verschiedene Touren, die zwischen ein und drei Stunden dauern und vor allen Dingen Lotuspflanzen im Vordergrund haben, sind ab Mantua möglich. Rund um den gesamten Naturraum gibt es zahlreiche Infocenter, die über Flora und Fauna sowie über Freizeitmöglichkeiten informieren. Weitergehende Informationen, auch auf Englisch, erhält man auch unter www.parcodelmincio.it.

140ol-mm

Sehenswertes

- **Sant'Andrea,** Piazza Andrea Mantegna, 1, Mo–Fr 8–12 u. 15–19 Uhr, Sa 10.30–12 Uhr, So 11.45–12.15 u. 15–17 Uhr
- **Palazzo Te,** Viale Te, 13, Mo 13–18.30 Uhr, Di–So 9–18.30 Uhr, Eintritt: 15 €
- **Palazzo Ducale,** Piazza Sordello, 40, Tel. 0376 352100, www.mantovaducale.beniculturali.it, Di–So 8.15–19.15 Uhr, Eintritt: 15 € (Kombiticket u. a. auch für Nationales Archäologisches Museum)
- **Nationales Archäologisches Museum,** Piazza Castello, 1, am Palazzo Ducale, Tel. 0376 320003, www.museoarcheologicomantova.beniculturali.it, Di–Sa 8.30–18.30, So 8.30–13.30 Uhr, Eintritt: 15 € (Kombiticket, u. a. auch für Palazzo Ducale)
- **Galleria Storico Nazionale dei Vigili del Fuoco,** Largo Vigili del Fuoco, 1, am östlichen Altstadtrand am Ufer des Lago Inferiore, Tel. 0376 364124, www.museovigilidelfuoco.it, Sa 14.30–18, So 10–12 und 14.30–18 Uhr. Hier steht die Feuerwehr im Mittelpunkt der Ausstellung. Gemälde, Uniformen und historische Feuerwehrwagen sind zu sehen.

Information

- **Touristeninformation,** Piazza Andrea Mantegna, 6, 46100 Mantova MN, direkt an der Basilika Sant'Andrea, Tel. 0347 4022020, www.visitmantua.it

Gastronomie

- **Forneria delle Erbe,** Portici, Via Broletto, 28, im Laubengang zwischen Dom und Kathedrale. Interessante regionale Spezialitäten wie gekochte Nudeln, die in Süßgebäck eingebacken wurden. Kuriose Speisenauswahl, die man sich ansehen sollte.

222 Wohnmobilstellplatz Grazie di Curtatone

GPS 45.153015, 10.692097

Für diesen kleinen Ort ein überraschend großer Stellplatz. Direkt an der SP10, daher auch mit Straßenlärm. Rund sieben Kilometer außerhalb der Altstadt von Mantua. **Lage/Anfahrt:** Über die SP10 erreichbar, von Mantua kommend auf der rechten Seite gelegen; **Platzanzahl:** 100; **Untergrund:** Asphalt, Wiese; fest;

224 Wohnmobilstellplatz Mantua (Sparafucile)

GPS 45.163654, 10.81224

Großer Stellplatz, der ein idealer Ausgangspunkt für eine Besichtigungstour von Mantua ist. Gleich nebenan befindet sich ein kleiner Skulpturenpark mit modernen Plastiken aus Alltagsgegenständen. Der Palazzo Ducale und damit die Altstadt sind nur etwa einen Kilometer entfernt und über den Damm erreichbar. Abends lohnt sich der Gang zum Seeufer, um die Silhouette der Stadt am anderen Ufer zu sehen. **Lage/Anfahrt:** Ruhige Lage in Seenähe. Auf der SP10 über den Damm fahren und gleich dahinter links auf das Stellplatzgelände abbiegen. **Platzanzahl:** 50; **Untergrund:** Wiese; fest; **Sicherheit:** umzäunt; **Preiskat.:** €€; **Max. Stand:** 2 Nächte; **Geöffnet:** ganzjährig; **Kontakt:** Area Sosta Camper Mantua (Sparafucile), Via Legnago, 1922, 46100 Mantova MN

141ol-mm

Sicherheit: umzäunt, beleuchtet; **Preiskat.:** €; **Max. Stand:** unbegrenzt; **Geöffnet:** Anf. März–Anf. August und ca. 22. Aug.–Mitte Nov. In den zwei mittleren Augustwochen ist der Platz wegen der dann stattfindenden Pilgermesse gesperrt; **Kontakt:** Wohnmobilstellplatz Grazie di Curtatone, Parco Paganini, Via della Fiera, 1, 46010 Grazie MN, Tel. 0334 2136247, www.camperclubmantova.com

Am Unterlauf des Mincio verlässt man die Region rund um Mantua und erreicht bald wieder den Po. Auf der SP482 und später der SR6 folgt man dem Lauf des Flusses nach Ferrara und hat unterwegs noch die Möglichkeit, den schönen Wohnmobilstellplatz Libiola aufzusuchen.

Die Kathedrale San Pietro in Mantua wirkt relativ klein

223 Wohnmobilstellplatz Libiola

GPS 45.062276, 11.061551

Moderner und ruhiger Stellplatz an einem Sportplatz in einem touristisch eher unbekannten Dorf. Südöstlich von Mantua auf der nördlichen Seite des Po gelegen, aber nicht direkt am Fluss. **Lage/Anfahrt:** Auf der SP483 bis Libiola, rechts in die Via 4 Novembre und wenig später links zum Sportplatz; **Platzanzahl:** 12; **Untergrund:** fest; **Sicherheit:** beleuchtet; **Preiskat.:** €; **Max. Stand:** 2 Nächte; **Geöffnet:** ganzjährig; **Kontakt:** Area Sosta Camper Libiola, Via Gli Zingari, 4, 46030 Libiola MN

Ver-/Entsorgung

- **Stienta,** Via Argine Sabato, 263A, 45039 Stienta, GPS 44.936447, 11.551150, SR6 bis Stienta, hinter den letzten Häusern rechts abbiegen, Höhenbeschränkung 3,40 m. Reine Ver- und Entsorgungsstation. Übernachten ist nicht erlaubt, die Parkzeit ist auf eine Stunde beschränkt.

FERRARA

(87 km – km 206)

Ferrara ist die letzte größere Stadt vor dem Po-Delta und der letzte Stopp auf dieser Route. Sie wurde nicht von den Römern gegründet, was für italienische Städte relativ ungewöhnlich ist, sondern erst Mitte des 8. Jahrhunderts.

Das Haus Este, eine der ältesten Adelsfamilien Italiens, hatte schon seit dem 12. Jahrhundert viel Einfluss in Ferrara. Die Familie ließ auch das markante **Castello Estense** im Mittelpunkt der Altstadt bauen. Als sie die Stadt verließ, verlor das Bauwerk an Bedeutung, konnte jedoch erhalten werden und zeigt sich noch heute in weiten Teilen in der Struktur des 16. Jahrhunderts. Es fällt auf den ersten Blick durch einen Wassergraben auf, der das Schloss umgibt, doch auch die Bauweise ist auffällig und eher als unruhig zu bezeichnen. Abgesehen von dem quadratischen Grundriss fehlt es dem Castello an Symmetrie. Die Festungsanlage besitzt an den Türmen sogenannte Vorschanzen, die unterschiedlich hoch sind. An der Südseite ist das Bauwerk durch einen Anbau mit den Gebäuden der Altstadt verbunden. Trotz oder gerade wegen dieser Unruhe ist das Castello Estense bereits von außen sehenswert. Immerhin wirkt es wie ein trutziges Bollwerk. Doch auch der Besuch im Inneren der Anlage lohnt sich und bietet mehrere Säle und andere Räume, die teilweise mit kunstvollen Fresken verziert sind.

Zwar kann die **Altstadt** von Ferrara nicht ganz mit der von Mantua mithalten, dennoch hat sie sich ebenfalls einen Platz auf der Liste der UNESCO-Weltkulturerbestätten verdient. Biagio Rossetti war Hofarchitekt der Este-Familie und erweiterte die Stadt im ausgehenden 15. Jahrhundert um die noch heute vorhandenen breiten und geraden Straßen, die für damalige Verhältnisse ungewöhnlich waren. Diese Erweiterung gilt als erstes Beispiel moderner Stadtplanung. Auch das Castello Estense und die nicht weit entfernte **Kathedrale** von Ferrara gehören zum Welterbe. Errichtet wurde das prachtvolle Gotteshaus im 12. Jahrhundert. Es besticht durch eine schöne dreigiebelige Frontfassade, die komplett mit Marmor verkleidet wurde und einige Loggien beherbergt. Der Einfluss der Adelsfamilie Este auf die Altstadt, die übrigens noch heute von einer neun Kilometer langen Mauer umgeben ist, zeigt sich auch nördlich des Castello. Dort zweigt der Corso Ercole d'Este ab und verläuft am Palazzo Giulio d'Este vorbei. Dieser macht jedoch deutlich weniger her

211oi-mm

Trutzig steht die Festung Estense nicht nur mitten in der Altstadt, sondern auch mitten im Wasser

als der Palast an der nächsten Straßenkreuzung. Dort steht der **Palazzo dei Diamanti** mit seiner schmucken Fassade im Stil der Renaissance, der ebenfalls von Biagio Rossetti entworfen wurde. Die Fassade besteht aus Marmorblöcken, die mit der spitzen Seite nach außen angebracht wurden und so eine Struktur ergeben, die an die Gestalt eines Diamanten erinnern soll.

Sehenswertes

› **Castello Estense,** Largo Castello, 1, Tel. 0532 299233, www.castelloestense.it, März–Sept. tägl., im Winter Mo geschlossen, Eintritt: 12 €

Information

› **Touristeninformation,** Largo Castello, 1, im Castello Estense, Tel. 0532 209370, www.ferrarainfo.com

225 Wohnmobilstellplatz Ferrara

GPS 44.834764, 11.610038

Innerstädtischer Stellplatz als abgeteilter Bereich neben einem Großparkplatz, daher mit Verkehrslärm. Dafür inmitten der Altstadt und nur 700 m vom Castello Estense entfernt. Für diesen Platz ist im Voraus eine Online-Registrierung auf der ausschließlich italienischsprachigen Website notwendig, bei der man seine Kreditkartendaten hinterlegen muss. Wer nicht im Besitz einer Kreditkarte ist, muss sich zum Büro an der Via J.F. Kennedy 6/8 begeben und dort am Automaten mit Girocard bezahlen. Eine Zahlung mit Bargeld ist nicht möglich. **Lage/Anfahrt:** Die SS16 am Kreisverkehr am südlichen Altstadtrand in Richtung Centro und Parcheggio verlassen. Der Platz auf der linken Seite muss anschließend weiträumig umrundet werden, bis man die Einfahrt erreicht; **Platzanzahl:** 31; **Untergrund:** Rasengitter; **Sicherheit:** umzäunt, beleuchtet; **Preiskat.:** €; **Max. Stand:** 3 Nächte; **Geöffnet:** ganzjährig; **Kontakt:** Wohnmobilstellplatz Ferrara, Vaia, Rampari di San Paolo, 44121 Ferrara FE, Tel. 0532 230110, www.ferraratua.it

Von Ferrara aus ist es nur noch ein Katzensprung bis zur **Adria** bzw. bis zum **Po-Delta.** Über die SS16 erreicht man spielend die Stadt **Ravenna** (Route 9, s. S. 279, 77 km), auf der vierspurigen RA8 gelangt man zu den kleineren Orten an der Mittelmeerküste und natürlich bleibt auch weiterhin die Möglichkeit, auf kleineren Nebenstraßen dem Lauf des Flusses Po so direkt wie möglich zu folgen. Alle drei Wege treffen auf die **Route 9** (s. S. 263), auf der man die Adriaküste zwischen San Marino und Venetien näher kennenlernt.

Alternativ kann man auch die beinahe parallel verlaufenden **Routen 7** (s. S. 213) im Norden und **5** (s. S. 162) im Süden sehr gut erreichen, z. B. auf der A13 nach Padua (s. S. 236, 76 km) bzw. nach Bologna (s. S. 191, 48 km).

226 Wohnmobilstellplatz Migliarino

GPS 44.772381, 11.93428

Einfacher Stellplatz auf halber Strecke zwischen Ferrara und der Adria. Inmitten einer kleinen, ruhigen Ortschaft. **Lage/Anfahrt:** Unmittelbar an einem Ausläufer des Po. Auf der RA8 ab Ferrara bis zur Ausfahrt Migliarino, weiter auf der SP68, am Ortsrand im Kreisverkehr links; **Platzanzahl:** 6; **Untergrund:** Rasengitter; **Sicherheit:** umzäunt; **Preiskat.:** €; **Max. Stand:** 3 Nächte; **Geöffnet:** ganzjährig; **Kontakt:** Area Sosta Camper Migliarino, Via A. Forti, 292, 44027 Migliarino FE

227 Sosta Camper di Ro

GPS 44.956458, 11.756748

Wer dem Lauf des Po folgt, findet hier einen einsam gelegenen Stellplatz direkt am Po-Radweg vor. Etwas Lärm durch die nahe Straßenbrücke. **Lage/Anfahrt:** Südlich von Polesella am Po. Die SS16 Richtung Ro Ferrarese verlassen, weiter auf der SP40 und auf der SP14 den Fluss überqueren. Mehrfaches Wenden notwendig, ist aber ausgeschildert; **Platzanzahl:** 10; **Untergrund:** Rasengitter; **Preiskat.:** €; **Max. Stand:** 3 Nächte; **Geöffnet:** ganzjährig; **Kontakt:** Sosta Camper di Ro, Ciclabile FE20, 44030 Ro FE

143oi-mm

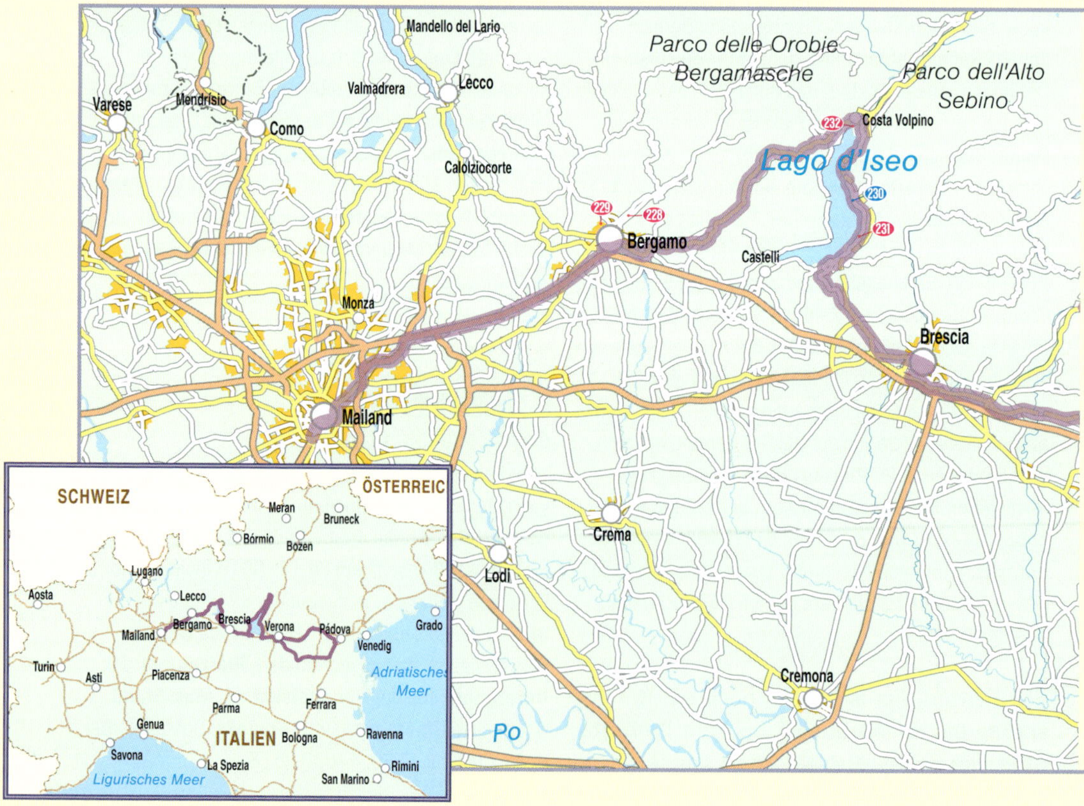
Mandello del Lario
Parco delle Orobie Bergamasche
Parco dell'Alto Sebino
Varese
Mendrisio
Valmadrera
Lecco
Como
Costa Volpino
232
Lago d'Iseo
Calolziocorte
229
228
230
231
Bergamo
Castelli
Monza
Brescia
Mailand
Crema
Lodi
Cremona
Po
SCHWEIZ
ÖSTERREIC
Meran
Bruneck
Bórmio
Bozen
Lugano
Aosta
Lecco
Bergamo
Brescia
Verona
Pádova
Grado
Mailand
Venedig
Turin
Asti
Piacenza
Adriatisches Meer
Parma
Ferrara
Genua
ITALIEN
Bologna
Ravenna
Savona
La Spezia
Rimini
Ligurisches Meer
San Marino

ROUTE 7: AM SÜDRAND DER ALPEN DURCH VENETIEN

Ein Wechselspiel zwischen Gebirgslandschaft und Kultur bietet diese Route, die von West nach Ost an den südlichen Alpenhängen verläuft. Leicht hügelig wird es bereits in Bergamo, wo die Altstadt sich in Unter- und Oberstadt teilt. Vor allem Letztere bietet viele kulturelle Schätze. Nach einer Umrundung des Iseosees mit Besuchen an den Erdpyramiden und der Monte Isola, genießt man die Wanderungen durch ein Naturreservat am Südufer, bevor es in Brescia wieder mit Kultur weitergeht. Der nächste See lässt danach nicht lange auf sich warten und bietet eine schöne Umrundung, für die man mehrere Tage einplanen sollte: Der Gardasee besticht mit Bergpanorama und mediterranen, kleinen Ortschaften. Zum Abschluss der Route folgen die Altstädte von Verona, Vicenza und Padua. Hier wandelt man auf den Spuren von Romeo und Julia, lässt sich von der Renaissance-Architektur begeistern und besucht eines der acht christlichen Heiligtümer, und zwar das, in dem der hl. Antonius begraben liegt.

Strecke:

Mailand (S. 164) – **Bergamo** (51 km, S. 214) – **Lago di Iseo** (47 km, S. 220) – **Brescia** (49 km, S. 223) – **Lago di Garda** (34 km, S. 224) – **Verona** (inkl. Gardasee-Umrundung 157 km, S. 228) – **Vicenza** (57 km, S. 235) – **Padua** (50 km, S. 236)

Streckenlänge:

ca. 445 km

◁ *Zahlreiche Skulpturen zieren den Prato della Valle in Padua (s. S. 236)*

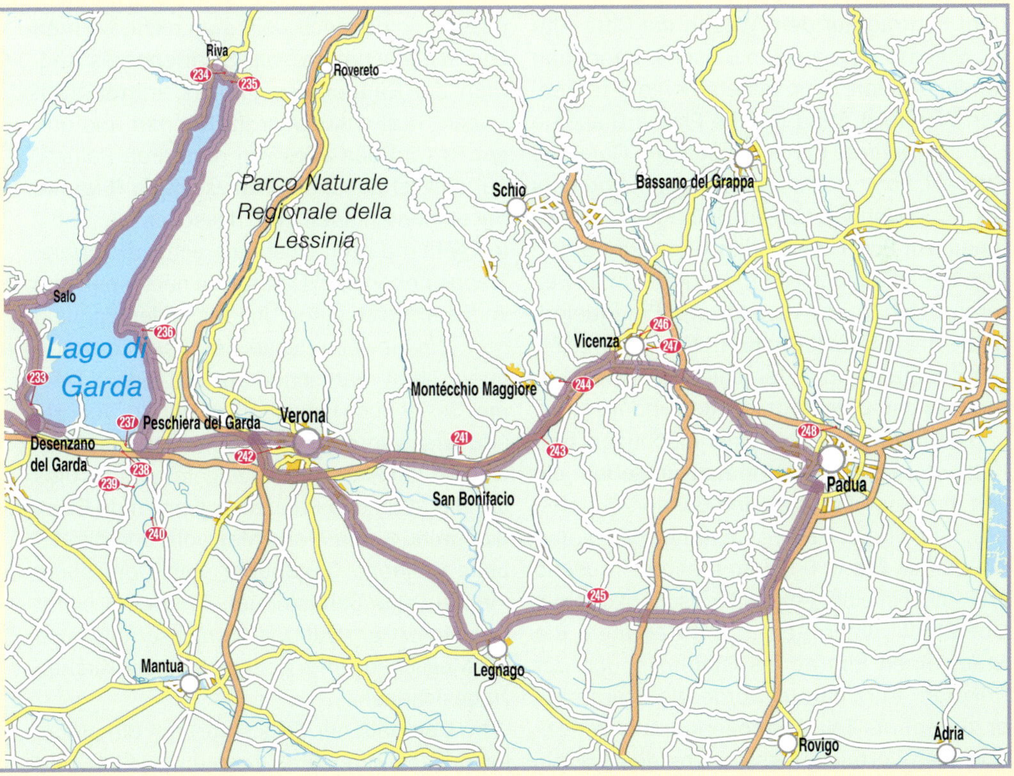

Bei einem Blick auf die Karte wirkt **Mailand** (Route 5, s. S. 164) mit seinem dichten Straßennetz beinahe wie ein Moloch. Doch mithilfe eines Navigationssystems ist es ein Leichtes, den Großraum zu verlassen und die nördlich verlaufende Autobahn 4 (E64) zu erreichen, auf der man die Stadt **Monza** passiert, die noch zur Metropolregion Mailand gehört und für ihre **Rennstrecke** und den Großen Preis von Italien bekannt ist. Man überquert den Fluss Adda und erreicht die Stadt Bergamo, die man sich nicht entgehen lassen sollte.

BERGAMO

(51 km – km 51)

Die **Altstadt von Bergamo** ist von den beiden Wohnmobilstellplätzen aus wunderbar zu erreichen und teilt sich in **eine Ober- und eine Unterstadt** auf. Einen Teil von Letzterer lernt man kennen, wenn man zu Fuß oder mit dem Fahrrad auf dem Weg in die Città Alta ist. So passiert man zum Beispiel, wenn man ab der Via San Tomaso dem bergauf führenden Weg folgt, rund um die Piazza Giacomo Carrara mehrere Kunstmuseen und Galerien. Wer will, kann an der Piazza auch halbrechts die Treppenstufen nutzen. Beide Wege führen hinauf zur Porta S. Agostino, einem der Stadttore der Oberstadt. Alternativ kann man weiter westlich in der Viale Vittorio Emanuele II auch eine **Standseilbahn** nutzen (s. S. 219), um den geringen Unterschied zwischen Unterstadt und Oberstadt zu überwinden.

Die **Oberstadt** ist von einer mächtigen, fünf Kilometer langen **Stadtmauer** umgeben, die von mehreren Portalen und Bastionen unterbrochen wird. 2016 veranstaltete Bergamo ein großes Event, bei dem mehrere Tausend Freiwillige in einer langen Menschenkette die Oberstadt „umarmten“. Damit erlangte die Stadt einen Eintrag ins Guinnessbuch der Rekorde. Kurz darauf wurde die Stadtmauer zudem als Teil des sogenannten Venezianischen Verteidigungssystems des 15. bis 17. Jahrhunderts in die Liste des Weltkulturerbes aufgenommen. Dazu gehören auch die Festungsanlagen in Peschiera del Garda und in Palmanova sowie weitere Festungsmauern in Kroatien und Montenegro. Die eigentliche Altstadt von Bergamo ist nicht auf der Welterbeliste verzeichnet, doch beim Spaziergang in ihren kleinen Gassen und beim Anblick der imposanten Kirchen mag man das kaum verstehen.

Im Gewusel der engen **Via Gombito** muss man sich zunächst einmal orientieren. Ab der Bergstation der Standseilbahn verläuft sie geradewegs zur **Piazza Vecchia,** dem Hauptplatz in der Altstadt. Dabei passiert man unter anderem den **Torre del Gombito,** doch in der Enge der Gassen nimmt man ihn gar nicht als Turm wahr. Dafür müsste man steil nach oben blicken. Zu erkennen ist er am Tourismusbüro, das im Erdgeschoss untergebracht ist. Kurz dahinter erreicht man die **Piazza Vecchia.** Groß ist der Platz eigentlich nicht, was natürlich zur Enge der Oberstadt passt, und dennoch weiß man nicht, wo man zuerst hinschauen soll. Straßencafés säumen die Ränder des Platzes, mittendrauf zeigen Straßenkünstler ihr Können und umgeben wird das alles von mehreren Palazzi. Auffällig ist dabei der **Palazzo della Ragione** mit seinen Arkaden im Erdgeschoss. Am besten geht man zunächst halbrechts die offene Treppe neben dem Uhrenturm nach oben und verschafft sich einen Überblick, denn sobald man die Gewölbedecke des Palazzo unterquert, steht man schon auf der **Piazza Duomo.** Sie ist noch kleiner als die Piazza Vecchia und wird von mehreren sehenswerten Bauwerken flankiert. Im Uhrzeigersinn sind dies der direkt an den Palazzo angrenzende Dom, die Kirche Santa Maria Maggiore und die Kapelle Colleoni. Gegenüber vom Dom blickt man auf das Baptisterium. Außerdem bietet sich hinter dem wunderbaren Ensemble noch die Möglichkeit, drei weitere, kleinere Kirchen zu besichtigen.

Im **Dom** fällt der Blick sofort auf die prächtig ausgeschmückten Deckengewölbe und

144oi-mm

natürlich auf die prachtvolle Kuppel. Rechts neben dem Altar erreicht man eine bescheidene Seitenkapelle mit Reliquien von Papst Johannes XIII., der aus der Region stammte und von Papst Franziskus im Jahr 2014 heiliggesprochen wurde. Über eine Treppe gelangt man in die Krypta, in der mehrere Sarkophage verschiedener Bischöfe im Halbkreis aufgebahrt werden.

Auch in der Kirche **Santa Maria Maggiore** gleich nebenan ist man beeindruckt von der Ausgestaltung. Erbaut wurde sie im 12. Jahrhundert und daher eigentlich im schlichten Stil der Romanik, doch später wurde sie barockisiert und glänzt daher heute mit hellen und goldenen Farbtönen.

Während diese beiden Gotteshäuser von außen eher schlicht oder zumindest „normal" wirken, präsentiert sich wiederum gleich nebenan die **Kapelle Colleoni** mit einer auffälligen Renaissance-Fassade komplett aus rotem und weißem Marmor. Gebaut wurde die Kapelle in der zweiten Hälfte des 15. Jahrhunderts im Auftrag des Generals Bartolomeo Colleoni, der hier nebst Frau und Tochter begraben wurde.

⌃ *An den Wochenenden ist in Bergamos Oberstadt jede Menge los*

Dreht man sich erneut nach rechts, so blickt man auf die kleine **Taufkapelle** mit ihrem achteckigen Grundriss. Sie wird zuweilen auch als wandernde Taufkapelle bezeichnet, denn ihr ursprünglicher Standort war für über drei Jahrhunderte eigentlich die Kirche Santa Maria Maggiore. Nach ihrem Umzug innerhalb der Oberstadt wurde sie später erneut abgebaut und erhielt Ende des 19. Jahrhunderts ihren heutigen Standort.

Zu diesem Zeitpunkt gab es die **Sonnenuhr** auf dem Boden des Palazzo della Ragione bereits einhundert Jahre. An der Markierung im Marmorboden der Loggia kann man bereits seit 1798 die Uhrzeit und das Datum ablesen.

Die Oberstadt ist übrigens noch nicht der höchste Punkt Bergamos. Durchquert man den Innenhof des Naturwissenschaftsmuseums im Nordwesten der Altstadt, so erreicht man an der Porta S. Allessandro eine weitere Standseilbahn. Mit der **Funicolare S. Vigilio** fährt man auf den gleichnamigen Hügel, der einen grandiosen Panoramablick auf Bergamo und bis weit in die Po-Ebene ermöglicht.

Da der Höhenunterschied nur 90 Meter beträgt, kann man den Weg auch zu Fuß zurücklegen. Links neben der Talstation geht man in die Via Sudorno, kurz darauf halbrechts in die Via San Vigilio und erreicht ca. zehn Minuten später den Aussichtspunkt, wo sich zudem

Bergamo

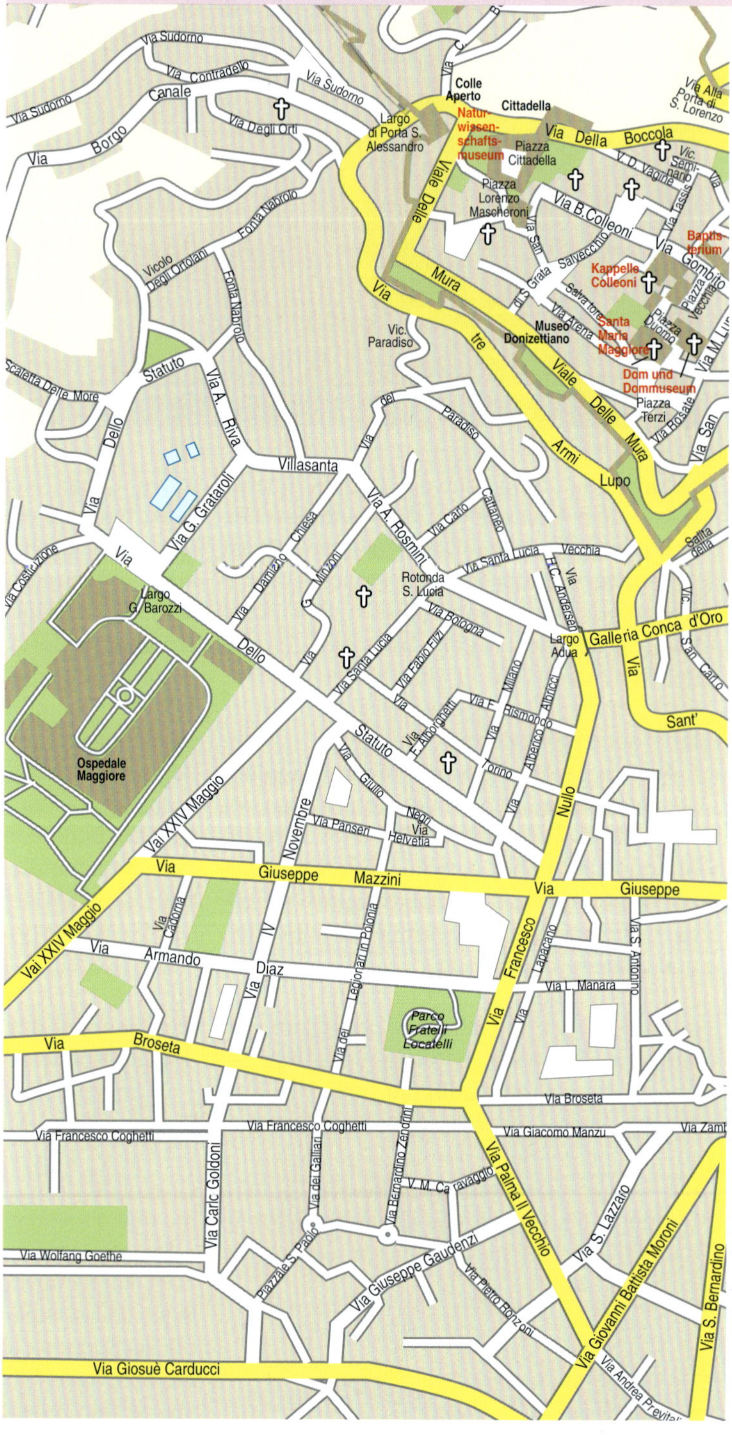
Via Sudorno
Via Contradello
Canale
Via Sudorno
Via Degli Orti
Via Borgo
Largo di Porta S. Alessandro
Colle Aperto
Cittadella
Natur-wissen-schafts-museum
Piazza Cittadella
Via Della Boccola
Via Alla Porta di S. Lorenzo
Vic. Seminario
V. D. Vagine
Piazza Lorenzo Mascheroni
Via B.Colleoni
Via Gombito
Baptisterium
Kappelle Colleoni
Piazza Vecchia
Piazza Duomo
Santa Maria Maggiore
Dom und Dommuseum
Piazza Terzi
Museo Donizettiano
Viale Delle Mura
Via tre
Viale Delle Mura
Armi
Lupo
Fonta Nabrolo
Vicolo Degli Ortolani
Vic. Paradiso
Scaletta Delle More
Via Dello Statuto
Via A. Riva
Villasanta
Via del Paradiso
Via G. Gratarolli
Via Costituzione
Largo G. Barozzi
Ospedale Maggiore
Via Damiano Chiesa
Via G. Minzoni
Via A. Rosmini
Via Carlo Cattaneo
Rotonda S. Lucia
Via Santa Lucia
Via Vecchia
H.C. Andersen
Largo Adua
Galleria Conca d'Oro
Via Bologna
Via Fabio Filzi
Via Milano
Via F. Rismondo
Via Alberico Albricci
Via Torino
Via Statuto
Via Giulio
Negri
Via Panseri
Via Helvetia
Via Nullo
Viale XXIV Maggio
Via IV Novembre
Via Giuseppe Mazzini
Via Giuseppe
Via Cadorna
Via Armando Diaz
Via Legionari in Polonia
Via Francesco
Via Lapacano
Via S. Antonino
Via L. Manara
Parco Fratelli Locatelli
Via Broseta
Via Francesco Coghetti
Via Giacomo Manzu
Via Carlo Goldoni
Via dei Galliari
Via Bernardino Zendrini
V. M. Caravaggio
Via Palma Il Vecchio
Via S. Lazzaro
Via Giovanni Battista Moroni
Via S. Bernardino
Via Wolfang Goethe
Piazzale S. Paolo
Via Giuseppe Gaudenzi
Via Pietro Ronzoni
Via Giosuè Carducci
Via Andrea Previtali

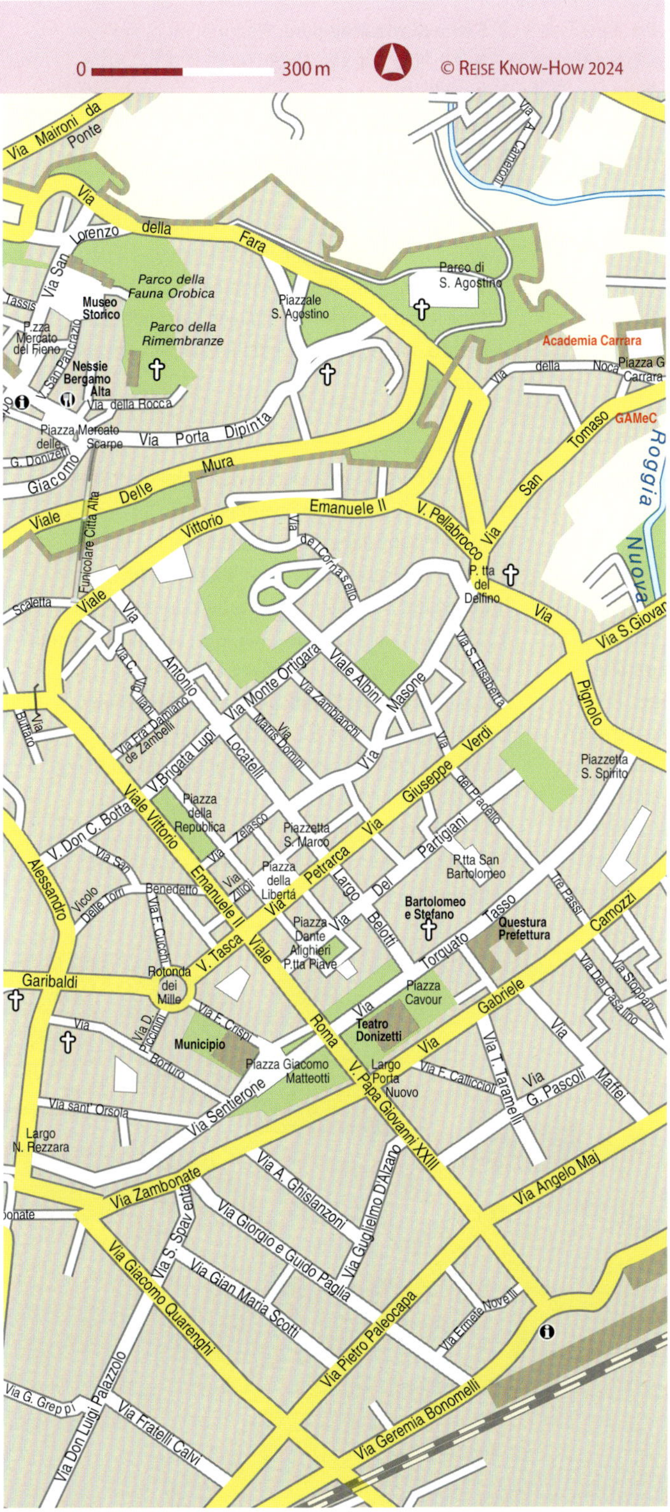
0
300 m
© Reise Know-How 2024
Via Maironi da Ponte
Via della Fara
Via San Lorenzo
Parco della Fauna Orobica
Parco della Rimembranze
Museo Storico
P.zza Mercato del Fieno
Nessie Bergamo Alta
Via della Rocca
Piazza Mercato delle Scarpe
Via Porta Dipinta
G. Donizetti
Viale Delle Mura
Piazzale S. Agostino
Parco di S. Agostino
Academia Carrara
Piazza G. Carrara
Via della Noca
GAMeC
Via San Tomaso
Roggia Nuova
Viale Vittorio Emanuele II
V. Pellabrocco
Via Funicolare Città Alta
P. tta del Delfino
Via S.Giovanni
Via Pignolo
Via Antonio Locatelli
Via Monte Ortigara
Viale Albini
Via Masone
Via S. Elisabetta
Via Zambianchi
Via Matris Domini
Via Fra Damiano de Zambelli
V. Brigata Lupi
Via Giuseppe Verdi
Piazzetta S. Spirito
Piazza della Repubblica
Piazzetta S. Marco
Via del Pradello
Partigiani
P.tta San Bartolomeo
V. Don C. Botta
Via Petrarca
Piazza della Libertà
Largo Belotti
Bartolomeo e Stefano
Questura Prefettura
Via Torquato Tasso
Via Tre Passi
Via Camozzi
Alessandro
Vicolo delle Torri
Benedetto
Via E. Cucchi
Piazza Dante Alighieri
P.tta Piave
V. Tasca
Viale Roma
Garibaldi
Rotonda dei Mille
Via F. Crispi
Via D. Piccinini
Municipio
Teatro Donizetti
Piazza Cavour
Via Gabriele
Via Stoppani
Via Del Casalino
Via Maffei
Via G. Pascoli
Via T. Taramelli
Via F. Calliccioli
Largo Porta Nuovo
Piazza Giacomo Matteotti
Via Sentierone
Via Borfuro
Via sant' Orsola
Largo N. Rezzara
Via Zambonate
V. Papa Giovanni XXIII
Via A. Ghislanzoni
Via Guglielmo D'Alzano
Via Angelo Maj
Via Giorgio e Guido Paglia
Via S. Spaventa
Via Giacomo Quarenghi
Via Gian Maria Scotti
Via Pietro Paleocapa
Via Ermete Novelli
Via Geremia Bonomelli
Via G. Greppi
Via Don Luigi Palazzolo
Via Fratelli Calvi

noch das Kastell San Vigilio befindet. Die Festungsmauern können von außen besichtigt werden und bilden einen etwas ruhigeren Teil in der Altstadt Bergamos. Sehr sehenswert ist die Aussicht von dort oben auf die Stadt.

Sehenswertes

- **Dom und Dommuseum,** Piazza Duomo, Tel. 035 248772, Di–Fr 9.30–12 Uhr und 14.30–18 Uhr, Sa/So 10–13 Uhr und 14.30–18 Uhr, Eintritt: 5 €. Domschatzkammer mit wertvollen Kunst- und Liturgiegegenständen.
- **Santa Maria Maggiore,** Piazza Duomo, Mo–Sa 9–12.30 u. 14.30–18, So 9–13 u. 15–18 Uhr
- **Kapelle Colleoni,** Piazza Duomo, 5, tägl. 9–12.30 und 14–18.30 Uhr
- **Baptisterium,** Piazza Duomo, tägl. 7.30–12 und 15–18.30 Uhr
- **GAMeC,** Via San Tomaso, 53, Unterstadt, Tel. 035 270272, www.gamec.it, Mi–Mo 9–13 und 15–18 Uhr, Eintritt: frei. Moderne und zeitgenössische Kunst in einem ehemaligen Klostergebäude des 15. Jahrhunderts vor der Pinakothek Accademia Carrara.

228 Wohnmobilstellplatz Bergamo – Città dei Mille

GPS 45.7131, 9.701945

Freundlicher, von jungen Leuten betriebener Stellplatz, der trotz Stadtrandlage sehr ruhig ist und darüber hinaus ideal für eine Stadtbesichtigung liegt. Enge Parzellen, grundsätzlich bekommt man die Parzelle zugewiesen und wird auch eingewiesen. Eineinhalb Kilometer Fußweg in die Unterstadt, dreieinhalb Kilometer in die Oberstadt. Bushaltestelle vor dem Platz. **Lage/Anfahrt:** Nordöstlich der Altstadt zwischen Hauptstraße und Bahntrasse gelegen, dennoch recht ruhig. Auf der SS470 in der Stadt halbrechts halten, den großen Kreisverkehr überqueren und an der Ampelkreuzung neben der Tankstelle rechts fahren. 900 m geradeaus, rechte Seite; **Platzanzahl:** 50; **Untergrund:** Rasengitter; **Sicherheit:** umzäunt, beleuchtet, bewacht, Schrankenanlage, videoüberwacht; **Preiskat.:** €€, auch stundenweises Parken für 1,50 €/Std. möglich; **Max. Stand:** unbegrenzt; **Geöffnet:** ganzjährig (Rezeption 8.30–12.30 und 14.30–18.30 Uhr, Zufahrt nach telefonischer Voranmeldung auch außerhalb dieser Zeiten möglich); **Kontakt:** Area Camper Bergamo, Via F. Corridoni, 123, 24124 Bergamo BG, Tel. 035 342468, www.areacamperbergamo.it

006oi-mm

- **Accademia Carrara,** Piazza Giacomo Carrara, 82, Unterstadt, Tel. 035 234396, www.lacarrara.it, Mi–Mo 9.30–17.30 Uhr, Eintritt: 16 €. Die umfangreiche Gemäldegalerie zeigt mehr als 500 Bilder und 60 Skulpturen, unter anderem von Raffael. Die komplette Sammlung umfasst rund 16.000 Werke, von denen immer nur ein Teil gezeigt wird.
- **Naturwissenschaftsmuseum,** Piazza Cittadella, 10, Oberstadt, www.museoscienzebergamo.it, Tel. 035 286011, Di–So vormittags bis nachmittags (saisonal unterschiedlich), Di–Fr nicht durchgehend, Eintritt: 3 €. Das Naturkundemuseum verfügt über eine umfangreiche Sammlung mit zahlreichen Fossilien und Mineralien.
- **Standseilbahn Città Alta,** Viale Vittorio Emanuele II, 62 (Talstation), die einfache Fahrt kostet 1,50 €. Die Seilbahnen gehören jedoch zum öffentlichen Nahverkehr und daher existieren verschiedene Fahrkartenangebote. Für Besucher bietet sich der Kauf von „Biglietti Turistici“ an. Diese sind 24 Stunden gültig und kosten 4 €. Darin enthalten ist dann auch die **Funicolare S. Vigilio.** Beide Bahnen pendeln in kurzen Zeitabständen von 7 bis 1 Uhr.

Information

- **Touristeninformation Oberstadt (Città Alta),** Via Gombito, 13, im Torre del Gombito, Tel. 035 242226, www.visitbergamo.net, tägl. 9–17.30 Uhr. Die Website der Touristeninformation zählt zu den besten in Italien. Sie ist auf Deutsch verfügbar, umfasst einen eigenen Blog (auf Italienisch) und bietet darüber hinaus zahlreiche Informationen zu jedem Museum und zu jeder einzelnen Sehenswürdigkeit der Stadt und der näheren Umgebung, zum Beispiel zu den einzelnen Schlössern in der Bergamo-Ebene. Außerdem kann man sich registrieren und sich mit den Orten und Sehenswürdigkeiten, die einen am meisten interessieren, einen eigenen virtuellen Guide zusammenstellen lassen.
- **Touristeninformation Unterstadt (Città Bassa),** Piazzale Guglielmo Marconi, am Bahnhof, Tel. 035 210204, www.visitbergamo.net, Mo–Fr 9–12.30 und 14–17.30, Sa/So 9–17.30 Uhr

Gastronomie

- **Nessie Bergamo Alta,** Via Gombito, 34, am Torre del Gombito links die Gasse hinab. Beliebte Bäckerei mit großem Angebot, unter anderem erhält man hier die lokale Süßspeise Polenta e osei dolce.

229 Wohnmobilstellplatz Bergamo – Parking Bergamo

GPS 45.700412, 9.651543

Freundlicher und privat betriebener Stellplatz mit Blick auf die Oberstadt, die zu Fuß in 20 Minuten erreichbar ist. Enges Parken vor einer Betonwand. **Lage/Anfahrt:** Am Rand der Unterstadt neben einem Freibad. Auf der SP342 bis zum Kreisverkehr am Einkaufszentrum Auchan, weiter über Via Salvo D'Acquisto und die Via XXIV Maggio; **Platzanzahl:** 30; **Untergrund:** Asphalt; **Sicherheit:** umzäunt, beleuchtet, bewacht, Schrankenanlage, videoüberwacht; **Preiskat.:** €€; **Max. Stand:** unbegrenzt; **Geöffnet:** ganzjährig; **Kontakt:** Area Sosta Camper, Via dello Statuto, 33, 24128 Bergamo (BG), Tel. 039 23705504, https://parkinginbergamo.com

Abgesehen von der Oberstadt ist die Lage rund um Bergamo nach Süden hin relativ flach. Doch nach Norden bemerkt man leicht, dass man sich an den Hängen der Alpen befindet.

Auf der SS42 gelangt man problemlos in den landschaftlichen Übergang zwischen Po-Ebene und hohen Alpengipfeln. Die Landschaft wird zunehmend hügeliger und immer wieder gibt die Straße den Blick auf die Berge frei. Und wenn es keine Berge sind, dann genießt man den Blick auf den **Lago di Èndine,** den man gemütlich an seinem Nordufer bereist.

Überraschend viele Parkplätze ermöglichen einen Zwischenstopp am See. Zugute kommt dem Reisenden, dass das Gewässer ein wenig im Schatten des größeren und beliebteren Iseosees liegt, der wiederum vom nächstgrößeren Gardasee übertrumpft wird. So ist er zwar wenig touristisch erschlossen und bietet dennoch schöne Aufenthaltsmöglichkeiten. Am schnellsten erreicht man **Costa Volpino** im Norden des Sees über die SS42.

146ol-mm

LAGO D'ISEO

(Costa Volpino, 47 km – km 98)

Der Iseosee ist schon deutlich größer und besticht mit einer größeren Auswahl an Ortschaften. Der beim Rückzug eiszeitlicher Gletscher entstandene See ist rund 25 Kilometer lang und der viertgrößte der oberitalienischen Seen. 2016 war er im Blick der Kunstwelt, als der Verpackungskünstler Christo eine Installation auf der Wasseroberfläche schuf. Auf leicht schwankenden Stegen, die mit gelben Stoffen bespannt waren, konnte man zu Fuß vom Ufer aus zu zwei Inseln gelangen und dabei – nach Aussage Christos – das Gefühl bekommen, man würde auf Wasser gehen.

⌃ *Der Lago d'Iseo hat einige Highlights zu bieten*

Die Installation „The Floating Piers" hatte nur zwei Wochen Bestand, doch in dieser kurzen Zeit kamen fast eineinhalb Millionen Menschen, was dem ansonsten beschaulichen Uferort Sulzano beinahe den Kollaps brachte.

Der See besitzt auf beiden Seiten eine Uferstraße, wobei man auf der westlichen wegen der steil abfallenden Felswände nicht wenig Zeit in Tunneln verbringt. Am Ostufer muss man achtgeben, dass man nicht versehentlich auf die SP510 fährt, weil auch diese als Schnellstraße durch viele Tunnel verläuft. Schön ist hingegen die Fahrt auf der ruhigen Ostuferstraße nach **Marone** und **Sulzano.** Dabei genießt man nicht nur den Blick auf den See, sondern auch den auf die Insel **Monte Isola.** Sie ist nicht nur die größte Insel in einem südeuropäischen See, sondern auch satte 400 Meter hoch, woraus sich ihr Name ableitet. Die Insel lässt sich nur zu Fuß erkunden und ist per Fähre ab Sulzano leicht zu erreichen. Zwischen den Ortschaften der

Insel bestehen gute Wandermöglichkeiten, genauso auf den höchsten Punkt, wo sich eine kleine Kirche befindet. Alle fünf Jahre (2025, 2030, ...) steht die Insel im September im Mittelpunkt des Festes **Santa Croce.** Dann blühen die Ortschaften regelrecht auf und werden mit Hunderttausenden Papierblumen farbenfroh verziert. Weitere Infos zur Insel findet man unter www.visitmonteisola.it/en.

HIGHLIGHTS AM ISEOSEE

Bevor die heutige Uferstraße fertiggestellt wurde, bestand die einzige Verbindung zwischen Pisogne im Norden und Iseo im Süden des Iseosees aus einer Passstraße. Heute ist diese **Antica Strada Valeriana** ein beliebter Wanderweg, der auf seinen fast 25 Kilometern immer wieder einen tollen Ausblick bietet und einige Anstiege erfordert. In den Wanderweg kann man an mehreren Stellen einsteigen. Einer der Einstiegspunkte ist zum Beispiel der Kreisverkehr am Südrand von Pisogne. Von dort folgt man in der kleinen Gasse Via Madonnina der rot-weiß-roten Markierung an der Marienkapelle vorbei. Dabei überquert man den höchsten Punkt der Strecke, den Passo Croce di Zone, auf rund 900 Höhenmetern. Zum Vergleich: Man beginnt und beendet die Wanderung auf 200 Höhenmetern am Seeufer. Auf schmalen Saumpfaden ist man aber nicht nur in der Höhe unterwegs, sondern man durchquert auch den sogenannten „Wald der Gnome", in dem zahlreiche liebevoll geschnitzte Holzfiguren zu sehen sind, und gelangt auch zu den Felspyramiden von Zone. Bei ihnen handelt es sich um eine geologische Erscheinung, die oftmals in Südtirol zu sehen ist. Durch Erosion entstanden steil aufragende Erdformationen, die in der Regel oben auf ihrer Spitze einen Felsen zu balancieren scheinen. Dieser Felsen ist aus härterem Material, erodiert nicht so schnell und schützt das Material direkt unter sich, wodurch die mehrere Meter hohen Erdpyramiden überhaupt entstehen können. Wer nicht wandern will, aber dennoch die Erdpyramiden sehen möchte, fährt nach Zone oberhalb von Marone (GPS 45.752772, 10.114537).

Ein weiteres Highlight am Iseosee ist das **Naturreservat Torbiere del Sebino** bei Iseo. An einem Ticketautomaten bezahlt man den Eintritt von einem Euro und kann anschließend auf den Dämmen und Holzstegen zwischen mehreren Gewässern die Natur genießen. Neben kleinen Holztürmen, von denen aus man Vögel beobachten kann, sieht man hin und wieder auch Nutrias und zahlreiche Hasen. Einziger Wermutstropfen ist die vor-

Franciacorta

Südlich des Iseosees erstreckt sich das Weinanbaugebiet Franciacorta. Um die Region besser zu vermarkten, schlossen sich die Ortschaften zusammen und gründeten die Strada del Franciacorta. Neben verschiedenen Spazierwegen entlang der Weinberge schuf man an der Weinstraße fünf kurze Radrundwege, die zu verschiedenen Winzern, Weinlokalen und zu kleineren Museen führen:

- *Tour 1 – Franciacorta Satèn, 30 km, Startort ist Iseo*
- *Tour 2 – Franciacorta Pars Dosé, 30 km, Startort ist Rodengo Saiano*
- *Tour 3 – Franciacorta Brut, 30 km, Startort ist Clusane d'Iseo*
- *Tour 4 – Franciacorta Rosé, 37 km, Startort ist Erbusco*
- *Tour 5 – Franciacorta Extra Brut, 40 km, Startort ist die Piazza della Loggia in Brescia*

Darüber hinaus gibt es Wandertouren, die von 3 bis zu 10 km reichen. Informationen und deutschsprachige Broschüren erhält man unter anderem in der Touristeninformation Iseo oder unter www.franciacorta.net/de/the-road/strada-franciacorta.

147oi-mm

232 Wohnmobilstellplatz Costa Volpino

GPS 45.823117, 10.086543

Ruhiger Stellplatz mit großzügigen Parzellen. An den Wochenenden meist sehr voll. Die Schranke lässt sich bei Abwesenheit des Platzwartes mit einem Knopf an der Wand öffnen. Großer Kinderspielplatz. **Lage/Anfahrt:** An der nördlichsten Spitze des Lago di Iseo, gleich neben einem Sportboothafen. Auf der SS42 die Ausfahrt nach Costa Volpino/Lovere zwischen zwei kurz hintereinander folgenden Tunneln nicht verpassen, der Beschilderung folgen; **Platzanzahl:** 25; **Untergrund:** Pflaster; **Sicherheit:** umzäunt, beleuchtet, bewacht, Schrankenanlage; **Preiskat.:** €€; **Max. Stand:** 3 Nächte; **Geöffnet:** ganzjährig; **Kontakt:** Area Sosta Camper Costa Volpino, Via Nazionale, 2, 24062 Costa Volpino BG

beiführende Straße, die im gesamten Naturschutzgebiet deutlich zu hören ist. Dennoch sollte man sich eine Wanderung durch das Areal nicht entgehen lassen. **Ausgangspunkte** sind ein Parkplatz bei Iseo und ein Parkplatz an einer Klosteranlage weiter südlich.

Information

› **Touristeninformation Iseo,** Lungolago Marconi, 2c-d, Tel. 030 980209

Parken

P 34 **Parkplatz bei Iseo,** GPS 45.655583, 10.035583, im Sommer mit Höhenbegrenzung

P 35 **Parkplatz Monastero di San Pietro in Lamosa,** GPS 45.638262, 10.039571

230 Camping Riva di San Pietro

GPS 45.732318, 10.093194

Campingplatz mit Aussicht auf die Insel Monte Isola. Guter Ausgangspunkt für einen Besuch der Erdpyramiden. **Lage/Anfahrt:** Am südlichen Ortsrand von Marone, direkt am See. Auf der Küstenstraße durch den Ort; **Platzanzahl:** 121; **Untergrund:** Wiese; **Sicherheit:** umzäunt, beleuchtet, bewacht; **Preiskat.:** €€€€; **Max. Stand:** unbegrenzt; **Geöffnet:** Mai–Sept.; **Kontakt:** Camping Riva di San Pietro, Via Battista Cristini, 5, 25054 Marone BS, Tel. 030 9827129, www.rivasanpietro.it

231 Wohnmobilstellplatz Sulzano (Gerolo)

GPS 45.688363, 10.103152

Privater Stellplatz, der von einem freundlichen älteren Paar betrieben wird, das gleich nebenan wohnt. Neben dem Stellplatz bietet es auch gewöhnliche Parkmöglichkeiten an, sodass man unter Umständen zwischen Pkws steht. Etwas rustikal, aber mit Charme. Guter Ausgangspunkt für einen Besuch der Monte Isola. **Lage/Anfahrt:** Etwas oberhalb des Sees am Rande der Ortschaft. Steile Zufahrt ab dem Seeufer; **Platzanzahl:** 30; **Untergrund:** Schotterrasen; fest; **Sicherheit:** umzäunt, bewacht; **Preiskat.:** €€€; **Max. Stand:** unbegrenzt; **Geöffnet:** ganzjährig; **Kontakt:** Parcheggio Gerolo, Via Tassano, 14, 25058 Sulzano BS, Tel. 030 985262, www.gerolo.com

BRESCIA

(49 km – km 147)

Von Iseo fährt man sehr einfach über die SP510 nach Brescia. Leider wurde der einzige Wohnmobilstellplatz der Stadt im Jahr 2020 geschlossen. Die Stadt versprach zwar, Ersatz bereitzustellen, doch scheint noch nicht festzustehen, wann und ob dieser gebaut werden wird. So ist man derzeit darauf angewiesen, im Ort einen Parkplatz zu finden und nach einem kurzen Stadtbesuch weiterzufahren. Wie so viele Städte in Oberitalien besticht auch Brescia mit einer Vielzahl an Kulturgütern und sehenswerten Bauwerken. Zumindest ein Teil davon steht wieder mal auf der Weltkulturerbeliste der UNESCO.

Schwerpunkt ist dabei der **klösterliche Komplex von San Salvatore-Santa Giulia,** der zur Gruppe „Langobarden in Italien – Orte der Macht“ gehört. Doch es waren nicht die Langobarden, die Brescia gegründet haben. Schon vorher waren Römer vor Ort, was noch heute an dem teilweise rechtwinkligen Stadtbild deutlich erkennbar ist.

Am nördlichen Rand der Altstadt befindet sich auf einer Anhöhe die mittelalterliche **Burgfestung,** die nicht nur ein Waffenmuseum und ein Museum über die Zeit der Befreiungskämpfe beherbergt und schon für sich eine Augenweide ist, sondern auch einen schönen Ausblick auf den Rest von Brescia ermöglicht. Insbesondere die Kuppel des Neuen Doms und der Turm des benachbarten **Palazzo Broletto** kommen von hier aus gut zur Geltung. Zusammen mit dem Alten Dom befinden sie sich an der Piazza Paolo VI und bilden dort ein beeindruckendes Gebäudeensemble.

Der **Alte Dom,** heute wegen seines runden Grundrisses oft als Rotonda bezeichnet, entstand im 12. Jahrhundert als Nachfolgebau für eine frühchristliche Kirche. Während der Rundbau im Inneren eher schlicht, eben romanisch, gehalten ist, zeigt sich der **Neue Dom** mit hellen Farben und einer Mischung aus Klassizismus und Barock. Erbaut wurde der Neue Dom erst im frühen 17. Jahrhundert, die mächtige Kuppel wurde sogar erst in der ersten Hälfte des 19. Jahrhunderts fertiggestellt, was man im Vergleich zu vielen anderen Kirchen in Oberitalien als verhältnismäßig jung bezeichnen kann.

Am nördlichen Ende des Platzes zweigt eine kleine Gasse halblinks ab, von der man kurz darauf nochmals links abbiegen sollte. Zahlreiche Straßencafés säumen den Weg und man unterquert den Bogen des **Uhrenturms** mit dem astronomischen Ziffernblatt aus dem 16. Jahrhundert. Man befindet sich nun in den Laubengängen an der **Piazza della Loggia.** Der weitläufige Platz wird vom **Rathaus** dominiert. Zum einen fällt es durch die Loggia mit den drei mächtigen Torbögen im Erdgeschoss auf, zum anderen ist das ungewöhnliche Dach nicht zu übersehen, von dem behauptet wird, es würde einem umgekehrten Schiffsrumpf ähneln.

Sehenswertes

- **Museo di Santa Giulia,** Via Musei, 81/b, im Osten der Altstadt, www.bresciamusei.com, 13 €. Umfangreiche Ausstellung im Klosterkomplex inklusive Besichtigung der Kirche San Salvatore, eines antiken Speisesaals des 15. Jahrhunderts und weiterer historischer Einrichtungen. Gleich nebenan befinden sich unter anderem die Ruinen des römischen Theaters und des Capitoliums (Kapitol).
- **Castello Brescia,** Via del Castello, 9, www.bresciamusei.com, Di–Fr 9–16.30, Sa/So 9–17.30 Uhr. Tolle Aussicht von der Burganlage und die Möglichkeit, die beiden Museen (Waffenmuseum und Risorgimento-Museum) zu besuchen. Eintritt: 5 € inkl. beider Museen.

Information

- **Touristeninformation Brescia,** Via Trieste, 1, gleich gegenüber des Alten Doms, Tel. 030 2400357, www.bresciatourism.it. Vor dem Besuch Brescias lohnt sich ein Blick auf die Website der Touristeninformation. In deutscher Sprache werden hier mehrere Rundgänge durch die Altstadt vorgeschlagen und sämtliche Bauwerke und historischen Stätten umfassend beschrieben.

LAGO DI GARDA

(34 km – km 181)

Von Brescia aus ist es nur ein Katzensprung bis zum **Gardasee.** Entweder fährt man auf der mautpflichtigen Autobahn 4 bis **Desenzano del Garda** oder parallel auf der SP11, um das Südufer des **größten italienischen Sees** zu erreichen.

Der langgestreckte See dehnt sich von Nord nach Süd auf einer Länge von 52 Kilometern aus, ist aber nur bis zu 17 Kilometer breit. Vom breiten Südufer aus betrachtet, scheint der See sich nach Norden in die Alpenwelt quetschen zu wollen, daher hat eine Umrundung des Gewässers ein wenig seine Tücken. Insbesondere am Westufer reist man durch mehrere Tunnel und Galerien, die teilweise etwas enger sind und so manchen Wohnmobilfahrer auch schon mal ins Schwitzen gebracht haben. Problematisch ist aber vor allen Dingen die **Parksituation** für Wohnmobile. Durch die steilen Felswände, die direkt vom Ufer in die Höhe ragen, steht in den kleinen Ortschaften nicht viel Parkraum zur Verfügung. Besonders schlimm wird es in der Hochsaison, wenn der See einen wahren Besucheransturm erfährt. Manch ein Münchener behauptet gar, der Lago di Garda sei der südlichste See Bayerns und wenn man in der Hauptsaison am Ufer im Stau steht und dabei auf die Autokennzeichen blickt, scheint die Behauptung wahr zu sein. Mit ein wenig Voraussicht bei der Stellplatzwahl und wenn man seinen Gardasee-Besuch nicht gerade an einem Juli-Wochenende plant, wird man aber eine schöne See-Umrundung erleben können.

Die **Hauptstraße** zwischen **Desenzano del Garda** und **Salò** im Südwesten weicht ein wenig vom Ufer ab. Wer hier zwischendurch mal ein wenig in Richtung See fährt, wird weniger Tourismus erleben, dafür aber einen schönen Ausblick von etwas erhöhter Lage auf den Gardasee genießen können.

Der Streckenabschnitt zwischen Salò und Riva del Garda im Norden wird als **Gardesana Occidentale** bezeichnet und verläuft in weiten Teilen unterirdisch. Dennoch hat man auch hier immer wieder Gelegenheit, auf den See zu blicken und vor allen Dingen auf die Berglandschaft am gegenüberliegenden Ufer, denn dort erhebt sich der mächtige Bergrücken Monte Baldo, der mehrere Gipfel in über 2000 Metern Höhe besitzt und das östliche Seeufer dominiert.

Einer der beliebtesten Orte an der Gardesana Occidentale ist **Limone sul Garda,** was natürlich an der kleinen, unterhalb eines Felshangs errichteten, pittoresk wirkenden Altstadt liegt. Im Ort beginnt derzeit ein beliebter **Fuß- und Radweg,** der an den Hang gebaut wurde und teilweise über dem Wasser „schwebt“. Aktuell ist er nur 2,5 Kilometer lang und mündet nach Norden hin in einer Sackgasse, doch es besteht die ambitionierte Idee, den Radweg unter der Bezeichnung „Garda by bike“ einmal komplett um den See laufen zu lassen. Es bleibt abzuwarten, ob dieser dann 140 km lange Weg verwirklicht wird.

Am Nordufer des Sees weitet sich die Landschaft ein wenig und die benachbarten Ortschaften **Riva del Garda** und **Torbole** breiten sich aus und locken mit ihrer Altstadt bzw. mit Promenaden zum Verweilen und Flanieren.

Als Gegenstück zur Gardesana Occidentale verläuft die SS249 am westlichen Seeufer unter dem Namen **Gardesana Orientale.** Sie ist etwas bequemer zu fahren. Es gibt weniger Tunnel und deshalb mehr Aussichtsmöglichkeiten. Die erste größere Ortschaft auf dem Weg nach Süden ist **Malcesine.** Dort befindet sich die Talstation der Seilbahn, die auf den **Monte Baldo** fährt. Der Bergrücken bietet Wandergenuss mit toller Aussicht auf den Gardasee auf der einen und in das Etschtal, das die Verbindung zwischen Südtirol und Verona bildet, auf der anderen Seite. Ein besonders beliebter Wanderweg ist der **Sentiero del Ventrar,** auf dem man steile Felswände passiert und der schwindelerregende Blicke in die Tiefe verspricht. Stellenweise ist man dabei nur auf einem schmalen Pfad unter-

148oi-rmm

wegs. Es gibt aber auch leichtere Wandermöglichkeiten.

Die meisten Wege haben ihren Ausgangspunkt an der Bergstation der Seilbahn oder zumindest an der Mittelstation, an der man von einer Seilbahn in die nächste umsteigen muss. Es ist jedoch frühes Aufstehen angesagt, weil es während der Hauptreisezeit zu enormen Engpässen kommen kann und die Wartezeit für eine Bahnfahrt weit mehr als eine Stunde betragen kann (Talstation Via Navene, 12, Malcesine, https://funiviedelbaldo.it, Fahrten ab 8 Uhr im 30-Minuten-Takt, die letzte Abfahrt vom Monte Baldo findet um 18.45 Uhr statt. Die Einzelfahrt kostet 15 €, hin und zurück 22 €).

Der Ort **Torri del Benaco** besticht mit einer alten Burg der Scaliger, die hier einst als Herren von Verona lebten. Eine weitere Festung, die auch auf der Weltkulturerbeliste der UNESCO verzeichnet ist, befindet sich in **Peschiera del Garda** am südöstlichsten Punkt des Sees. Hier fließt das Wasser aus dem Gardasee und bildet den Fluss Mincio, der später südlich von Mantua in den Po mündet. Gleichzeitig liegt Peschiera del Garda ungefähr auf halber Strecke zwischen Brescia und Verona und ist somit auch wegen seiner Wohnmobilstellplätze auch dann ein guter Zwischenstopp, wenn man auf die Umrundung des Lago di Garda verzichten möchte. Außerdem kann Peschiera auch als idealer Ausgangspunkt für einen Besuch der **Halbinsel Sirmione** genutzt werden. Sie beginnt wenige Kilometer weiter westlich und ist ebenfalls ein äußerst beliebtes Reiseziel. Stellenweise ist die Halbinsel nur 100 m breit, was sie natürlich zu einem Nadelöhr macht, doch ein Besuch der kleinen Altstadt, die sich hinter einer weiteren Scaligerburg befindet und mit einigen Thermalquellen am Seeufer punktet, lohnt sich.

- **Castello Scaliger Torre del Benaco,** Viale Fratelli Lavanda, 2, Tel. 045 6296111, www.museodelcastelloditorridelbenaco.it, Di–So 9.30–12.30 und 14.30–18.30 Uhr. Eintritt: 5 €
- **Castello Scaliger Sirmione,** Piazza Castello, 34, Tel. 030 916468, Di–Sa 8.30–19.30, 9.15–17.45 Uhr, Eintritt: 6 €

233 Area Sosta Camper La Spiaggia

GPS 45.487035, 10.521253

Lediglich durch die Straße vom Gardasee abgetrennt. Dusche, WC (Stehklo). Umständliches Anmeldeproze-

Das Westufer des Gardasees ist von Bergen geprägt

dere und von der Beschaffenheit gewöhnungsbedürftig, aber für einen Zwischenstopp ideal. **Lage/Anfahrt:** Direkt an der Küstenstraße nördlich von Desenzano; **Platzanzahl:** 50; **Untergrund:** Schotterrasen; **Sicherheit:** umzäunt, Schrankenanlage; **Preiskat.:** €€; **Max. Stand:** unbegrenzt; **Geöffnet:** ganzjährig; **Kontakt:** Area Sosta Camper La Spiaggia, Via Vò, 19, 25015 Desenzano del Garda, Tel. 030 9140243, www.areacamperlaspiaggia.it

234 Wohnmobilstellplatz Riva del Garda

GPS 45.879522, 10.858991
Beliebter Stellplatz mit sehr engen Stellflächen nur wenige Meter vom Hafen entfernt. **Lage/Anfahrt:** Am Hafen hinter den beiden anderen Campingplätzen links in die Via Brione fahren. Der Stellplatz befindet sich nach dem Abbiegen an der ersten Kreuzung auf der linken Seite, noch vor dem Sportplatz; **Platzanzahl:** 40; **Untergrund:** Asphalt; **Sicherheit:** Schrankenanlage; **Preiskat.:** €€ (1 € pro Std. innerhalb der ersten 48 Std., danach 5 € je Stunde); **Geöffnet:** ganzjährig; **Kontakt:** Area Sosta Camper Riva del Garda, Via Brione, 38066 Riva del Garda, www.altogarda-parcheggi.it

235 Camperstop Torbole

GPS 45.872654, 10.871593
Großer Stellplatz im Zentrum, aber mit Zugang zum Gardaseeufer. **Lage/Anfahrt:** Richtung Riva del Garda steht ein Schild, das zum Hafen weist, dort links und gleich wieder rechts abbiegen. Der Platz ist jederzeit zugänglich, verlassen kann man ihn aber nur während der Kassenzeiten zwischen 7 und 23 Uhr; **Platzanzahl:** 120; **Untergrund:** Rasengitter, Wiese; **Sicherheit:** umzäunt, beleuchtet, Videoüberwachung, Schrankenanlage; **Preiskat.:** €€€; **Max. Stand:** 3 Nächte; **Geöffnet:** ganzjährig; **Kontakt:** Camper Stop Torbole, Via al Col, 2a, 38069 Nago-Torbole, Tel. 0464 548204, www.camperstoptorbole.com

236 Wohnmobilstellplatz Garda

GPS 45.576783, 10.715245
In Garda gibt es zwei Stellplätze. Einer befindet sich auf dem zentralen Parkplatz im Zentrum, er ist jedoch laut und sehr geschäftig. Wenige Meter dahinter befindet sich dieser ausgewiesene Stellplatz mit Schranke, er ist jedoch sehr eng. **Lage/Anfahrt:** Am Kreisverkehr auf die SP8 und hinter dem zentralen Parkplatz rechts, der

149oi-mm

237 Wohnmobilstellplatz Peschiera del Garda – Nord

GPS 45.439311, 10.684166
Manche Stellflächen des Platzes liegen direkt an einem Bahngleis mit verhältnismäßig viel Verkehr. Ansonsten aber eine große Fläche in idealer und ruhiger Lage. Ein kleines Sanitärgebäude ist vorhanden. **Lage/Anfahrt:** Der Stellplatz befindet sich mitten im Ort, rund 200 m vom Gardaseeufer entfernt; **Platzanzahl:** 100; **Untergrund:** Schotter; **Sicherheit:** umzäunt, beleuchtet, Schrankenanlage; **Preiskat.:** €€; **Max. Stand:** unbegrenzt; **Geöffnet:** ganzjährig; **Kontakt:** Area Sosta Camper Peschiera, Via Milano, 37019 Peschiera del Garda, Tel. 0345 2302555, www.areacamperpeschiera.com

Stellplatz liegt auf der linken Seite; **Platzanzahl:** 25; **Untergrund:** Asphalt, Rasengitter; **Sicherheit:** umzäunt, Schrankenanlage; **Preiskat.:** €€; **Max. Stand:** 3 Nächte; **Geöffnet:** ganzjährig; **Kontakt:** Area Sosta Camper Garda, Via Carmelo Preite, 37016 Garda

238 Wohnmobilstellplatz Peschiera del Garda – Süd (Frassino)

GPS 45.431211, 10.675072

Großer Stellplatz mit Sanitärgebäude, allerdings direkt neben der Autobahn 4. Rund einen Kilometer Fußweg in das Zentrum von Peschiera. Der Platz ist dadurch aber auch etwas leerer als die dem See nahen Plätze. **Lage/Anfahrt:** Am oberen Kreisverkehr, kurz vor dem innerstädtischen Stellplatz, der Beschilderung folgen; **Platzanzahl:** 80; **Untergrund:** Schotter; **Sicherheit:** umzäunt, Schrankenanlage; **Preiskat.:** €€; **Geöffnet:** ganzjährig; **Kontakt:** Area Sosta Camper Frassino, Via Frassino, 11, 37019 Peschiera del Garda VR, Tel. 0345 2302555, www.areacamperpeschiera.com

239 Wohnmobilstellplatz Monzambano

GPS 45.389642, 10.692922

Platz südlich des Gardasees. In unmittelbarer Nähe des Flusses Mincio, an dessen Ufer man bequem nach Peschiera del Garda radeln kann. Entweder steht man auf einem vorgelagerten Parkplatz oder rund um einen größeren Teich im Grünen. Sehr gepflegte Anlage eines Wohnmobilklubs. **Lage/Anfahrt:** Auf der SP19 nach Monzambano, halblinks halten; **Platzanzahl:** 50; **Untergrund:** Schotter, Wiese; fest; **Sicherheit:** umzäunt, Schranke; **Preiskat.:** €€; **Max. Stand:** unbegrenzt; **Geöffnet:** ganzjährig; **Kontakt:** Camper Association of Monzambano, Via degli Alpini, 9a, 46040 Monzambano MN, Tel. 0334 1580937, www.camperisti monzambano.it

1500i-mm

Peschiera del Garda lädt zum gemütlichen Flanieren ein

240 Wohnmobilstellplatz Borghetto

GPS 45.353458, 10.72054

Liebevoll angelegter Platz mit überdachten Picknickplätzen und Grillplätzen am Rande eines Parkplatzes zwischen dem Fluss Mincio und einem Kanal. Kurz davor befindet sich ein weiterer, ebenfalls empfehlenswerter Stellplatz. Peschiera del Garda ist über den Radweg am Fluss nach gut zehn Kilometern erreicht. **Lage/Anfahrt:** Am Ortsrand des sehenswerten Ortes Borghetto. Auf der SP19 bis zum Kreisverkehr, an dem die SP15 abzweigt, dort links und vor dem Ort rechts; **Platzanzahl:** 20; **Untergrund:** Wiese; fest; **Sicherheit:** umzäunt, Schrankenanlage; **Preiskat.:** €; **Max. Stand:** 2 Nächte; **Geöffnet:** ganzjährig; **Kontakt:** Area Sosta Camper Borghetto (oder auch Visconteo), Via Michelangelo Buonarroti, 37067 Borghetto di Valeggio sul Mincio VR, Tel. 0338 9247382, www.parcheggio virgilio.it

VERONA

(157 km – km 338)

Verona lässt sich einfach und kostenlos über die SR11 ab Peschiera del Garda erreichen. Wer die Autobahn bevorzugt, nimmt die etwas weiter südliche und mautpflichtige E70. Der Schwerpunkt der Altstadt von Verona, die – wie sollte es anders sein – zum Weltkulturerbe gehört, befindet sich in einer Schleife, die der Fluss Etsch (ital. Adige) bildet. Im Süden dieser Schleife startet die Stadtbesichtigung in der Regel an der malerischen Arena an der **Piazza Brà.** Das noch heute sehr gut erhaltene **Amphitheater** fasste zu römischen Zeiten rund 30.000 Zuschauer. Anstatt für Gladiatorenkämpfe wird es heute für Konzertveranstaltungen und Opernaufführungen genutzt.

Durch die Gassen, die nördlich der Arena abzweigen, spaziert man durch das rege Treiben tiefer in die Altstadt hinein. Wenn man die **Casa di Giulietta,** das **Haus der Julia** besuchen möchte, nimmt man am besten die Via Giuseppe Mazzini, biegt an deren Ende nach rechts in die Via Capello und kurz drauf nach links ab. Der berühmte Balkon, auf dem Julia in Shakespeares Drama „Romeo und Julia“ ihre Liebe zu Romeo gestanden haben soll, befindet sich in einem Innenhof und könnte schnell übersehen werden, wenn denn da nicht die Besucherströme wären. Im Torbogen zum Innenhof hängen zahlreiche Briefe und Botschaften verliebter Pärchen und unterhalb des Balkons, der allerdings nachträglich nur für die Touristen angebracht wurde, steht eine Statue. Um sich mit ihr fotografieren zu lassen oder um sie berühren zu können, ist ein wenig Geduld gefordert, denn in der Regel ist der Innenhof von Julias Haus gut gefüllt.

Zurück über die Via Capello erreicht man nach kurzer Zeit die **Piazza delle Erbe.** Überragt wird der Hauptplatz Veronas vom **Torre dei Lamberti,** der mit seinen 85 Metern zu den höchsten Gebäuden der Stadt zählt. Nach fast 400 Stufen oder einer Fahrt mit dem Fahrstuhl hat man von oben einen tollen Ausblick auf Verona und die Umgebung.

Gleich neben dem Turm gibt es einen schmalen Durchgang, der zum nächsten, etwas kleineren Platz führt. Die **Piazza dei Signori** wird oft auch als Piazza Dante bezeichnet. Der Grund hierfür ist beim Betreten des Platzes sofort ersichtlich. In der Mitte erhebt sich die Statue des aus Florenz stam-

151oi-mm

menden Dichters Dante Alighieri, der vor allen Dingen für sein Hauptwerk „Die Göttliche Komödie“ bekannt ist und sich oft in Verona aufhielt. Durch den Torbogen an der Ostseite des Platzes gelangt man unmittelbar darauf zu den **Gräbern der Scaliger** (Arche Scaligere). Beinahe alle Gräber der einstigen Herrscher von Verona sieht man durch ein schmiedeeisernes Gitter auf der rechten Seite neben der Kirche Santa Maria Antica. Das älteste der reich verzierten und aufwendig gestalteten Grabstätten stammt aus dem späten 13. Jahrhundert.

Folgt man hinter der Grabanlage weiter der Gasse und biegt wenig später links in die Via S. Pietro Martire ein, so steht man schon bald an der **Piazza Sant' Anastasia,** an der sich die gleichnamige **Kirche** erhebt. Sie wirkt von außen sehr schmucklos, denn abgesehen vom Portalbogen wurde die Fassade nicht verkleidet. In ihrem Inneren präsentiert sich die gotische Kirche jedoch mit zwei Seitenschiffen, mehreren Pfeilern und verschiedenen sehenswerten Seitenkapellen. Zudem ist sie das größte Gotteshaus der Stadt.

Noch weiter nördlich, kurz vor dem Scheitelpunkt der Etsch-Schleife, erreicht man schließlich den **Domkomplex.** Dazu zählen neben dem **Duomo Santa Maria Matricolare,** der von außen zunächst einmal recht bescheiden wirkt, die Bibliothek, ein Kreuzgang und weitere, kleinere Kirchen. Bei einem Gang in den Dom präsentiert sich das Kirchenschiff mit marmornen Pfeilern und einem romanischen Atrium.

Auf der anderen Seite des Flusses, den man in Domnähe über die malerische **Ponte Pietra** überqueren kann, sieht man gleich zur rechten Seite den Zugang zum **antiken römischen Theater.** Es entstand rund zwei Jahrzehnte vor der Zeitenwende und kann mit dem dazugehörenden **Archäologischen Museum** besichtigt werden. Es befindet sich gleich oberhalb der Zuschauerränge in einem ehemaligen Kloster. Hinter der Bühne des Theaters zweigt die Via Redentore ab, der

⌃ *Mitten in der Altstadt von Verona befindet sich das Denkmal von Dante*

‹ *Römische Spuren findet man in der ganzen Stadt*

Verona

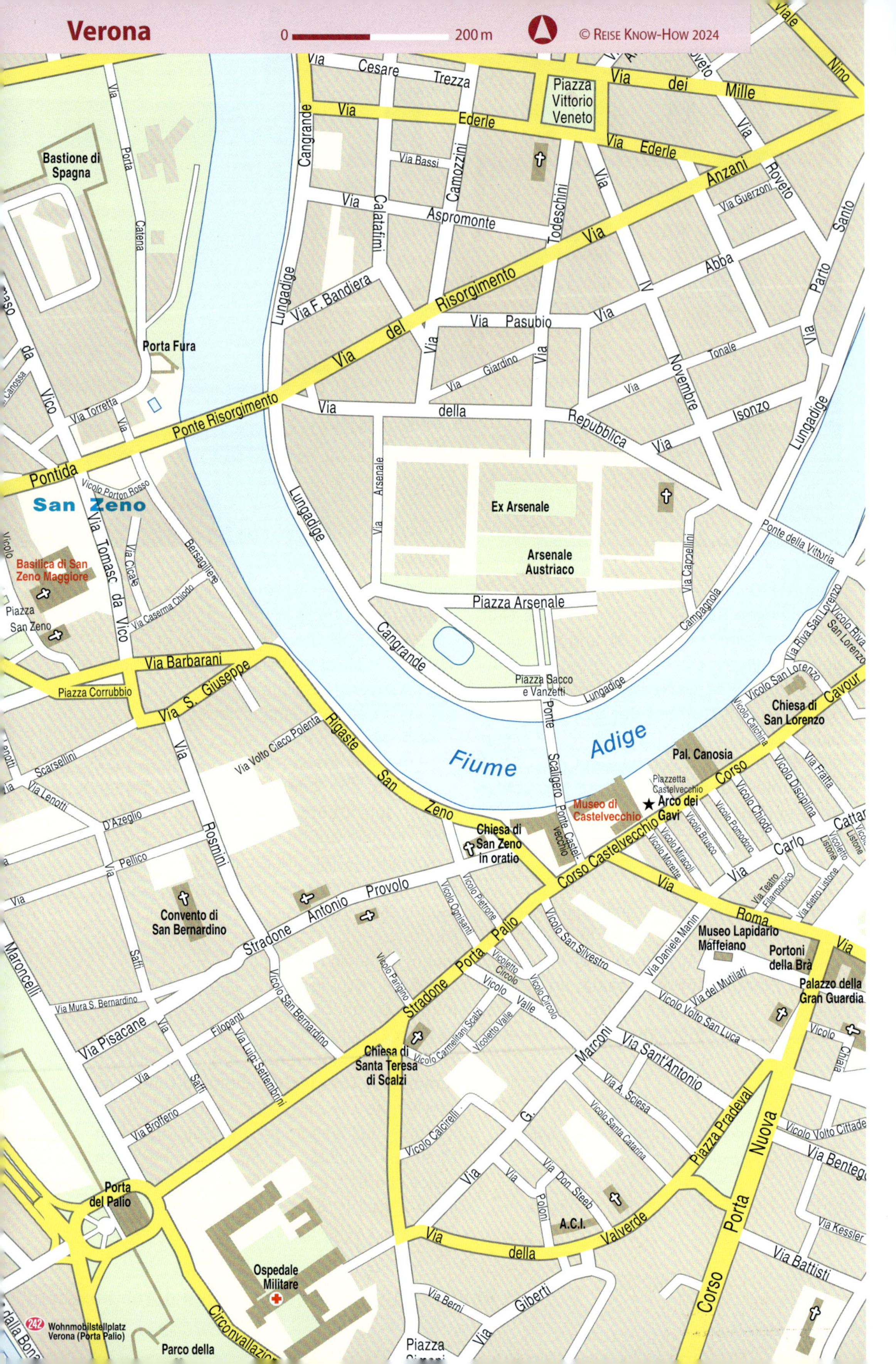
0
200 m
© Reise Know-How 2024
Bastione di Spagna
Porta Fura
San Zeno
Basilica di San Zeno Maggiore
Piazza San Zeno
Piazza Corrubbio
Via Barbarani
Via S. Giuseppe
Pontida
Ponte Risorgimento
Via del Risorgimento
Via Anzani
Via Cesare Trezza
Via Ederle
Piazza Vittorio Veneto
Via dei Mille
Viale Nino
Via Aspromonte
Via Calatafimi
Via Camozzini
Via Bassi
Via Todeschini
Via F. Bandiera
Via Pasubio
Via Giardino
Via della Repubblica
Via IV Novembre
Via Abba
Via Tonale
Via Isonzo
Via Guerzoni
Via Roveto
Via Parto Santo
Lungadige
Cangrande
Via Arsenale
Ex Arsenale
Arsenale Austriaco
Piazza Arsenale
Via Cappellini
Campagnola
Ponte della Vittoria
Piazza Sacco e Vanzetti
Ponte Scaligero
Fiume Adige
Rigaste San Zeno
Via Tomasc da Vico
Via Cicala
Via Caserma Chiodo
Bersagliere
Vicolo Porton Rosso
Via Torretta
Via Catena
Via Porta
Via da Vico
Via Volto Cieco Polenta
Via Scarsellini
Via Lenotti
D'Azeglio
Pellico
Via Rosmini
Convento di San Bernardino
Stradone Antonio Provolo
Via Saffi
Via Maroncelli
Via Mura S. Bernardino
Via Pisacane
Filopanti
Via Luigi Settembrini
Via Brofferio
Vicolo San Bernardino
Chiesa di San Zeno in oratio
Stradone Porta Palio
Chiesa di Santa Teresa di Scalzi
Vicolo Carmelitani Scalzi
Vicolo Calcirelli
Museo di Castelvecchio
Ponte Castelvecchio
Corso Castelvecchio
Arco dei Gavi
Piazzetta Castelvecchio
Pal. Canosia
Chiesa di San Lorenzo
Corso Cavour
Via Roma
Via Carlo Cattaneo
Museo Lapidario Maffeiano
Portoni della Brà
Palazzo della Gran Guardia
Via Daniele Manin
Via del Mutilati
Vicolo Volto San Luca
Via Sant'Antonio
Via A. Sciesa
Vicolo Santa Caterina
Piazza Pradeval
Corso Porta Nuova
Vicolo Volto Cittadella
Via Kessler
Via Battisti
Via G. Marconi
Via Don Steeb
Via Poloni
A.C.I.
Via della Valverde
Via Berni
Via Giberti
Porta del Palio
Ospedale Militare
Circonvallazione
Parco della
Piazza
242 Wohnmobilstellplatz Verona (Porta Palio)

Chiesa di San Giorgio in Braida
Piazzetta San Giorgio
Porta San Giorgio
Via San Stefano
Vicolo Cieco Zini
Castel San Pietro
Via Castel San Pietro
Piazzale Castel San Pietro
Scalone Castel San Pietro
Viale Gabriele D'Annunzio
Lungadige San Giorgio
Duomo Santa Maria Matricolare
Museo Canonicale
Biblioteca Capitolare
Museo Archeologico al Teatro Romano
Ponte Pietra
Vicolo Sabbionaia
Salita Fontana del Ferro
Via San Giovanni in Valle
San Giovanni in Valle
Museo Africano
Bixio
Ponte Giuseppe Garibaldi
Lungadige Riva Battello
Piazza Duomo
Via Pietà Vecchia
Vicolo Broilo
Vicolo Fontanelle
Vicolo Accoliti
Via Cappelletta
Piazza Martiri della Libertà
Via Redentore
Fiume
Adige
Lungadige Re Teodorico
Vicolo Borgo Tascherio
Vicolo Pozzo
Matteotti
Via Salici
Vicolo Salici
Arcidiacono Pacifico
Piazzetta S. Maria Solaro
Via San Giusto
Vicolo Cieco Fontane
Via Volto Fontane
Via Pigna
Arena Museo Opera
Via Santa Felicita
Piazzetta Bra Molinari
Kirche Sant' Anastasia
Chiesa di S. Chiara
Via Santa Chiara
Vicolo Santa Scala
Interrato Acqua Morta
Vicolo Mustacchi
Panvinio
Via Sole
Vicolo Sole
Via Giuseppe Garibaldi
Museo Miniscalchi-Erizzo
Via Barchetta
Via de Canal
Via Duomo
Via Massalongo
Via Don Bassi
Vicolo Gatto
Via Sottoriva
Piazza Fra Giovanni
Chiesa Santa Maria in Organo
Via S. Maria in Organo
Vicolo Cieco Moise
Via Libera
Via Cadrega
Via S. Egidio
Via San Mamaso
Via Achille Forti
Vicolo 2 Mori
Corso Sant'Anastasia
Via San Pietro Martire
Vicolo 2 Stelle
Lungadige Donatelli
Via Ponte Pignolo
Via Santa Maria Rocca Maggiore
Via San Salvatore Vecchio
Via Enrico De Nicola
Via Emilei
Vicolo Raggiri
Via Rosa
Arche Scaligere
Via S. Maria di Chiavica
Vicolo Cavalletto
Via Trota
Via Ponte Nuovo
Via San Tomaso
Giardino Giusti
Via Giardino Giusti
Via Porta Organa
Lungadige
Chiesa di S. Eufemia
Via dietro S. Eufemia
Francesco
Via Fama
Corte Sgarzerie
Piazza delle Erbe
Via S. Maria Antica
Cortile del Tribunale
Vicolo Quadrelli
Vicolo Isola
Piazza Isolo
Vicolo Pastorello
Seminario
Via Adua
Vicolo Cieco Monachine
Corso Porta Borsari
Vicolo Corticella San Marco
Torre dei Lamberti
Via Dante
Via Cairoli
Piazza Indipendenza
Via al Cristo
Garibaldi
Ponte Nuovo del Popolo
Piazza S. Tomaso
Chiesa di S. Tomaso
Vicolo Ostie
Porta Borsari und Corso Cavour
Vicolo San Matteo
Via Pellicciai
Via Quintino Sella
Vicolo Corte Spagnola
Via Portici
Vicolo Crocioni
Casa di Giulietta
Via Nizza
Via dietro San Sebastiano
Via S. Salvatore
Corte Regia
Lungadige Bartolomeo Rubele
Lungadige Sammicheli
Str. S. Tomaso
Via dietro Campanile San Tomaso
Via Bogon
Carducci
Via Paradiso
Santa Apostoli
Via 4 Spade
Galleria Pellicciai
Via Rocchetto
Via Stella
Via Cappello
Vicolo San Sebastiano
Via Amanti
Via Farina
Vicolo Balena
Vicolo Mazzini
Via Mazzini
Vicolo Scala
Piazzetta Scala
Via Scala
Vicolo Stella
Via Scrimiari
Via S. Vitale
Via Gaetano Trezza
Via Antonio Cantore
Vicolo del Guasto
Via Valerio Catullo
Via Volto Scala
Via Giovanni Zambelli
Porta Leoni
Via G. Oberdan
Romeo & Juliet Experience
Vicolo Hensi
Via Mario Alberto
Via Enrico Noris
Via San Nicolò
Via Anfiteatro
Vicolo Conventino
Via San Cosimo
Vicolo dietro S. Andrea
Vicolo Leoni
Vicolo Volto Leoni
Via Leoni
Vicolo Vetri
Via Mazzini
Vicolo 3 Marchetti
S. Nicolò
Via Pietro Frattini
Via Fabio Filzi
Via Leoncino
Via Luigi Fiangini
Ponte delle Navi
Via S. Paolo
Via XX Settembre
Piazzetta Scalette Rubiani
Arena di Verona
Via Paluzzi
Chiesa San Fermo Maggiore
Palazzo Pompei mit Museo di Storia Naturale
Chiesa di S. Paolo
Piazza Brà
Piazza Barbieri
Piazza Mura Gallieno
Via Rocche
Stradone San Fermo
Via Dogana
Via Museo
Via della Artigliere
Vicolo Borella
Via Ottavio Manara
Via Don Enrico Tazzoli
Vicolo Vento
Via Satiro
Via Vipacco
Via Timavo
Corso Porta Vittoria
Pal. Municipale
Corso degli Alpini
Chiesa di S. Pietro Incarnario
Vicolo Torcoletto
Via Sant'Angela Merici
Vicolo Satiro
Via S. Francesco
Via Torre Pentagona
Largo Divisione Pasubio
Stradone Scipione Maffei
Via Tito Speri
Via S. Pietro Incarnario
Via Campanile
Via Filippini
Piazza Cittadella
Via Adigetto
Vicolo Terese
Via dietro Pallone
Via dietro Filippini
Vicolo Cieco Filippini
Vicolo Oratorio
Università
Via Università
Via Caserma Ospital Vecchio
Via Tezone
Via Ponte Rofiolo
Via Pallone
Vicolo Trave
Via Lastre
Via Macello
Lungadige Porta Vittoria
Via Torbido
Vicolo Croce Verde
Via Ponte Aleardi
Porto Vittoria Nuova
Ponte Aleardi
Vicolo S. Domenico
Via Pontetiere
Lungadige Capuleti
Piazzale del Cimitero
Via Montanari
Via Vicolo Stimate
Via Berton
Via Don
Via S. Trinità
Via Shakespeare
Via da Porto
Lungadige Galtarossa
Cimitero Monumentale
Museo della Radio Guglielmo Marconi
Grab der Julia und Freskenmuseum

man rund 500 Meter zum gepflegten Barockgarten **Giardino Giusti** folgen kann. Durch die Hanglage wurde der Garten terrassenförmig angelegt und bietet von seinem hinteren Bereich aus einen schönen Ausblick auf die Altstadt von Verona.

Wer sich am Dom gegen Theater und Garten entscheidet und am Etsch-Ufer in die andere Richtung flaniert, der nähert sich dem **Castelvecchio** an der Ponte Scaligero, das der Scaliger Cangrande II. – sein Grab befindet sich ebenfalls in der Arche Scaligere – Mitte des 14. Jahrhunderts errichten ließ. Die sich hinter der Burg befindliche Brücke diente dazu, dass er im Falle eines Aufstands der Bevölkerung über die Etsch fliehen konnte. Sowohl die Ponte Scaligero als auch die weiter flussabwärts in Domnähe befindliche Ponte Pietra wurden von den deutschen Truppen bei ihrem Rückzug 1945 zerstört und anschließend rekonstruiert. Das Kastell der Scaliger beherbergt heute ein **Museum,** das nicht nur bedeutende Gemälde präsentiert, sondern auch verschiedene lebensgroße Standbilder und Skulpturen. Das bedeutendste ist hierbei das Reiterstandbild vom Bauherrn Cangrande. Ursprünglich befand es sich in der Grabanlage der Scaliger, wurde aber in das Kastell gebracht.

Vom Scaligerkastell käme man schnell und einfach zur Porta Palio und damit zum Wohnmobilstellplatz zurück. Doch dazwischen lohnt sich noch ein kleiner Abstecher nordwärts in das Altstadtviertel San Zeno. Dort erhebt sich die aus dem 13. Jahrhundert stammende Kirche **San Zeno Maggiore,** die sich mit einer schmuckvollen, romanischen Fassade zeigt. Sehenswert ist auch der frei stehende Glockenturm, der mit seinen sich abwechselnden rot-weißen Steinen ein tolles Farbenspiel abgibt. Dieser Farbwechsel wird auch innerhalb des Kirchenschiffs fortgeführt.

Sehenswertes

- **Casa di Giulietta,** Via Cappello, 23, Tel. 045 8034303, http://casadigiulietta.comune.verona.it, Mo 13.30–19.30 Uhr, Di–So 8.30–19.30 Uhr (letzter Einlass 18.45 Uhr), Eintritt: 6 €. In und an dem Gebäude kann man der tragischen Liebesgeschichte von „Romeo und Julia" gedenken. Da es sich bei Julia um eine Figur aus Shakespeares Drama handelt, hat sie natürlich nicht wirklich hier gewohnt und Balkon und Torbogen entstanden sogar erst in der ersten Hälfte des letzten Jahrhunderts. Dennoch kann man sich dem Zauber des Ganzen nicht entziehen. Im Inneren des Gebäudes sind zudem mehrere Fresken und Gemälde mit Bezug zu Romeo und Julia zu sehen.
- **Arena di Verona,** Piazza Brà, Mo 13.30–19.30 Uhr, Di–So 8.30–19.30 Uhr (letzter Einlass 18.45 Uhr), Eintritt: 10 €
- **Torre dei Lamberti,** Via della Costa, 1, Mo–Fr 10–18, Sa/So 11–19 Uhr (letzter Einlass: 45 Minuten vorher), Eintritt: 8 €, montags 5 €

154oi-mm

◁ *Den Lamberti-Turm sollte man unbedingt auch besteigen, um die Aussicht zu genießen*

242 Wohnmobilstellplatz Verona (Porta Palio)

GPS 45.434038, 10.978181

Zentral gelegener Stellplatz mit engen Stellflächen unter Bäumen. Grundsätzlich für eine Stadtbesichtigung eine gute Lage und gute Größe, aber enge Stellflächen und Wohnbebauung sowie Straßen gleich nebenan, daher etwas unruhig. Aufgrund der Beliebtheit Veronas an den Wochenenden meist belegt. **Lage/Anfahrt:** An einem kleinen Kanal nahe des Stadttores Porto Palio; SS12 bis Porto Palio, am Kreisverkehr links halten; **Platzanzahl:** 35; **Untergrund:** Asphalt; **Sicherheit:** Schranke; **Preiskat.:** €; **Max. Stand:** 2 Nächte; **Geöffnet:** ganzjährig; **Kontakt:** Area Sosta Camper Porto Palio, Via Gianattilio dalla Bona, 8, 37138 Verona VR, Tel. 045 2320010

153ol-mm

- **Duomo Santa Maria Matriculare,** Piazza Duomo, 21, Mo–Fr 10–17, Sa 10–16, So 13.30–17 Uhr
- **Arche Scaligere,** Via Santa Maria in Chiavica, 1a, Tel. 045 8068680. Familienfriedhof der einstigen Stadtherren, die bis in das 14. Jahrhundert herrschten.
- **Kirche Sant' Anastasia,** Piazza S. Anastasia, Tel. 045 8004325, Mo–Fr 9–18.30, Sa 9–18, So 13–18 Uhr. Eintritt frei
- **Museo Archeologico al Teatro Romano,** Rigaste Redentore, 2, Tel. 045 8000360, Mo 13.30–19.30, Di–So 8.30–19.30 Uhr, Eintritt: 4,50 €
- **Giardino Giusti,** Via Giardino Giusti, 2, Tel. 045 8034029, tägl. 9–19 Uhr, Eintritt: 10 €
- **Museo di Castelvecchio,** Corso Castelvecchio, 2, Tel. 045 8062611, Mo 13.30–19.30, Di–So 8.30–19.30 Uhr, Eintritt: 6 €
- **Basilica di San Zeno Maggiore,** Piazza San Zeno, 2, Tel. 045 8006120, Mo–Sa 8.30–18, So 12.30–18 Uhr, Eintritt: 3 €

Information

- **Touristeninformation Verona,** Via degli Alpini, 9 (Piazza Brà), an der Arena, Tel. 045 8068680, www.turismoverona.eu

Einkaufstipp

- **Mercato Piazza delle Erbe,** Piazza delle Erbe, Mo–Sa 7.30–20.30 Uhr. Tagesmarkt, der bereits in der Ära der Scaliger (Herren von Verona) stattgefunden hat und noch heute ein beliebter Treffpunkt für Jung und Alt ist. In schöner Atmosphäre auf dem Hauptplatz, umgeben von historischen Gebäuden, findet man hier nicht nur klassische Andenken, sondern auch lokale Produkte wie Öle und Wein.

Für die ungefähr 50 Kilometer von Verona nach Vicenza kann man entweder der Autobahn 4 folgen oder die parallel verlaufende SR11 nutzen. Entlang der Route erwarten einen einige gute und teilweise moderne Stellplätze.

241 Wohnmobilstellplatz Soave

GPS 45.423519, 11.244968

Ruhiger Wohnmobilstellplatz gegenüber der Stadtmauer. Guter Ausgangspunkt für eine Besichtigung eines kleinen Kastells und Wanderungen in den Weinbergen. **Lage/Anfahrt:** Nördlich der Autobahn, direkt im Ort Soave. An der Autobahnausfahrt Soave auf die SR11 und in den Ort fahren, links an der Stadtmauer vorbei; **Platzanzahl:** 15; **Untergrund:** Rasengitter; **Preiskat.:** €; **Max. Stand:** 2 Nächte; **Geöffnet:** ganzjährig; **Kontakt:** Area Sosta Camper Soave, Via Invalidi Lavoro, 37038 Soave VR, Tel. 045 7680777

243 Wohnmobilstellplatz Hotel Fracanzana

GPS 45.443447, 11.377632

Vom angrenzenden Hotel betriebener Stellplatz. Umfangreiches Angebot, das auch von Wohnmobilisten genutzt werden darf: Wellness, Weinverkostung, Trimm-dich-Pfad, Kinderspielplatz, Hundeareal, Fahrradwerkstatt, sehr saubere Sanitäranlagen, Waschmaschine, Restaurant. Einziger Wermutstropfen ist die Lautstärke, dennoch ideal für einen Zwischenstopp. **Lage/Anfahrt:** Direkt zwischen der Autobahn und der Bahntrasse gelegen. Die A4 an der Ausfahrt Montebello verlassen und weiter auf die SR11; **Platzanzahl:** 44; **Untergrund:** Wiese; fest; **Sicherheit:** umzäunt, beleuchtet, bewacht; **Preiskat.:** €€; **Max. Stand:** unbegrenzt; **Geöffnet:** ganzjährig; **Kontakt:** Hotel Fracanzana, Via Fracanzana, 3, 36054 Montebello Vicentino VI, Tel. 0444 649521, www.fracanzana.com

244 Wohnmobilstellplatz Montecchio Maggiore

GPS 45.500488, 11.425285

Einfacher, kleiner Wohnmobilstellplatz im Wohnviertel einer kleinen Ortschaft. **Lage/Anfahrt:** Nördlich der A4. A4-Ausfahrt Montecchio, hinter der Mautstation halbrechts in Richtung SR11, hinter dem Kreisverkehr und vor der Tankstelle halbrechts, später in Richtung Piazza Carli, kurz darauf befindet sich der Platz auf der linken Seite; **Platzanzahl:** 6; **Untergrund:** Asphalt; **Sicherheit:** umzäunt, beleuchtet, Schrankenanlage; **Preiskat.:** €; **Max. Stand:** 2 Nächte; **Geöffnet:** ganzjährig; **Kontakt:** Area Camper Montecchio Maggiore, Piazza G. Carli, 36075 Montecchio Maggiore-Alte Ceccato VI, Tel. 0444 699437

ALTERNATIVROUTE: MONTAGNANA

(Strecke Verona – Montagnana – Padua: 105 km)

Wer mehr Zeit hat und Vicenca auf dem Weg nach Padua auslassen möchte, der kann stattdessen die südliche Route wählen und über die SS434, die SR10 und die SS16 nach Padua fahren und einen Zwischenstopp in **Montagnana** einlegen, das sich ungefähr auf halber Strecke zwischen Verona und Padua befindet.

Das sehenswerte Städtchen Montagnana ist weniger aufgeregt als viele andere touristisch gut besuchte Städte der Region und vielleicht gerade deshalb einen Besuch wert. Es beherbergt u. a. die **Villa Pisani** aus der Mitte des 16. Jahrhunderts, eine von fast 50 Villen des Architekten **Andrea Palladio.** Fast die Hälfte seiner Renaissancebauten stehen in der Altstadt von Vicenza, die weiteren im übrigen Venetien.

Viel sehenswerter als die Villa ist aber die rund zwei Kilometer lange **Stadtmauer,** die den Kern der Ortschaft umringt und von einem breiten Grüngürtel begrenzt wird. Montagnana wirkt dadurch übersichtlich und ruhig. Es gibt nur fünf Zugänge in die Altstadt, die durch Portale oder gar Stadttore markiert werden. Sehr schön anzuschauen ist dabei das östliche Stadttor, das **Castello di San Zeno.** Kurioserweise befindet sich die Villa Pisani außerhalb der Stadtmauern hinter dem Kastell.

Die Altstadt von Montagnana ist von einer Stadtmauer mit Toren umgeben, hier die Rocca degli Alberi

245 Wohnmobilstellplatz Montagnana

GPS 45.236997, 11.4637

Zentrumsnaher Stellplatz an der nordwestlichen Ecke der Stadtmauer. Ideal für eine Stadtbesichtigung. Gleich auf der anderen Seite gibt es einen Discounter. **Lage/Anfahrt:** Am ersten Kreisverkehr im Ort die SR10 nach links verlassen und am Ende der Straße rechts; **Platzanzahl:** 11; **Untergrund:** Asphalt; **Preiskat.:** €; **Max. Stand:** 2 Nächte; **Geöffnet:** ganzjährig; **Kontakt:** Area Sosta Camper Montagnana, Via Trevisan, 2, 35044 Montagnana PD

155oi-as©LianeM - stock.adobe.com

VICENZA

(57 km – km 395)

Ein Spaziergang durch die Altstadt von Vicenza ist in wenig Zeit zu schaffen, denn das eigentliche Zentrum ist gerade einmal 600 x 600 m groß. So sind also die Sehenswürdigkeiten dicht beieinander und gut fußläufig zu erreichen.

Letzteres gilt allerdings nicht für die Villen des Renaissance-Architekten **Andrea Palladio,** die überwiegend im 16. Jahrhundert errichtet wurden und von der UNESCO zum Weltkulturerbe gezählt werden. Sie sind im gesamten Stadtgebiet und weitere von ihnen in ganz Venetien verteilt. Einige von ihnen, wie zum Beispiel der **Palazzo Pojana** in der Corso Palladio 92/96, wirken recht unscheinbar, während der **Palazzo Barbaran da Porto** in der Contrà Porti 11 gut an seinen Halbsäulen erkennbar ist, die die Fassade markieren. Das Hauptwerk Palladios erreicht man jedoch, wenn man sich vor dem Barbaran da Porto nach links wendet und der Fußgängerzone nach Süden folgt. Dann steht man nämlich wenig später vor der **Basilica Palladiana.** Trotz des Namens, des weiten Vorplatzes und des benachbarten Torre Bissara handelt es sich nicht um ein Kirchengebäude, sondern um einen repräsentativen Stadtpalast. Andrea Palladio (1508–1580) gilt als der erste Architekt, der sich tatsächlich nur auf dem Gebiet der Baukunst betätigte und keine weiteren künstlerischen Ambitionen hatte. Er schuf 80 Bauwerke, darunter mehr als zwei Dutzend Kirchen, fünf Brücken, mehrere Portale und allen voran 16 Stadtpaläste.

Den **Dom von Vicenza** erreicht man nach wenigen Schritten durch die nach Westen abzweigende Gasse. Der Grundstein für den Dom wurde im 14. Jahrhundert gelegt. Heute zeigt er sich mit einer schönen gotischen Fassade. Doch das Kirchengebäude ist weniger beeindruckend als der Palast mit seinen hohen Säulengängen.

Auf den ersten Blick unscheinbar ist auch das **Teatro Olimpico** am Ufer eines kleinen Flusses, der die Altstadt teilt. Doch ein Blick in das Innere lohnt sich, denn auch dieses Theatergebäude wurde von Palladio errichtet und zeigt noch heute die Kulissenbauten, die bei der Premiere genutzt wurden – und die fand im März 1585 statt. Der halbovale Zuschauerraum ist einem römischen Theater nachempfunden und die Kulisse der Bühne wurde so gestaltet, dass man glaubt, in die Tiefe blicken zu können.

Sehenswertes

- **Teatro Olimpico,** Piazza Matteotti, 1, Tel. 0444 320854, www.teatrolimpicovicenza.it, Di–So 10–18 Uhr, Eintritt: 11 €
- **Basilica Palladiana,** Piazza dei Signori, Di–Fr 10–13 und 17–20, Sa/So 10–20 Uhr

Information

› **Touristeninformation Vicenza,** Via Montale 25, Tel. 0444 994770, www.vicenzae.org, tägl. 9–17.30, im Juli und August bis 18 Uhr

Gastronomie

› **La terrazza della basilica,** Piazza dei Signori, 42, Tel. 0320 6817444, www.laterrazzadellabasilica.it. In einmaliger Atmosphäre sitzt man auf dem Dach der Basilica Palladiana und blickt beim Essen zwischen den Skulpturen auf den Platz hinab.

246 Stellplatz Vicenza-Nord

GPS 45.563531, 11.547727

Einfacher Stellplatz als Teil eines Großparkplatzes. Ruhig, aber kein Ort für einen Urlaub. Rund 1,5 km nördlich der Altstadt. Netter Fußweg entlang eines Bachs und durch einen Park bis ins Zentrum. **Lage/Anfahrt:** Auf der Ringstraße rund um die Altstadt auf die SP248 wechseln, vor der Tankstelle nach rechts; **Platzanzahl:** 27; **Untergrund:** Asphalt; **Sicherheit:** umzäunt, Videoüberwachung, Schranke; **Preiskat.:** €; **Max. Stand:** 2 Nächte; **Geöffnet:** ganzjährig; **Kontakt:** Parcheggio Vicenza, Via Pforzheim, 36100 Vicenza

247 Stellplatz Vicenza-Zentrum

GPS 45.543122, 11.559117

Lauter Übernachtungsplatz als Teil eines Parkplatzes. **Lage/Anfahrt:** Direkt neben Bahngleisen am Südrand der Altstadt. Der Beschilderung zum Stadion folgen, dort am Kreisverkehr rechts zum Parkplatz; **Platzanzahl:** 20; **Untergrund:** Asphalt; **Sicherheit:** umzäunt; **Preiskat.:** €; **Max. Stand:** 2 Nächte; **Geöffnet:** ganzjährig; **Kontakt:** Parcheggio Vicenza, Via Bassano, 21, 36100 Vicenza VI

In der Basilika von Padua befindet sich die Grabstätte des hl. Antonius

PADUA

(50 km – km 445)

Von Vicenza nach Padua ist es nur ein Katzensprung. Entweder fährt man über die Autobahn 4 oder über die SR11, die nicht nur kostenlos ist, sondern geradewegs in das Stadtzentrum führt.

Der ovale Platz **Prato della Valle** ist in seiner längsten Ausdehnung rund 250 Meter lang. Kein Wunder also, dass er zu den größten innerstädtischen Plätzen Europas zählt. Einst nutzten die Römer den Platz für Aufmärsche, später diente er als Marktplatz. Heute zeigt sich der Platz mit einem ovalen Wasserlauf rund um eine Insel, die von jeder Seite aus über vier Brücken erreicht werden kann. Die beiden sich kreuzenden Wege und der Wasserlauf werden von zahlreichen Skulpturen flankiert. Sie zeigen Päpste, Adelige und Gelehrte.

In der Südostecke des Prato della Valle erhebt sich die **Basilica di Santa Giustina.** Mit ihren insgesamt sieben Kuppeln ist sie zwar beeindruckend und eine der größten Kirchen der Welt, doch ein noch größeres Highlight ist die **Basilica di Sant'Antonio.** Vom Prato della Valle aus ist sie in wenigen Gehminuten über die Via Beato Luca Belludi zu erreichen. Sie hat sogar acht Kuppeln, wobei die mittlere nach oben spitz zuläuft und von einem Türmchen gekrönt wird. Die Basilika entstand im 13. Jahrhundert und gehört heute zu den acht Internationalen Heiligtümern. Grund hierfür dürfte die Tatsache sein, dass das mächtige Gotteshaus auf dem Grab des **hl. Antonius von Padua** errichtet wurde. An der Südseite der Kirche erstreckt sich ein **Klosterkomplex** mit fünf Kreuzgängen und drei **Museen,** die über das Leben von Antonius berichten.

Antonius lebte im frühen 13. Jahrhundert und galt schon zu Lebzeiten als bedeutendster Prediger seiner Zeit. Er starb am 13. Juni 1231 in Arcella bei Padua. Da er in der Bevölkerung sehr populär war, wurde lautstark nach seiner Heiligsprechung verlangt, und Papst Gregor IX. kam diesem Wunsch früh-

157oi-mm

zeitig nach. Weniger als ein Jahr nach seinem Tod wurde Antonius heiliggesprochen, was bis heute die kürzeste Dauer für so einen Prozess ist. Der 13. Juni ist bis heute der Gedenktag des Heiligen.

Seit 2021 zählen die Freskenzyklen, die in der Basilika des hl. Antonius und weiteren Kirchen zu sehen sind, zum UNESCO-Weltkulturerbe. Bereits 1997 wurde der Botanische Garten von Padua, der als ältester der Welt gilt und sich noch heute an seinem Ursprungsort befindet, in die Weltkulturerbeliste aufgenommen. Er wurde Mitte des 16. Jahrhunderts vom Senat der Republik Venedig gegründet und beherbergt ca. 6000 Pflanzenarten. Besonders stolz ist man auf eine Platane, die bereits Ende des 17. Jahrhunderts gepflanzt wurde, und auf eine Magnolie, die noch ein paar Jahre älter ist und damit als ältester Magnolienbaum Europas bezeichnet wird. Noch viel früher, nämlich im Jahr 1585, wurde eine noch heute lebende Zwergpalme gepflanzt, die Jahrhunderte später Erwähnung in einem von Goethes Werken („Geschichte meines botanischen Studiums") fand.

Sehenswertes

› **Basilica di Sant'Antonio,** Piazza del Santo, 11, tägl. 6.20–19.45 Uhr, Antonianisches Museum, Museum der populären Antoniusverehrung, Oratorium des hl. Georg, Schule des Heiligen (Scoletta): Di–So 9–13 und 14–18 Uhr, Eintritt für alle drei Museen: 7 €, Einzelticket je Museum: 3 €

› **Orto Botanico di Padova,** Via Orto Botanico, 15, Tel. 049 8273939, www.ortobotanicopd.it, Di–So 9–17 Uhr, Eintritt: 10 €

Information

› **Touristeninformation,** Piazzetta Cappellato Pedrocchi, 9, Tel. 04}9 5207415, www.turismopadova.it Mo–Sa 9–19, So 10–16 Uhr

248 Area Sosta Camper Padua

GPS 45.442555, 11.888415

Ruhiger, zweckmäßiger Stellplatz unterhalb von Hochspannungsmasten. Im Norden vor den Toren der Stadt, jedoch mit einer sehr guten Anbindung durch die einschienige Tram, die alle 12 Minuten direkt vom Großparkplatz abfährt. Kleines Einkaufszentrum gleich gegenüber. Nur Kartenzahlung möglich, und zwar bevor man einfährt. **Lage/Anfahrt** Die Altstadt auf der SR307 nordwärts verlassen; **Platzanzahl:** 30; **Untergrund:** Pflaster; **Sicherheit:** umzäunt, beleuchtet, Schrankenanlage; **Preiskat.:** €; **Max. Stand:** unbegrenzt; **Geöffnet:** ganzjährig; **Kontakt:** APS Parcheggi, Via Telemaco Signorini, 35133 Padova PD, Tel. 049 20111, www.parcheggipadova.it

Weiter auf der E70 gelangt man in Richtung Osten schließlich zur Lagune von Venedig und damit zur Route 9 (s. S. 266), auf der man die Adriaküste sowohl nach Nord (Richtung Aquileia) als auch nach Süd (Po-Delta und Rimini) erleben und genießen kann.

Anfahrt Reschenpass:

Graun im Vinschgau (ab Grenze 6 km, S. 240) – **Abstecher: Stilfser Joch** (hin und zurück 7 km, S. 241) – **Naturns** (60 km, S. 242) – **Meran** (14 km, S. 243) – **Bozen** (34 km, S. 255) – **Südtiroler Weinstraße** (Tramin 28 km, S. 260) – **Gardasee** (83 km, S. 224)

Streckenlänge:

ohne Abstecher ca. 225 km,
mit Abstecher ca. 232 km

Anfahrt Brennerpass:

Bruneck (ab Grenze 70 km, S. 248) – **Abstecher: Pragser Wildsee** (hin und zurück ca. 18 km, S. 250) – **Drei Zinnen** (53 km, S. 251) – **Brixen** (87 km, S. 252) – **Abstecher: Seiser Alm** (hin und zurück 22 km, S. 254) – **Bozen** (42 km, S. 255) – **Südtiroler Weinstraße** (Tramin 28 km, S. 260) – **Gardasee** (83 km, S. 224)

Streckenlänge:

ohne Abstecher ca. 363 km,
mit Abstecher ca. 403 km

ROUTE 8: DURCH DIE GEBIRGS-LANDSCHAFT IN SÜDTIROL

1580i-mm

Das deutschsprachige Südtirol ist von hohen Bergen und engen Tälern wie Vinschgau, Wipptal und Pustertal geprägt. Letztere sind über den Reschen- und dem Brennerpass von Österreich aus gut zu erreichen und bieten gute Ausgangsbedingungen, um weiter südlich in Richtung Venetien (Route 9, s. S. 263) zu fahren. Doch zuvor locken noch zahlreiche Wandermöglichkeiten in den Alpen, so zum Beispiel am Stilfser Joch, das man – auf eigene Faust oder mit dem Linienbus – über 48 enge Serpentinen erreicht. Weiter im Osten bilden die berühmten Drei Zinnen das Wahrzeichen der Dolomiten und lassen sich bei einer ausgedehnten Wandertour umrunden. Doch auch für einfache Wanderungen bietet Südtirol mehr als genug Möglichkeiten. Der Uferweg am Pragser Wildsee ist zum Beispiel eine äußerst beliebte Strecke, um die paradiesische Bergwelt Südtirols genießen zu können. Und zu guter Letzt bleiben natürlich noch die Wege zum Schloss Bruneck, zum Brixener Dom, entlang der Promenade in Meran und natürlich durch die Laubengänge von Bozen.

Schloss Tirol erhebt sich stolz am Dorf Tirol (s. S. 246)

ANFAHRT RESCHENPASS

Südtirol ist als autonome Provinz die einzige Region Italiens, in der **Deutsch die vorherrschende Sprache** ist, was das Reisen in Südtirol natürlich deutlich vereinfacht. Wer im westlichen Südtirol seine Fahrt beginnt, wird den leicht zu fahrenden **Reschenpass** (s. S. 14) mit etwas mehr als 1500 Höhenmetern überqueren und die weiten Kurven an der südlichen Seite des Passes hinab in den Vinschgau fahren. So wird das Tal zwischen dem Reschenpass und Meran bezeichnet, in dem der Fluss Etsch talwärts fließt und der ständige Begleiter ist.

GRAUN IM VINSCHGAU

(ab Grenze 6 km – km 6)

Nirgendwo passt die Redewendung, man solle die Kirche im Dorf lassen, besser als in Graun im Vinschgau. Das heutige Dorf, welches über die SS40 zu erreichen ist, befindet sich am **Westufer des Reschensees** und wäre wohl kaum einen Aufenthalt wert, wäre da nicht der **Kirchturm,** der mitten aus der Wasseroberfläche hinausragt. Das Dorf Graun musste 1950 den Wassermassen weichen, die durch Stauung den vorhandenen Reschensee vergrößerten. Sämtliche Gebäude (mehr als 160) wurden gesprengt und abgerissen, nur die Kirche wurde aus Gründen des Denkmalschutzes stehengelassen. Im Gemeindehaus neben der (neuen) Kirche kann eine kleine Ausstellung zur Seestauung besichtigt werden. Anhand von Fotos und einem Modell wird veranschaulicht, wie das damalige Dorf aussah.

Heutzutage bietet sich nach längeren Trockenperioden schon wieder ein anderes Bild. Dann sinkt der Wasserstand des Reschensees beträchtlich und der Kirchturm ragt fast komplett aus dem Wasser. Durch Bauarbeiten zur Verlegung der Straße am Reschensee, die bis 2026 abgeschlossen sein sollen, wird es zu weiteren Veränderungen in der Landschaft kommen.

215oi-mm

Information

- **Touristeninformation Graun,** Hauptstraße 61, Tel. 0473 737090, www.reschenpass.it

ABSTECHER: STILFSER JOCH

(hin und zurück 7 km)

Prad am Stilfserjoch ist eine kleine, eher unbedeutende Ortschaft im Westen des Vinschgaus, wo die SS38 nach Süden abzweigt und auf der es später nach Osten weitergehen wird, doch ihr Namenszusatz macht sie berühmt. Das **Stilfser Joch** (s. auch S. 37) ist mit 2757 m Höhe der zweithöchste Pass der Alpen und der höchste Italiens. Er verbindet die Lombardei mit Südtirol, befindet sich südlich von Prad und wird von dort auf einer Serpentinenstraße mit 48 Spitzkehren erreicht. Das Stilfser Joch ist zudem auch ein **Nationalpark.** Es handelt sich um eines der größten Naturschutzgebiete Europas und wurde im Jahr 1935 eingerichtet. Im gesamten Park gibt es zahlreiche Wandermöglichkeiten und neun verschiedene Nationalparkhäuser mit unterschiedlichen Themenausstellungen. Das **Nationalparkhaus aquaprad** in Prad beschäftigt sich beispielsweise überwiegend mit dem Thema Wasser und den Bewohnern der Flüsse und Seen.

Wer die Auffahrt zum Stilfser Joch scheut, der kann ab dem Nationalparkhaus in Trafoi gegen ein geringes Entgelt **mit dem öffentlichen Bus** hinauf- und wieder hinabfahren. Für Wanderfreunde empfiehlt sich die Auffahrt zum Pass und dann der gemütliche Abstieg. Dieser darf dennoch nicht unterschätzt werden, denn es handelt sich um rund 1700 Höhenmeter, die man bis zum Campingplatz in Trafoi zurücklegt.

Einen kleinen Aufstieg kann man am Stilfser Joch auch trotz Busfahrt genießen: Rund 100 Höhenmeter sind es von der Passüberquerung hinauf zur **Dreisprachenspitze.** Hier befand sich bis zum Jahr 1919 das Dreiländereck zwischen Italien, der Schweiz und Österreich. Bis heute treffen hier noch die drei Sprachen Italienisch, Deutsch und Rätoromanisch aufeinander.

Sehenswertes

- **Nationalparkhaus aquaprad,** Kreuzweg, 4c, 39026 Prad am Stilfserjoch, Tel. 0473 618212, www.nationalpark-stelvio.it, Di–Sa 9.30–12.30 und 14.30–18, Juli und August auch So 14.30–18 Uhr
- **Nationalparkhaus naturatrafoi,** Trafoi 13A, 39029 Stelvio BZ, Tel. 0473 612031, www.nationalpark-stelvio.it, Di–Sa 9.30–12.30 und 14.30–18 Uhr, im Juli und August auch So 14.30–18 Uhr

249 Camping Trafoi

GPS 46.543901, 10.507345

Kleiner und relativ einfacher, aber hervorragend ausgestatteter Campingplatz am Fuße des Ortlers. Idealer Ausgangspunkt für Wanderungen im Nationalpark Stilfser Joch. Man sollte mit dem Bus hinauf auf den Pass fahren und so das Womo und die eigenen Nerven schonen. **Lage/Anfahrt:** Ab Prad der SS38 bis Trafoi folgen, durch den Ort hindurch und rund 300 m hinter der Serpentine links abbiegen; **Platzanzahl:** 30; **Untergrund:** Wiese; **Sicherheit:** umzäunt, beleuchtet, bewacht; **Preiskat.:** €€€; **Max. Stand:** unbegrenzt; **Geöffnet:** Mitte Juni–Anf. Sept.; **Kontakt:** Camping Trafoi, Dreibrunnenweg 1, 39020 Trafoi, Tel. 0473 611533, www.camping-trafoi.com

250 Camping Sägemühle

GPS 46.61766, 10.596175

Gut ausgestatteter Campingplatz am Zugang in das Tal zum Stilfser Joch. **Lage/Anfahrt:** Von der SS38 in Fahrtrichtung Stilfser Joch links in den Dornweg einbiegen; **Platzanzahl:** 150; **Untergrund:** Wiese; **Sicherheit:** umzäunt, beleuchtet, bewacht; **Preiskat.:** €€€€; **Max. Stand:** unbegrenzt; **Geöffnet:** Ende Dez.–Anf. Nov.; **Kontakt:** Camping Sägemühle, Dornweg 12, 39026 Prad am Stilfserjoch, Tel. 0473 616078, www.campingsaegemuehle.com

Der berühmte Kirchturm im Reschensee

160oi-as©RW-Design - stock.adobe.com

NATURNS

(60 km – km 66)

Am Kreisverkehr kurz vor Naturns lohnt es sich, die SS38 zu verlassen und in den Ortskern zu fahren. Schon nach wenigen Metern sieht man auf der rechten Seite die kleine, fast unscheinbare **St.-Prokulus-Kirche.** Auch wenn man auf der Reise bereits zahlreiche **Fresken** gesehen hat, beherbergt das kleine Kirchlein die womöglich bedeutendsten. Sie wurden unmittelbar nach Erbauung der Kirche im 7. Jahrhundert geschaffen und sind damit die ältesten Wandbilder im deutschsprachigen Raum. Direkt neben der Kirche wurde ein unterirdisches **Museum** eingerichtet, das sich der Antike, dem Frühmittelalter, der Gotik und der Pestzeit widmet. Insbesondere Letztere ist durch Gräber des damaligen Pestfriedhofs anschaulich dargestellt.

Am westlichen Ortsrand von Naturns führt von einem Parkplatz an der SS38 ein Wanderweg steil bergauf zum **Schloss Juval.** Dieses aus dem 13. Jahrhundert stammende Bauwerk ist ein Teil des **Messner Mountain Museums.** Reinhold Messner präsentiert hier unter anderem seine Sammlung zum Thema Tibet und nutzt das Schloss auch als privates Wohnhaus. Am Schloss Juval beginnt in nördliche Richtung das **Schnalstal,** das an den Ötztaler Alpen endet. Dort, an der Grenze zwischen Italien und Österreich, befindet sich am Hauslabjoch in 3210 m Höhe die **Fundstelle von „Ötzi“,** wissenschaftlich auch als Mumie von Similaun bezeichnet.

Gleich von Anfang an verläuft die Fahrt durch das **Schnalstal** mit einer deutlichen Steigung. Belohnt wird sie jedoch mit der Aussicht auf das kleine Dorf **Katharinaberg** und den **Vernagt-Stausee.** Am Ende des Tals wartet einer der höchstgelegenen Wohnmobilstellplätze Europas.

Sehenswertes

- **St.-Prokulus-Kirche,** Via S. Procolo, 1a, 39025 Naturno BZ, Tel. 0473 673139, Di–So 9.30–12 und 14–17 Uhr, Eintritt frei. Ergänzt wird die Kirche durch ein unterirdisches Museum, das die Geschichte von Naturns erläutert (Eintritt: 4,50 €).
- **Schloss Juval (Messner Mountain Museum),** Via Juvale, 1, 39020 Juvale BZ, Tel. 0348 4433871, www.messner-mountain-museum.it, Ende März–Ende Juni und August–Ende Oktober, Besichtigung nur mit Führung (ca. 1 Stunde) möglich, Eintritt: 14 €

Nicht nur landschaftlich hat Südtirol eine Menge zu bieten

251 Wohnmobilstellplatz Schnalstal

GPS 46.753959, 10.783667

Einer der höchstgelegenen Wohnmobilstellplätze Europas. **Lage/Anfahrt:** Hinter Naturns folgt der Abzweig zum Schnalstal. Am Ende des Tals, noch hinter dem Vernagt-Stausee, befindet sich der Stellplatz. Steile Zufahrt durch das Tal; **Platzanzahl:** 90; **Untergrund:** Schotter; **Sicherheit:** umzäunt, beleuchtet; **Preiskat.:** €€€; **Max. Stand:** unbegrenzt; **Geöffnet:** ganzjährig; **Kontakt:** Caravanpark Schnalstal, 39020 Kurzras, Tel. 0473 662171, www.caravanpark-schnals.com

MERAN

(14 km – km 80)

Die erste größere Stadt auf der Reise befindet sich am Zusammenschluss dreier Täler. Das **Passeiertal** im Nordosten und der aus Westen kommende **Vinschgau** münden bei Meran in das **Etschtal.** Die einfachste Anreise ab Naturns erfolgt über die Schnellstraße SS38. An der Ausfahrt Meran verlässt man sie, hält sich am Ende der Straße links und folgt der Beschilderung ins Zentrum.

Meran ist nach Bozen die zweitgrößte Stadt Südtirols, bietet aber deutlich bessere **Parkmöglichkeiten.** Am Ende der Europaallee im Westen der Stadt befindet sich direkt am Bahnhof ein Parkplatz, der außerhalb der Marktzeiten oftmals sogar zum Übernachten genutzt wird.

Durch die vielen **Grünflächen** im Stadtzentrum ist die ruhige Atmosphäre eines **Kurorts** sofort deutlich zu spüren. Doch ihren Aufstieg zur Kurstadt hat Meran unter anderem auch Kaiserin „Sisi" (Elisabeth von Österreich) zu verdanken, die in den 1870er-Jahren mehrfach länger in Meran weilte und durch ihre Anwesenheit für die Stadt warb. Heute finden die meisten Übernachtungen auswärti-

Im Gebirge und doch mediterran: Meran im Vinschgau

161oi-as©nemo1963 - stock.adobe.com

Meran

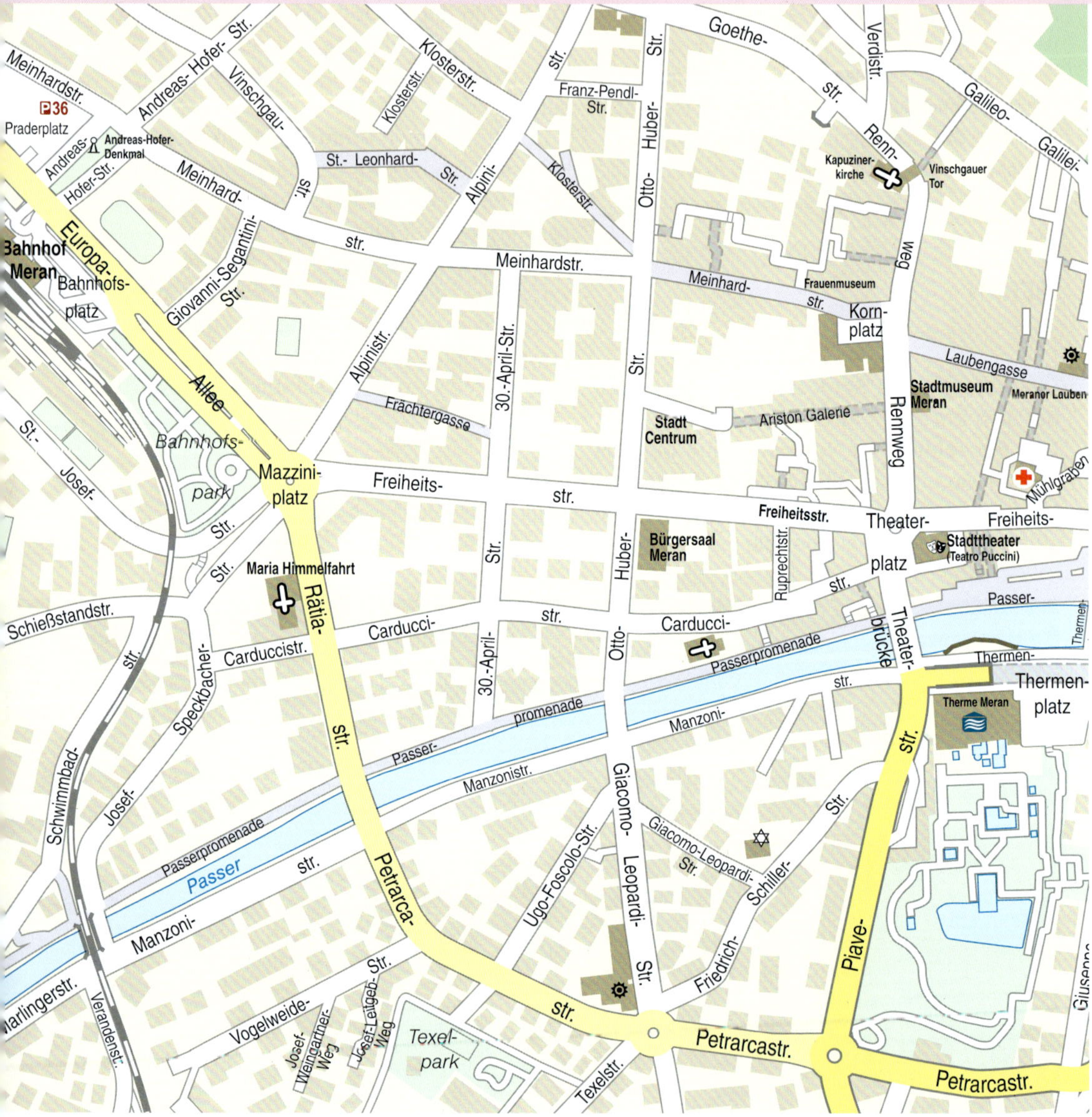

Meinhardstr.
P36
Praderplatz
Andreas-Hofer-Str.
Andreas-Hofer-Denkmal
Andreas-Hofer-Str.
Vinschgau-str.
Klosterstr.
Klosterstr.
St.-Leonhard-Str.
Meinhard-str.
Alpini-str.
Franz-Pendl-Str.
Otto-Huber-Str.
Goethe-str.
Verdistr.
Galileo-Galilei-
Renn-weg
Kapuziner-kirche
Vinschgauer Tor
Bahnhof Meran
Bahnhofsplatz
Europa-Allee
Giovanni-Segantini-Str.
Meinhardstr.
Meinhard-str.
Frauenmuseum
Kornplatz
Laubengasse
Meraner Lauben
Alpinistr.
30.-April-Str.
Frächtergasse
Stadt Centrum
Ariston Galerie
Stadtmuseum Meran
Rennweg
Mühlgraben
Bahnhofspark
St.-Josef-Str.
Mazziniplatz
Freiheits-str.
Freiheitsstr.
Theaterplatz
Freiheits-
Stadttheater (Teatro Puccini)
Bürgersaal Meran
Ruprechtstr.
Maria Himmelfahrt
Rätia-str.
Schießstandstr.
Carduccistr.
Carducci-str.
Carducci-str.
Speckbacher-str.
Passerpromenade
Passer-promenade
Theaterbrücke
Passer-
Thermen-
Thermenplatz
Therme Meran
Manzoni-str.
Manzonistr.
Schwimmbad-
Josef-
Passerpromenade
Passer
Manzoni-str.
Petrarca-str.
Giacomo-Leopardi-Str.
Giacomo-Leopardi-Str.
Ugo-Foscolo-Str.
Schiller-Str.
Friedrich-
Piave-str.
Petrarcastr.
Petrarcastr.
Marlingerstr.
Verandenstr.
Vogelweide-Str.
Josef-Weingartner-Weg
Josef-Leitgeb-Weg
Texelpark
Texelstr.

0
200 m
© Reise Know-How 2024
Panoramalift Meran - Dorf Tirol
Tirolersteig
Tappeiner-
weg
Tirolersteig
Landesfürstliche Burg Castello Principesco
Rathaus
Sparkassenstr.
Laubengasse
Kunsthaus
Altstadttheater
Kur-verwaltung
Kurhaus
str.
Passer
promenade
allee
Tappeiner Denkmal
Barbara-kapelle
Pfarrkirche St. Nikolaus
Domplatz
Palais Mamming Museum
Zenoberg-
str.
Alter
Tirolerweg
Tappeinerweg
Kralinger Weg
Pulverturm
Steinach-Viertel
Passeirer Tor
Passeirer
Gasse
Haller-
gasse
Steinach-
gasse
Ortenstein-
gasse
Leonardo-Da-Vinci-Str.
Metzger-gasse
Bozner Tor
Sandplatz
Kallmünz
Garten-
weg
Gartenweg
Seisen-eggweg
Steinach-platz
Passerpromenade und Winterpromenade
Winter-
promenade
Postbrücke
Sissi-Denkmal
Sommer-
promenade
Spitalkirche zum Heiligen Geist
Cavour-
str.
Marconi-park
Franz-Innerhofer-Str.
F.-Innerhofer-Str.
Plankenstein-
str.
Grabmayr-
Karl-
Weingartenstr.
Pius-Zingerle-Str.
Maia-
str.
Magnus-Ortwein-Str.
Garibaldi-
Mirabella-str.
Rom-
Zenoburg
Zenoberg-
Gilfpromenade
Sommerpromenade
Winterpromenade
Steinerner Steg
Lazagsteig
Lazag-
steig
Rosegger Park
St.-Georgen-Str.
St.- Georgen-
Str.
Vergil-
Hermann-Gilm-Weg
Beda-Weber-Str.
St. Georg
Kirchsteig
Krankenhaus Villa St. Anna
Winkel-
weg
Winkelweg
Anne-Frank-Str.
Schiller-park
Apotheker-gasse
Dantestr.
Maiser Park
Schaffer-
Parkgasse
Fluggigasse

ger Gäste in den umliegenden Dörfern statt, doch auch die leben alle immer noch vom Ruf des mondänen Kurorts Meran.

Durchzogen wird die Stadt vom Fluss **Passer,** der am Westrand Merans in die Etsch mündet. Das linke, südliche Flussufer besteht überwiegend aus der Sommerpromenade, einer Grünanlage, an deren Ende die sitzende Kaiserin Elisabeth in Form eines Denkmals verewigt wurde. Flussabwärts mündet die Winterpromenade in die Kurpromenade, wo sich selbstverständlich das einstige **Kurhaus** befindet. Mit der Kuppel und der Jugendstilfassade ist es auch heute noch sehenswert. Nicht zu übersehen ist auch das schmale, aber hohe Stadttor, durch das man in den

1620i-as©mmphoto - stock.adobe.com

verkehrsberuhigten Bereich Merans gelangt. Durch die enge Gasse mit den hübschen Erkern und kunstvoll verzierten Hausfassaden gelangt man automatisch zur wichtigsten Sehenswürdigkeit: Die **Pfarrkirche** stammt aus den Anfängen des 14. Jahrhunderts und besitzt einen 80 m hohen Turm, dessen vier Außenseiten mit sieben Uhren versehen sind. Mit zahlreichen Fresken ist das Kircheninnere verziert, während sich über dem Portal das Hauptaugenmerk auf die schöne Fensterrose richtet.

Vor der Kirche beginnt die **Laubengasse,** die mit über 200 Geschäften jeden Einkaufswunsch erfüllt, sich aber von der Laubengasse in der Landeshauptstadt nur in einem Detail unterscheidet: Sie ist länger als ihr Pendant in Bozen. Eine weitere besondere Sehenswürdigkeit liegt etwas außerhalb, südwestlich der Meraner Altstadt: **Schloss Trauttmansdorff.** Gelb leuchtet das Schloss oberhalb des Botanischen Gartens. Es war die Unterkunft von **Kaiserin Sisi,** die für über ein halbes Jahr die komplette obere Etage bezog. In den feudalen Räumen des Schlosses ist das sogenannte **Touriseum** untergebracht, das die lange und interessante Geschichte des Tourismus in Südtirol zeigt.

Nördlich und oberhalb von Meran befindet sich in malerischer Lage **Dorf Tirol.** Diese kleine Ortschaft ist als Ausflugsziel beliebt und daher auch gut besucht. Der Grund ist die tolle Aussicht auf den Vinschgau und in das weiter unten liegende Meran, aber auch das **Schloss Tirol.** Es wird auf das 11. Jahrhundert datiert und war ein halbes Jahrtausend die Residenz der Tiroler Landesfürsten und ist daher auch Namensgeber für ganz Tirol. Heute ist in der mächtigen Festung das Südtiroler Landesmuseum für Kultur- und Landesgeschichte untergebracht.

Sehenswertes

› **Touriseum im Schloss Trauttmansdorff,** St.-Valentin-Str. 51a, www.touriseum.it, April bis 15. Oktober tägl. 9–19, 16.–31. Oktober bis 18, 1.–15. Nov. bis 17 Uhr, letzter Einlass jeweils 1½ Std. vor-

Ötzi

Am Gerichtsmedizinischen Institut in Innsbruck wird eine Leiche als Nummer 619/91 geführt, die zugleich bei der Staatsanwaltschaft unter „Strafverfahren gegen unbekannt" zu finden ist. So viel bürokratisches Pflichtbewusstsein muss sein, auch wenn seit dem Tod rund 5200 Jahre vergangen sind. Aber da ein Mord nie verjährt, ist es nur richtig, dass auch die Todesumstände von Ötzi zweifelsfrei geklärt werden. Am 19.9.1991 fanden die deutschen Bergwanderer Erika und Helmut Simon eine mumifizierte Leiche in den Südtiroler Alpen. Sie informierten die zuständigen Behörden, die nach vier Tagen eine Bergung durchführen konnten. Schnell stellte sich heraus, dass die Leiche eine Sensation war, denn ihr Alter war nicht nur auf über 5000 Jahre zu datieren, sondern sie war auch dermaßen gut erhalten, dass man neben der Bekleidung sogar noch Tätowierungen und Essensreste des Toten feststellen konnte. Es dauerte nicht lange, bis der 1,58 m große Mann einen Namen erhielt: Ötzi.

Forscher fanden heraus, dass Ötzi vermutlich ca. 40 Jahre alt war und bei einer Wanderung in den Hochalpen, nahe dem Hauslabjoch, nordwestlich von Meran starb. Dort, wo heute die Grenze zwischen Italien und Österreich verläuft, dürfte Ötzi vermutlich das Opfer eines Überfalls oder zumindest eines Streits geworden sein. Man fand eine Verletzung der linken Schulter, die durch eine Pfeilspitze hervorgerufen wurde, doch an seinen Armen waren auch Schnittverletzungen sowie Blutspuren von verschiedenen Menschen auszumachen. Daher kann ein zweifelsfreies Ergebnis nicht erzielt werden. Fest steht, dass er ein sehr gut erhaltenes Kupferbeil mit sich führte, welches dem Salzburger Land zuzuordnen ist, und dass Ötzi mit einer Bärenfellmütze sowie einer Hose aus Ziegenfell ausgestattet war. Seit 1998 kann man den Leichnam im Südtiroler Archäologiemuseum in Bozen (s. S. 259) besichtigen. Ende 2017 kam der Spielfilm „Der Mann aus dem Eis" in die Kinos. In die Rolle des Ötzi schlüpfte der Schauspieler Jürgen Vogel.

her, Eintritt: 15 €. Erlebnismuseum, das sich mit der Geschichte des Tourismus im Alpenraum befasst.

- **Südtiroler Landesmuseum für Kultur und Landesgeschichte im Schloss Tirol,** Schlossweg 24, www.schlosstirol.it, 15. März–8. Dezember, Di–So 10–17 Uhr, Eintritt: 8 €. Inmitten der stolzen Burg wird die Geschichte Südtirols anschaulich erläutert und auch die regionale Kultur vorgestellt.

Information

- **Kurverwaltung Meran,** Freiheitsstraße 45, Tel. 04732 72000, www.meran.eu
- **Tourismusverein Dorf Tirol,** Hauptstraße 31, 39019 Dorf Tirol, Tel. 0473 923314, www.dorf-tirol.it

In Meran dreht sich alles um das Kurhaus

Parken

P **36 Parkplatz Bahnhof Meran,** GPS 46.674000, 11.150157

252 Stellplatz Dorf Tirol

GPS 46.676004, 11.167015

Stellplatz der Pension Schneeburghof inmitten von Obstplantagen oberhalb von Meran. Zeitungs- und Brötchenservice, Schwimmbadnutzung im Sommer, Spielplatz. Guter Ausgangspunkt für Wanderungen oberhalb des Vinschgaus und zum Meraner Höhenweg. **Lage/Anfahrt:** Über die SS44 zum Dorf Tirol, dort am ersten Parkplatz scharf links ab und der Beschilderung folgen. Enge Zufahrt; **Platzanzahl:** 35; **Untergrund:** Schotter; **Sicherheit:** umzäunt, beleuchtet, bewacht; **Preiskat.:** €€€; **Max. Stand:** unbegrenzt; **Geöffnet:** ganzjährig; **Kontakt:** Schneeburghof, Familie Waldner, Segenbühelstr. 26, 39019 Dorf Tirol, Tel. 0473 923595, www.schneeburghof.com

ANFAHRT BRENNERPASS

Die Anfahrt über den Brennerpass (s. S. 15) gehört zu den beliebtesten Anreisewegen nach Italien. Allerdings hat man die Qual der Wahl, welche Straße man benutzt. Die Fahrt auf der **Autobahn** ist zweifellos schneller, aber durch die Maut eben auch kostenpflichtig. Dafür hat man einen etwas erhöhten Dieselverbrauch, wenn man zeitaufwendiger auf der beinahe parallel verlaufenden **SS12** unterwegs ist. Diese bietet jedoch den Vorteil, für ein paar Urlaubsfotos spontan in Sterzing oder an der Festung Franzensfeste anzuhalten. Noch bevor man Brixen erreicht (s. S. 252), biegt man auf die SS49 ab und fährt in Richtung Bruneck im Pustertal.

BRUNECK

(ab Grenze 70 km – km 70)

Bruneck wirkt größer, als es ist, was sicherlich auch daran liegen mag, dass es eine eigene geräumige Ortsumfahrung besitzt. Bei genauerer Betrachtung ist der Ort jedoch recht überschaubar und kann bequem an einem Tag besichtigt werden. Lohnenswert ist es, vor oder nach der Stadtbesichtigung auch noch eine Wanderung oder eine Fahrt auf den südlich gelegenen Hausberg, den **Kronplatz,** zu unternehmen. Eine Besonderheit auf dem Gipfel ist die sogenannte **Concordia2000.** Auf einem Fundament von 11 m Durchmesser wurde im Jahr 2003 eine Friedensglocke errichtet. Mit ihren über 18 t Gewicht ist sie eine der schwersten Glocken im alpenländischen Raum. Allein der Klöppel wiegt eine halbe Tonne und lässt in der Glocke mit ihren 3 m Durchmesser die Note „Cis“ erklingen. Mittwochs und von Fr bis So sollte man zur Mittagszeit daher ein wenig Abstand zur Glocke walten lassen.

2015 wurde auf dem Kronplatz zudem das sechste der **Messner Mountain Museen** eröffnet. Unter dem Namen **Corones** befasst es sich mit den Themen „Klettern und Bergsteigen“. Auch in der Stadt Bruneck befindet sich eines von Messners Museen, genauer gesagt im **Schloss Bruneck.** Als **MMM Ripa** stellt es Bergvölker aus Asien, Afrika, Südamerika und Europa sowie ihre Religionen und ihre Kultur vor.

Vom Schlossberg geht es hinab zum **Ragentor,** das die Stadtgasse von der **Oberstadt** trennt. Diese ist von einem trapezförmigen Platz mit Mariensäule geprägt. Gestiftet wurde die Säule zu Beginn des 18. Jahrhunderts von Anton von Wenzl, Freiherr von Sternbach. Nach ihm ist auch das **Sternbach-Palais** benannt, welches sich gleich hinter der Säule erhebt. Weiter auf der Stadtgasse sollte man sich rechts halten, um die Rienz zu überqueren. Dort lohnt ein Blick auf die Bürgerhäuser, die direkt bis an das Flussufer heranreichen, und dort befinden sich auch die **Heilig-Geist-Kirche** und das Stadtmuseum. Das Gotteshaus stammt aus dem 14. Jahrhundert und ist im barocken Stil gehalten. Sehenswert ist die künstlerische Darstellung der Taufe Jesu Christi aus dem 18. Jahrhundert vom Südtiroler Barockmaler Franz Sebald Unterberger.

Schloss Bruneck beherbergt eines der Museen des Bergsteigers Reinhold Messner

Der Brennerpass

Der Brennerpass ist einer der wichtigsten Alpenübergänge zwischen Österreich und Italien und dementsprechend auch viel befahren. Schon Goethe überquerte die Alpen über den Brennerpass, aber er war natürlich nicht der erste: Bereits in der Steinzeit wurde der Brenner als Übergang genutzt – wie man spätestens 1991 feststellen konnte, als nicht weit entfernt „Ötzi" gefunden wurde. In der zweiten Hälfte des 18. Jahrhunderts ließ die Habsburger Kaiserin Maria Theresia von Österreich den Pass als Reiseroute ausbauen.

Rund ein Jahrhundert später konnte die erste Eisenbahn von Nord nach Süd fahren und noch einmal einhundert Jahre darauf wurde nach sechsjähriger Bauzeit die Brennerautobahn fertiggestellt. Sie verläuft neben der Brennerstraße und der Eisenbahnverbindung, und das an manchen Stellen so dicht, dass alle drei Streckenverbindungen direkt nebeneinander liegen. Besonders deutlich wird dies südlich vom Brennersee, kurz vor der Grenze zu Italien, und noch wenige Kilometer auf italienischer Seite.

Der wichtigste Bauabschnitt der Brennerautobahn liegt aber noch auf österreichischer Seite, nur wenige Kilometer von Innsbruck entfernt. Leicht bogenförmig führt die dort sechsspurige Autobahn in 190 m Höhe über das Wipptal und war damit jahrzehntelang die höchste Brücke Europas. Dieses Attribut verlor sie allerdings im Jahr 2004 durch die Fertigstellung der Brücke bei Millau in Südfrankreich. Auch wenn man durch die Autobahn nicht mehr durch das Tal fahren und die steile Brennerstraße nutzen muss, hat man auf der Brücke noch eine Steigung von über 4 % zu überwinden. Wer die Zeit und die Muße hat, sollte ruhig die Brennerstraße nutzen, um einen fantastischen Ausblick auf die Autobahnbrücke zu genießen. Zudem spart man sich noch die Mautgebühren, die zu der üblichen Vignettenpflicht hinzukommen.

163ol-mm

Das **Stadtmuseum** wurde in alten Stallungen eingerichtet und beschäftigt sich überwiegend mit der Grafik des 20. Jahrhunderts. So ist auch eine komplett eingerichtete Künstlerwerkstatt im Museum untergebracht. Neben der Ausstellung zur Grafik zeigt das Museum aber auch eine Sammlung spätgotischer Werke des Brunecker Künstlers Michael Pacher. Malereien und Schnitzereien von Pacher sind in Südtirol an mehreren Orten zu finden.

Sehenswertes

- **Schloss Bruneck (Messner Mountain Museum Ripa),** Schlossweg 2, Eintritt: 14 €. Mai–Okt. u. Dez.–Mitte April Mi–Mo 12–18 Uhr. Eines der sechs Messner-Museen. Dieses befasst sich mit den Bergvölkern.
- **Messner Mountain Museum Corones,** Kronplatz, www.messner-mountain-museum.it, Juni–Anf. Okt. tägl. 10–16 Uhr. Eintritt: 14 €. Sehenswerte Ausstellung zur Geschichte des Alpinismus.
- **Heilig-Geist-Kirche,** Stuckstraße, tägl. 9–18 Uhr
- **Stadtmuseum,** Bruder-Willram-Str. 1, Tel. 0474 553292, www.stadtmuseum-bruneck.it, Di–Fr 15–18 Uhr, Sa/So 10–12 Uhr, Eintritt: 3 €. Hervorgegangen aus dem ehemaligen Brunecker Heimatmuseum, zeigt das Stadtmuseum die Geschichte der Stadt, bietet aber auch abwechslungsreiche Ausstellungen mit zeitgenössischer Kunst.

Information

- **Tourismusverband Ferienregion Kronplatz,** Michael-Pacher-Str. 11a, Tel. 0474 555447

ABSTECHER: PRAGSER WILDSEE

(hin und zurück ca. 18 km)

Auf dem Weg zu den Drei Zinnen sollte man unbedingt auch einen kleinen Abstecher in das nicht weit von Bruneck entfernte **Pragser Tal** machen. Die Straße dorthin zweigt von der SS49 ab und unterquert zunächst die Eisenbahngleise. Nach rund 6 km stetiger Bergauffahrt endet sie an drei Parkplätzen,

165oi-mm

von denen Parkplatz 1 kostenpflichtig ist. Von allen Parkplätzen führen idyllische **Wanderwege zum Pragser Wildsee.** Der See gilt als einer der schönsten Südtirols und das nicht zu Unrecht. Umgeben von hohen Bergen erstreckt sich der See auf einer Höhe von fast 1500 m über dem Meer. Auf der Wasseroberfläche spiegelt sich der 2810 m hohe Seekofel, der bereits zu den Dolomiten gehört. Deutlich zu sehen ist jedoch auch, dass der Wasserspiegel in früheren Zeiten höher war und das Gewässer immer kleiner wird.

Ein vier Kilometer langer, vom Schwierigkeitsgrad her wenig anspruchsvoller Rundweg führt direkt am Ufer des Sees entlang und sollte nicht ausgelassen werden.

DREI ZINNEN

(53 km – km 123)

Noch weiter östlich verlässt man das deutschsprachige Südtirol und ist in der Bergregion der Dolomiten unterwegs. Die **Drei Zinnen** gelten als das **Wahrzeichen der Dolomiten,** was weniger an ihrer Größe als an dem markanten Äußeren liegt. Der höchste Gipfel ist die Große Zinne mit einer Höhe von 2999 m. Die beiden anderen werden Westliche Zinne (2973 m) bzw. Kleine Zinne (2857 m) genannt. Kurz vor dem **Misurinasee** führt die Panoramastraße (Strada Panoramica Delle Tre Cime, GPS 46.588493, 12.258113) nach links hinauf bis zur Berghütte Auronzo (Rifugio Auronzo, GPS 46.612705, 12.293108). Allerdings ist die Straße nur nach Zahlung einer üppigen Mautgebühr befahrbar. Es ist daher günstiger, den **Stellplatz** zu nutzen, der sich noch vor der Mautstation auf der linken Seite befindet.

Die Große Zinne wurde im Jahr 1869 zum ersten Mal erklommen, die Besteigung der kleineren Gipfel folgte erst einige Jahre später. Die steil in die Höhe ragende markante Felsformation ist aufgrund ihrer guten Erreichbarkeit ein beliebtes Reiseziel geworden, sodass es hier in den Monaten Juli und August durchaus Anzeichen von „Massentourismus" gibt und es durchaus passieren kann, dass man sich auf den Wanderwegen inmitten einer Kolonne von Wanderern wiederfindet. Im Juni 2009 wurde ein Teil der Dolomiten, unter anderem auch der Bereich der Drei Zinnen, als Weltnaturerbe in die Liste der UNESCO eingetragen, was einen weiteren Besucheranstieg mit sich bringt.

Vom Stellplatz am Misurinasee 253 hat man einen tollen Blick auf die Drei Zinnen der Dolomiten

Beliebt und leicht zu bewältigen ist der Wanderweg rund um den Pragser Wildsee

167oi-mm

253 Wohnmobilstellplatz Misurinasee

GPS 46.588333, 12.255583

Großer Stellplatz und ein idealer Ausgangspunkt für Wanderungen zu den berühmten Drei Zinnen. **Lage/ Anfahrt:** Am Nordrand des Misurinasees (Lago di Misurina). Von der SP49 links noch vor dem See auf den großen Parkplatz abbiegen; **Platzanzahl:** 80; **Untergrund:** Schotter; **Preiskat.:** €€; **Max. Stand:** 3 Nächte; **Geöffnet:** ganzjährig; **Kontakt:** Area Sosta Camper Misurina, Via Monte Piana, 32041 Misurina

Von den Drei Zinnen aus fährt man auf der SS51 und der SS49 zurück, bis man auf die SS12 stößt, auf der man in Richtung Süden Brixen erreicht.

BRIXEN

(87 km – km 210)

Für die Besichtigung von Brixen sollte man sich Zeit nehmen. Die Geschichte der Stadt nahm 901 ihren Anfang, womit sie zu den ältesten Gemeinden Südtirols zählt. Der letzte karolingische Herrscher, König Ludwig das Kind, überließ den Königshof Prihsna (auch als Meierhof bezeichnet) dem Bischof Zacharias von Säben. Diese Schenkung wird als Gründungsdatum der Stadt angesehen, auch wenn bis heute nicht ganz klar ist, wo sich der exakte Standort des Hofs befand. Der Bischof ließ ein Münster errichten und noch im selben Jahrhundert wurde der Bischofssitz in das heutige Brixen verlegt. Brixen war damit jahrhundertelang sehr einflussreich, was aber durch die Säkularisation zu Beginn des 19. Jahrhunderts abrupt endete. Erst der spätere Tourismus brachte einen erneuten Aufschwung in die Stadt, die dem Besucher zahlreiche Kunstdenkmäler bietet.

Am Pfarrplatz ist der 72 m hohe **Weiße Turm der Pfarrkirche St. Michaels** nicht zu übersehen. Ein Blick auf das helle Dach verrät schon, woher der Turm seinen Spitznamen hat. So wie er sich präsentiert, steht er bereits seit der Mitte des 15. Jahrhunderts unverändert hier. Die vier Erker unterhalb des Daches dienten einstmals der Brandwache, die den Kirchturm als Beobachtungsturm nutzte. Auf der rechten Seite erhebt sich die dazugehörige romanische Pfarrkirche aus dem 11. Jahrhundert, die im Inneren mit barockem Stil und zahlreichen Deckenfresken besticht.

Der Höhepunkt von Brixen ist jedoch der **Dom** gleich nebenan. Der erste Dom an dieser Stelle wurde aus Anlass der Verlegung des

⌃ *In Brixen spaziert man unter Laubengängen*

› *Das beeindruckende Innere des Doms*

Bischofssitzes nach Brixen Ende des 10. Jahrhunderts errichtet. Sein heutiges Aussehen erhielt die Kirche jedoch nach mehreren Bränden und einem Neubau im 18. Jahrhundert. Im Inneren befinden sich ein ca. 200 m² großes **Deckengemälde** des Barockmalers Paul Troger und eine **Orgel** mit über 3000 Pfeifen.

Vom Dom und auch vom Domplatz aus gelangt man zum romanischen **Kreuzgang,** dessen künstlerische Ausarbeitung noch sehenswerter ist als der noch verhältnismäßig junge Dom. Der Kreuzgang stammt aus dem 13. Jahrhundert, die Deckenfresken in den Gewölben aus den zwei folgenden Jahrhunderten. Den Innenhof ziert ein kleiner Garten, während sich an der Wand das Grab eines der Bischöfe von Brixen befindet.

Hinter der Pfarrkirche beginnt die **Adlerbrückengasse (Via Ponte Aquila)** mit sehenswerten Bürgerhäusern und der Weg nach **Stufels,** das man bei einem Gang über die Eisack-Brücke erreicht, wo man schon mit einem Schild auf das „Fürstentum" aufmerksam gemacht wird. Es handelt sich hierbei allerdings um eine kleine und liebevolle Übertreibung der Bewohner, denn Stufels ist lediglich ein Stadtviertel Brixens, aber immerhin das älteste. Archäologische Untersuchungen bringen immer wieder Funde zutage, die beweisen, dass sich hier schon lange vor der Zeit der Stadtgründung Menschen angesiedelt hatten. Von den Ausgrabungen ist jedoch nicht viel zu sehen, dafür präsentiert sich Stufels mit zahlreichen denkmalgeschützten Gebäuden, deren Fassaden zum Teil schön verziert sind.

Zurück am Domplatz sollte man hier einen Blick auf das am Nordrand gelegene Haus mit der Turmspitze werfen. Es handelt sich um das **Rathaus,** welches mit seinen Zinnen am Dach ein wenig an eine mittelalterliche Burg erinnert. Auf der gegenüberliegenden Seite des Platzes erhebt sich vor dem **Diözesanmuseum** die Jahrtausendsäule. Sie wurde anlässlich des 1.000-jährigen Jubiläums der Stadtgründung im letzten Jahrhundert aufgestellt und zeigt an der Spitze ein goldenes Lamm, das Wappentier der Stadt.

Sehenswertes

- **Pfarrkirche St. Michaels,** Domplatz 12, tägl. 8–19 Uhr
- **Dom,** Domplatz, tägl. 8–18 Uhr
- **Diözesanmuseum,** Hofburgplatz 2, www.hofburg.it, Tel. 0472 830505, Di–So 10–17 Uhr, Eintritt: 10 €. Sammlung sakraler Kunst mit Werken vom Mittelalter bis heute und mit dem Brixner Domschatz. Umfangreiche Ausstellung, die sich über 70 Räume erstreckt.

Information

- **Tourismusverband Eisacktal,** Großer Graben 26a, Tel. 0472 802232, www.eisacktal.com

Parken

P **37 Parkplatz Brixen,** GPS 46.706184, 11.651195, Fischzuchtweg 28

Bevor man schließlich Bozen erreicht, lohnt noch ein Abstecher zur Seiser Alm.

168oi-mm

ABSTECHER: SEISER ALM

(hin und zurück 22 km)

Östlich von Bozen befindet sich der 2563 m hohe **Schlern,** dem zwei markante schmale Bergspitzen vorgelagert sind. Er bildet seit 1974 zusammen mit dem Rosengarten den zweitältesten Naturpark von Südtirol. Am nordöstlichen Fuß des Bergs erstreckt sich die fast 60 km² große Seiser Alm bis hin zum Grödnertal. Sie gilt damit als **größte Hochalm Europas** und bietet zahlreiche Möglichkeiten zur Freizeitgestaltung, allen voran natürlich Wanderungen im Sommer und Langlauf auf über 60 km Loipenstrecke im Winter.

Etwas weiter unterhalb, westlich der Seiser Alm, liegt die kleine Ortschaft **Kastelruth.** Die idyllische Gemeinde besticht mit einem verkehrsberuhigten Zentrum und einigen hübsch dekorierten Hausfassaden. Weit über die Grenzen von Südtirol hinaus bekannt geworden ist der Name der Ortschaft durch die Volksmusikgruppe „Kastelruther Spatzen“, die hier beheimatet ist.

254 Camping Seiser Alm

GPS 46.532619, 11.532759

Idealer Ausgangspunkt für Wanderungen auf der Seiser Alm und im Bereich des Schlern, mit Blick auf das Gebirgsmassiv. **Lage/Anfahrt:** Von der Brennerautobahn nach Völs am Schlern abbiegen, weiter der Beschilderung folgen; **Platzanzahl:** 100; **Untergrund:** Wiese; **Sicherheit:** beleuchtet, bewacht; **Preiskat.:** €€€€; **Max. Stand:** unbegrenzt; **Geöffnet:** ganzjährig; **Kontakt:** Camping Seiser Alm, Sankt Konstantin 16, 39050 Völs am Schlern, Tel. 0471 706459, www.camping-seiseralm.com

Wo immer man in Südtirol hinsieht, erfreut man sich am Anblick der Berge

169oi-mm

255 Wohnmobilstellplatz Kastelruth

GPS 46.567131, 11.565273
Einfache Übernachtungsmöglichkeit auf dem Parkplatz der Pizzeria Sporthütte. Der Parkplatz befindet sich hinter dem Haus und bietet einen schönen Blick auf den Schlern. Da sich die Pizzeria etwas außer- und oberhalb von Kastelruth befindet, ist die Lage sehr ruhig. Übernachten darf man jedoch nur als Gast des Lokals (die Pizza ist sehr empfehlenswert). **Lage/ Anfahrt:** In Kastelruth hinter dem Supermarkt rechts halten, den Berg kurz hinauf und links zur Sporthütte; **Platzanzahl:** 10; **Untergrund:** Schotter; **Preiskat.:** Einkehr obligatorisch (€–€€); **Max. Stand:** unbegrenzt; **Geöffnet:** ganzjährig; **Kontakt:** Pizzeria Sporthütte, Tioslerweg, 3, 39040 Kastelruth, Tel. 0471 706465, www.sporthuette.it

170oi-mm

BOZEN

(Anfahrt Reschenpass: 34 km – km 114)
(Anfahrt Brenner: 42 km – km 252)

Auf der SS38 erreichen wir Bozen und folgen der Beschilderung zu den Parkplätzen bzw. ins Stadtzentrum. Wer über den Brenner nach Bozen gelangt, folgt hierfür der SS12.

Bozen ist die **Hauptstadt Südtirols** und mit ihren rund 100.000 Einwohnern zugleich die größte Stadt der Provinz. Sie befindet sich südlich der drei Bergeinschnitte Etschtal, Sarntal und Eisacktal, die zusammen in das Bozener Becken aufgehen, welches sich südlich der Stadt erstreckt. Die Talfer, aus dem Sarntal kommend, mündet in den Eisack, der wiederum aus dem gleichnamigen Tal nach Bozen fließt und etwas außerhalb der Stadt in die Etsch einmündet. Diese geografische Lage war schon für die Römer interessant, die an dieser Stelle eine Station mit dem Namen Pons Drusi errichteten.

Das heutige Bozen entstand im frühen Mittelalter durch die Gründung eines Marktfleckens durch die Bischöfe von Trient. Im Laufe der Jahrhunderte entwickelte sich die Stadt zu einem wichtigen Zentrum für den Handel südlich und nördlich der Alpen. In der ersten Hälfte des 17. Jahrhunderts erließ daher die Erzherzogin Claudia de' Medici zunächst eine neue Marktordnung für die Messetätigkeit in Bozen und gründete gleichzeitig das Merkantilmagistrat, also ein Handelsgericht, das im **Merkantilgebäude** untergebracht wurde und in dem sich heute das Merkantilmuseum befindet. Es informiert über die Wirtschaftsgeschichte der Stadt.

Fast drei Viertel der Bozener Bevölkerung sind italienische Muttersprachler, was auf die **Italienisierung** durch die faschistische Regierung nach dem Ersten Weltkrieg zurückzuführen ist. Noch heute gibt es teilweise Spannungen zwischen den Bozener Sprachgruppen, die regelmäßig durch Protestveranstaltungen beider Seiten zum Ausdruck gebracht werden.

Problematisch wird es in der Hauptstadt bei der **Parkplatzsuche.** Es ist zwar möglich, in der Nähe des Bahnhofs einen Parkplatz zu finden, den man auch mit einem Wohnmobil belegen kann, aber hier ist sehr viel Glück

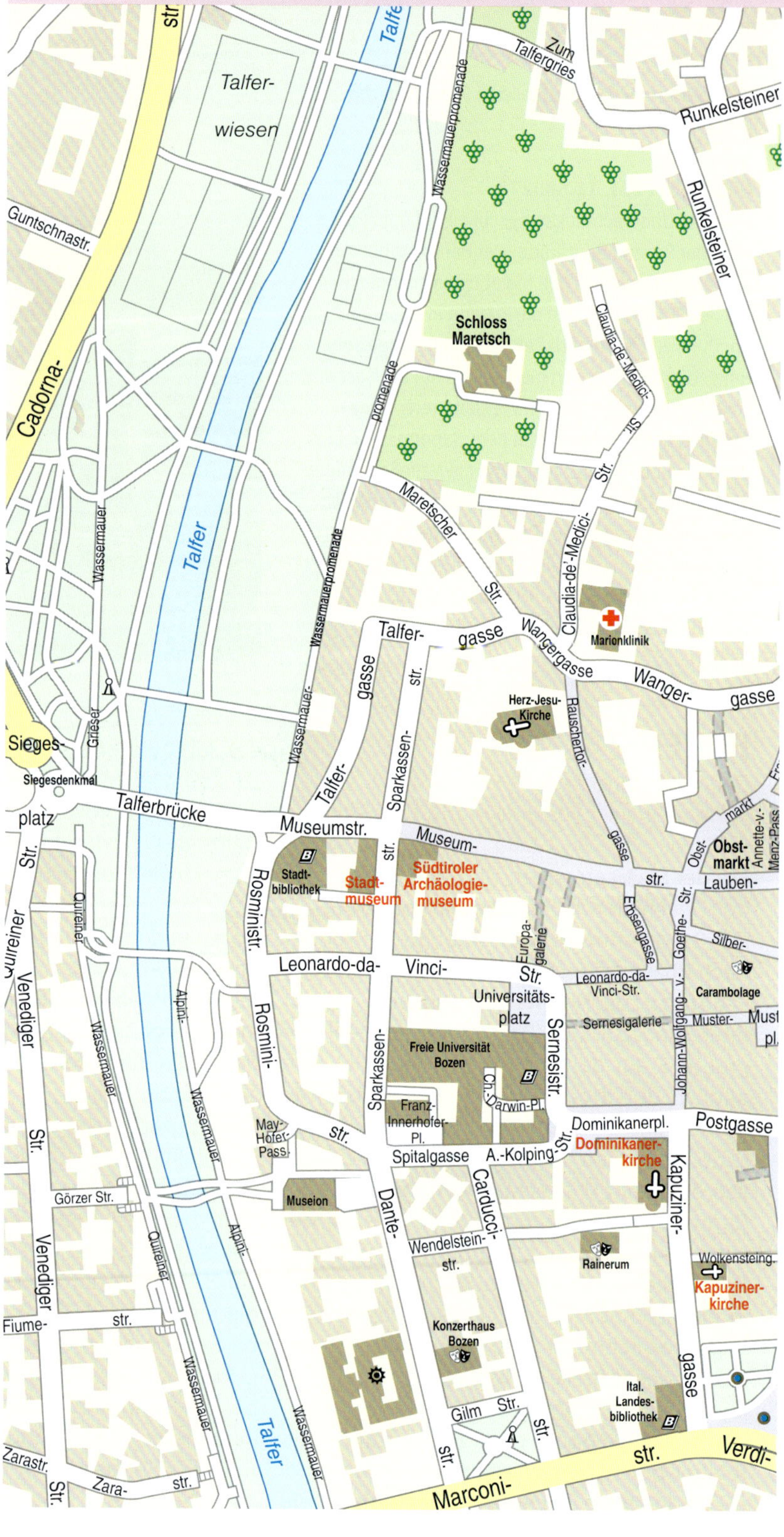
Talfer-
wiesen
Talfer
Cadorna-
Guntschnastr.
Wassermauerpromenade
Zum Talfergries
Runkelsteiner
Schloss Maretsch
Claudia-de'-Medici-Str.
Maretscher Str.
Wassermauer
Grieser
Sieges-
Siegesdenkmal
platz
Talferbrücke
Talfergasse
Sparkassen-str.
Wangergasse
Marienklinik
Herz-Jesu-Kirche
Rauschertor-gasse
Museumstr.
Museum-str.
Stadt-bibliothek
Stadt-museum
Südtiroler Archäologie-museum
Obst-markt
Annette-v.-Menz-Pass.
Lauben-
Rosministr.
Leonardo-da-Vinci-Str.
Europa-galerie
Erbsengasse
Goethe-Str.
Silber-
Carambolage
Universitätsplatz
Sernesistr.
Sernesigalerie
Muster-
Freie Universität Bozen
Ch.-Darwin-Pl.
Franz-Innerhofer-Pl.
Johann-Wolfgang-v.-
Quireiner Str.
Venediger Str.
Alpini-
May-Hofer-Pass.
Spitalgasse
A.-Kolping-Str.
Dominikanerpl.
Dominikanerkirche
Postgasse
Kapuzinergasse
Görzer Str.
Museion
Dante-str.
Carducci-str.
Wendelstein-str.
Rainerum
Wolkensteing.
Kapuzinerkirche
Fiume-str.
Konzerthaus Bozen
Gilm Str.
Ital. Landes-bibliothek
Marconi-str.
Verdi-
Zarastr.
Zara-str.

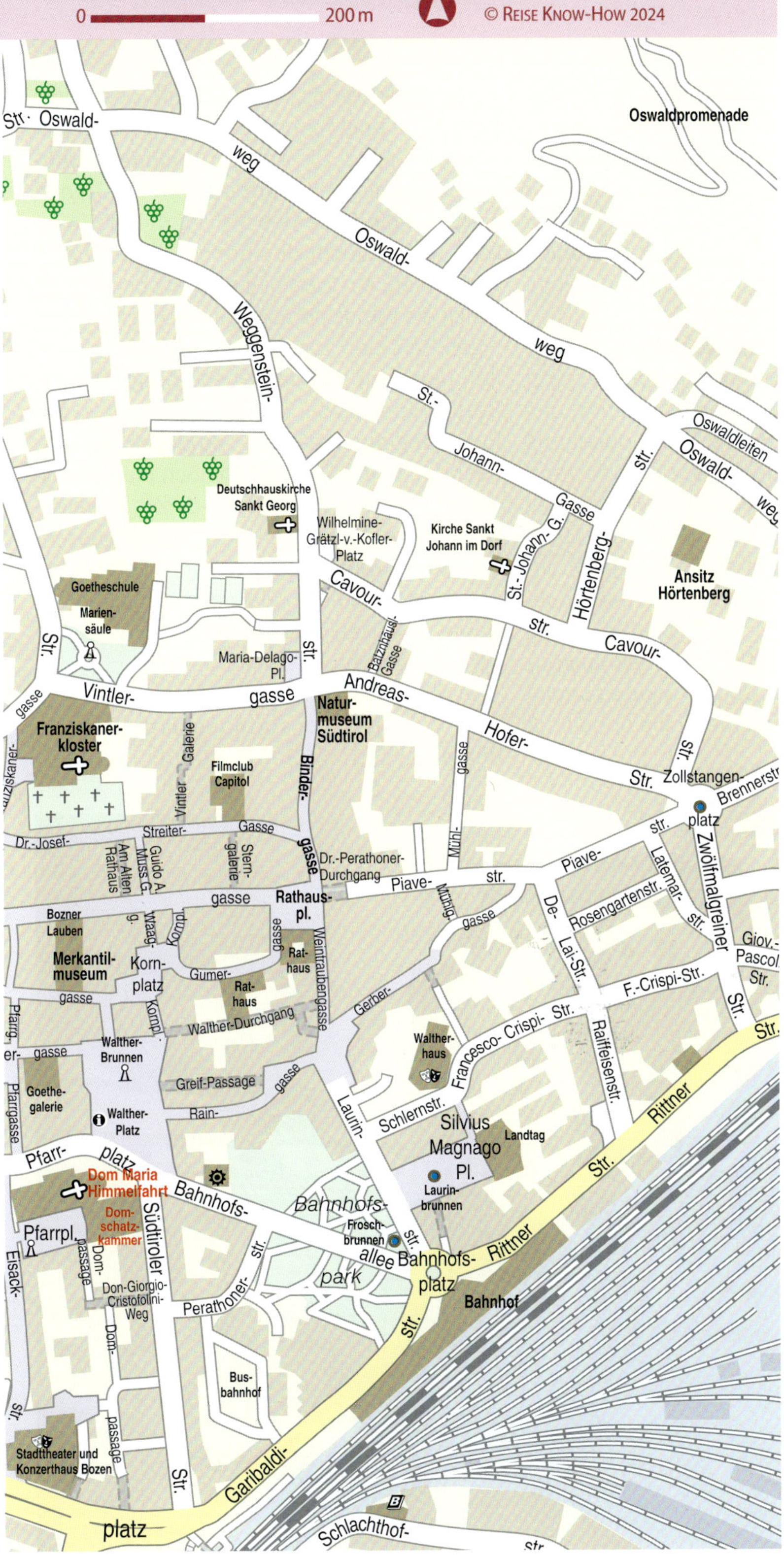
0 200 m
© Reise Know-How 2024
Oswaldpromenade
Oswald-weg
Oswald-Str.
Weggenstein-str.
St.-Johann-Gasse
Oswaldleiten
Oswald-weg
Hörtenberg-str.
Deutschhauskirche Sankt Georg
Wilhelmine-Grätzl-v.-Kofler-Platz
Kirche Sankt Johann im Dorf
St.-Johann-G.
Ansitz Hörtenberg
Goetheschule
Mariensäule
Cavour-str.
Cavour-str.
Batzenhaus-Gasse
Maria-Delago-Pl.
Vintler-gasse
Andreas-Hofer-Str.
Natur-museum Südtirol
Franziskaner-kloster
Franziskaner-gasse
Vintler-Galerie
Filmclub Capitol
Binder-gasse
Mühl-gasse
Zollstangen-platz
Brennerstr.
Dr.-Josef-Streiter-Gasse
Am Alten Rathaus
Guido A.-Muss-G.
Sterngalerie
Dr.-Perathoner-Durchgang
Piave-str.
Piave-str.
Latemar-str.
Zwölfmalgreiner Str.
Rathaus-pl.
De-Lai-Str.
Rosengartenstr.
Giov.-Pascoli-Str.
Bozner Lauben
Merkantil-museum
Lauben-gasse
Waag-g.
Kornpl.
Korn-platz
Gumer-gasse
Rat-haus
Rat-haus
Mühlg.-gasse
Weintraubengasse
Gerber-gasse
F.-Crispi-Str.
Francesco-Crispi-Str.
Raiffeisenstr.
Walther-Durchgang
Pfarrg.
Walther-Brunnen
Walther-haus
Goethe-galerie
Pfarrgasse
Greif-Passage
Rain-gasse
Walther-Platz
Laurin-str.
Schlernstr.
Silvius Magnago Pl.
Landtag
Rittner Str.
Pfarr-platz
Dom Maria Himmelfahrt
Dom-schatz-kammer
Bahnhofs-allee
Bahnhofs-park
Laurin-brunnen
Frosch-brunnen
Pfarrpl.
Dom-passage
Südtiroler Str.
Bahnhofs-platz
Eisack-str.
Don-Giorgio-Cristofolini-Weg
Perathoner-str.
Bahnhof
Bus-bahnhof
Stadttheater und Konzerthaus Bozen
Garibaldi-str.
Schlachthof-str.
platz

notwendig. Alle ausgewiesenen Parkplätze führen zu Parkhäusern oder Tiefgaragen, die für Wohnmobile nicht zugänglich sind. Die Stadt Bozen empfiehlt, die Parkplätze der Messe Bozen zu nutzen (s. S. 259). Mittlerweile existiert im Süden der Stadt aber auch ein kleiner Stellplatz mit nur acht eng beieinander liegenden Stellflächen.

An der Südseite des **Walther-von-der-Vogelweide-Platzes,** dem Hauptplatz von Bozen, erhebt sich der 65 m hohe Turm des **Doms Maria Himmelfahrt.** Das Gotteshaus entstand zwischen dem 13. und 16. Jahrhundert und zeigt sich daher in verschiedenen Architekturstilen. Da Bozen seit 1964 Bischofssitz ist, handelt es sich zugleich um die Bischofskirche. Sie beherbergt zwar mehrere mittelalterliche Reliquien, ist aber im Vergleich zu anderen Südtiroler Gotteshäusern im Kirchenschiff eher unspektakulär. Lediglich der **Bozener Domschatz** sollte unbedingt besichtigt werden.

Wenige Meter an der Nordseite des Doms entlang gelangt man vom Pfarrplatz zum Dominikanerplatz. Die dortige **Dominikanerkirche** mitsamt dem angrenzenden Kreuzgang wurde gegen Ende des 13. Jahrhunderts erbaut und besticht durch eine große Anzahl an Fresken. Am Dominikanerplatz beginnt zugleich die Kapuzinergasse und führt nach wenigen Schritten zur **Kapuzinerkirche,** die einen barocken Hochaltar beherbergt. Mit der Besichtigung dieser drei Gotteshäuser ist der Rundgang durch das sakrale Bozen beinahe beendet. Man sollte jedoch noch mal zurückgehen und den Walther-von-der-Vogelweide-Platz weiter nach Norden hin überqueren, um den **Kornplatz** zu erreichen. Es handelt sich um den ältesten Platz der Stadt. Wie der Name es verrät, diente er in früheren Zeiten dem Handel von Korn und Getreide.

Durch die schmale Gumergasse gelangt man von hier zum **Rathausplatz,** der von Bürgerhäusern im Rokokostil und natürlich

172oi-mm

vom Rathaus umgeben ist. Am Rathausplatz beginnt die am meisten besuchte Straße der Stadt, die **Laubengasse** (Via dei Portici), die in der Bevölkerung als **Bozner Lauben** bezeichnet wird. Die enge Gasse mit ihren zahlreichen Erkern in den oberen Etagen und den vielen Schaufenstern und Läden in den Laubengängen zeigt noch heute die Bedeutung des Handels in Bozen. Am Ende der Lauben trifft man auf den Obstmarkt (Piazza delle Erbe), wo sich das hübsche **Torgglhaus** mit seiner Wandbemalung und dem hübschen Turm sowie auch der **Neptunbrunnen** befinden. Letzterer wird auch als „Gabelwirt" bezeichnet und ist ein beliebter Treffpunkt der Bozener Jugend.

Zwei bedeutende Museen erreicht man über die **Museumsstraße (Via Museo),** die Verlängerung der Bozener Lauben vom Obstplatz in westliche Richtung. Auch sie ist eine Fußgängerzone und mündet in die Sparkassenstraße (Via Cassa di Risparmio). An der Kreuzung lohnt ein Blick nach rechts auf die zahlreichen Türmchen und Zinnen, die an den Hausdächern angebracht sind. In Haus Nummer 43 der Museumsstraße ist das **Südtiroler Archäologiemuseum** untergebracht, das durch „Ötzi" (s. S. 247) international bekannt wurde. Schräg gegenüber, in der Sparkassenstraße, befindet sich das **Stadtmuseum** mit einer großen archäologischen Ausstellung.

Sehenswertes

› **Dom Maria Himmelfahrt mit Bozener Domschatz,** Pfarrplatz 27, Mo–Sa 10–12 und 14–17 Uhr, Domschatz Mo geschl.

› **Dominikanerkirche,** Dominikanerplatz, Mo–Sa 9.30–17, So 12–18 Uhr, Kreuzgang: April–Okt. und in der Adventszeit Sa 10–12 Uhr

› **Kapuzinerkirche,** Kapuzinergasse, Mo–Sa 9–18.30 Uhr

Geschäftiges Treiben rund um das Torgglhaus in der Bozener Altstadt

› **Stadtmuseum,** Sparkassenstr. 14, Tel. 0471 997960, Di–So 10–18 Uhr, Eintritt frei

› **Südtiroler Archäologiemuseum,** Museumsstr. 43, Di–So 10–18 Uhr, Eintritt: 13 €

› **Messner Mountain Museum auf Schloss Sigmundskron (MMM Firmian),** Sigmundskroner Straße 53, Ende März–Anfang Nov. tägl. 10–18 Uhr, Eintritt: 15 €. Eins von sechs Messner-Museen in ganz Südtirol. Dieses befasst sich mit der Beziehung zwischen Mensch und Berg.

Information

› **Touristeninformation Bozen,** Waltherplatz 8, Tel. 0471 307000, www.bolzano-bozen.it

Parken

P **38 Parkplatz Messe Bozen,** GPS 46.473717, 11.326514, gut ausgeschildert im Süden der Stadt, außerhalb von Ausstellungen kostenlos. Das Zentrum ist mit den Buslinien 10a und 10b gut zu erreichen.

P **39 Parkplatz Bruno-Buozzi-Straße Bozen,** GPS 46.469262, 11.32431, gegenüber von Interspar. Parkplätze, die auch zum Übernachten genutzt werden dürfen, kostenlos.

P **40 Parkplatz Stadthalle Bozen,** GPS 46.491982, 11.318671. Von hier aus kommt man mit der Buslinie 5 ins Zentrum, kostenlos.

256 Stellplatz am Friedhof Bozen

GPS 46.473212, 11.337201

Enge Stellflächen unter Hochspannungsleitungen und neben einer Hauptstraße, gegenüber von einem Friedhof. In der Nähe befindet sich eine Bushaltestelle mit Direktverbindung ins Bozener Zentrum. Im Winter weichen die meisten Wohnmobilisten auf den kostenlosen benachbarten Parkplatz aus, der im Sommer mit einer Höhenbegrenzung versehen ist. Eine Einkaufsmöglichkeit und eine Tankstelle sind gleich nebenan vorhanden. **Lage/Anfahrt:** Ca. 3 km südlich vom Stadtzentrum; **Platzanzahl:** 8; **Untergrund:** Asphalt; **Preiskat.:** €, 1 € pro Stunde von 8–19 Uhr; **Max. Stand:** 2 Nächte; **Geöffnet:** ganzjährig; **Kontakt:** Area Sosta Camper Bolzano, Pfarrhofstraße 12, 39100 Bozen

SÜDTIROLER WEINSTRASSE

(Reschenpass bis Tramin: 28 km – km 142)
(Brenner bis Tramin: 28 km – km 280)

Wie der Name „Weinstraße" schon vermuten lässt, dreht sich in Tramin und in den nächsten Ortschaften alles um den hier angebauten **Wein.** So verwundert es auch nicht, dass es zu diesem Thema an der Weinstraße mehr als eine Ausstellung gibt.

Kaltern an der Weinstraße (Caldaro sulla Strada del Vino), auch als Kaltern am See bezeichnet, liegt ungefähr auf der Hälfte der Südtiroler Weinstraße und hat das Südtiroler Weinmuseum zu bieten. In den Gewölben eines alten Weinkellers werden anhand von Arbeitsmaterialien die Tradition des Weinbaus und die früheren Arbeitsweisen in den Weinbergen veranschaulicht (Goldgasse 1, www.weinmuseum.it, 1. April–11. Nov. Di–Sa 10–17, So 10–12 Uhr, 6 €).

Wenige Kilometer südlich des Orts befindet sich der als Ausflugsziel beliebte **Kalterer See.** Das südliche Ufer ist stark verschilft, während im Norden die Möglichkeit besteht, ein Tretboot zu leihen. Empfehlenswert sind aber auch ein Spaziergang oder eine Radtour rund um den See.

Wein ist in den Tälern von Südtirol ein ganz wichtiges Thema

Das **[hoamet] Tramin Museum** ist in einem alten Bauernhaus untergebracht und zeigt bäuerliches Werkzeug und Gerätschaften aus verschiedenen Handwerksberufen. Hauptschwerpunkt der Ausstellung ist natürlich die Arbeit in den Weinbergen (Rathausplatz 9, www.hoamet-tramin-museum.com. 7. April–31. Okt. Di–Fr 10–12, Mi zusätzlich 16–18 Uhr, 3,50 €).

Das Ortsbild von **Tramin** wird von der Pfarrkirche und ihrem 86 m hohen freistehenden Turm am Rande des Marktplatzes geprägt. Gleich neben der Kirche befindet sich das **Weingut Hofstätter** (www.hofstatter.com), das mit einer Enoteca und einem Schaugarten einen guten Einstieg in die Welt der Südtiroler Weinstraße bereithält. Tramin ist übrigens Namensgeber für den **Gewürztraminer,** eine Weißweinsorte aus rötlich schimmernden Weintrauben.

Oberhalb der Stadt, inmitten der Weinberge, ist die kleine **St.-Jakobs-Kirche** zu erkennen. Eine Wanderung dort hinauf lohnt sich nicht nur wegen der schönen Aussicht, sondern auch wegen der romanischen Fresken im Kircheninneren.

173oi-as©LHJ PHOTO - stock.adobe.com

WEITERFAHRT RICHTUNG GARDASEE

Weiter südlich verlässt man den deutschen Sprachraum und kommt über die kostenfreie SS12 oder die Brennerautobahn (A22) durch das Etschtal nach 140 km in **Verona** (s. S. 228) an.

Alternativ kann man bei Rovereto auf die SS240 fahren und bei Nago-Torbole nach 83 km das **Nordufer des Gardasees** erreichen (Route 7, s. S. 224).

257 Camping St. Josef

GPS 46.372317, 11.252668

Parzellierte Stellplätze mit Restaurant, Supermarkt und eigenem Bootssteg am südlichen Ufer des Kalterer Sees. **Lage/Anfahrt:** Zwischen Weinbergen am Ufer des Kalterer Sees. Zufahrt über die SP14 von Auer bzw. Tramin in nördlicher Richtung. Enge Zufahrt auf der rechten Seite; **Platzanzahl:** 120; **Untergrund:** Wiese; **Preiskat.:** €€€–€€€€; **Max. Stand:** unbegrenzt; **Geöffnet:** Ende März–Anf. Nov.; **Kontakt:** Camping St. Josef, Weinstraße 75, 39052 St. Josef am Kalterer See, Tel. 0471 960170, www.camping-kalterersee.com

258 Camping Gretl am See

GPS 46.382541, 11.257793

Campingplatz mit angrenzendem Supermarkt und Restaurant. Der Eintritt in das benachbarte Freibad ist bei Übernachtung auf dem Platz kostenlos. Direkter Zugang zum Kalterer See und eigene Liegewiese. Vor dem Campingplatz gibt es einen Stellplatz (15 €/Nacht). Gleich neben dem Campingplatz gibt es noch zwei weitere Womo-Stellplätze, die unabhängig voneinander geführt werden und unterschiedliche Preise zwischen 15 und 25 € verlangen. Die Stellflächen sind sehr eng. Beide Plätze sind in der Hochsaison meist sehr gut belegt. **Lage/Anfahrt:** Auf der SP14 in nördliche Richtung und auf die Beschilderung achten, die hinter einer Kurve nach rechts zeigt. Den Schildern folgen und anschließend an den Parkplätzen des Freibades vorbei. **Platzanzahl:** 220; **Untergrund:** Wiese; **Preiskat.:** €€€; **Max. Stand:** unbegrenzt; **Geöffnet:** Ende März–Nov.; **Kontakt:** Camping Gretl am See, St. Josef am Kalterer See 18, 39052 St. Josef am Kalterer See, Tel. 0471 960244, www.camping-gretl.it

Oderzo
Treviso
San Donà
Aquilea
Monfalcone
Lignano Sabbiadoro
Grado
Lido di Jésolo
Venedig
Padua
Adriatisches Meer
Chióggia
Parco regionale del Delta del Po
Rovigo
Ádria
Po
Porto Tolle
Comácchio
Ravenna
Faenza
Forlì
Cérvia
Cesena
Santarcángelo
Rimini
San Marino
SCHWEIZ
ÖSTERREIC
Meran
Bruneck
Bórmio
Bozen
Lugano
Aosta
Lecco
Bergamo
Brescia
Verona
Pádova
Mailand
Turin
Asti
Piacenza
Parma
Ferrara
Genua
ITALIEN
Bologna
Savona
La Spezia
Ligurisches Meer
Rimini
San Marino
Adriatische Meer

174oi-mm

ROUTE 9: SONNENBADEN AN DER ADRIA

Diese Route entlang der Adria-Küste zwischen den Grenzen zu Slowenien und der Enklave San Marino bietet ein abwechslungsreiches Angebot an Kultur und Natur. Dazwischen präsentieren sich in den historischen Mauern von Aquileia und Ravenna zahlreiche Mosaike, die zum Weltkulturerbe gezählt werden. Der kulturelle Höhepunkt dieser Tour ist aber zweifellos der Besuch der Lagunenstadt Venedig mit dem weltberühmten Markusplatz.

Weiter südlich, bei Comacchio, erstreckt sich das Po-Delta und neben mehreren Mündungsarmen lohnt sich der Besuch der dortigen Lagunen, wo Kormorane, Flamingos und zahlreiche andere Vogelarten zu sehen sind. Wer noch mehr Natur erleben möchte, kann natürlich nach einem ausgedehnten Sonnenbad ins kühle Nass des Mittelmeers eintauchen. Hoch hinaus geht es zum Abschluss der Tour in einem ganz anderen Staat: Man verlässt Italien und wird in San Marino willkommen geheißen.

Strecke:

Aquileia (S. 264) – **Venedig** (125 km, S. 266) – **Chioggia** (53 km, S. 273) – **Po-Delta** (Comacchio, 66 km, S. 275) – **Ravenna** (36 km, S. 279) – **Rimini** (55 km, S. 282) – **San Marino** (20 km, S. 283)

Streckenlänge:

ca. 355 km

⊡ *Die Altstadt von San Marino (s. S. 283) kann man auch mit der Seilbahn erreichen*

Diese Tour richtet sich nicht nur an Wohnmobilisten, die über das österreichische Kärnten anreisen, sondern auch an diejenigen, die ihre Reise ab Padua (Route 7, s. S. 236), Ferrara (Route 6, s. S. 210) oder Imola (Route 5, s. S. 198) fortsetzen wollen. Bei der Anreise ab Kärnten durchquert man die Region **Friaul-Julisch Venetien,** die sich ganz im Osten Norditaliens befindet und damit etwas abseits der oberitalienischen Seen und der Po-Ebene liegt.

177oi-mm

AQUILEIA

Bevor man den direkten Weg nach Venetien und in die Lagunenstadt Venedig unternimmt, sollte man einen Abstecher in das kleine Örtchen Aquileia unternehmen. Die **Basilika** in der 3000-Seelen-Gemeinde ist UNESCO-Weltkulturerbe und definitiv einen Aufenthalt wert. Von außen ist die Kirche relativ unscheinbar. Ihre Schönheit spielt sie im Inneren aus, genauer gesagt auf dem Fußboden. Dort befinden sich zahlreiche **Mosaike,** die in verschiedenen Jahrhunderten entstanden sind und bei der jeweiligen Erneuerung teilweise auch übereinandergesetzt wurden. Im Hauptschiff der Kirche befindet sich das größte und bedeutendste Mosaik. Es nimmt den gesamten Raum ein und darf nicht betreten werden. Eine Besichtigung ist möglich, indem man auf etwas höher angebrachten Glasplatten durch die Kirche geht.

› **Basilica di Aquileia,** Piazza Capitola, 1, Mo–Fr 9–19, Sa 9–17.30, So 11.35–19 Uhr, Eintritt: 3 € (Basilika und eine Krypta), 5 € (Basilika und zwei Krypten), 2 € (Glockenturm)

Folgt man in Aquileia der SR352 weiter nach Süden, dann sind es nur wenige Fahrminuten, bis man einen ersten Vorgeschmack auf Venedig erhält. Die Straße verläuft plötzlich über einen Damm, an dessen beiden Seiten sich die **Laguna di Grado** ausbreitet. Diese sehr salzhaltige Lagune ist nicht nur Heimat einer üppigen Tierwelt, sondern besticht auch durch mehrere Hundert kleinere und größere Inseln, von denen manche landwirtschaftlich genutzt oder gar bebaut sind.

So zum Beispiel die im Osten der Lagune gelegene **Insel Barbana,** auf der sich bereits seit dem 6. Jahrhundert ein Franziskanerkloster befindet. Der Turm der Klosterkirche ist in der flachen Landschaft weithin sichtbar.

Klein, aber oho: Im Inneren der Basilica di Aquileia sind jahrtausendealte Mosaike zu sehen

261 Wohnmobilstellplatz Staranzano

GPS 45.806357, 13.48973

Günstig für eine Zwischenübernachtung auf dem Weg nach Triest gelegener Stellplatz, jedoch kein klassischer Urlaubsort. **Lage/Anfahrt:** Neben einem Baseballfeld und einem Lagerparkplatz für Wohnmobile in einem Vorort westlich von Monfalcone gelegen. Die SS14 in Monfalcone auf die SP2 verlassen und bis zum Ortsausgang von Staranzano fahren; **Platzanzahl:** 8; **Untergrund:** Schotter; **Preiskat.:** €; **Max. Stand:** 2 Nächte; **Geöffnet:** ganzjährig; **Kontakt:** Area Camper Staranzano, Strada delle Acacie, 8, 34079 Staranzano GO

176ol-mm

Mit Ausflugsbooten kann die Insel besucht werden. Sie legen in **Grado** ab. Die Ortschaft wird am Ende des Damms erreicht und hat lange Sandstrände zu bieten, die komplett nach Süden ausgerichtet sind.

Von Grado aus verläuft eine Inselkette nach Westen, die die Lagune von der offenen Adria abschirmt. Die Lagune geht dabei nahtlos in die weiter westlich gelegene **Laguna di Marano** über. Gleich dahinter beginnt Venetien und nach einer kurzen Fahrt im Landesinneren über die SS14 erreicht man schließlich die nächste Lagune, die mit ihrer darin befindlichen Stadt weltberühmt ist.

259 Camping Isola del Paradiso

GPS 45.722867, 13.377583

Eine komplette Insel innerhalb der Lagune, die aus einem Campingplatz besteht. Die sanitären Anlagen sind etwas aus der Zeit gefallen, doch die einsame Lage inmitten der Lagune ist einmalig. Mit kleinem Sandstrand im Osten und Jachthafen im Westen. Baumreiche Insel, die aber in der Hochzeit durch ihre Lage auch massig Mücken beherbergen kann. **Lage/Anfahrt:** Zwischen Aquileia und Grado am nördlichen Rand der Laguna di Grado. Ab Aquileia der SR352 folgen. Gleich zu Beginn des Damms am Restaurant rechts auf den kleineren Zufahrtsdamm; **Platzanzahl:** 50; **Untergrund:** Sand; fest; **Sicherheit:** umzäunt, beleuchtet, bewacht; **Preiskat.:** €€€; **Max. Stand:** unbegrenzt; **Geöffnet:** Ende April–Ende Sept.; **Kontakt:** Camping Isola del Paradiso, Località Isola Volpera, 34073 Grado GO, Tel. 0431 82061, www.campingisoladelparadiso.com

260 Wohnmobilstellplatz Vallevecchia

GPS 45.623547, 12.95558

Parkplatz, auf dem man auch übernachten darf. Sehr schöne Lage. Durch ein kleines Wäldchen gelangt man nach wenigen Schritten an einen kilometerlangen Strand. Mückennetz mitnehmen und besser außerhalb der Wochenenden ansteuern. **Lage/Anfahrt:** Ruhige Lage zwischen Bibione und Caorle. Ab Portogruaro über die SP68, die SP42 und die Via Brussa fahren; **Platzanzahl:** 100; **Untergrund:** Wiese; **Service:** tagsüber Toilette; **Preiskat.:** €; **Max. Stand:** unbegrenzt; **Geöffnet:** ganzjährig; **Kontakt:** Parcheggio Vallevecchia, Strada Provinciale Portogruaro Brussa, 30021 Caorle VE

178oi-mm

⓶⓺⓶ Wohnmobilstellplatz Grado

GPS 45.682212, 13.412625

Verhältnismäßig großzügige Parzellen am Rande eines Großparkplatzes. Supermarkt auf der anderen Straßenseite, zum Strand sind es nur 400 m über den Parkplatz hinweg. In weniger als einer halben Stunde ist man zu Fuß im Zentrum und am Fährterminal zur Insel Barbana. **Lage/Anfahrt:** Am östlichen Ortsrand von Grado, nur 2 km vom Zentrum entfernt. Im Ort auf der SP19 das Zentrum verlassen, wenig später am Kreisverkehr der Beschilderung zu den Parkplätzen folgen; **Platzanzahl:** 40; **Untergrund:** Asphalt; **Sicherheit:** umzäunt, beleuchtet, Schrankenanlage; **Preiskat.:** €€; **Max. Stand:** 1 Nacht; **Geöffnet:** ganzjährig; **Kontakt:** Area Sosta Camper Grado, Via Ponte de Legno, 2, 34073 Grado GO

VENEDIG

(125 km – km 125)

Um die Lagunenstadt Venedig mit dem Wohnmobil zu erreichen, kann man zum Beispiel **von Osten kommend** über die Autobahn 4 oder die SS14 fahren oder **von Westen** über die A57 und weitere kleine Regionalstraßen. Bei der erstgenannten Variante verbindet man die Besichtigung von Venedig gleichzeitig mit dem Besuch der Halbinsel, die sich zwischen der Adria und der Lagune erstreckt und an ihrem Ende in die Ortschaft Punta Sabbioni mündet. Dort stehen im näheren Umkreis mehrere Campingplätze zur Verfügung, auf denen man sein Wohnmobil abstellen kann. Anschließend steigt man in einen der **Wasserbusse** und lässt sich gleich bis zum Markusplatz befördern.

Übernachtungsmöglichkeiten gibt es auch zahlreiche am Festland vor der Brücke und sogar direkt am Hafen von Venedig. Wobei man sich natürlich gewiss sein kann, dass es immer teurer wird, je mehr man sich der Stadt nähert. Gleiches gilt auch für den Besuch der Stadt, der mit einem **„Eintrittsgeld“** verbunden ist, bei dem es sich im Prinzip um nichts anderes handelt als eine Kurtaxe. Über die Einführung dieses Eintrittsgeldes wurde lange diskutiert, bis man sich darauf einigte, dass an 30 hochfrequentierten Tagen ein Eintrittsgeld in Höhe von 5 € verlangt wird. Dies gilt für alle Tagesgäste der Stadt, die nicht in Venedig übernachten. Angesichts der ohnehin hohen Preise in der Lagunenstadt sind die 5 € eher eine Kleinigkeit. Deutlich höher fallen die Strafen aus, wenn man das Eintrittsgeld nicht entrichtet.

Um Venedig gerecht zu werden, müsste man den Umfang dieses Buches vermutlich verdoppeln. Die Stadt ist nicht nur umwerfend schön, sondern eben auch einmalig. Zahlreiche **Kanäle,** in denen man sich oftmals nur mit einer Gondel fortbewegen kann, durchziehen die Stadt. Aber natürlich kann man sich auch ganz normal zu Fuß fortbe-

⊡ Blickfang in Venedig ist natürlich der Campanile

wegen und es gibt unzählige Brücken, die es treppauf und treppab zu überqueren gilt.

Der größte Wasserweg ist der **Canal Grande,** der sich schlangenförmig durch die Stadt windet und gleichzeitig die Hauptverkehrsader ist. Er wird ungefähr auf der Hälfte von der berühmten **Rialtobrücke** überspannt, die täglich Tausende Besucher anzieht. Sie hat eine Länge von 48 Metern und ist stattliche 22 Meter breit. Nach dreijähriger Bauzeit wurde sie im Jahr 1591 eröffnet und war damals die einzige Verbindung über den Canal Grande. Ihr folgten im Süden die Pont dell'Academia und im Norden die Ponte degli Scalzi sowie die noch verhältnismäßig junge **Ponte della Costituzione.** Letztere existiert erst seit 2008 und wurde vom Stararchitekten Santiago Calatrava geschaffen. Sie befindet sich dort, wo man in der Regel mit der Besichtigung Venedigs beginnt, wenn man nicht gerade mit dem Wasserbus anreist, nämlich am Bahnhof und am Übergang der Brücke zum Festland.

Von hier aus kann man durch die zahlreichen Gassen flanieren und schnell die Übersicht und Orientierung verlieren. Doch auf diese Weise kann man sich einfach treiben lassen, denn ein Verlaufen ist langfristig ja nicht möglich. Entweder trifft man irgendwann wieder auf den Canal Grande oder auf die Lagune um die Stadt herum. Und auch wenn manches verwirrend aussieht, so hat man schnell ein Gespür dafür, welchen Gassen man folgen sollte. Entweder liegt es an den vielen Besuchern, die sich dort aufhalten, oder an der Breite und den Angeboten in den Sträßchen. So verläuft gleich ab dem Bahnhof die **Rio Terà Lista di Spagna** relativ parallel zum Canal Grande, auch wenn dieser nicht sichtbar ist. Die Gasse ist deutlich breiter als andere und kann durchaus als Hauptroute bezeichnet werden. Sie wechselt mehrmals ihren Namen und führt an verschiedenen Kirchen vorbei, doch um den wichtigsten Platz der Stadt zu erreichen, folgt man dann doch kleineren Gässchen.

Der **Markusplatz** mit dem weltberühmten **Campanile** befindet sich am südlichen Ende des Canal Grande und ist natürlich mit der dortigen **Basilica di San Marco** die wichtigste Sehenswürdigkeit Venedigs. Die Kirche entstand Ende des 11. Jahrhunderts und

179ol-mm

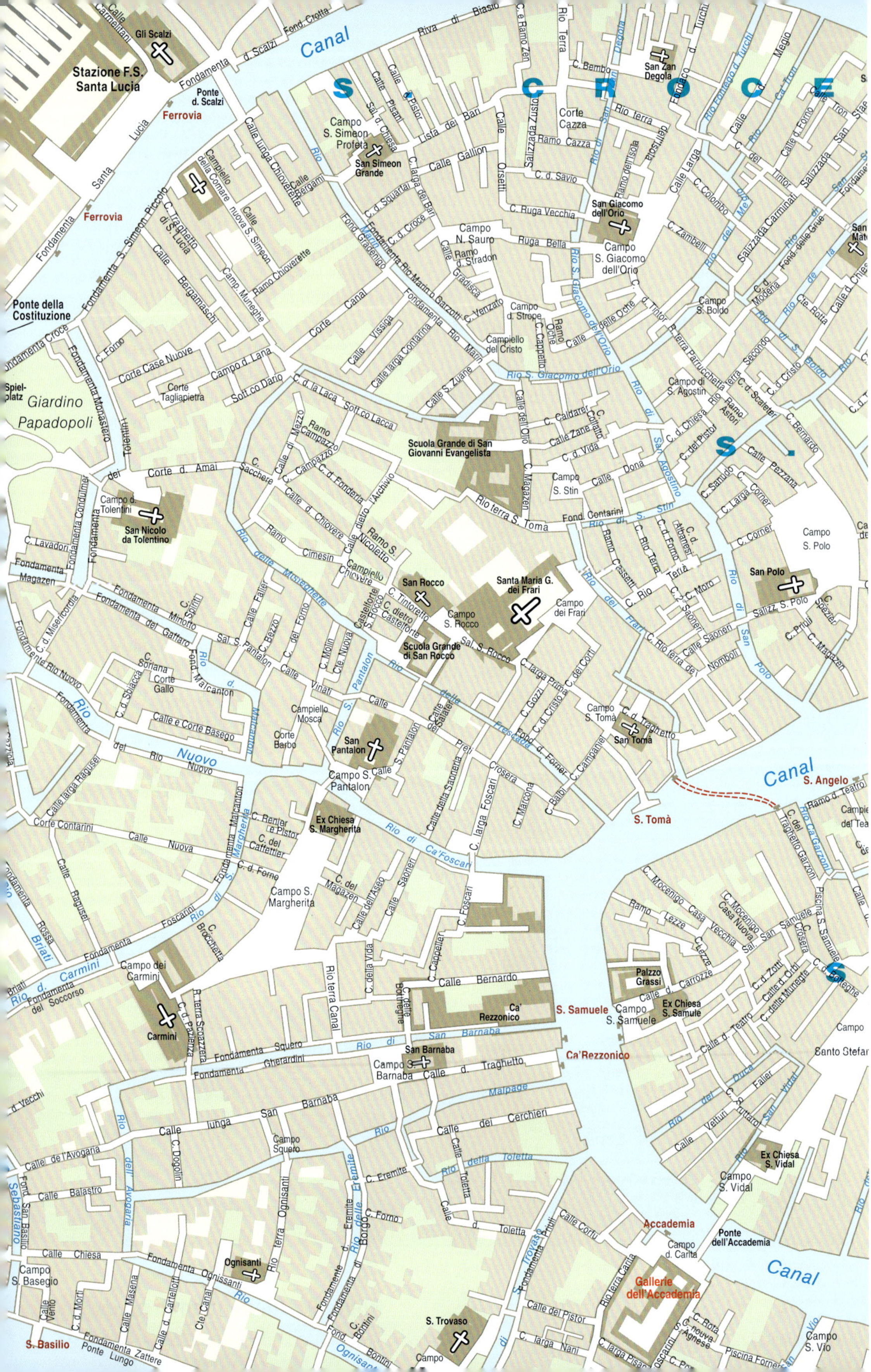

Gli Scalzi
Stazione F.S. Santa Lucia
Ponte d. Scalzi
Ferrovia
Canal
S. Croce
San Zan Degolà
Campo S. Simeon Profeta
San Simeon Grande
Corte Cazza
Ramo Cazza
San Giacomo dell'Orio
Campo S. Giacomo dell'Orio
Campo N. Sauro
Ruga Bella
Ponte della Costituzione
Giardino Papadopoli
Spielplatz
Corte Case Nuove
Corte Tagliapietra
Campo d. Lana
Campo d. Strope
Campiello del Cristo
Rio S. Giacomo dell'Orio
Campo di S. Agostin
Campo S. Boldo
Scuola Grande di San Giovanni Evangelista
Campo S. Stin
Rio terà S. Toma
Campo d. Tolentini
San Nicolò da Tolentino
Corte d. Amai
San Rocco
Santa Maria G. dei Frari
Campo S. Rocco
Campo dei Frari
Scuola Grande di San Rocco
Campo S. Polo
San Polo
Rio Nuovo
Campiello Mosca
Corte Barbo
San Pantalon
Campo S. Pantalon
Campo S. Tomà
San Tomà
S. Tomà
S. Angelo
Ex Chiesa S. Margherita
Campo S. Margherita
Rio di Ca'Foscari
Campo dei Carmini
Carmini
Calle Bernardo
Ca' Rezzonico
S. Samuele
Palazzo Grassi
Campo S. Samuele
Ex Chiesa S. Samuele
San Barnaba
Campo S. Barnaba
Ca'Rezzonico
Campo Santo Stefano
Campo Squero
Ex Chiesa S. Vidal
Campo S. Vidal
Accademia
Ponte dell'Accademia
Campo d. Carità
Gallerie dell'Accademia
Ognisanti
Campo S. Basegio
S. Basilio
S. Trovaso
Fondamenta Zattere
Campo S. Vio

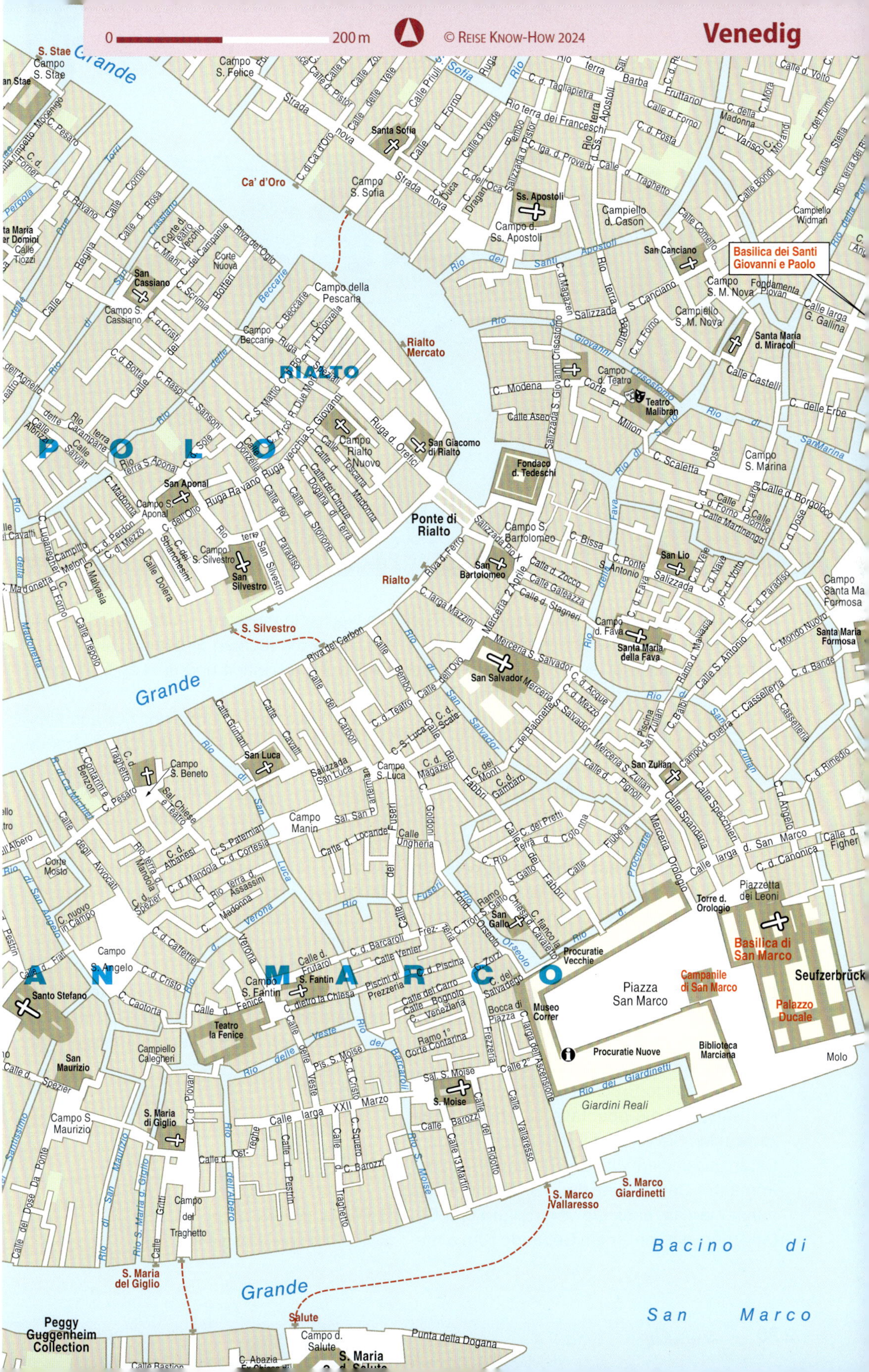
0
200 m
© Reise Know-How 2024
S. Stae
Campo S. Stae
Campo S. Felice
Santa Sofia
Campo S. Sofia
Ca' d'Oro
Strada nova
Ss. Apostoli
Campo d. Ss. Apostoli
Campiello d. Cason
San Canciano
Basilica dei Santi Giovanni e Paolo
Campo S. M. Nova
Campiello S. M. Nova
Santa Maria d. Miracoli
Campiello Widman
San Cassiano
Campo S. Cassiano
Campo della Pescaria
Campo Beccarie
Rialto Mercato
RIALTO
San Giacomo di Rialto
Campo Rialto Nuovo
Campo d. Teatro
Teatro Malibran
Fondaco d. Tedeschi
Campo S. Marina
P O L O
San Aponal
Campo S. Aponal
Ponte di Rialto
Campo S. Bartolomeo
San Bartolomeo
Rialto
Campo S. Silvestro
San Silvestro
S. Silvestro
San Lio
Campo Santa Maria Formosa
Santa Maria Formosa
Campo d. Fava
Santa Maria della Fava
Grande
San Salvador
San Luca
Campo S. Beneto
Campo S. Luca
Campo Manin
San Zulian
Torre d. Orologio
Piazzetta dei Leoni
Basilica di San Marco
Seufzerbrück
San Gallo
Procuratie Vecchie
Piazza San Marco
Campanile di San Marco
Palazzo Ducale
Museo Correr
Procuratie Nuove
Biblioteca Marciana
Molo
Giardini Reali
Campo S. Angelo
Santo Stefano
Campo S. Fantin
S. Fantin
Teatro la Fenice
S A N M A R C O
San Maurizio
Campiello Calegheri
Campo S. Maurizio
S. Maria di Giglio
S. Moise
Campo del Traghetto
S. Marco Vallaresso
S. Marco Giardinetti
S. Maria del Giglio
Bacino di San Marco
Salute
Peggy Guggenheim Collection
Campo d. Salute
Punta della Dogana
S. Maria d. Salute

180oi-mm

wird von fünf mächtigen Kuppeln gekrönt. Sie bietet nicht nur von außen einen großartigen Anblick, sondern ist auch im Inneren eine faszinierende Erscheinung. Um die farbenprächtigen Mosaike im Markusdom sehen zu können, sollte man aber schon sehr frühzeitig vor Ort sein, da die Wartezeit, um das Gotteshaus zu betreten, in der Regel mindestens eine Stunde beträgt.

Gleich neben der Kirche befindet sich der gotische **Dogenpalast (Palazzo Ducale),** in dem sich der Regierungssitz der Republik Venedig befand. Die Bezeichnung Doge stand für das Staatsoberhaupt. Für die Besichtigung dieses Bauwerks sollte man viel Zeit mitbringen, um die Eindrücke der stuckverzierten Säle mit ihren zahlreichen Gemälden und Schnitzereien auf sich wirken zu lassen.

An der Südseite des Gebäudes überquert man eine kleine Brücke und blickt dabei linker Hand auf die ebenfalls berühmte **Seufzerbrücke.** Sie verbindet den Palast mit dem Gefängnis und erhielt ihren Namen erst in der Romantik. Gegen Ende des 18. Jahrhunderts nahm man an, dass die Verurteilten und Gefangenen, die von einem Gebäude zum anderen wechseln mussten, seufzen würden, weil sie durch die kleinen Fenster einen letzten Blick auf die Freiheit und die Lagune werfen konnten.

Doch Venedig besteht nicht nur aus klassischer Altstadt rund um den Canal Grande und den Markusplatz, sondern auch aus den beiden etwas weiter nördlich gelegenen Inselgruppen **Murano** und **Burano.** Auch sie sind traumhaft schön und absolut sehenswert. Murano, nur einen Kilometer von Venedigs Hauptinsel entfernt, ist vor allen Dingen für die Glasherstellung berühmt. Es gibt kaum ein Geschäft entlang der dortigen Kanäle, das kein zerbrechliches Produkt anbietet. Burano wiederum liegt deutlich weiter außerhalb und wird von nur drei Kanälen durchzogen, die jedoch mit Häusern in knalligen Farben punkten.

⊼ *Wer in Venedig ist, muss auch die Rialtobrücke überqueren*

Sehenswertes

- **Palazzo Ducale,** Piazza San Marco, Tel. 041 2715911, https://palazzoducale.visitmuve.it, tägl. 8.30–21 Uhr, Fr/Sa bis 23 Uhr (letzter Einlass jeweils eine halbe Stunde vorher), Eintritt: 25 €. Der Dogenpalast ist der ehemalige Regierungssitz der Republik Venedig. Inklusive Besichtigung des Opernmuseums verläuft der Rundweg durch die Innenhöfe und Säle des Palastes bis zu den einstigen Wohngemächern des Dogen. Außerdem werden die Rüstkammer und die Gefängniszellen besichtigt.
- **Basilica dei Santi Giovanni e Paolo (San Zanipolo),** Castello, 6363, https://santigiovanniepaolo.it, tägl. 7.30–18.30 Uhr, Eintritt: 3,50 €. Im Norden der Insel wartet diese dreischiffige Kirche, die zu den größten der venezianischen Gotik gehört und in der sich mehrere Dogengräber befinden.
- **Campanile di San Marco,** Piazza San Marco, tägl. 9.45–19 Uhr, Eintritt: 8 €. Das weithin sichtbare Wahrzeichen der Stadt bietet einen tollen Ausblick über die Lagune.
- **Basilica di San Marco,** Piazza San Marco, 328, www.basilicasanmarco.it, tägl. 9.30–17 Uhr, Eintritt frei. Die wichtigste Kirche der Stadt präsentiert sich mit prachtvollen Malereien innerhalb der Kuppeln.
- **Gallerie dell'Accademia,** Campo della Carità, 1050, www.gallerieaccademia.it, Mo 8.15–14, Di–So 8.15–19.15 Uhr, Eintritt: 12 €. Umfangreiche Gemäldesammlung mit Werken zahlreicher italienischer Künstler, die bereits Mitte des 18. Jahrhunderts gegründet wurde.

Information

- **Touristeninformation,** Piazza San Marco (am südwestlichen Ende des Platzes, im Durchgang zur Calle Larga de l'Ascension), Tel. 041 5298711, www.turismovenezia.it, tägl. 9–19 Uhr

263 Camping Miramare

GPS 45.440606, 12.422307

Angenehm ruhiger Campingplatz mit gepflegten Sanitäreinrichtungen. **Lage/Anfahrt:** Am Ende der Halbinsel bei Punta Sabbioni, nur 700 m Fußweg zur Haltestelle des Wasserbusses. Auf der SP42 bis zum Ende und über die kleine Uferstraße weiter geradeaus

Unterwegs mit den Wasserbussen

Die Wasserbusse von Venedig werden als ***Vaporetti*** *bezeichnet und sind das wichtigste Verkehrsmittel innerhalb der Lagune. Sie werden von der Azienda del Consorzio Trasporti Veneziano (ACTV) betrieben, die aber nicht für die Wassertaxis oder Gondeln verantwortlich zeichnet. Letztere dienen eher touristischen Zwecken und werden oft privat betrieben.*

Die Vaporetti fahren auf einem festgelegten Streckennetz und zu festen Haltestellen. ***Linie 1*** *ist die wohl wichtigste Verbindung und pendelt regelmäßig vom Bahnhof bis zum Markusplatz: eine bequeme Art, um die bedeutendsten Palazzi in der Stadt zu betrachten.* ***Linie 2*** *bietet die gleiche Möglichkeit, hält aber nicht an jeder Station und fährt sogar bis zum Parkhaus bzw. Wohnmobilstellplatz Tronchetto. Mit der* ***Linie 3*** *gelangt man nach Murano und mit dem* ***Vaporetto 12*** *erreicht man Burano und auch Punta Sabbioni. Von dort aus gelangt man übrigens mit den Wasserbussen der* ***Linie 15*** *zum Markusplatz. Zum ACTV gehört auch der* ***People Mover,*** *der die Insel Tronchetto mit dem Busparkplatz an der Ponte della Costituzione verbindet.*

Tickets *für die Wasserbusse erhält man an den großen Stationen: Parkhäuser Tronchetto, Bahnhof, Punta Sabbioni und am Markusplatz. Statt eines Einzelfahrscheins sollte man sich lieber für ein Tages- oder Mehrtagesticket entscheiden, was sich schon nach wenigen Fahrten rechnet. Doch jede Fahrt muss entwertet werden, bevor man ein Vaporetto besteigt: Einfach die Karte vor das Lesegerät halten. Ein Einzelfahrschein kostet 9,50 €, während ein 24-Stunden-Ticket für 25 € erhältlich ist. 35 € zahlt man für ein 48-Stunden-Ticket und 45 € für 72 Stunden. Wer sich für Venedig eine ganze Woche Zeit nimmt, erhält einen Wochenfahrschein für 65 €.*

bis zur Platzzufahrt auf der linken Seite; **Platzanzahl:** 60; **Untergrund:** Wiese; **Sicherheit:** umzäunt, beleuchtet, bewacht; **Preiskat.:** €€€€; **Max. Stand:** unbegrenzt; **Geöffnet:** Anf. April–Anf. Nov.; **Kontakt:** Camping Village Miramare, Lungomare Dante Alighieri, 29, 30013 Cavallino-Treporti VE, Tel. 041 966150, www.miramarevenezia.it

264 Wohnmobilstellplatz Venedig – Tronchetto

GPS 45.443477, 12.306168

Nur eine Viertelstunde Fußweg vom Canal Grande entfernt. Näher kommt man mit dem Wohnmobil nicht an Venedig heran. Man steht allerdings hinter einem Parkhaus auf einem Teilstück eines Großparkplatzes, das durch einen Bauzaun abgeteilt ist. **Lage/Anfahrt:** Auf der Insel Tronchetto, neben den Terminals für die Kreuzfahrtschiffe. Auf der SR11 die Brücke nach Venedig befahren, immer rechts halten und unter dem Parkhaus hindurch (Beschilderung); **Platzanzahl:** 35; **Untergrund:** Asphalt; **Preiskat.:** €€€€; **Max. Stand:** unbegrenzt; **Geöffnet:** ganzjährig; **Kontakt:** Area Sosta Camper Venezia Tronchetto, Isola Nova del Tronchetto, 14, 30135 Venezia VE, Tel. 329 4109557

265 Wohnmobilstellplatz San Giuliano

GPS 45.467873, 12.279055

Großer Stellplatz mit kompletter Ausstattung inkl. Waschmaschine und Sanitärgebäude. Am Beginn der Brücke, die nach Venedig führt (zu Fuß ist der Weg zu weit). Die Haltestelle für den Bus erreicht man in rund einem Kilometer; **Lage/Anfahrt:** Noch vor der Brücke von der SR11 auf die SS14 wechseln und gleich an der ersten Möglichkeit nach rechts; **Platzanzahl:** 70; **Untergrund:** Wiese; fest; **Sicherheit:** umzäunt, beleuchtet, bewacht, Schrankenanlage; **Preiskat.:** €€; **Max. Stand:** unbegrenzt; **Geöffnet:** ganzjährig; **Kontakt:** Area Sosta Camper San Giuliano Venice, Via S. Giuliano, 19, 30173 Venezia VE, Tel. 041 5322106, www.sangiulianovenicc.com

Auch in den Kanälen von Burano sollte man sich unbedingt mal „treiben lassen"

214oi-mm

182oi-mm

CHIOGGIA

(53 km – km 178)

So aufregend und abwechslungsreich die Besichtigung von Venedig auch ist, so unspektakulär ist die Fahrt entlang der Lagune in Richtung Süden. Auf der linken Seite der SS309 sieht man nur eine Baumreihe, auf der rechten wird man von einer Leitplanke begleitet und das in einem Teilabschnitt, auf dem es satte 14 km nur geradeaus geht, ohne die geringste Kurve. Doch am Südende der Lagune wird man schließlich wieder mit einer tollen Stadtbesichtigung belohnt.

Chioggia trägt den Beinamen **Klein-Venedig,** was nicht weiter verwundert, wenn man die Insel mit ihren Kanälen betritt. Der große Unterschied zu Venedig und auch zu Murano bzw. Burano ist jedoch die gradlinige Aufteilung der Gassen und Kanäle. Drei Wasserstraßen sind es an der Zahl, die in Chioggia parallel von Nord nach Süd verlaufen. Dazwischen werden sie mit einer Vielzahl an kleinen Gassen, die man zu Fuß durchqueren kann, verbunden. Außerdem kann man Chioggia in eingeschränktem Maße mit dem Auto oder dem Roller befahren. Mit der **Corso del Popolo** gibt es sogar eine etwas größere Hauptstraße, die aber auch zum Flanieren einlädt und an der sich ein Straßencafé an das nächste reiht. Man bräuchte Wochen, um täglich ein anderes Restaurant aufzusuchen. In den quer verlaufenden Seitengassen ist dafür nicht allzu viel los. Sie werden überwiegend von den Einheimischen aufgesucht, die in den Häusern wohnen.

Auch die wenigen Sehenswürdigkeiten von Chioggia befinden sich entlang der Corso del Popolo. Zu nennen wäre da ganz im Süden die **Porta Santa Maria Assunta.** Zur Fertigstellung in der ersten Hälfte des 16. Jahrhunderts gehörte das heute freistehende Portal als Stadttor zur Befestigung Chioggias. Gleich daneben erhebt sich die **Kathedrale Santa Maria Assunta di Chioggia** mit ihrer unvollendeten Fassade und dem dazugehörigen, ebenfalls freistehenden **Campanile.**

Auf dem Weg nach Norden passiert man nicht nur die Gastromeile der Stadt, sondern weitere Kirchen, das Rathaus und den Uhrenturm **Orologio della Torre di Sant'Andrea.** Am Ende der Straße begibt man sich dann auf die den mittleren Kanal überspannende **Ponte di Vigo,** von der aus man am Horizont schemenhaft die Lagunenstadt Venedig erkennen kann.

⊡ *Ein Fest für die Möwen: Rückkehr der Fischer in Chioggia*

183oi-mm

Chioggia, Klein-Venedig genannt, hat einen Campanile und auch Kanäle zu bieten

Sehenswertes

› **Orologio della Torre di Sant'Andrea,** Ponte Caneva, 648 (Ecke Corso del Popolo), Tel. 389 8986972. Der Besuch ist nur sonntags im Rahmen einer Gruppentour möglich (10.30, 11, 11.30, 16.30, 17 und 17.30 Uhr), Eintritt frei. Es wird vermutet, dass der Turm aus dem ersten Jahrtausend stammt und auf die Zeit der Römer zurückgeht. Herausragend ist die Uhr, die Ende des 14. Jahrhunderts eingebaut wurde und gern als älteste mechanische Uhr der Welt bezeichnet wird. Im Inneren des Turms befindet sich ein Museum, das sowohl über den Turm als auch über die Stadt informiert. Im fünften Stock ist schließlich das Uhrwerk zu sehen und noch zwei Etagen darüber genießt man einen tollen Ausblick über die Stadt und weit über die Lagune. Bei guter Sicht sind von hier aus noch die Alpengipfel zu erkennen.

Information

› **Touristeninformation Chioggia,** Via Cassiopea, 33, Tel. 041 401846, www.chioggiavenezia.com

Parken

P 41 **Parkplatz Chioggia,** GPS 45.224916, 12.295002, Via San Felice. Eingezäunter und beschrankter Parkplatz im Norden der Halbinsel.

184oi-mm

266 Area Sosta Camper Dal Padoan

GPS 45.222398, 12.295488

Einer von zwei Stellplätzen, die gleich nebeneinanderliegen, umgeben von überdachten Parkplätzen für die Strandbesucher. In der Hochsaison sehr eng und voll. Sanitärgebäude mit Waschmaschine vorhanden. Nur wenige Schritte bis zum Strand und rund 20 Minuten Fußweg bis in die Altstadt. **Lage/Anfahrt:** Die SS309 Richtung Zentrum verlassen, der Hauptstraße folgen und vor dem Stellplatz „2 Palme" rechts vorbei; **Platzanzahl:** 50; **Untergrund:** fest; **Sicherheit:** umzäunt, beleuchtet; **Preiskat.:** €€; **Max. Stand:** unbegrenzt; **Geöffnet:** ganzjährig; **Kontakt:** Area Sosta Camper Dal Padoan, Via S. Felice, 10, 30015 Chioggia VE, Tel. 388 3555625

267 Area Sosta 2 Palme

GPS 45.221763, 12.295434

Einer von zwei Stellplätzen, die direkt nebeneinanderliegen. In der Hochsaison ist es hier sehr eng und voll. Ein Sanitärgebäude mit Waschmaschine ist vorhanden. Es sind vom Platz nur wenige Schritte bis zum Strand und rund 20 Minuten Fußweg bis in die Altstadt. **Lage/Anfahrt:** Die SS309 Richtung Zentrum verlassen, der Hauptstraße folgen; **Platzanzahl:** 90; **Untergrund:** Schotter; fest; **Sicherheit:** umzäunt, beleuchtet, bewacht; **Preiskat.:** €€; **Max. Stand:** unbegrenzt; **Geöffnet:** ganzjährig; **Kontakt:** Area Sosta Camper 2 Palme, Lungomare Adriatico, 400, 30015 Chioggia VE, Tel. 331 5994298

185oi-mm

PO-DELTA

(66 km – km 244)

Wir bleiben bis nach Ravenna auf der SS309, doch zuvor statten wir noch dem Po-Delta einen Besuch ab, das hier mit der Überquerung eines anderen Flusses beginnt, den man aus Verona und Südtirol kennt. Die **Etsch** (ital. Adige), der zweitlängste Fluss des Landes, erreicht hier nach über 400 Kilometern ebenfalls die Adria. Bei Sotto all'Adige überquert man sie recht unspektakulär auf der letzten Brücke, bevor sie neun Kilometer weiter fließt und schließlich die Adria und damit das Mittelmeer erreicht. Gleichzeitig beginnt damit das Po-Delta und es dauert auch gar nicht lange, bis man an einer Werft mit dem **Po di Levante** den ersten Arm des größten italienischen Flusses überquert.

Um die Natur des Po-Deltas zu genießen, muss man sich mehr in Richtung Küste orientieren, an dieser Stelle zum Beispiel über die SP64 in Richtung **Porto Levante.** Die Landschaft wird von Schilf und zahlreichen Angelteichen geprägt. Touristisch ist das Po-Delta nicht so sehr erschlossen, wie man es sich vielleicht wünscht und daher ist die Anzahl der Wanderwege zwischen den einzelnen Flussarmen überschaubar. Außerdem ist der **Naturpark** besonders im südlichen Bereich stark von der Landwirtschaft geprägt. Viele Orte kann man aber sehr gut mit dem Fahrrad über ruhige Landwirtschaftswege erreichen – das gilt besonders für die verschiedenen Vogelbeobachtungstürme – und die Natur und ihre Bewohner werden es zu schätzen wissen, dass der Mensch eben nicht überall hingelangt.

Im Naturpark und Biosphärenreservat leben beinahe 400 verschiedene Vogelarten von der gewöhnlichen Ente über Zwergdommeln, Steinadler und mehrere Möwenarten bis hin zu Flamingos. Genießen kann man die Natur immer wieder bei Zwischenstopps, wenn man der schmalen Uferstraße ab Porto Levante südwärts folgt.

Parken

P 42 **Parkplatz Po-Delta (1),**
GPS 45.026986, 12.366738

P 43 **Parkplatz Po-Delta (2),**
GPS 45.026422, 12.421587

> ### Vogelbeobachtung im Po-Delta
>
> *Wer auf Birdwatching-Tour gehen will, ist im Po-Delta nicht unbedingt direkt an der Küste in der ersten Reihe. Vielmehr gibt es im Hinterland einige Salzgewässer, die sich hervorragend dazu eignen, verschiedene Vogelarten zu erspähen. Die Seen südlich von Argenta lassen sich zum Beispiel gut bei einer kurzen Wanderung umrunden und beherbergen eine der größten Kormorankolonien Italiens.*
>
> *Nordöstlich des nahen Bando sieht man wiederum Weißstörche und Wildgänse und bei Ostellato wird man verschiedenen Reiherarten begegnen. Zahlreiche Flamingos sieht man in der großen Saline bei Comacchio. Ein guter Ausgangspunkt, um sie bei einem Spaziergang zu entdecken, ist das kleine Eco-Museum südlich von Comacchio (GPS 44.662041, 12.186813). Es befasst sich mit dem Ökosystem innerhalb des Po-Deltas (Mitte März–Ende Sept. 9–11 und 15–17 Uhr, Eintritt: 9,20 €).*
>
> *In den kleinen Tourismusbüros der Ortschaften der Region und in der Touristeninformation von Ferrara (s. S. 211) erhält man ausführliche Informationen und Karten, in denen Vogelbeobachtungstürme eingezeichnet sind.*

Südlich des Po-Hauptarms überquert man schließlich noch den **Po di Goro,** der gleichzeitig die Grenze zwischen Venetien und der Emilia-Romagna markiert. Weiterhin auf der SS309 passiert man nach dem **Po di Volano** einige Salzwiesen, insbesondere bei Lido di Spina, wo das Po-Delta spätestens mit der Saline von **Comacchio** seinen Abschluss findet. Doch ausgerechnet hier, am südlichen Ende des Po-Deltas und ein wenig ins Landesinnere eingerückt, wird man am ehesten fündig, wenn man Flamingo-Kolonien beobachten möchte. Bei der Saline handelt es sich auch um eine **Lagune,** an deren Rand mehrere kleine Beobachtungstürme aufgestellt wurden.

Parken

Achtung, für alle drei Plätze gilt: Ab Comacchio nicht dem Navi in Richtung Via Foce folgen. Am anderen Ende der Kanalbrücke, die von der Via Spina abzweigt, befindet sich eine Höhenbeschränkung (3 m). Daher einen kleinen Umweg über die nächstgelegene Brücke einplanen.

P 44 Parkplatz Vogelbeobachtungsturm, GPS 44.652588, 12.106811. Zu Fuß über die Schleuse und gleich dahinter nach rechts in den Pfad.

186oi-mm

P 45 Parkplatz bei Comacchio, GPS 44.690431, 12.177713

P 46 Parkplatz Eco-Museum, GPS 44.662041, 12.186813, ebenfalls mit Vogelbeobachtungsturm

Doch nicht nur die Landschaft des Po-Deltas ist reizvoll und interessant. Auch die Ortschaft **Comacchio** entpuppt sich als sehenswert. Die **Altstadt** ist nicht sonderlich groß, erinnert aber stark an Venedig oder Chioggia. Mehrere Kanäle verlaufen zwischen den Gebäuden bis zum Torre Civico, der das Zentrum des Ortes bildet. Nur wenige Schritte sind es von hier bis zur **Kathedrale San Cassiano,** die an der Wende zum 18. Jahrhundert gebaut wurde. Der später entstandene Kirchturm gilt als unvollendet, was man ihm auch sofort ansieht.

Mehrere Brücken überspannen die Kanäle von Comacchio, wobei die etwas abseits gelegene **Ponte Trepponti** die interessanteste ist und auch als Wahrzeichen der Ortschaft gilt. Sie überspannt gleich mehrere Kanäle und kann über insgesamt fünf verschiedene Treppen betreten werden. Überspitzt gesagt, ist sie für Fußgänger ein Verkehrsknotenpunkt, weil man hier von einem zu vier weiteren Kanalufern wechseln kann.

Mit dem Erreichen von Comacchio und der südlich des Ortes gelegenen Saline endet die Reise durch das Po-Delta und die Möglichkeiten zur Vogelbeobachtung gehen übergangslos in **Badevergnügen** über. Östlich von Comacchio erstrecken sich kilometerlange Sandstrände und kleine Küstenorte laden mit zahlreichen Campingplätzen, Promenaden und unzähligen Einkehrmöglichkeiten zum Verweilen und Sonnenbaden ein.

014o-mm

Gleich mehrere Treppen führen auf die ungewöhnliche Ponte Trepponti in Comacchio

Auch in Comacchio geht es „venezianisch" zu

Manche von ihnen, wie zum Beispiel **Lido delle Nazioni** (GPS 44.749204, 12.245348), bieten sogar praktische Parkmöglichkeiten mit Meerblick. Weitere Orte sind **Lido degli Scacchi, Porto Garibaldi** als größter Ort und Fischereihafen und **Lido degli Estensi** sowie **Lido di Spina.**

Information

› **Touristeninformation Lido di Spina,** Viale Leonardo Da Vinci, 112, GPS 44.749204, 12.245348, Tel. 0533 333656

268 Area Sosta Gorino

GPS 44.818581, 12.351184

Einfacher Stellplatz in ruhiger Lage, tolle Aussicht und Möglichkeiten zur Vogelbeobachtung. **Lage/Anfahrt:** An der Mündung des Po di Goro am Ende der Straße. Auf der SP27 bis Goro und weiter am Flussufer bis Gorino fahren. Den Fluss nicht überqueren; **Platzanzahl:** 10; **Untergrund:** Schotter; fest; **Preiskat.:** €; **Max. Stand:** 2 Nächte; **Geöffnet:** ganzjährig; **Kontakt:** Area Sosta Camper Gorino, Vicolo del Faro, 39, 44020 Gorino FE

269 Oasi Park Bosco Mesola

GPS 44.868286, 12.249069

Der Platz gleicht schon mehr einem kleinen Campingplatz, mit Kinderspielplatz und einem einfachen Sanitärbereich. Ruhige Lage, allerdings nicht am Wasser. In der Nähe gibt es einen kleinen Staatsforst. Die Betreiber geben gern Tipps für Radtouren in der Umgebung. **Lage/Anfahrt:** Ungefähr auf halber Strecke zwischen Chioggia und Lido di Spina. Südlich von Mesola von der SP309 auf die SP27 wechseln. Nach vier Kilometern auf der rechten Seite gelegen; **Platzanzahl:** 30; **Untergrund:** Wiese; fest; **Sicherheit:** umzäunt, beleuchtet; **Preiskat.:** €; **Max. Stand:** unbegrenzt; **Geöffnet:** ganzjährig; **Kontakt:** Oasi Park Bosco Mesola, Via Cristina, 84, 44026 Mesola FE, Tel. 324 0909114, www.oasi-park.it

270 Area Sosta Camper Comacchio – Cavallari

GPS 44.702669, 12.16855

Kleiner Stellplatz in ruhiger Lage, komplett von einer hohen Hecke umgeben. Sehr gute Ausstattung, die bereits einem Campingplatz gleicht. Ideal für einen Abendspaziergang in das nahe Comacchio. **Lage/Anfahrt:** Am westlichen Ortsrand von Comacchio. Hinter dem großen Einkaufszentrum die SP309 verlassen und weiter auf SP30, an Comacchio vorbei und nach der Kanalüberquerung halbrechts; **Platzanzahl:** 30; **Untergrund:** Wiese; **Sicherheit:** umzäunt, beleuchtet, bewacht; **Preiskat.:** €€€; **Max. Stand:** unbegrenzt; **Geöffnet:** ganzjährig; **Kontakt:** Area Sosta Camper Comacchio – Cavallari, Villaggio S. Carlo, 9, 44022 Comacchio FE, Tel. 338 5408905

271 Ariaperta Sosta Camper

GPS 44.726181, 12.225027

Gepflegter, von Feldern und einer hohen Hecke umgebener Stellplatz mit Kinderspielplatz, Grillstation und Picknickplätzen. Tagsüber durch die angrenzende Straße etwas lauter. Der freundliche Betreiber erklärt geduldig das Kassensystem. Für die Stromanschlüsse muss man zum Beispiel neben dem Sanitärcontainer die entsprechend gewählte Nummer der Steckdose nach Münzeinwurf freischalten. **Lage/Anfahrt:** Rund eineinhalb Kilometer vom Strand entfernt am Rand eines kleinen Dorfs gelegen. Auf der SP309 bis San Giuseppe fahren, im Ort links bis zur großen Ampelkreuzung, erneut links. In der Rechtskurve muss man scharf links abbiegen (oder notfalls später wenden und zurück), etwas ungünstig platzierte Schrankenanlage, die bei größeren Mobilen etwas Kurbelei und Geschick erfordert; **Platzanzahl:** 99; **Untergrund:** Wiese; **Sicherheit:** umzäunt, beleuchtet, bewacht, Schrankenanlage; **Preiskat.:** €€; **Max. Stand:** unbegrenzt; **Geöffnet:** ganzjährig; **Kontakt:** Ariaperta Sosta Camper, Via delle Nazioni, 39, 44022 San Giuseppe FE, Tel. 334 2680986, www.ariapertasostacamper.it

187oi-mm

RAVENNA

(36 km – km 280)

Über die SS309 ist es nur noch ein Katzensprung nach Ravenna. Die Altstadt erstreckt sich mit mehreren Fußgängerzonen am Rande der Basilika und ist vom Wohnmobilstellplatz aus gut in wenigen Gehminuten zu erreichen. Die **Basilica di San Vitale** ist eines von mehreren Gotteshäusern in Ravenna, das von der UNESCO zum Weltkulturgut geadelt wurde. Das romanische Gebäude entstand bereits im 6. Jahrhundert und besticht durch seine farbenfrohe Ausschmückung. Mehrere fantastische **Mosaikfelder** lassen die Kirche in einem ganz besonderen Glanz erstrahlen. Letzteres gilt auch für weitere historische Bauten, die zum Weltkulturerbe zählen und im gesamten Stadtgebiet verteilt sind. Zu nennen wären da die Kirche **Sant'Apollinare Nuovo** mit ihrem runden Kirchturm, das **Mausoleum der Galla Placidia,** das kleine und von außen unauffällige **Baptisterium der Arianer.** Auch die **Erzbischöfliche Kapelle,** die sich im ersten Stock des Erzbischöflichen Palasts hinter der Kathedrale von Ravenna befindet, das etwas außerhalb der Altstadt befindliche Mausoleum des Theoderich und die Basilika Sant'Apollinare im Vorort Classe gehören dazu. Etwas unscheinbar ist hingegen das **Grabmal des Dichters Dante,** der in Ravenna seine „Göttliche Komödie" vollendete und kurz darauf im September 1321 verstarb. Sein Sarkophag befindet sich in einer weißen Kapelle zwischen der Kirche San Francesco und dem Dante-Museum unweit der Kathedrale.

In der Altstadt von Ravenna ist das Dante-Museum natürlich nicht die einzige „Schlechtwetter-Alternative". Das **Erzbischöfliche Museum,** das **Dante-Museum** und das **Museo d'Arte della Città di Ravenna** sind nur eine Auswahl dessen, was man innerhalb der historischen Mauern besichtigen kann.

189oi-as©JFL Photography - stock.adobe.com

In Ravenna sollte man unbedingt auch das Grab von Dante besuchen

Sehenswertes

- **Basilica di San Vitale,** Via San Vitale, 17, tägl. 10–16.45 Uhr, Eintritt: 10,50 €
- **Basilica di Sant'Apollinare Nuovo,** Via di Roma, 52, tägl. 10–16.45 Uhr, Eintritt: 10,50 €
- **Mausoleum der Galla Placidia,** Via Argentario, 22, tägl. 10–16.45 Uhr, Eintritt: 10,50 €
- **Baptisterium der Arianer,** Vicolo degli Ariani, 1, tägl. 8.30–16.15 Uhr, Eintritt: 2 €
- **Erzbischöfliches Museum mit Kapelle,** Piazza Arcivescovado, 1, tägl. 10–16.45 Uhr, Eintritt: 10,50 €. Hier sind zahlreiche sakrale Kunstgegenstände zu sehen, insbesondere ein aus dem 6. Jahrhundert stammender Bischofsstuhl aus Elfenbein.
- **Mausoleum des Theoderich,** Via delle Industrie, 14, tägl. 8.30–16.15 Uhr, Eintritt: 4 €

Ravenna

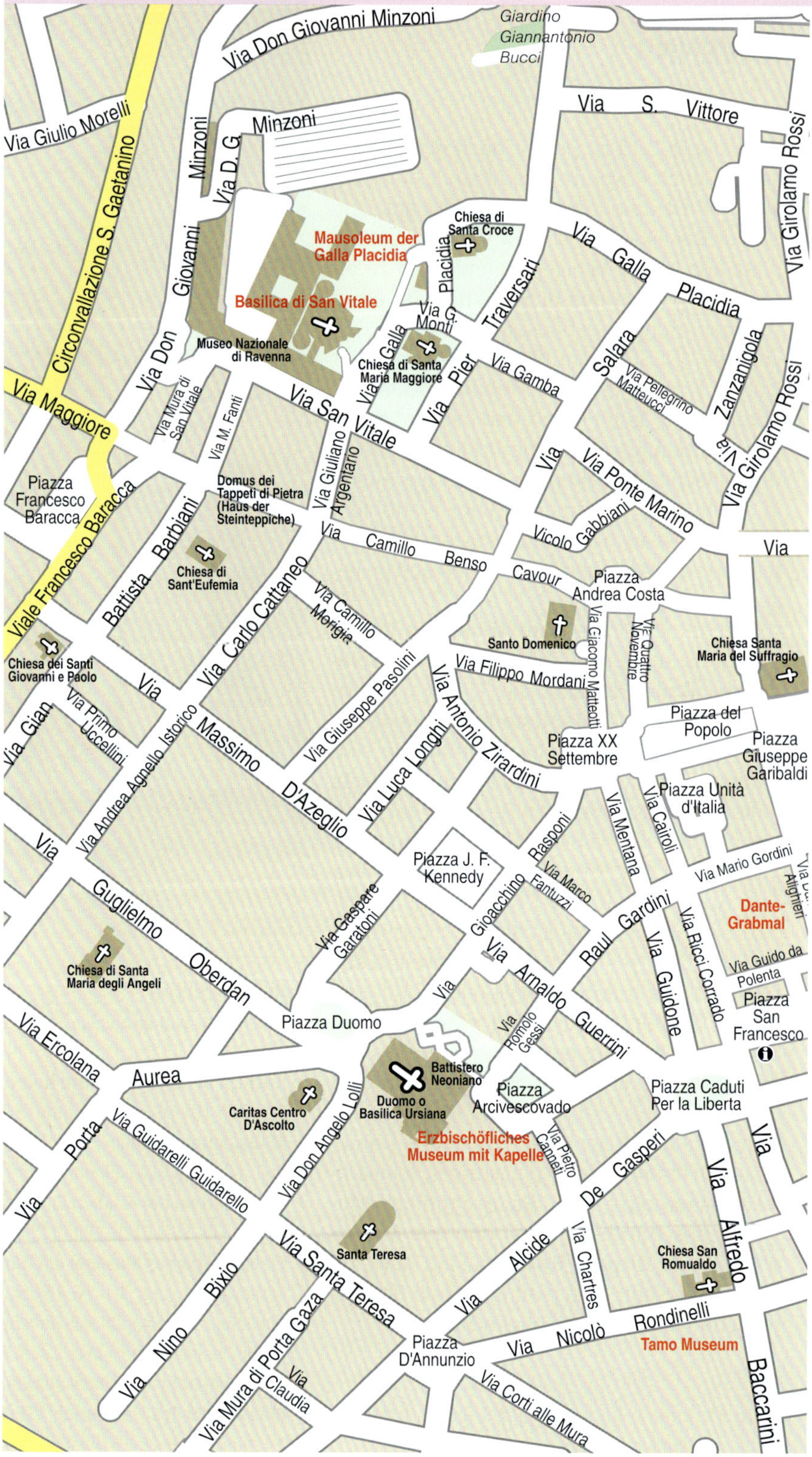
Via Don Giovanni Minzoni
Giardino Giannantonio Bucci
Via S. Vittore
Via Girolamo Rossi
Via Giulio Morelli
Circonvallazione S. Gaetanino
Via D. G. Minzoni
Via Don Giovanni Minzoni
Mausoleum der Galla Placidia
Basilica di San Vitale
Chiesa di Santa Croce
Via Galla Placidia
Via G. Monti
Traversari
Museo Nazionale di Ravenna
Chiesa di Santa Maria Maggiore
Via Gamba
Via Pier
Salara
Via Pellegrino Matteucci
Zanzanigola
Via Maggiore
Via Mura di San Vitale
Via M. Fanti
Via San Vitale
Via Giuliano Argentario
Via Ponte Marino
Piazza Francesco Baracca
Domus dei Tappeti di Pietra (Haus der Steinteppiche)
Vicolo Gabbiani
Via Camillo Benso Cavour
Piazza Andrea Costa
Viale Francesco Baracca
Battista Barbiani
Chiesa di Sant'Eufemia
Via Carlo Cattaneo
Via Camillo Morigia
Santo Domenico
Via Giacomo Matteotti
Via Quattro Novembre
Chiesa Santa Maria del Suffragio
Chiesa dei Santi Giovanni e Paolo
Via Giuseppe Pasolini
Via Filippo Mordani
Via Antonio Zirardini
Via Gian
Via Primo Uccellini
Via Andrea Agnello Istorico
Via Massimo D'Azeglio
Piazza del Popolo
Piazza XX Settembre
Piazza Giuseppe Garibaldi
Via Luca Longhi
Piazza Unità d'Italia
Via Mentana
Via Cairoli
Rasponi
Via Marco Fantuzzi
Via Mario Gordini
Via Dante Alighieri
Piazza J. F. Kennedy
Via Guglielmo Oberdan
Via Gioacchino
Via Gaspare Garatoni
Raul Gardini
Via Ricci Corrado
Dante-Grabmal
Chiesa di Santa Maria degli Angeli
Via Arnaldo Guerrini
Via Guidone
Via Guido da Polenta
Piazza San Francesco
Via Romolo Gessi
Piazza Duomo
Via Ercolana
Battistero Neoniano
Duomo o Basilica Ursiana
Piazza Arcivescovado
Piazza Caduti Per la Liberta
Aurea
Porta
Caritas Centro D'Ascolto
Via Don Angelo Lolli
Erzbischöfliches Museum mit Kapelle
Via Pietro Canneti
De Gasperi
Via Alfredo Baccarini
Via Guidarelli Guidarello
Via Alcide
Via Chartres
Chiesa San Romualdo
Santa Teresa
Via Santa Teresa
Via Nino Bixio
Via Mura di Porta Gaza
Via Claudia
Piazza D'Annunzio
Via Nicolò Rondinelli
Tamo Museum
Via Corti alle Mura

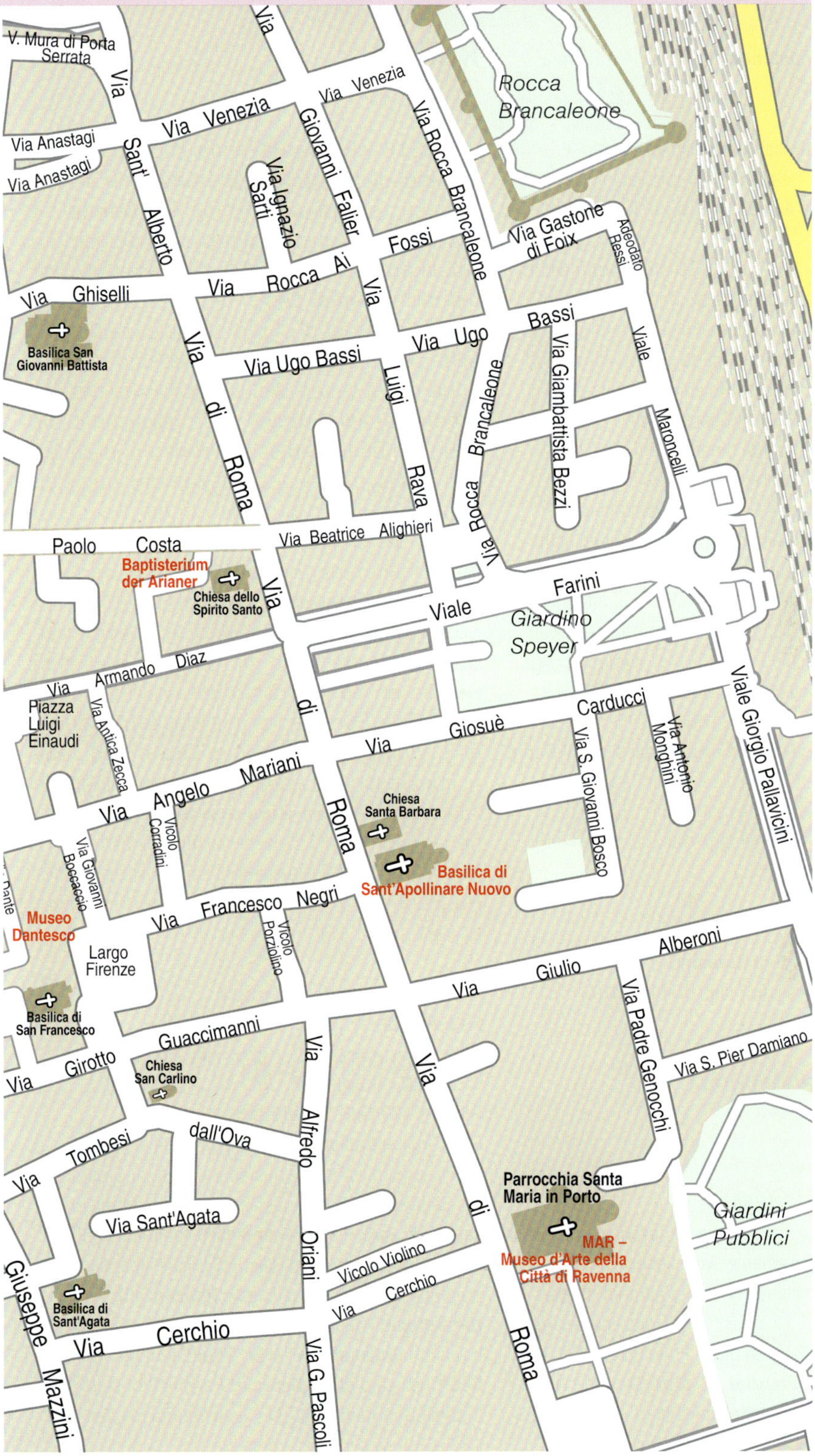
V. Mura di Porta Serrata
Via Venezia
Via Anastagi
Via Sant' Alberto
Via Giovanni Falier
Via Ignazio Sarti
Via Rocca Brancaleone
Rocca Brancaleone
Via Gastone di Foix
Adeodato Ressi
Via Ghiselli
Via Rocca Ai Fossi
Via Ugo Bassi
Basilica San Giovanni Battista
Via Luigi Rava
Via Giambattista Bezzi
Viale Maroncelli
Via di Roma
Paolo Costa
Via Beatrice Alighieri
Baptisterium der Arianer
Chiesa dello Spirito Santo
Viale Farini
Giardino Speyer
Via Armando Diaz
Piazza Luigi Einaudi
Via Antica Zecca
Via Giosuè Carducci
Via Antonio Monghini
Via S. Giovanni Bosco
Viale Giorgio Pallavicini
Via Angelo Mariani
Vicolo Corradini
Chiesa Santa Barbara
Basilica di Sant'Apollinare Nuovo
Via Giovanni Boccaccio
Dante
Museo Dantesco
Via Francesco Negri
Vicolo Porziolino
Largo Firenze
Via Giulio Alberoni
Basilica di San Francesco
Via Guaccimanni
Via Padre Genocchi
Via S. Pier Damiano
Via Girotto
Chiesa San Carlino
Via Alfredo Oriani
Via dall'Ova
Via Tombesi
Parrocchia Santa Maria in Porto
Via Sant'Agata
Giardini Pubblici
MAR – Museo d'Arte della Città di Ravenna
Vicolo Violino
Via Cerchio
Via Giuseppe Mazzini
Basilica di Sant'Agata
Via G. Pascoli

- **Basilika Sant'Apollinare in Classe,** Via Romea Sud, 224, Classe, Mo-Sa 8.30-19, So 13-19 Uhr, Eintritt: 5 €
- **Dante-Grabmal,** Via Dante Alighieri, 9, Mo-Fr 10-18, Sa/So 10-19 Uhr, Eintritt frei
- **MAR – Museo d'Arte della Città di Ravenna,** Via di Roma, 13, Tel. 0544 482477, www.mar.ra.it/ita, Di-Sa 9-18 Uhr, So 11-19 Uhr, Eintritt: 6 €. In einem Klostergebäude des 16. Jahrhunderts untergebracht, zeigt das Museum eine umfangreiche Sammlung wertvoller Gemälde und Skulpturen ab dem 14. Jahrhundert sowie eine Zeichnung des österreichischen Malers Gustav Klimt.
- **Tamo Museum,** Via Rondinelli, 2, Tel. 0544 213371, www.tamoravenna.it, Mo-Fr 10-18.30 Uhr, Eintritt: 4 €. Wer das Weltkulturerbe Ravennas wegen seiner Mosaike besichtigt, sollte sich das Mosaik-Museum nicht entgehen lassen. Reliefs, Werkzeuge und Materialien werden multimedial vorgestellt und mehrere großformatige Mosaikpanele verschiedener Künstler werden gezeigt.
- **Museo Dantesco (Dante-Museum),** Via Dante Alighieri, 4/6, Tel. 0544 215676, Di-So 10-18 Uhr, Eintritt: 5 €. Das Museum beschäftigt sich mit Dante Alighieri und den Einfluss der Stadt Ravenna auf sein Werk. Zudem gibt es zahlreiche Multimedia-Produkte, u. a. verschiedene Übersetzungen der „Göttlichen Komödie".

Information

- **Touristeninformation Ravenna,** Piazza San Francesco, 7, Tel. 0544 35404, www.turismo.ra.it

272 Wohnmobilstellplatz Ravenna

GPS 44.414349, 12.188455

Einfache, aber gute und günstige Möglichkeit, die Stadt kennenzulernen. Teil eines gewöhnlichen Pkw-Parkplatzes am südwestlichen Rand der Altstadt. **Lage/Anfahrt:** Auf der SS16 in Richtung Stadtzentrum und weiter in Richtung Busparkplatz; **Platzanzahl:** 20; **Untergrund:** Pflaster; **Preiskat.:** €; **Max. Stand:** 2 Nächte; **Geöffnet:** ganzjährig; **Kontakt:** Area Sosta Camper Ravenna, Piazza Resistenza, 48121 Ravenna RA

RIMINI

(55 km – km 335)

Die SS16 wird ab Ravenna zur wichtigsten Verbindung, wenn man die Badeorte an der Adriaküste aufsuchen möchte. **Cervia** ist auf dem Weg nach Süden eine der ersten Ortschaften, doch größere Bekanntheit hat natürlich **Rimini.** Es gilt als ältestes Seebad an der Adria und wurde als solches bereits Mitte des 19. Jahrhunderts gegründet. Nach Ende des Zweiten Weltkriegs wurde der Ort scherzhaft als „Teutonengrill" bezeichnet, als Zehntausende deutsche Touristen in Zeiten des Wirtschaftswunders kamen, um sich an den endlosen Stränden in der Sonne zu aalen. Die Deutschen stellen jedoch schon lange nicht mehr die größte Anzahl der ausländischen Urlauber.

Die langen **Strände** sind in sogenannte Bagni unterteilt und glänzen mit endlosen Reihen an Sonnenschirmen und Strandliegen. Auch Spaßbäder mit Wasserrutschen, eine Vielzahl an Campingplätzen und zahlreiche Geschäfte entlang der Promenade bis zum nächsten Ort **Riccione** lassen den sonnenverwöhnten Urlauber nichts vermissen. Nur Ruhe und Einsamkeit sollte man in der Hauptsaison an den Stränden der Adria nicht erwarten.

273 Wohnmobilstellplatz Rio Pircio

GPS 44.127129, 12.488318

Strandnaher Stellplatz, auf dem man mit ein wenig Glück sogar die Markise ausfahren kann. Ausgestattet mit Sanitär und Waschmaschine zu einem fairen Preis. **Lage/Anfahrt:** Rund 9 km nördlich von Rimini und nur wenige Schritte vom Meer. SS16 bis Igea Marina, weiter der Beschilderung folgen; **Platzanzahl:** 70; **Untergrund:** Wiese; **Sicherheit:** umzäunt, beleuchtet, bewacht; **Preiskat.:** €€; **Max. Stand:** unbegrenzt; **Geöffnet:** ganzjährig; **Kontakt:** Parking Rio Pircio, Via Antonio Benivieni, 6, 47814 Igea Marina RN, Tel. 339 1871689, www.riopircio.com

274 Parking delle Robinie

GPS 44.12795, 12.488806

Stellplatz mit mehreren Reihen, teilweise mit Hecken abgetrennt und auch ein wenig Platz für die Markise. **Lage/Anfahrt:** Rund 9 km nördlich von Rimini und nur wenige Schritte vom Meer. SS16 bis Igea Marina, weiter der Beschilderung folgen; **Platzanzahl:** 110; **Untergrund:** Schotter, Wiese; fest; **Sicherheit:** umzäunt, beleuchtet, bewacht; **Preiskat.:** €€; **Max. Stand:** unbegrenzt; **Geöffnet:** Mitte März–Okt.; **Kontakt:** Parking delle Robinie, Via Alfonso Pinzon, 260, 47814 Igea Marina RN, Tel. 0541 332301, www.parkingdellerobinie.com

SAN MARINO

(20 km – km 355)

San Marino gehört natürlich nicht zu Italien, sondern ist ein **eigenständiges Land.** Doch da wir uns drumherum immer noch in Oberitalien befinden, sollte man getreu dem Motto „Wenn man schon mal da ist" auch diesem Kleinststaat einen Besuch abstatten. Schon allein deshalb, weil es in so einem kleinen Land gleich mehrere praktische Übernachtungsmöglichkeiten gibt und man die Hauptstadt von dort gut besichtigen kann. Was die Dichte der Stellplatzmöglichkeiten im Verhältnis zur Größe San Marinos angeht, kann man das Land beinahe schon als Eldorado für Wohnmobilisten bezeichnen.

San Marino gilt als **älteste Republik der Welt** und wurde bereits im frühen 4. Jahrhundert gegründet. Das Land erreicht man ab Rimini sehr einfach über die vierspurige SS72 und trotz fehlender EU-Mitgliedschaft San Marinos existieren **keine Grenzkontrollen.** Bezahlt wird mit dem **Euro** und gesprochen wird weiterhin Italienisch. Grundsätzlich ändert sich für den Touristen also soweit nichts. Die Straße steigt zunächst langsam, später etwas steiler an, denn die gleichnamige **Stadt San Marino** befindet sich in der ansonsten eher flachen Landschaft auf dem **Berg Titano,** der immerhin bis zu 739 Meter aufragt.

Die Altstadt von San Marino thront auf dem Berg Titano

©1910i-mm

Das führt wiederum dazu, dass sich die **Altstadt** auf sehr engem Raum ausbreitet und außer den mittelalterlichen Strukturen auch eine tolle Aussicht über das gesamte Land bietet. Noch Nordosten fällt der Berg steil ab und seine Silhouette wird von **drei Türmen** geprägt, die zugleich das Wahrzeichen des Staates bilden. Sie stammen aus dem 11. bis 13. Jahrhundert und waren Teil des städtischen Befestigungssystems. Heute markiert der Seconda Torre, also der Zweite Turm, den höchsten Punkt des Bergs.

In der Altstadt, die zum Weltkulturerbe der UNESCO zählt, ist auch der **Palazzo Pubblico** sehenswert. Er ist Rathaus der Stadt und Regierungssitz des Landes gleichzeitig. Auf dem schmalen und länglichen Platz davor erhebt sich eine als **Freiheitsstatue** bezeichnete Skulptur, die komplett aus Marmor besteht und Ende des 19. Jahrhunderts von einer Berliner Gräfin gespendet wurde.

Nur wenige Jahrzehnte älter als Palast und Freiheitsstatue ist die etwas weiter oberhalb gelegene **Basilika.** Sie ersetzte eine Vorgängerkirche aus dem 6. Jahrhundert, die wegen Bauschäden im frühen 19. Jahrhundert abgerissen werden musste. In ihrem Inneren sieht man eine **Skulptur des hl. Marinus,** der als Einsiedler auf den Monte Titano zog und dort eine Kapelle baute. Zur Kapelle gesellte sich ein Kloster und drumherum wuchs die Stadt San Marino, weshalb Marinus heute als Nationalheiliger und Staatsgründer verehrt wird.

Unterhalb der Hauptstadt erstreckt sich das Gebiet der kleinen Gemeinde Borgo Maggiore, das ebenfalls zu San Marino gehört. Beide Ortschaften sind durch eine Seilbahn miteinander verbunden.

Sehenswertes

- **Palazzo Pubblico,** Piazza della Libertà, Mo–Fr 9–17, Sa/So 9–18 Uhr. Prunkvoller Palast im Stil der Neorenaissance, in dem das Rathaus untergebracht ist.
- **Basilika des heiligen Marinus,** Piazzale Domus Plebis, tägl. 9–18 Uhr, Eintritt frei
- **Museo di Stato (Staatsmuseum),** Piazza del Titano, www.museidistato.sm, tägl. 9–17 Uhr, Eintritt: 6 €
- **Museo della Tortura,** Porta San Francesco, 2, www.thetorturemuseum.it, tägl. 10–19 Uhr. Nichts für schwache Nerven. Das Foltermuseum zeigt auf zwei Etagen anschaulich, wie in Europa Foltermethoden durchgeführt wurden.

Der Weg durch die Altstadt von San Marino führt meist bergauf

Information

› **Touristinformation San Marino,** Via Paolo III, 1, Tel. 0549 882914, www.visitsanmarino.com, Mo–Fr 8.30–18, Sa/So 9–13.30 und 14–18 Uhr

275 Area Sosta Camper Parkplatz 10

GPS 43.935589, 12.443731

Parkplatz unterhalb der Altstadt von San Marino, auf dem offiziell übernachtet werden darf. Nur noch ein Stück zu Fuß bergauf und schon ist man mitten in der Altstadt. Bei der Suche nach einem Übernachtungsplatz in San Marino wird dieser hier in der Regel als erstes angesteuert, weil er so schön praktisch ist. **Lage/Anfahrt:** Direkt neben einer Hauptstraße. Steile Zufahrt auf den Monte Titano (bis zu 18 %) auf breiter Straße; **Platzanzahl:** 30; **Untergrund:** Asphalt; **Preiskat.:** €€; **Max. Stand:** 3 Nächte; **Geöffnet:** ganzjährig; **Kontakt:** Parkplatz 10, Via Napoleone Bonaparte, 43, San Marino, 47890 Città di San Marino

276 Area Sosta Camper Parkplatz 13

GPS 43.940989, 12.440517

Teil eines kostenlosen Parkplatzes, auf dem man auch übernachten darf. Im Schatten des Monte Titano gelegen. Etwas dunkel, aber dafür hat man stellenweise eine schöne Aussicht. **Lage/Anfahrt:** Unterhalb der Altstadt, nach einem kurzen Aufstieg erreicht man die Talstation der Seilbahn. Bei der Auffahrt auf den Berg auf die Beschilderung zum P13 nach rechts achten. Im Winter nicht gestreut und eventuell nicht befahrbar; **Platzanzahl:** 30; **Untergrund:** Schotter; fest; **Preiskat.:** €; **Max. Stand:** 2 Nächte; **Geöffnet:** ganzjährig; **Kontakt:** Area Sosta Camper Parkplatz 13, Via Bigelli, 15, 47893 Borgo Maggiore/San Marino

277 Camping Centro Vacanze

GPS 43.959535, 12.461253

Großer Campingplatz mit zahlreichen Freizeitmöglichkeiten und angeschlossenem Sportzentrum. **Lage/Anfahrt:** Im nördlichen Landesteil, rund 2,5 km Luftlinie von der Hauptstadt San Marino entfernt. Bus in die Altstadt hält vor dem Campingplatz. Kurz hinter Überquerung der Grenze halbrechts der Beschilderung zum Campingplatz folgen; **Platzanzahl:** 200; **Untergrund:** Schotterrasen; fest; **Sicherheit:** umzäunt, beleuchtet, bewacht; **Preiskat.:** €€€€; **Max. Stand:** unbegrenzt; **Geöffnet:** ganzjährig; **Kontakt:** Centro Vacanze San Marino, Strada di S. Michele, 50, 47893 San Marino, Tel. 0549 903964, www.centrovacanzesanmarino.com

278 Area Sosta San Marino

GPS 43.925565, 12.44878

Etwas weiter unterhalb der Hauptstadt gelegen und damit ein klein wenig ruhiger, allerdings neben einer Hauptstraße. **Lage/Anfahrt:** Unterhalb von Parkplatz 10. An der Gabelung vor P10 halbrechts etwas talwärts; **Platzanzahl:** 10; **Untergrund:** Asphalt; **Preiskat.:** €; **Max. Stand:** 2 Nächte; **Geöffnet:** ganzjährig; **Kontakt:** Area Sosta Camper San Marino, Via Gamella, 47890 San Marino

192oi-mm

193oi-mm

194oi-mm

196oi-mm

195oi-mm

ANHANG

WOMO-WÖRTERLISTE DEUTSCH – ITALIENISCH

A

Abblendlicht	*anabbagliante*
abdichten	*turare/stagnare*
abschleppen	*rimorchiare*
Abschleppdienst	*servizio di rimorchio*
Abschleppseil	*cavo da rimorchio*
abstellen	*chiudere*
Abwasser	*acqua di scarico*
Achse	*asse*
Alarmanlage	*impianto d'allarme*
Alkoholtest	*alcoltest*
Ampel	*semaforo*
Anlasser	*starter*
Anschluss/Adapter	*adattatore*
Anwohner	*residenti*
aufbrechen	*forzare, scassinare*
Auffahrt	*rampa d'accesso/ raccordo*
Auffahrunfall	*tamponamento*
Ausfahrt	*uscita*
Auspuff	*tubo di scappamento*
Auto	*macchina*
Autobahn	*autostrada*
Autowerkstatt	*autofficina*

B

Batterie (laden)	*(ricaricare la) batteria*
(nicht) befahrbar	*(non) carrozzabile*
Benzin	*benzina*
Benzinpumpe	*pompa della benzina*
beschädigt	*danneggiato*
bleifrei	*senza piombo*
Blinker	*freccia*
Breite	*larghezza*
Bremsbelag	*pastiglia dei freni*
Bremse, bremsen	*freno, frenare*
Bremsflüssigkeit	*liquido dei freni*
Bremslicht	*luce di arresto/stop*
Brücke	*ponte*

C

Campingwagen	*roulotte, caravan*
Campingplatz	*camping, campeggio*
Chemietoilette	*WC chimico*

D

defekt	*difettoso*
dicht	*stagno*
Dichtung	*guarnizione*
Diebstahl	*furto*
Diesel	*gasolio/diesel*
Differenzial	*differenziale*

E

Einbahnstraße	*strada a senso unico*
Einspritzmotor	*motore a iniezione*
eng, schmal	*stretto*
entleeren	*svuotare*
erlaubt	*permesso*
Ersatzrad	*ruota di scorta*
Ersatzteil	*pezzo di ricambio*

F

Fahrbahn	*carreggiata*
fahren	*guidare*
Fahrer	*autista*
Fahrrad	*bicicletta*
Fahrspur	*corsia*
Fahrtrichtung	*direzione di marcia*
Fährschiff	*traghetto*
Feder	*molla*
Fernlicht	*faro abbagliante*
Feuerlöscher	*estintore*
Frostschutzmittel	*antigelo*
Führerschein	*patente di guida*

G

Gang	*marcia*
Gas	*gas*
Gasflasche	*bombola del gas*
Gaspedal	*acceleratore*
Gasse	*vicolo*
gebrochen	*rotto*
Gebühr	*tassa/tariffa/ diritto*
geöffnet	*aperto*
Gepäckträger	*portabagagli*
geradeaus	*sempre dritto*
geschlossen	*chiuso*

Geschwindigkeit	*velocità*
gesperrt	*chiuso*
gestohlen	*rubato*
Getriebe	*cambio*
Gewicht	*peso*
Glühbirne	*lampadina*
Grauwasser	*acque grigie*

H

Haarnadelkurve	*tornante*
Handbremse	*freno a mano*
Hebel	*leva*
Heizung	*riscaldamento*
Hilfe	*aiuto*
Höhe	*altezza*
Hubraum	*cilindrata*
Hupe	*clacson*

K

Kabel	*cavo*
(Benzin-)Kanister	*tanica/bidone (di benzina)*
kaputt	*rotto*
Kardanwelle	*albero cardanico*
Karosserie	*carrozzeria*
Keilriemen	*cinghia trapezoidale*
Kfz-Kennzeichen	*targa automobilistica*
Kolben	*pistone*
Kreuzung	*incrocio*
Kugellager	*cuscinetto a sfere*
Kühler	*radiatore*
Kühlschrank	*frigorifero*
Kühlwasser	*acqua di raffreddamento*
Kupplung	*frizione*
Kurve	*curva*
Kurzschluss	*corto circuito*

L

Länge	*lunghezza*
langsam	*lento*
leer	*scarico/vuoto*
Lenkradschloss	*bloccasterzo*
Lenkung	*sterzo*
Licht	*luce*
Lichtmaschine	*dinamo*
(nach) links	*(a) sinistra*
Lkw	*autocarro, camion*
Luftfilter	*filtro dell'aria*
Lüftung	*ventilazione*

M

Maut	*pedaggio*
Mautstelle	*casello*
Mautstraße	*strada a pagamento*
Messstab	*asta di livello dell'olio*
Motor	*motore*
Motoröl	*olio motore*
Motorrad	*moto, motocicletta*
M+S-Reifen	*pneumatico M+S*
(Schrauben-)Mutter	*dado/madrevite*

N

Nabe	*mozzo*
Navigationssystem	*sistema di navigazione*
Nebel	*nebbia*
niedrig	*basso*

O

Öl	*olio*
Ölwanne	*coppa dell'olio*
Ölwechsel	*cambio dell'olio*

P, Q

Panne	*panne*
Pannenhilfe	*soccorso stradale*
parken	*parcheggiare*
Parkgebühr	*tassa di parcheggio*
Parkplatz	*parcheggio/ posteggio*
Parken verboten	*parcheggio vietato*
Parkscheibe	*disco orario*
Parkuhr	*parchimetro*
Pkw	*autovettura*
Polizei	*polizia*

Propangas	*gas propano*
Querstraße	*strada trasversale*

R

Rad	*ruota*
Radweg	*pista ciclabile*
Radkappe	*copriruota*
Radkreuz	*chiave a croce*
Radwechsel	*cambio della ruota*
Rast	*sosta*
Rastplatz	*piazzola di sosta*
(nach) rechts	*(a) destra*
Reifen	*gomma*
Reifendruck	*pressione dei pneumatici*
Reifenpanne	*foratura*
Reparatur	*riparazione*
Reparaturwerkstatt	*officina di riparazioni*
reparieren	*riparare*
Reserverad	*ruota di scorta*
Rücklicht	*luce posteriore*
Rückspiegel	*specchietto retrovisore*
Rückwärtsgang	*retromarcia*

S

Schalter	*interruttore*
Scheibe	*vetro*
Scheiben-waschanlage	*lavavetro*
Scheibenwischer	*tergicristallo*
Scheinwerfer	*faro*
Schlauch	*tubo*
Schlüssel	*chiave*
Schmutzwasser	*acqua di scarico*
Schneeketten	*catene da neve*
Schraubendreher	*cacciavite*
Schraubenschlüssel	*chiave per dadi*
Sicherung	*fusibile*
Sommerreifen	*pneumatico estivo*
Starthilfekabel	*cavo d'accensione*
Steckdose	*presa di corrente*
Stecker	*spina*
steil	*ripido*
Stoßdämpfer	*ammortizzatore*
Stoßstange	*paraurti*
Straße	*strada, via*
Straßengraben	*fosso della strada*
Straßenkreuzung	*incrocio*
Straßenverhältnisse	*condizioni stradali*
Strom	*corrente*
Super-Benzin	*benzina super*

T

Tank	*serbatoio*
tanken	*fare benzina*
Tankstelle	*stazione di servizio distributore*
Tempo	*velocità*
Tempolimit	*limite di velocità*
Trinkwasser	*acqua potabile*

U

übernachten	*pernottare*
Umleitung	*deviazione*
undicht	*non stagno*
Unfall	*incidente*
Unfallprotokoll	*verbale dell'incidente*

V

Ventil	valvola
Ventilator	*ventilatore*
verboten	*vietato*
Vergaser	*carburatore*
Verletzte(r)	*ferita/ferito*
Versicherung	*assicurazione*
Versorgung	*approvvigionamento*
volltanken	*fare il pieno*
Vorfahrt	*precedenza*

W

Wagen	*macchina/ automobile*
Wagenheber	*cric*
Wagenwäsche	*lavaggio dell'automobile*
Wasser	*acqua*
Wasserpumpe	*pompa dell'acqua*
Wassertank	*serbatoio dell'acqua*
Werkstatt	*officina*

Werkzeug	*attrezzo*
Windschutzscheibe	*parabrezza*
Wie weit ist es nach …?	*Quanto è distante …?*
Wo ist die nächste Werkstatt?	*Dov'è l'officina più vicina?*
Wo ist die nächste Tankstelle?	*Dov'è la stazione di rifornimento più vicina?*
Wohnmobil	*camper*
Wohnwagen	*roulotte, caravan*

Z

Zoll	*dogana*
Zulassung	*immatricolazione*
Zündkerze	*candela d'accensione*
Zündung	*accensione*
Zündschüssel	*chiavetta d'accensione*
Zusammenstoß	*collisione*
Zylinder	*cilindro*
Zylinderkopf	*testata/testa del cilindro*

WEITERE NÜTZLICHE BEGRIFFE

A

acque	Gewässer
aeroporto	Flughafen
altipiano/altopiano	Plateau/Hochebene
altura/collina	Anhöhe/Hügel

B

baia	Bucht
bassopiano	Niederung, Tiefebene
belvedere	Aussichtspunkt
bivio	Gabelung
bosco/selva/foresta	Wald

C, D

cammino	Weg
canale	Kanal
capo	Kap
cascata	Wasserfall
castello	Schloss/Kastell/Burg
centro	Zentrum
chiesa	Kirche
cima/vetta	Gipfel
cima arrotondata	Bergkuppe
città	Stadt
cittadella	Zitadelle
colle	Hügel
convento/monastero	Kloster
costa	Küste
cresta	Grat
cresta di una montagna	Bergkamm
diga di sbarramento	Staudamm

F, G

fermata	Haltestelle/Station
fiume	Fluss
funivia/teleferica	Seilbahn
giardino zoologico	Tierpark
gola	Klamm/Schlucht
guado	Furt

I

insediamento	(An)Siedlung
isola	Insel

L

lago	See
limite della vegetazione arborea	Baumgrenze
lingua di terra	Landzunge

M

marciapiede	Bahnsteig
mercato	Markt
monte	Berg
montagna	Gebirge
municipio	Rathaus
museo	Museum

O, P

opera	Oper
orto botanico	botanischer Garten
parco	Park
passeggiata	Promenade
penisola	Halbinsel

pianura	Ebene/Flachland
polizia	Polizei
porto	Hafen
posta	Post
posto	Platz
prato	Wiese/Rasen
prato lungo d'un fiume	Flussaue

R

regione/paesaggio	Landschaft
riva	Ufer
rocca/fortezza	Burg
rovina	Ruine
ruscello/torrente	Bach/Wildbach

S

scoglio	Klippe
seggiovia	Sessellift
sentiero	Pfad/Weg
sentiero per escursioni	Wanderweg
spartiacque	Wasserscheide
spiaggia	Strand
salice	Weide
stagno	Teich/Weiher
stadio	Stadion
stazione	Bahnhof
strada	Straße

T

teatro	Theater
terreno	Gelände
torre (campanile)	Turm (Kirchturm)
traghetto	Fähre

V, Z

valle	Tal
vicolo	Gasse
villaggio	Dorf
vista	Aussicht/ Fernblick
zona pedonale	Fußgängerzone
zoo	Zoo

Oberitalien – das ist nicht nur der Po, die Berge und das Mittelmeer, sondern eben auch die malerischen Oberitalienischen Seen

216oi-mm

KLEINE SPRACHHILFE ITALIENISCH

Die Sprachhilfe entstammt dem Kauderwelsch-Sprachführer **„Italienisch – Wort für Wort"** aus dem Reise Know-How Verlag.

Aussprache

Hier sind diejenigen Buchstaben(kombinationen) aufgeführt, deren Aussprache abweichend vom Deutschen ist bzw. sein kann.

ie, ai, eu	Doppellaute werden immer getrennt ausgesprochen, also „i-e", „a-i", „e-u".
c	wie „k" vor den Selbstlauten a, o, u; wie „tsch" in „Matsch" vor den Selbstlauten e, i
ch	wie „k"
g	wie „g" vor den Selbstlauten a, o, u; wie „dsch" in „Dschungel" vor den Selbstlauten e, i
gh	wie „g"
gli	wie „lj"
gn	wie „nj" in „Tanja"
h	stumm, wird nicht gesprochen
r	gerolltes Zungenspitzen-r
s	am Wortanfang immer stimmloses „s" wie in „Bus"; in der Wortmitte zwischen Selbstlauten stimmhaftes „s" wie in „Rose"
st	spitzes „st" wie in „Hast"
v	wie „v" in „Vase"
z	stimmhaftes „ds" wie in „Rundsaal"

Zahlen

0	*zero*	11	*undici*	40	*quaranta*
1	*uno*	12	*dodici*	50	*cinquanta*
2	*due*	13	*tredici*	60	*sessanta*
3	*tre*	14	*quattordici*	70	*settanta*
4	*quattro*	15	*quindici*	80	*ottanta*
5	*cinque*	16	*sedici*	90	*novanta*
6	*sei*	17	*diciassette*	100	*cento*
7	*sette*	18	*diciotto*	200	*duecento*
8	*otto*	19	*diciannove*	300	*trecento*
9	*nove*	20	*venti*	1000	*mille*
10	*dieci*	30	*trenta*	2000	*duemila*

Die wichtigsten Richtungsangaben

(a) sinistra	(nach) links
(a) destra	(nach) rechts
d(i)ritto	geradeaus
indietro	zurück, rückwärts
vicino	nah
lontano	weit, fern
qui, qua	hier, hierher
lì, là	dort, da
accanto	nebenan
di fronte	gegenüber
davanti	vor, vorne
svoltare	abbiegen
tornare	zurückkommen/-fahren
all'angolo	an der Ecke

Die wichtigsten Fragewörter

chi?	wer?	*quando?*	wann?
che (cosa)?	was?	*perchè?*	warum?
come?	wie?	*quanto?*	wie viel?
dove?	wo(hin)?	*quanti/-e?*	wie viele?
di/da dove?	woher?	*quale?*	welche(r)?

Die wichtigsten Zeitangaben

oggi	heute	*(più) tardi*	spät(er)
domani	morgen	*di mattina*	morgens
dopodomani	übermorgen	*a mezzogiorno*	mittags
ieri	gestern	*di sera*	abends
l'altro ieri	vorgestern	*di notte*	nachts
adesso, ora	jetzt	*a mezzanotte*	um Mitternacht
subito	sofort	*lunedì*	Montag
fra poco	bald	*martedì*	Dienstag
sempre	immer	*mercoledì*	Mittwoch
mai	nie	*giovedì*	Donnerstag
prima	vorher	*venerdì*	Freitag
dopo	nachher	*sabato*	Samstag
(più) presto	früh(er)	*domenica*	Sonntag

Die wichtigsten Floskeln und Redewendungen

ja – nein	*sì – no*
bitte (um etw. bitten)	*per favore*
Bitteschön! (anbieten)	*Prego!*
(Vielen) Dank!	*(Mille) Grazie!*
Keine Ursache!	*Di niente! / Non c'è di che!*
Guten Morgen / Tag!	*Buongiorno!*
Guten Abend!	*Buona sera!*
Herzlich willkommen!	*Benvenuto!/Benvenuta!*
Wie geht es dir / Ihnen?	*Come stai / sta?*
(Sehr) gut. – Schlecht.	*(Molto) bene. – Male.*
Auf Wiedersehen! (du/Sie)	*Arrivederci! / ArrivederLa!*
Hallo!, Tschüss!	*Ciao!*
Bis später! / Bis morgen!	*A più tardi! / A domani!*
In Ordnung!	*Va bene!, D'accordo!*
Ich weiß (es) nicht.	*Non (lo) so.*
Guten Appetit!	*Buon appetito!*
Zum Wohl!, Prost!	*Salute!, Cin cin!*
Die Rechnung, bitte!	*Il conto, per favore!*
Entschuldige/n Sie!	*Scusa! / Scusi!*

Liebe Leserin, lieber Leser,

ein unabhängiger Verlag für unabhängig Reisende – das sind wir, der Reise Know-How Verlag aus Bielefeld, eines der letzten Familienunternehmen in der Branche. Obwohl wir zu den größten Reiseführerverlagen Deutschlands gehören, ist der familiäre Umgang miteinander in allen Bereichen des Verlagslebens zu spüren: In der Geschäftsführung in zweiter Generation, in einer wertschätzenden Arbeitsatmosphäre, in der Nähe zu unseren frei arbeitenden Autorinnen und Autoren, im engen Austausch mit unseren Leserinnen und Lesern – und auch in der Zusammenarbeit mit Druckereien in Deutschland, in denen wir ausschließlich und regional unsere Bücher produzieren. Die sollen schließlich erst mit Ihnen auf große Reise gehen.

Alles, was wir in unsere Bücher und Landkarten stecken, soll Ihnen eines ermöglichen: Auf Ihre ganz eigene, individuelle Weise die Welt zu entdecken. Wir wünschen Ihnen viel Freude und unvergessliche Erlebnisse mit diesem Wohnmobil-Tourguide.

Es grüßen herzlich
Peter Rump & Wayan Rump

Reiseführer | CityTrip | MeinTrip | InselTrip

Wohnmobil-Tourguide | Kauderwelsch | Landkarten | Soul Places

REGISTER

DER AUTOR

203oi-mm

Michael Moll ist leidenschaftlich Reisender und vielfahrender Wohnmobilist. Seit rund 20 Jahren ist er mit dem Reisemobil auf Europas Straßen unterwegs und hat drei Jahre davon ausschließlich im Wohnmobil gelebt. Als Autor von Reiseführern hat er mittlerweile 36 europäische Staaten mit dem Reisemobil erfahren.

Im Jahr 2016 erfüllte er sich zusammen mit seiner Frau einen lange gehegten Traum und richtete in fußläufiger Entfernung zum Schloss Nordkirchen im südlichen Münsterland einen eigenen Wohnmobilstellplatz ein, auf dem er Gäste in Empfang nimmt. Außerdem hält er im gesamten deutschsprachigen Raum multimediale Reisevorträge, unter anderem auf der CMT in Stuttgart, auf dem Caravan Salon Austria in Wels oder in der Wissenschaftsakademie Urania in Berlin.

Zu seinen weiteren Wohnmobil-Titeln im Reise Know-How Verlag gehören „Die schönsten Routen durch Dänemark", „Die schönsten Routen durch Südschweden" und „Die schönsten Routen durch Südtirol und am Gardasee".

Weitere Informationen zu seinem Wohnmobilstellplatz, seinen Büchern und seinen Reisen erhält man auf seiner Website www.dieweltenbummler.de.

IMPRESSUM

Michael Moll

Die schönsten Routen durch OBERITALIEN

© Reise Know-How Verlag Peter Rump GmbH

2., neu bearbeitete und aktualisierte Auflage 2024

Alle Rechte vorbehalten.

ISBN 978-3-8317-3671-3

Printed in Germany

Druck und Bindung: mediaprint solutions GmbH, Paderborn

Herausgeber: Klaus Werner
Layout: amundo media GmbH (Inhalt), Wayan Rump (Umschlag)
Lektorat: amundo media GmbH
Routenkarten: world mapping project,
Ortspläne: amundo media GmbH, Ingenieurbüro K. Wendler,
Kontakt: Osnabrücker Str. 79, 33649 Bielefeld, info@reise-know-how.de
Anzeigenvertrieb: KV Kommunalverlag GmbH & Co. KG, Alte Landstraße 23, 85521 Ottobrunn, Tel. 089 928096-0, info@kommunal-verlag.de

Alle Angaben in diesem Buch sind gewissenhaft geprüft. Preise, Öffnungszeiten usw. können sich jedoch schnell ändern. Für eventuelle Fehler übernehmen Verlag wie Autor keine Haftung.

Bildnachweis: Umschlagvorderseite: ©Richard Semik, stock.adobe.com | Umschlagrückseite: Michael Moll (oben), ©Franco Ricci, stock.adobe.com (unten) | S. 327: ©travelpeter, stock.adobe.com
Soweit ihre Namen nicht vollständig am Bild vermerkt sind, stehen die Kürzel an den Abbildungen für die folgenden Fotografen, Firmen und Einrichtungen. Michael Moll: mm | Markus Bingel: mb | stock.adobe.com: as

Die Information über und die Bereitstellung von **digitalen Zusatzinhalten** (z. B. Links, GPS-Tracks o. Ä.) ist eine freiwillige Zusatzleistung des Verlages, auf die kein Anspruch besteht und für deren Richtigkeit aufgrund der Veränderlichkeit solcher Informationen auch nicht gehaftet werden kann. Insbesondere behält sich der Verlag deshalb vor, die Bereitstellung und die Zugriffsmöglichkeit zeitlich zu befristen und den Zugriff hierauf auch vorfristig abzuschalten.

198oi-mm

199oi-mm

200oi-mm

197oi-mm

ROUTENATLAS

ÜBERSICHT DER STELL- UND CAMPINGPLÄTZE

Die **GPS-Koordinaten der Stell- und Campingplätze im Buch** können auf der Verlags-Website www.reise-know-how.de von der Artikelseite dieses Buches als Waypoint-Liste heruntergeladen werden.

ANFAHRT

1 Wohnmobilstellplatz Lörrach S. 12
2 TCS Camping Luzern-Horw S. S. 12
3 Wohnmobilstellplatz am Park Camping Lindau S. 13
4 Wohnmobilstellplatz Chur S. 14
5 Alpencamp am Wank S. 14
6 Alpencamp Marienberg S. 14
7 Wohnmobilstellplatz Karwendel S. 15
8 Zentralalpen-Stellplatz S. 15
9 Camper Stop Fusine S. 16
10 Wohnmobilstellplatz Udine S. 16

ROUTE 1

11 Stellplatz Montespluga S. 34
12 Campingplatz Campodolcino S. 34
13 Campingplatz Acquafraggia S. 36
14 Stellplatz Morbegno S. 37
15 Stellplatz Sondrio S. 37
16 Stellplatz Boffetto S. 38
17 Stellplatz Tirano S. 38
18 Stellplatz Lovero S. 40
19 Stellplatz Bormio S. 41
20 Camping La Grande Quiete S. 42
21 Camping Poncione S. 42
22 Camping La Riva S. 42
23 Camping Belvedere S. 42
24 Camping Golden Sheep S. 43
25 Camping Solarium S. 43
26 Camping Piccolo S. 43
27 Camping Panorama S. 44
28 Camping La Breva S. 44
29 Wohnmobilstellplatz Colico S. 45
30 Camping Continental S. 48
31 Wohnmobilstellplatz Mandello del Lario S. 48
32 Camping Spiaggia S. 49
33 Wohnmobilstellplatz Lecco S. 50
34 Camping Rivabella S. 50
35 Wohnmobilstellplatz Olginate S. 50
36 Camping La Fornace S. 52
37 Camping Bellagio S. 52
38 Wohnmobilstellplatz Como S. 55
39 Wohnmobilstellplatz Tavernola S. 55

ROUTE 2

40 Camping La Vedo S. 59
41 Camping Europa S. 60
42 Camping Ranocchio S. 60
43 Camping Costa Azurra S. 60
44 Campingplatz Moretto S. 63
45 Campingplatz TCS Lugano-Muzzano S. 63
46 Campingplatz Lugano Lake S. 63
47 Wohnmobilstellplatz Lugano S. 63
48 Campingplatz La Palma S. 64
49 Camping Molinazzo S. 64
50 Camping Monte Generoso S. 67
51 Camping Paradiso S. 67
52 Monte San Giorgio Camping S. 67
53 Camping Tresiana S. 68
54 Kommunaler Stellplatz Germignaga S. 70
55 Privater Stellplatz Germignaga S. 70
56 Wohnmobilstellplatz am Lago di Varese S. 73
57 Wohnmobilstellplatz Lago di Comabbio S. 73
58 Camping International Ispra S. 73
59 Camping Città di Angera S. 74
60 Camping Lido Okay S. 75
61 Camping 2000 S. 76
62 Camping Italy Lido S. 76
63 Camping Smeraldo (Dormelletto) S. 76
64 Camping Eden S. 76
65 Camping Village Lago Maggiore S. 77
66 Camping Solcio S. 79
67 Camping 7 Camini S. 83
68 Wohnmobilstellplatz Stresa S. 83
69 Wohnmobilstellplatz Baveno S. 85
70 Camping Parisi S. 85
71 Camping Tranquilla S. 85

ROUTE 3

ROUTE 4

ROUTE 5

ROUTE 6

ROUTE 7

ROUTE 8

ROUTE 9

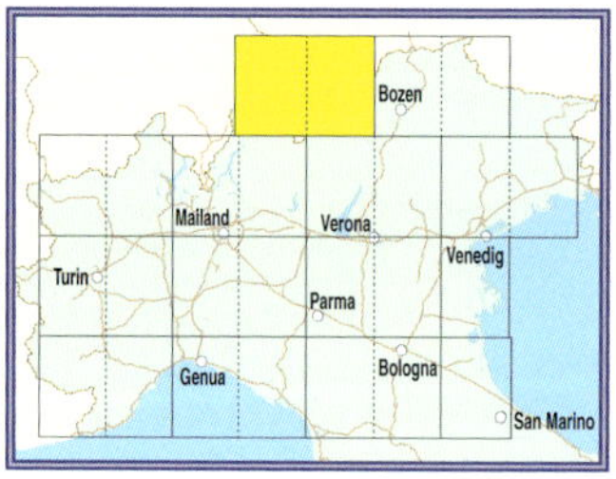
Bozen
Mailand
Verona
Venedig
Turin
Parma
Genua
Bologna
San Marino

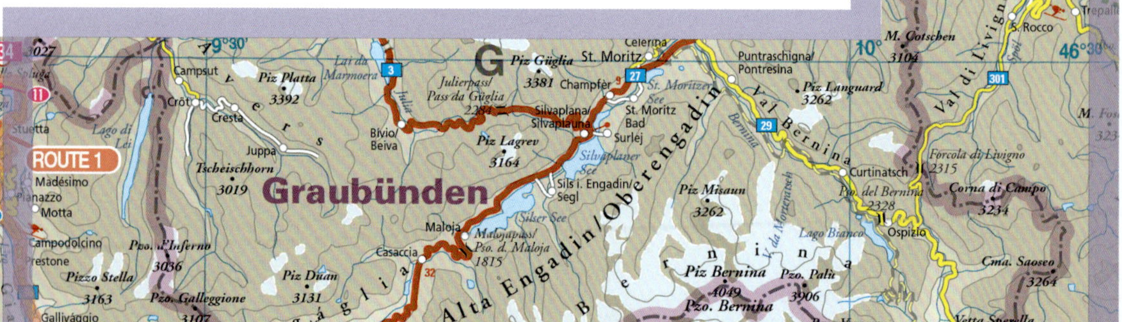
ROUTE 1
Graubünden
315
Susch
Zernez
Brail
P. Quattervals
3165
3007
Livigno
S. Antonio
S. Rocco
Trepalle
Val di Livigno
M. Cotschen
3104
10°
46°30'
9°30'
Celerina
St. Moritz
Champfèr
Piz Güglia
3381
Julierpass/
Pass da Güglia
2284
Silvaplana/
Silvaplauna
St. Moritz
Bad
Surlej
Silvaplaner
See
Sils i. Engadin/
Segl
Silser See
Maloja
Malojapass/
Pso. d. Maloja
1815
Piz Lagrev
3164
Bivio/
Beiva
Lai da
Marmoera
Alta Engadin/Oberengadin
Punttraschigna/
Pontresina
Piz Languard
3262
Val Bernina
Curtinatsch
Forcola di Livigno
2315
Pso. del Bernina
2328
Ospizio
Lago Bianco
Corna di Campo
3234
Piz Misaun
3262
Bernina
Piz Bernina
4049
Pzo. Bernina
Pzo. Palü
3906
Pzo. Verona
3453
Cma. Saoseo
3264
Vetta Sperella
3075
S. Carlo
Poschiavo
S. Antonio
Le Prese
L. di
Poschiavo
Pzo. Scalino
3323
Pzo. d. Tre Mogge
3436
L. di
Alpe Gera
Chiaréggio
Val Malenco
Chiesa
Lanzada
Vetto
M. Disgrazia
Casaccia
Val Bregáglia
Piz Duan
3131
Vicosoprano
Soglio
Stampa
Bondo
Piz Bacune
3244
L. da l'Albigna
Cma. di Castello
3378
Pzo. Céngalo
3287
M. Gruf
2936
Villa
di Chiavenna
S. Croce
Piuro
Chiavenna
Prata
Camportàccio
S. Cassiano
Valchiavenna
Gordona
Mese
Menarola
S. Giácomo
Filippo
Gallivággio
Pizzo Stella
3163
Pzo. Galleggione
3107
Pzo. d'Inferno
3036
Campodolcino
Prestone
Madésimo
Pianazzo
Motta
Isola
Stuetta
Lago di
Lei
Campsut
Cröt
Cresta
Juppa
Avers
Piz Platta
3392
Tscheischhorn
3019
Val San Giacomo
3027

1 cm = 4,5 km
© Reise Know-How 2024
10°30'
Piz Tasna 3179
Vná
Strada
Tschlin/Schleins
Ramosch
Crusch
Ftan
Scuol/Schuls
Vulpera
Ardez
Fontana
Unterengadin / Bassa Engadina
Piz Lischana 3105
Piz Plavna Dadaint 3166
S-charl
Piz Sesvenna 3205
Punt la Drossa
Stradin
Ofenpass Pass dal Fuorn
2149
Tschierv
Urtiola 2909
Kloster Mustiar
Mustair/Münster
Fuldera
Valchava
Santa Maria i. Münstertal
Lago d. Gallo
Pzo. d. Ferro 3033
Cma. la Casina 3180
Lago di San Giacomo
Piz Umbrail 3031
Umbrailpass 2501
Trepalle
Lago di Cancano
Pso. di Foscagno 2291
Valdidentro
Semogo
Pecé
Bagni di Bórmio
Premadio
Bórmio
M. Foscagno 3234
Val Viola
Oga
Valfurva
S. António
S. Lucia
Biatta
M. Confinale 3370
Cepina
Valdisotto
Cma. de Piazzi 3439
Aquilone
S. Caterina Valfurva
M. Sobretta 3296
ROUTE 1
Cme. Redasco 3139
Verdezo
Sasso Campana 2913
Fumero
Sondalo
Fusino
Grósio
Grosotto
M. Serottini 2967
Mazzo di Valtellina
Pso. di Gávia 2621
P. di Pietra Rossa 3212
Cno. dei Tre Signori 3360
M. Coleazzo 3006
Pezzo
M. Tonale 2694
Ponte di Legno
316
Résia/Reschen
240
L. di Résia/Reschensee
Curon Venosta/Graun in Vinschgau
Róia/Rojen
S. Valentino alla Muta/St. Valentin auf der Haide
L. di Muta/Haider See
Planol/Planeil
Slingia/Schlinig
Burgúsio/Burgeis
Marienberg
Málles Venosta/Mals im Vintschgau
St. Benedikt
Clusio/Schleis
Láudes/Laatsch
Mázia/Matsch
Glorenza/Glurns
Túbre/Taufers i.M.
Sluderno/Schluderns
Churburg
Agúmes/Agums
241
Prato allo Stélvio/Prad a. Stilfserjoch
Stélvio/Stilfs
Val di Trafoi
Cengles/Tschengls
Lasa/Laas
Trafoi
Solda di Fuori/Außersulden
Solda/Sulden
37
Stilfserjoch Pso. d. Stelvio 2758
Órtles 3905 Ortler
Parco Nazionale dello Stelvio
Cma. Vertana 3544 Vertainspitze
M. Cevedale 3769 Zufallspitze
Cma. Venezia 3386
M. Vioz 3645
P. S. Matteo 3678
Péjo
Péjo Terme
Val del Monte
Val di Péjo
L. Pian Palù
M. Redival 2973
Vermiglio
Fucine
Ossana
Weißseespitze 3532
P. Lago Bianco
Weißkogel 3738
Palla Bianca
Pta. Valbella 3359 Valvelspitze
Tanai/Thanai
P. Saldura 3433 Saldurnspitze
Maso Corto/Kurzras
251
L. di Vernago
Madonna di Senáles/Unserfrau in Schnals
Hint. Schwärze 3624
Similaun 3597
Cime Nere
Ramolkogl 3551
Vent
Mastaun 3200
Certosa/Karthaus
Monea S. Caterina/Katharinaberg
ROUTE 8
Venosta / Vinschgau
Tanas/Tannas
Córzes/Kortsch
Silandro/Schlanders
Castelbello/Kastelbell
Ciárdes/Tschars
242
Naturno/Naturns
Cirlano/Tschirland
Tablà/Tabland
Mórter
Laces/Latsch
Tárres/Tarsch
Adige/Etsch
P. di Lasa 3544 Orgelspitze
Val Martello/Martelltal
Martello/Martell
l'Orécchia di Lepre 3257 Hasenöhrl
L. di Gioveretto
Gioveretto 3439 Zufrittspitze
Val d'Ultimo/Ultental
S. Nicolò/St. Nikolaus
S. Gertrude/St. Gertraud
M. degli Olmi 2656 Ilmenspitz
Collécchio 2957
Cma. Tuatti 2701
L. d. Cáreser
Rabbi
S. Bernardo
Bresimo
Val di Rabbi
Cma. Lac 2439
Cma. Tremenesca 2726
Cma. Vegáia 2890
Terzolas
Malè
Caldès
Cavizzana
Montès
Croviana
Monclássico
Menás
Commezzadura
Dimaro
Mezzana
Pellizzano
Marilleva
Folgarida
Val di Sole
Val Meledrio
Sasso Rosso 2645
Val Vermiglio
Cma. Palù
310

Bozen
Mailand
Verona
Venedig
Turin
Parma
Genua
Bologna
San Marino
AUSTRIA
Österreich
Tirol
Alto Adige/
Südtirol
Trentino
Merano/
Meran
Bolzano/
Bozen
Bressanone/
Brixen
ROUTE 8
Appiano
s. Str. d. Vino/
Eppan
Lana
Läives/
Leifers
Brenner
Pso. d. Brennero
1375
Vipiteno/
Sterzing
Val Isarco / Eisacktal
Val Passiria / Passeiertal
Val Gardena / Gröndner Tal
Alpe di Siusi / Seiser Alm
Ortisei/
St. Ulrich
Chiusa/Klausen
Castelrotto/
Kastelruth
Caldaro
Str. d. Vino/
Kaltern
Cast. Tasso
Cast. Pietra
Capp. A. Hofer
Cast. Verruca
Cast. Regino
Cast. Vanga
Runkelstein
Trostburg
Natural Pyramids
Wine Museum
Castello Thun
Archeolog. Mus.
Hochfeiler
3510
Gran Pilastro
Hohe Wand
3287
Croda Alta
Olperer
3476
Hoher Riffler
3231
Zuckerhütl
3507
Pflerscher Tribulaun
3097
Tribulaun
Hoher First
3403
M. Principe
Hohe Wilde
3480
L'Altissima
Gruppo di Tessa
Texelgruppe
Sass Rigais
3025
Sasso Lungo
3179
Langkofel
Sciliar
2563
Schlern
Catinaccio / Rosengarten
Latemar
Fiemme
M. Roèn
2116
M. Corno
1781
Hornspitz
309
317

1 cm = 4,5 km
© Reise Know-How 2024
A
1
Osttirol
Roßwandspitze 3751
Rauchkofel 3251
Pco. dei Tre Signori 3498 Dreiherrenspitze
Großer Löffler 3378 M. Lovello
Pzo. Rosso di Predoi 3495 Rötspitze
Pzo. di Alpe 3083 Arventalspitze
Predoi/ Prettau
S. Giacomo/ St. Jakob
S. Pietro/ St. Peter
Valle Aurina / Ahrntal
Hinterbichl
Prägraten
Cadipietra/ Steinhaus
S. Giovanni/ St. Johann
Cma. Dura 3130 Durreck
Riav di Tures/ Rain in Taufers
Sasso Lungo di Collato 3237 Lenkstein
Lasörling 3098
Riobianco/ Weißenbach
Campo Tures Sand in Taufers
Vedrette di Ries
Collalto 3436 Hochgall
Erlabach
St. Jakob i. Defreggen
Mariahilf
Molini / Mühlwalder T.
Molini di Tures/ Mühlen in Taufers
Croda Nera 3105 Schwarze Wand
Rieserfernergruppe
Pso. Stalle Staller Sattel 2052
Selva dei Molini/ Mühlwald
Valle di Tures/ Tauferer Tal
Villa Ottone/ Uttenheim
Anterselva di Sopra/ Antholz Obertal
Anterselva di Mezzo/ Antholz Mittertal
V. di Anterselva / Antholzer Tal
Weiße Spitze 2962
M. Riepa 2774 Riepenspitze
Riomolino/ Mühlbach
Gáis
Villa/Dorf
S. Maddalena Vallalta S. Magdalena
Valle di Casies / Gsieser Tal
Inner-villgraten
Issengo/ Issing
S. Giorgio St. Georgen
Vila di Sopra/ Oberwielenbach
Fálzes/ Pfalzen
Villa S. Caterina/ Aufhofen
M. Novale di Fuori 2493 Eisatz
S. Martino in Casies/ St. Martin in Gsies
Cno. di Fana 2663 Toblacher Pfannhorn
Chienes/ Kiens
248
Brunico/ Bruneck
Perca/ Percha
Rasun/Rasen
Tésido/ Taisten
Colle di Dentro (Innerpichl)
S. Lorenzo d.S./ St. Lorenzen
Montana/ Montal
Cast. Lamberto
Riscone/ Reischach
Valdaora/ Olang
Monguelfo/ Welsberg
Villabassa/ Niederdorf
Dobbiaco/ Toblach
Prato alla Drava/ Winnebach
Sillian
Arnbach
12°30'
Kartitsch
Kartitscher Sattel 1525
Leiten
Ober-tilliach
Bergen
Onies/ Onach
2273 Plan de Corónes Kronplatz
E 66
S. Candido/ Innichen
Drava
Pusteria
Pustertal
Longega/ Zwischenwasser
Pieve di M./ Enneberg-Pfarre
S. Vito/ St. Veit
Vallone/ Pflung
250
Val di Sesto
Sesto/Sexten
Rina/ Welschellen
ROUTE 8
L. di Bráies/ Prags Wildsee
Croda d. Baranci 2905 Birkenkofel
S. Giuseppe/ Moos
Großer Kinigat 2689 M. Cavallino
Marebbe/ Enneberg
Val Badia
Croda d. Becco 2810 Seekofel
Bagni di S. Giuseppe/ Bad Moos
Pso. di M. Croce di Comélico
Kreuzbergpass 1636
Antermoia/ Untermoi
S. Martino i.B./ St. Martin i. Thurn
Gadertal
Dolomiti
Prato Piazza/ Plätzwiesen
Val di Landro
Val Pádola
Longiarü/ Campill
Croda Rossa 3146 Hohe Gaisl
Carbonin/ Schluderbach
Tre Cime Lavaredo 2999 Drei Zinnen
251
Cda. d. Toni 3094 Zwölferkofel
Dosoledo
Sega Digòn
Cma. Dieci 3026 Zehnerspitze
Pádola
Candide
San Nicolò di Comelico
Costalta
Pedraces/ Pedratsches
S. Leonardo/ St. Leonhard
48bis
Col S. Angelo 1756
2839
Comelico Superiore
M. Cristallo 3221
Giralba
Gruppo d. Cadini
S. Antonio
Costalissoio
S. Pietro di Cadore
la Villa/Stern
la Varella 3055
Danta di Cadore
S. Stefano di Cadore
San Cassiano/ St. Kassian
Tofana di mezzo 3243
Pso. Tre Croci 1805
Auronzo di Cadore
L. di S. Caterina
Colfosco/ Kolfuschg
Corvara i.B./ Corvara
Pso. di Valparola 2192
Cortina d'Ampezzo
M. Terza grande 2585
Pso. di Campolongo 1875
Settsass 2571
Pocol
Zuèl
Cimòn d. Froppa 2932
Cima Cogna
M. Brentoni 2548
Livinallongo del Col di Lana
Pso. di Falzarego 2105
Acquabona
Pta. Sorapiss 3205
Gruppo delle Marmarole
Lozzo di Cadore
Vigo di Cadore
Sella Ciampigotto 1790
Arabba
Pso. di Giau 2233
Croda da Lago 2701
S. Vito di Cadore
M. Antelao 3263
Domegge di Cadore
51bis
Lorenzago di Cadore
Sella di Razzo 1760
la Mésola 2734
Pso. di Fedáia 2057
Colle S. Lucia
Selva di Cadore
Serdes
Borca di Cadore
Calalzo di Cadore
Pieve di Cadore
Pso. d. Mauria 1295
Chiandarens
M. Bivera 2473
L. di Fedáia
Marmolada 3343
Palue
Rocca Piètore
Pso. Staulanza 1773
M. Pelmo 3168
Vodo Cadore
Vinigo
Valle di Cadore
Lago di Pieve di Cadore
Sottocastello
M. Cridola 2580
Forni di Sopra
Andrazza
Valle d'Ampezzo
Sasso di Valfredda 3009
Alleghe
L. d'Alleghe
Zoppè di Cadore
Venas di Cadore
Perarolo di Cadore
Caralte
Cma. Cadin 2385
S. Tomaso Agordino
M. Civetta 3220
Zoldo Alto
Cibiana di Cadore
M. Pramaggiore 2479
Vallada Agordina
Fregona
Pso. Cibiana 1530
Macchietto
Canale d'Agordo
Falcade
Cencenighe Agordino
Villa
Astragal
Rivalgo
Cma. d. Preti 2703
M. Moiazza 2865
Chiesa
Gavaz
Forno di Zoldo
Ospitale di Cadore
Ghirlo
Pso. Duran 1601
M. Tamer 2546
Val di Zoldo
M. Turlon 2311
M. Cornagèr 2322
Pale di S. Lucano
M. S. Lucano 2409
Casoni
Cimoláis
Col di Pra
Taibòn Agordino
Tòccol
Castellavazzo
Erto
Lesis
M. d. Vezzana 3192
Agordo
la Valle Agordina
Soffranco
Casso
Cláut
Voltago Agordino
Cancellade
M. Talvena 2541
Igne
Longarone
T. Cellina
Rivamonte
Frassene
Cellino
M. Resettum
318

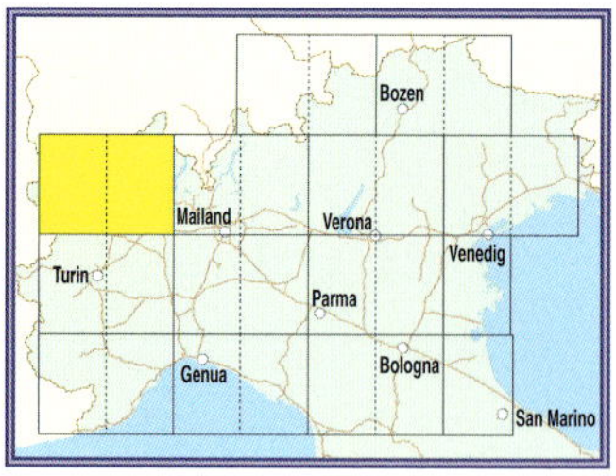
Bozen
Mailand
Verona
Venedig
Turin
Parma
Genua
Bologna
San Marino

Argentière
Aigle d'Argentière 3901
Aigle Verte 4122
M. Dolent 3819
Grandes Jorasses 4206
Praz-de-Fort
Pragon
La Fouly
Ferret
Liddes
Bourg-St.-Pierre
Bourg-St.-Bernard
Petit Combin 3672
Mauvoisin
Grand Combin 4314
la Ruinette 3875
Mt. Collon 3637
Matterhorn 4478 Cervino
Zermatt
Gran Becca Blanchen 3680
Glacier d'Otemma
Breuil-Cervinia
Colle d. Gran S. Bernardo
Ospizio
M. Vélan 3875
M. Morion 3487
Becca di Luseney 3504
Grand Tournalin 3379
la Lechère
Bionaz
Ollomont
Oyace
Valtournenche
St.-Rhémy-en Bosses
Etroubles
St.-Oyen
Allein
Doues
Valpelline
M. Faroma 3073
Aosta
Courmayeur
Entrèves
Lavachey
Pra Sec
Plan-Pincieux
La Grande Rochère 3326
Pré-St.-Didier
Morgex
Planaval
Challancin
Liarey
la Salle
Villair
M. Fallère 3061
Gignod
Roisan
SS. Pietro and Orso
Teatro romano
Sorreley
Villefranche
Nus
Castel Fénis
Fénis
Chambave
Châtillon
St.-Vincent
Pontey
Magnier
Barche
St.-Marcel
Brisogne
Pollein
Charvensod
Gressan
Sarre
St.-Pierre
Rumiod
St.-Nicolas
Avise
Vens
Vetan
Arvier
Villeneuve
Introd
Champ-solin
Ozein
Pila
M. Emilius 3559
Druges
M. Avic 3006
Champdepraz
ROUTE 3
M. Zerbion 2719
Antey-St. André
Triatel
la Magdeleine
Torgnon
Verrayes
Grand-Villaz
Chere-soulaz
Lignan
Effraz
Trois-Villes
Praz
Lignod
Champoluc
Brusson
Emarese
Challand-St.-Victor
Verrès
Arnad
Fleuran
Issogne
Echallod
Hône
Bard
Champorcher
M. Glacier 3186
P. Tersiva 3513
Gimillian
Cogne
Crétaz
Epinel
Vieyes
Val di Cogne
Valnontey
Valsavarenche
Dègioz
Rovenaud
la Grivola 3969
P. Bioula 3414
Bec. di Tos 3302
Frassiney
Rhêmes-St.-Georges
Rhêmes-Notre-Dame
Val di Rhêmes
Combes
Valgrisenche
Val Grisenche
Tetta d. Rutor 3486
M. Paramont 3300
La Thuile
M. Oremlune 3278
Surier
Artalle
Gr. Rousse 3607
Parco Nazionale d. Gran Paradiso
Picc. Paradiso 3923
Pont
M. Taout Blanc 3438
Aiguille de la Grande Sassière 3747
le Saut
la Daille
le Fornet
P. Calabre 3445
C. d. Nivolet 2612
P. Fourà 3411
Aiguille Rousse 3483
Col de l'Iseran 2770
Manchet
Ceresole Reale
Prese
M. Unghiasse
Noasca
Grusiner
Lilla
Rosone
Casetti
M. Rosa d. Banchi 3164
Monveso di Forzo 3322
Gr. S. Pietro 3692
Gran Paradiso
4061
M. Colombo 2848
Piamprato
Compiglia Soana
Valprato Soana
Ronco Canavese
Arcando
Bosco
Ingria
Ribordone
M. Giavino 2766
M. Debat 2622
Valchiusella
Traversella
Trausella
Ruèglio
Issiglio
Vidracco
Castelnuovo Nigra
Cintano
Frassinetto
Pont Canavese
Locana
Valle d'Aosta
Val del Gran S. Bernardo
320

1 cm = 4,5 km
© Reise Know-How 2024
3
C
314
321
ROUTE 2
ROUTE 3
Simplonpass 2005
Simplonstraße
Gondoschlucht
Simplon
Alter Spittel
Zwischenbergen
M. Leone 3552
Fletschhorn 3993
Laagginhorn 4010
Weissmies 4023
Saas Grund
Saas Almagell
Pzo. d'Andolla 3656
Pzo. Bottarello 3487
M. Straciugo 2713
Pzo. Giezza 2635
Val Divedro
Varzo
Trasquera
Gebbo
Baceno
Crodo
Mozzio
Cravegna
Crevoladossola
Préglia
Montecrestese
Masera
Domodossola
Trontano
Villadossola
Val Vigezzo
Druogno
S. Maria Maggiore
Malesco
Craveggia
Toceno
Albogno
Pzo. la Schéggia 2466
Cima d. Laurasca 2187
M. Zeda 2156
Parco Nazionale della Val Grande
Val d'Ossola
Beura-Cardezza
Cuzzego
Pzo. d. Rossola 2187
Vogogna
Premosello-Chiovenda
Pieve Vergonte
Piedimulera
Pallanzeno
Seppiana
Viganella
Montescheno
Antrona-Schieranco
Val di Antrona
Pzo. d. Ton 2675
Pzo. d'Antigine 3188
Cno. Rosso 3230
Calasca
Castiglione
San Carlo
Vanzone
Bannio
Anzino
Valle Anzasca
Macugnaga
Ceppo Morelli
Cma. di Jazzi 3804
Stockhorn 3532
Gornergletscher
Monte Rosa
P. Dufour 4637
Lyskamm 4527
Pyramide Vincent 4215
Breithorn
Anzola d'Ossola
Ornavasso
Mergozzo
Cossogno
Miazzina
San Bernardino Verbano
Verbania
Villa Taranto
Gravellona Toce
Casale Corte Cerro
Isola Bella
Stresa
Baveno
Mottarone 1491
Omegna
Lago d'Orta
Pella
Orta S. Giulio
Ameno
Armeno
Gignese
Vezzo
Brovello-Carpugnino
Massino Visconti
Nebbiuno
Pisano
Meina
Arona
Invorio
Oleggio Cast.
Dormelletto
Comignago
Gattico
Veruno
Agrate-Conturbia
Bogogno
Cressa
Suno
Borgomanero
Cureggio
Gozzano
Briga Nov.
Bolzano Nov.
Maggiora
Boca
Cavallirio
Prato Sesia
Romagnano Sesia
Grignasco
Serravalle Sesia
Borgosesia
Valduggia
Quarona
Varallo
Valsesia
M. Massone 2161
Massa d. Turlo 1959
Cima Capezzone 2421
Pzo. Montevécchio 2789
M. Tagliaferro 2964
Alagna Valsesia
Riva Valdobbia
Mollia
Campertogno
Rima San Giuseppe
Carcoforo
Rimasco
Fobello
Cervatto
Boccioleto
Balmuccia
Scopa
Scopello
Piode
Pila
Rassa
Cast. di Gavala 1827
M. Barone 2044
Cma. di Bo 2556
Testa Grigia 3315
Gressoney-la-Trinité
Gressoney-Saint-Jean
Corno Bianco 3320
Corno Rosso 2979
Cast. Savoia
Val di Gressoney
Méttien
Champsil
Gaby
M. Tre Véscovi 2501
Becca Torchè 3016
Issime
M. Cresto 2546
Fontainemore
Lillianes
Perloz
Pont-St.-Martin
Donnas
Bard
M. Mars 2600
Colma di Mombarone 2371
Oropa
Biella
Cossato
Gattinara
Trivero
Piedicavallo
Rosazza
Campiglia Cervo
Quittengo
Mosso
Pray
Coggiola
Crevacuore
Candelo
Vigliano Biellese
Mongrando
Sandigliano
Benna
Castellengo
Rovasenda
Lenta
Ghislarengo
Ghemme
Sizzano
Fara Novarese
Briona
Carpignano Sesia
Sillavengo
Castellazzo Novarese
Mandello Vitta
Landiona
Arborio
Vicolungo
Biandrate
Recetto
Greggio
Villarboit
Balocco
Buronzo
Gifflenga
Mottalciata
Massazza
Verrone
Salussola
Zimone
Magnano
Zubiena
Bollengo
Ivrea
Borgofranco d'Ivrea
Montalto Dora
Chiaverano
Settimo Vittone
Carema
Quincinetto
Tavagnasco
Nomaglio
Andrate
Donato
Netro
Graglia
Sordevolo
Pollone
Occhieppo Sup.
Occhieppo Inf.
Ponderano
Gaglianico
Salussola
Albiano d'Ivrea
Palazzo Canavese
Piverone
Azeglio
Viverone
Dorzano
Arro
Cavaglià
Cavaglio d'Agogna
Fontaneto d'Agogna
Barengo
Momo
Morghengo
Vaprio d'Agogno
Caltignaga
Nibbiola
Vicolungo
Casaleggio Novara
Canale Cavour
S. Pietro Mosezzo
Casalbeltrame
E 62
E 25
E 64
A4
A26

Locarno
Bellinzona
Castelli di Bellinzona
Lugano
Lago di Lugano (Cerèsio)
Lago Maggiore
Lago di Como
Verbania
Luino
Varese
Lago di Varese
Como
Cantù
Mariano Comense
Giussano
Seregno
Meda
Seveso
Desio
Lissone
Monza
Cesano Maderno
Varedo
Nova Milanese
Cinisello Balsamo
Sesto S. Giovanni
Saronno
Limbiate
Senago
Garbagnate Milanese
Bollate
Novate Milanese
Rho
Cornaredo
Legnano
Busto Arsizio
Gallarate
Cassano Magnago
Somma Lombardo
Sesto Calende
Castelletto sopra Ticino
Arona
Tradate
Olgiate Comasco
Malnate
Induno Olona
Mendrisio
Chiasso
Campione d'Italia
Menaggio
Bellagio
Mandello del Lario
Erba
Canzo
Valmadrera
Magenta
Corbetta
Sedriano
Parabiago
Nerviano
Cerro Maggiore
Rescaldina
Castellanza
Busto Garolfo
Cuggiono
Castano Primo
Galliate
Cameri
Oleggio
Novara
MXP Aeroporto di Milano-Malpensa
LIN
Segrate
Pioltello
Cologno Monzese
Brugherio
Milano
ROUTE 1
ROUTE 2
ROUTE 7
313
322

308
1 cm = 4,5 km
© Reise Know-How 2024
Sondrio
Morbegno
Valtellina
Alpi Orobie
Lecco
Calolziocorte
Bergamo
Ponte S. Pietro
Seriate
Dalmine
Stezzano
Treviglio
Vimercate
Merate
Trezzo sull'Adda
Cassano d'Adda
Gorgonzola
Melzo
Caravaggio
Romano di Lombardia
Martinengo
Cologno al Serio
Palazzolo sull'Oglio
Chiari
Rovato
Ospitaletto
Travagliato
Castel Mella
Iseo
Lovere
Lago d'Iseo
Lago di Mezzola
Chiavenna
Tirano
Albino
Alzano Lombardo
Nembro
Clusone
ROUTE 1
ROUTE 7
Val Brembana
Valle Brembana
Bozen
Mailand
Verona
Venedig
Turin
Parma
Genua
Bologna
San Marino
316
323

309
1 cm = 4,5 km
© Reise Know-How 2024
315
324
ROUTE 7
ROUTE 8
Lago di Garda (Benaco)
Lago d'Idro (Eridio)
Brescia
Lumezzane
Gardone Val Trompia
Desenzano del Garda
Salò
Sirmione
Riva del Garda
Arco
Bardolino
Lazise
Peschiera del Garda
Castelnuovo del Garda
Bussolengo
Pescantina
S. Ambrogio di Valpolicella
S. Pietro in Cariano
Negrar
Gavardo
Nave
Concesio
Rezzato
Mazzano
Bedizzole
Lonato
Castenedolo
Villa Carcina
Sarezzo
Incisioni rupestri Rock drawings
Villa Bettoni
M. delle Palafitte
Varese fall
Castello di Sabbionara d'Avio
Adamello
Presanella
Valli Giudicarie
Val Camonica
Gruppo di Brenta
M. Baldo
Valpolicella
Madonna di Campiglio
Pso. di Tonale 1883
Limone s. Garda
Malcesine
Torbole
Gargnano
Toscolano-Maderno
Garda
Torri d. Benaco
Tignale
Tremosine

310
318
325
Bozen
Mailand
Verona
Venedig
Turin
Parma
Genua
Bologna
San Marino
ROUTE 8
ROUTE 7
Trento
Pérgine Valsugana
Rovereto
Schio
Thiene
Valdagno
Vicenza
Bassano del Grappa
Marostica
Montécchio Maggiore
Arzignano
Dueville
Caldogno
Cittadella
Tezze sul Brenta
Romano d'Ezzelino
Rosà
Camisano Vicentino
Piazzola s. Brenta
Mestrino
Verona
Altopiano dei Sette Comuni
Val Sugana
Monti Lessini
Pasubio
Castello di Monreale
Pirámidi di Segonzano
Castel Beseno
Piazza Duomo
Ponte Vecchio
Città del Palladio
Borgo Valsugana
Levico Terme
Asiago
Lavarone
Folgaria
Grezzana
Malo
Creazzo
Zugliano
Breganze
Sandrigo
Cma. Dódici 2341
M. Verena 2015
Cma. Carega 2259
Cma. Palon 2235
M. Grappa 1775

311
317
326
Belluno
Feltre
Vittorio Véneto
Sacile
Conegliano
Pieve di Soligo
Valdobbiadene
Susegana
San Vendemiano
Oderzo
Montebelluna
Castelfranco Veneto
Treviso
Paese
Villorba
Spresiano
Ponzano Veneto
Carbonera
Silea
Casier
Preganziol
Mogliano Véneto
Mestre
Venézia
Spinea
Mirano
Martellago
Noale
Salzano
Scorzè
Zero Branco
Trebaseleghe
Camposampiero
Vigonza
Cadoneghe
Vigodarzere
Campodarsego
San Martino di Lupari
Riese Pio X
Vedelago
Trevignano
Volpago d. Montello
Roncade
Casale sul Sile
Marcon
San Biagio di Callalta
Musile di Piave
Cavallino-Treporti
Fontanafredda
Santa Maria di Sala
Pianiga
Mira
Veneto
il Montello
Bosco del Cansiglio
Nevegal
Lago di S. Croce
Canale di Agordo
Palude Maggiore
Litorale del Cavallino
Aeroporto Marco Polo
ROUTE 9
Villa Barbaro
Villa Emo
Villa Foscari
M. Cesen 1570
M. Cavallo 2250
Col Visentin 1761
M. Serva 2132
M. Schiara 2563
Piave

1 cm = 4,5 km
© Reise Know-How 2024
Venezia
Giulia
Udine
Pordenone
Maniago
Spilimbergo
Codroipo
San Vito al Tagliamento
Portogruaro
Latisana
San Michele al Tagliamento
Concórdia Sagittária
Cervignano del Friuli
Palmanova
Tavagnacco
Tarcento
Tricesimo
S. Daniele del Friuli
Fagagna
Majano
Basiliano
Campoformido
Mortegliano
Pozzuolo del Friuli
Manzano
Pavia di Udine
Cordenons
Zoppola
Fiume Veneto
Azzano Decimo
Casarsa d. Delizia
San Giorgio di Nogaro
Aquileia
Grado
Lignano Sabbiadoro
Lignano Pineda
Lignano Riviera
Bibione
Caorle
Eraclea
Jésolo
Lido di Jésolo
San Donà di Piave
S. Stino di Livenza
Marano Lagunare
Laguna di Marano
Porto Lignano
Porto di Baséleghe
Porto di Falconera
Porto di Cortellazzo
Porto di Piave-Vécchia
Foce del Tagliamento
Villa Manin
Piazza della Libertà
Ponte del Diavolo
Basilica
ROUTE 9
M. Ciaurlec 1148
M. Fara 1342
M. Ioánaz 1167
Bozen
Mailand
Verona
Venedig
Turin
Parma
Genua
Bologna
San Marino

312

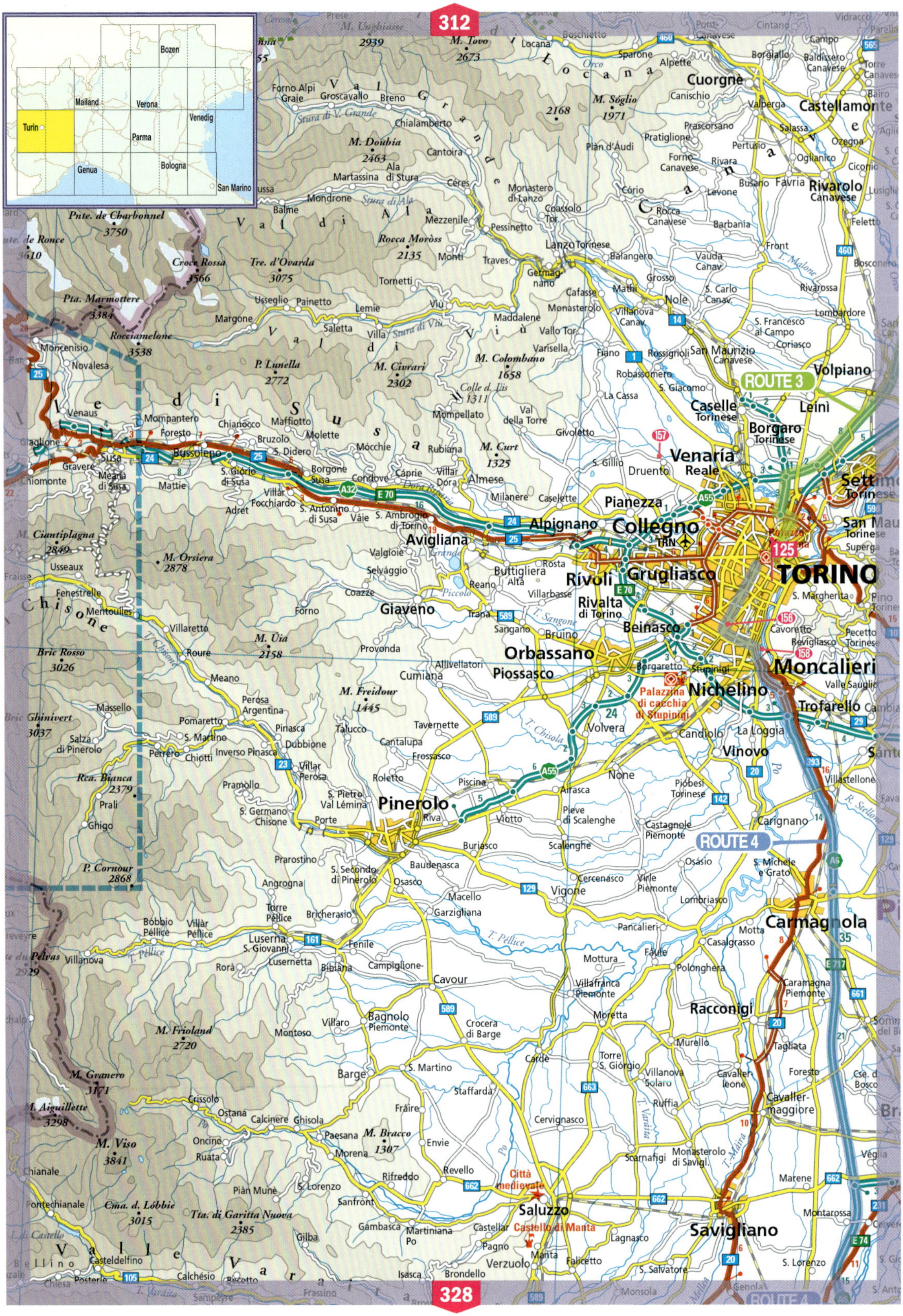
Bozen
Mailand
Verona
Venedig
Turin
Parma
Genua
Bologna
San Marino
M. Unghiasse
2939
M. Tovo
2673
Locana
Boschietto
Sparone
Alpette
Cuorgnè
Castellamonte
Forno Alpi Graie
Groscavallo
Breno
Chialamberto
M. Doubia
2463
Cantoira
Ala di Stura
Martassina
Ceres
Mondrone
M. Sóglio
1971
Plan d'Audi
Pratiglione
Forno Canavese
Rivara
Prascorsano
Valperga
Pertusio
Salassa
Oglianico
Ozegna
Busano
Favria
Rivarolo Canavese
Monastero di Lanzo
Coassolo Tor.
Cório
Levone
Rocca Canavese
Barbania
Front
Balme
Pnte. de Charbonnel
3750
Mezzenile
Pessinetto
Lanzo Torinese
Balangero
Vauda Canav.
Rocca Moròss
2135
Monti
Traves
Germagnano
Grosso
Mathi
Nole
S. Carlo Canav.
Rivarossa
Bosconero
Lombardore
Croce Rossa
3566
Tre. d'Ovarda
3075
Tornetti
Cafasse
Monasterolo
Villanova Canav.
S. Francesco al Campo
Coriasco
Pta. Marmottere
3384
Usseglio
Painetto
Lemie
Viù
Maddalene
Vallo Tor.
Margone
Saletta
Villa
Varisella
Fiano
Rossignoli
San Maurizio Canavese
Rocciamelone
3538
Moncenisio
Novalesa
P. Lunella
2772
M. Civrari
2302
M. Colombano
1658
Robassomero
S. Giacomo
Volpiano
ROUTE 3
Colle d. Lis
1311
La Cassa
Caselle Torinese
Leinì
Venaus
Mompantero
Foresto
Chianocco
Maffiotto
Molette
Mompellato
Val della Torre
Givoletto
Borgaro Torinese
Bruzolo
S. Didero
Bussoleno
Susa
Gravere
Meana di Susa
Chiomonte
Mattie
Mòcchie
Rubiana
M. Curt
1325
S. Gillio
Druento
Venaria Reale
Settimo Torinese
Borgone Susa
S. Giòrio di Susa
Condove
Caprie
Villar Dora
Almese
Milanere
Caselette
Pianezza
Villar Focchiardo
Adret
S. Antonino di Susa
Vaie
S. Ambrogio di Torino
Alpignano
Collegno
San Mauro Torinese
Superga
M. Ciantiplagna
2849
M. Orsiera
2878
Avigliana
Valgioie
Rosta
Buttigliera Alta
Rivoli
Grugliasco
TORINO
Usseaux
Selvaggio
Reano
Fenestrelle
Mentoulles
Coazze
Villarbasse
Rivalta di Torino
S. Margherita
Pino Torinese
Forno
Giaveno
Trana
Sangano
Bruino
Beinasco
Cavoretto
Pecetto Torinese
Revigliasco Torinese
Villaretto
M. Uìa
2158
Roure
Provonda
Orbassano
Bric Rosso
3026
Allivellatori
Cumiana
Piossasco
Borgaretto
Stupinigi
Moncalieri
Meano
Palazzina di caccia di Stupinigi
Nichelino
Valle Sauglio
Trofarello
Massello
M. Freidour
1445
Perosa Argentina
Bric Ghinivert
3037
Pomaretto
Pinasca
Talucco
Tavernette
Volvera
Candiolo
La Loggia
S. Martino
Salza di Pinerolo
Dubbione
Cantalupa
Vinovo
Perrero
Chiotti
Inverso Pinasca
Frossasco
Villar Perosa
Roletto
Rca. Bianca
2379
Pramollo
Piscina
Airasca
None
Piobesi Torinese
Villastellone
Prali
S. Pietro Val Lèmina
Pinerolo
S. Germano Chisone
Porte
Riva
Buriasco
Pieve di Scalenghe
Castagnole Piemonte
Carignano
Ghigo
Scalenghe
ROUTE 4
P. Cornour
2868
Prarostino
S. Secondo di Pinerolo
Baudenasca
Osasco
Cercenasco
Vigone
Virle Piemonte
Osàsio
S. Michele e Grato
Angrogna
Macello
Garzigliana
Lombriasco
Torre Pellice
Bricherasio
Bobbio Pellice
Villar Pellice
Luserna S. Giovanni
Lusernetta
Fenile
Pancalieri
Carmagnola
Motta
Pelvas
2929
Villanova
Rorà
Bibiana
Campiglione
Mottura
Faule
Casalgrasso
Polonghera
Cavour
Villafranca Piemonte
Caramagna Piemonte
Bagnolo Piemonte
Villaro
Crocera di Barge
Moretta
Racconigi
M. Frioland
2720
Montoso
Murello
Tagliata
Barge
S. Martino
Carde
Torre S. Giòrgio
Villanova Solaro
Cavallerleone
Foresto
M. Granero
3171
Staffarda
Ruffia
Cavallermaggiore
Crissolo
Fràire
Cervignasco
M. Aiguillette
3298
Ostana
Calcinere
Ghisola
Paesana
M. Bracco
1307
Envie
Oncino
Morena
M. Viso
3841
Ruata
Scarnafigi
Monasterolo di Savigl.
Vègila
Chianale
Rifreddo
Revello
Città medievale
Marene
Piàn Munè
S. Lorenzo
Pontechianale
Cma. d. Lòbbie
3015
Sanfront
Saluzzo
Montarossa
Tta. di Garitta Nuova
2385
Gambasca
Martiniana Po
Castellar
Castello di Manta
Lagnasco
Savigliano
Gilba
Pagno
Manta
Bellino
Casteldelfino
Verzuolo
Falicetto
S. Salvatore
S. Lorenzo
Chiesa
Posterle
Calchésio
Recetto
Isasca
Brondello
Sampeyre
Frassino
Monsola
Genola
ROUTE 4

328

313
322
329
1 cm = 4,5 km
© Reise Know-How 2024
Vercelli
Chivasso
Casale Monferrato
Chieri
Asti
Alessàndria
Alba
Bra
Canelli
Nizza Monferrato
Acqui Terme
Piemonte
ROUTE 3
Crescentino
Trino
Santhià
Verolengo
Poirino
Villanova d'Asti
Cherasco
Paesaggio vitivinicolo del Piemonte

314
330
321
Novara
Trecate
Magenta
Milano
Corsico
Buccinasco
Trezzano s. Naviglio
Rozzano
Opera
San Donato Milanese
San Giuliano Milanese
Peschiera Borromeo
Mediglia
Melegnano
Pieve Emanuele
Locate di Triulzi
Abbiategrasso
Vigevano
Mortara
Gambolò
Garlasco
Pavia
Certosa di Pavia
Giussago
Binasco
Lacchiarella
Siziano
Landriano
Belgioioso
Valle Lomellina
Lomellina
Valenza
Sannazzaro de' Burgondi
Voghera
Casteggio
Stradella
Broni
Tortona
Novi Ligure
Serravalle Scrivia
Arquata Scrivia
Castelnuovo Scrivia
Pontecurone
Rivanazzano
Varzi
M. Calenzone 1150
M. Penice 1460
M. Giarolo 1473
M. Ebro 1699
M. Lésime 1724
M. delle Tane 1198
M. Alfeo 1650
M. Cravi 992
M. Osesa 906
ROUTE 5
Bozen
Mailand
Verona
Venedig
Turin
Parma
Genua
Bologna
San Marino

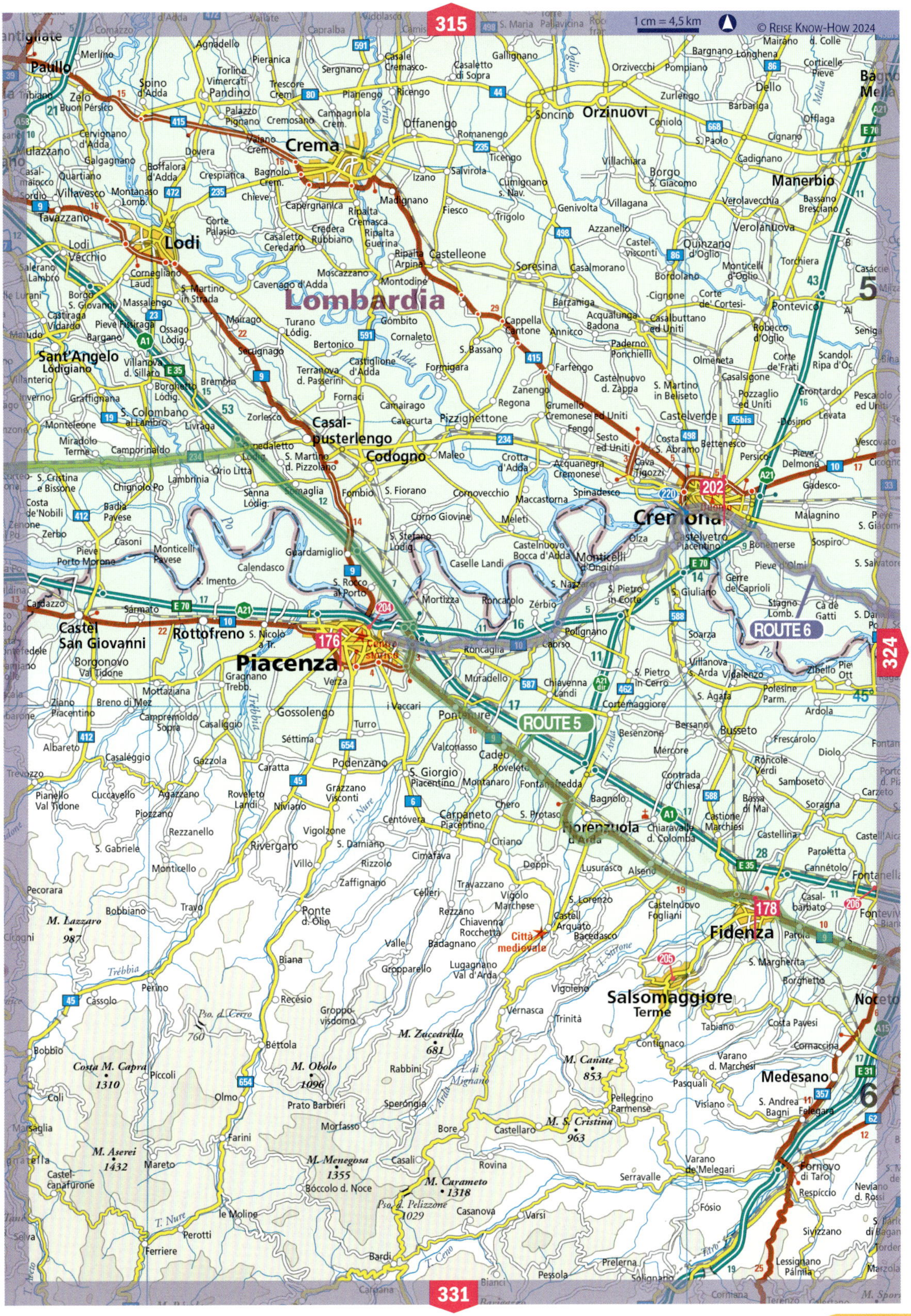
315
1 cm = 4,5 km
© Reise Know-How 2024
Paullo
Crema
Orzinuovi
Manerbio
Lodi
Lombardia
Sant'Angelo Lodigiano
Casalpusterlengo
Codogno
Pizzighettone
Cremona
Castel San Giovanni
Rottofreno
Piacenza
Podenzano
Fiorenzuola d'Arda
Fidenza
Salsomaggiore Terme
Medesano
Città medievale
ROUTE 5
ROUTE 6
324
331
M. Lazzaro 987
Costa M. Capra 1310
M. Obolo 1096
M. Zuccarello 681
M. Aserei 1432
M. Menegosa 1355
M. Carameto 1318
M. Canate 853
M. S. Cristina 963

316
323
332
Bozen
Mailand
Verona
Venedig
Turin
Parma
Genua
Bologna
San Marino
Castiglione delle Stiviere
Solferino
Birthplace of the Red Cross
Valeggio sul Mincio
ROUTE 7
Villafranca di Verona
Sona
Sommacampagna
VRN Aeroporto di Verona
Povegliano Veronese
Castel d'Azzano
Medole
Cavriana
Volta Mantovana
Castel Goffredo
Guidizzolo
Goito
Roverbella
Marmirolo
Asola
Porto Mantovano
Mantova
Centro storico
Curtatone
Virgilio
Rodigo
Marcaria
Bagnolo S. Vito
ROUTE 6
Suzzara
Casalmaggiore
Sabbioneta
Viadana
Guastalla
Gonzaga
Luzzara
Moglia
Novi di Modena
Reggiolo
Novellara
Fabbrico
Correggio
Carpi
Soliera
Rio Saliceto
ROUTE 5
Colorno
Torrile
Parma
Sant'Ilario d'Enza
Gattatico
Cadelbosco di Sopra
Collecchio
Felino
Montecchio Emilia
Montechiarugolo
Bibbiano
Quattro Castella
Réggio nell'Emilia
Rubiera
Scandiano
Albinea
Cavriago
PMF
Brescello
Boretto
Gualtieri
Poviglio
Castelnovo di Sotto
Campegine
Bagnolo in Piano
Po
Óglio
Mincio
Enza
Cavo Fiuma

317
1 cm = 4,5 km
© Reise Know-How 2024
San Martino Buon Albergo
San Giovanni Lupatoto
San Bonifacio
Lonigo
Soave
Monteforte d'Alpone
Caldiero
Zévio
ROUTE 7
Árcole
Bovolone
Montagnana
Este
Monselice
Selva
Abb. di Praglia
M. Venda 601
Colli Euganei
Noventa Vicentina
Cologna Veneta
Legnago
Cerea
Nogara
Valli Grandi Veronesi
Badia Polesine
Lendinara
Villa Badoer
Fratta Polesine
326
Ostiglia
Sermide
Occhiobello
ROUTE 6
Po
Bondeno
Ferrara
Centro storico
210
Mirandola
San Felice s. Panaro
Finale Emilia
Cento
Crevalcore
San Pietro in Casale
Nonántola
190
S. Agata Bolognese
Modena
ROUTE 5
S. Giovanni in Persiceto
Castelfranco
Molinella
Emilia-
333

318
1 cm = 4,5 km
© Reise Know-How 2024
Venézia
Lido
Pádova
Noventa Padovana
Vigonovo
Camponogara
Saonara
Ponte San Nicolò
Abano Terme
Montegrotto Terme
Albignasego
Campolongo Maggiore
Piove di Sacco
Codevigo
Litorale di Lido
Malamocco
Alberoni
Porto di Malamocco
Laguna
Valle di Millecampi
Litorale di Pellestrina
Pellestrina
Porto di Chióggia
Chióggia
ROUTE 7
Conselve
Due Carrare
Correzzola
Cavarzere
Rosolina
Rosolina Mare
Porto di Caleri
Foce del Brenta
Foce dell'Ádige
Ádria
Rovigo
Porto Viro
Foce del Po di Levante
Foce del Po di Maistra
Isola d'Ariano
Taglio di Po
Porto Tolle
Isola della Donzella
Polésine
Grande Bonifica Ferrarese
Copparo
ROUTE 9
Mésola
Delta del Po
Sacca degli Scardovari
Boccha del Po d. Fila
Boccha del Po delle Tolle
Boccha del Po di Gnocca
Boccha del Po di Gora
Codigoro
Pomposa
Valle Bertuzzi
Lido di Volano
Ostellato
Portomaggiore
Valle del Mezzano
Comácchio
Valli di Comácchio
Lido d. Nazioni
Lido di Pomposa
Lido d. Scacchi
Porto Garibaldi
Lido d. Estensi
Lido di Spina
Lidi di Comácchio
Argenta
MARE ADRIATICO
334
325
Bozen
Mailand
Verona
Turin
Venedig
Parma
Genua
Bologna
San Marino

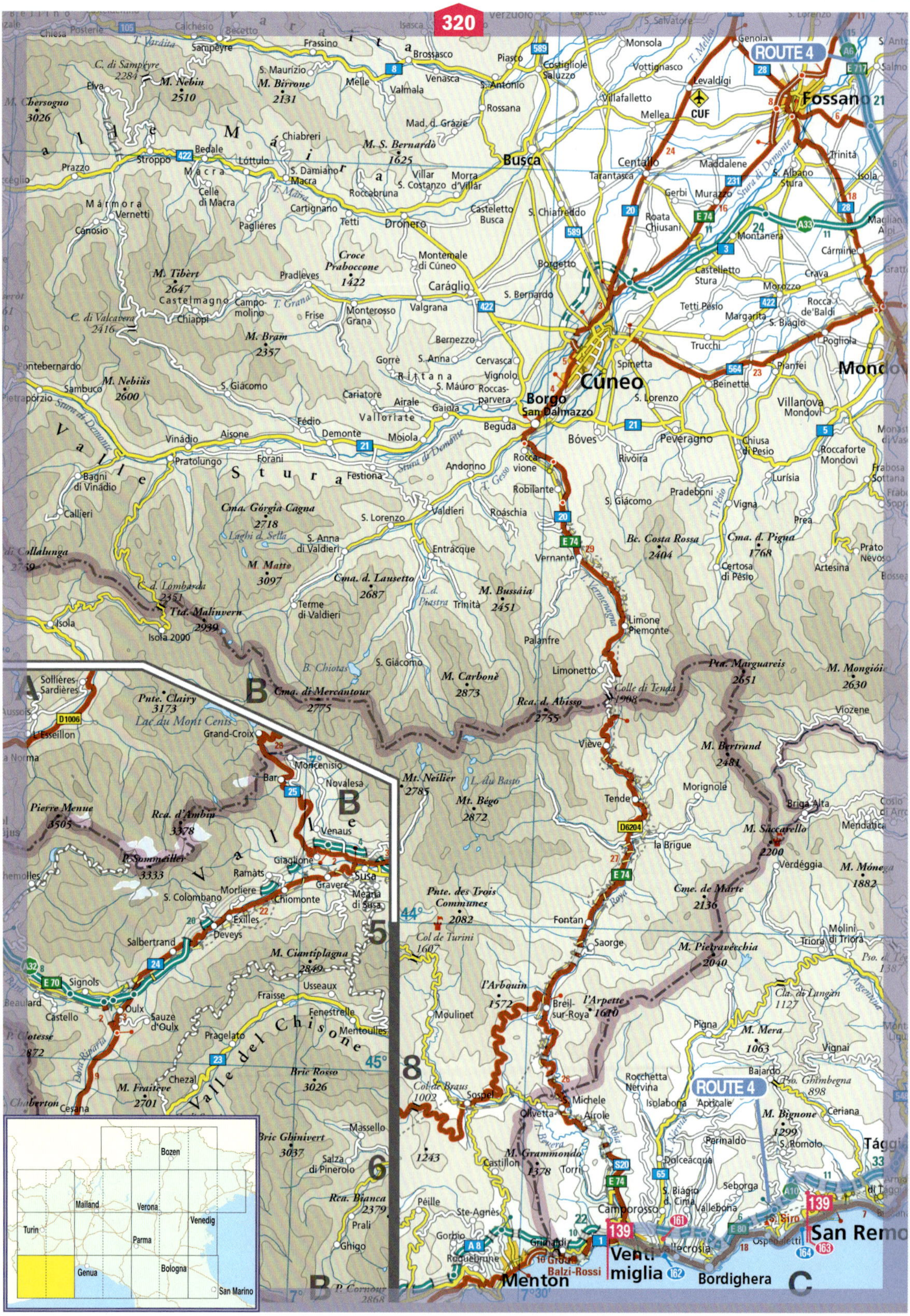
320
ROUTE 4
Fossano
Busca
Dronero
Cúneo
Borgo San Dalmazzo
Mondovi
Sampeyre
Frassino
Brossasco
Venasca
Valmala
Rossana
Villafalletto
Centallo
Tarantasca
Maddalene
S. Albano Stura
Trinità
Roata Chiusani
Montanera
Cármine
Castelletto Stura
Tetti Pesio
Margarita
Morozzo
Rocca de'Baldi
S. Biágio
Trucchi
Pogliola
Spinetta
Beinette
Pianfei
Villanova Mondovì
Roccaforte Mondovì
Peveragno
Chiusa di Pesio
Bóves
S. Lorenzo
Rivoira
Pradeboni
Lurísia
Vigna
Certosa di Pesio
Artesina
Caráglio
Valgrana
Bernezzo
Cervasca
Vignolo
Roccasparvera
Gaiola
Moiola
Demonte
Aisone
Vinádio
Pratolungo
Bagni di Vinádio
Festiona
Valdieri
Andonno
Roccavione
Robilante
Roáschia
Entracque
Vernante
Limone Piemonte
Limonetto
Palanfre
Terme di Valdieri
Isola
Isola 2000
Valle Stura
Stroppo
Prazzo
Macra
Celle di Macra
Cartignano
Roccabruna
Villar S. Costanzo
Morra d'Villar
Castelletto Busca
S. Chiaffredo
Canosio
Castelmagno
Chiappi
Pradleves
Monterosso Grana
Frise
Sambuco
Pontebernardo
M. Nebin 2510
M. Birrone 2131
M. S. Bernardo 1625
M. Tibèrt 2647
C. di Valcavera 2416
M. Bram 2357
M. Nebiùs 2600
Cma. Górgia Cagna 2718
M. Matto 3097
Cma. d. Lausetto 2687
M. Bussáia 2451
Ttd. Malinvern 2939
Cma. di Mercantour 2775
M. Carbonè 2873
Rca. d. Abisso 2755
Colle di Tenda 1908
Pta. Marguareis 2651
M. Mongióie 2630
Bc. Costa Rossa 2404
Cma. d. Pigna 1768
Viozene
M. Bertrand 2481
Morignole
Briga Alta
Mendatica
M. Saccarello 2200
Verdéggia
M. Mónega 1882
Cme. de Marte 2136
M. Pietravècchia 2040
Triora
Molini di Triora
Vievè
Tende
la Brigue
Fontan
Saorge
Breil-sur-Roya
l'Arpette 1610
l'Arbouin 1572
Moulinet
Col de Turini 1607
Pnte. des Trois Communes 2082
Col de Braus 1002
Sospel
Olivetta
Airole
Pigna
M. Mera 1063
Rocchetta Nervina
Isolabona
Apricale
Bajardo
Ceriana
M. Bignone 1299
Perinaldo
S. Romolo
Dolceacqua
M. Grammondo 1378
Castillon
Torri
Camporosso
Vallebona
Seborga
Vallecrosia
Ventimiglia
Bordighera
San Remo
Tággia
Menton
Roquebrune
Gorbio
Ste-Agnès
Péille
Grimaldi
Balzi-Rossi
139
Mt. Neilier 2785
L. du Basto
Mt. Bégo 2872
Sollières-Sardières
L'Esseillon
Pnte. Clairy 3173
Lac du Mont Cenis
Grand-Croix
Moncenisio
Novalesa
Bar
Venaus
Pierre Menue 3505
Rca. d'Ambin 3378
P. Sommeiller 3333
Giaglione
Ramats
Susa
Meana di Susa
Gravere
Chiomonte
Morliere
S. Colombano
Exilles
Deveys
Salbertrand
M. Ciantiplagna 2849
Signols
Oulx
Beaulard
Castello
Sauze d'Oulx
Fraisse
Usseaux
Fenestrelle
Mentoulles
Pragelato
Valle del Chisone
Bric Rosso 3026
Chezal
M. Fraiteve 2701
Chaberton
Cesana
Bric Ghinivert 3037
Massello
Salza di Pinerolo
Rca. Bianca 2379
Prali
Ghigo
P. Cornour 2868
Bozen
Mailand
Verona
Venedig
Turin
Parma
Genua
Bologna
San Marino

321
330
1 cm = 4,5 km
© Reise Know-How 2024
Liguria
Riviera di Ponente
ROUTE 4
Savona
Albenga
Alássio
Impéria
Finale Ligure
Loano
Varazze
Albisola Superiore
Cáiro Montenotte
Ceva
Mondovì
Sanremo
Tággia
Diano Marina
Andora
Laiguéglia
Ceriale
Borghetto S. Spirito
Pietra Ligure
Spotorno
Noli
Bergeggi
Vado Ligure
Celle Ligure
Albissola Marina
Ormea
Garessio
Calizzano
Millesimo
Carcare
Altare
Dego
Cortemilia
Dogliani
Monforte d'Alba
Bene Vagienna
Carrù
Capo Mele
Capo S. Croce
Í. Gallinara
Grotta Valdemino
Grotta della Basura
Castello Borelli
Priamar
8°30'
8°
D
Routenatlas

322
329
Rossiglione
Campo Ligure
Tiglieto
Masone
Acquabianca
Vara
Fiorino
Fàbbriche
Arenzano
Cogoleto
Voltri
Pra
Pegli
GOA
Sestri Ponente
Sampierdarena
Génova
Centro storico
S. Lorenzo
Nervi
Bogliasco
Sori
Recco
Camogli
Rapallo
S. Margherita Ligure
Portofino
Pta. Portofino
San Fruttoso di Capodimonte
P. Chiappa
M. di Portofino 612
Zoagli
Chiávari
Lavagna
Sestri Levante
P. Manara
Cogorno
Carasco
Busalla
Savignone
Casella
Montoggio
Torriglia
Montaldo 1134
Bargagli
Davagna
Lumarzo
Uscio
Avegno
Tribogna
Gattorna
Moconesi
Ferrada
Cicagna
Orero
Neirone
Corsíglia
Barbagelata
Favale di Malvaro
Lorsica
M. Ramaceto 1345
Cichero
Borzonasca
Bertigaro
Carbanne
Rezzoáglio
Fontanigorda
Rovegno
Gorreto
Propata
Rondanina
Fascia
Cassingheno
Loco
Canale
Montebruno
M. Cóllere 1288
M. Ántola 1597
Senárega
Valbrevenna
Nenno
Vóbbia
Crocefieschi
Pietrafráccia
Ronco Scrivia
Borgo Fornari
Molini
M. Tóbbio 1092
M. d. Figne 1172
M. Pracabàn 946
P. Martin 1001
M. Rèisa 1183
M. Rama 1148
Serra Riccò
Mignanego
Campomorone
Pedemonte
S. Olcese
Ceranesi
Pontedécimo
S. Quirico in V. Polcèvera
Rivarolo Ligure
S. Gottardo
Molassana
Prato
Dercogna
Bavari 848
S. Desiderio
Pieve Ligure
S. Andrea di Fóggia
Monte-pegli
Pianezza
Coreglí Ligure
S. Colombano Certenoli
Leivi
ROUTE 4
Golfo di Génova
MAR LÍGURE
E
F
9°

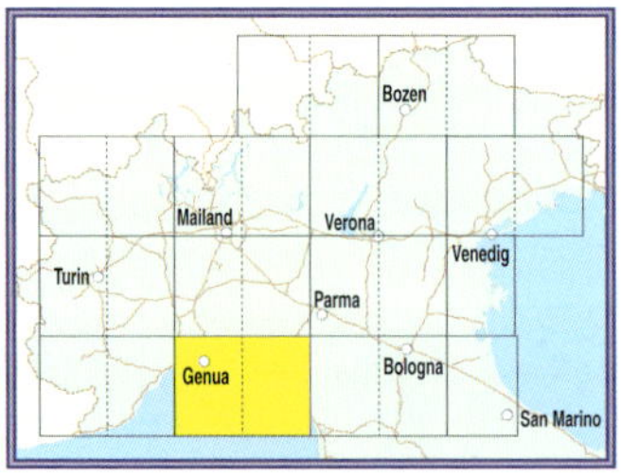

Bozen
Mailand
Verona
Venedig
Turin
Parma
Genua
Bologna
San Marino

323
332
1 cm = 4,5 km
© Reise Know-How 2024
ROUTE 4
La Spezia
Sarzana
Carrara
Aulla
Pontremoli
Lérici
Arcola
Borgo Val di Taro
Parco Naz. delle Cinque Terre
Cinque Terre
Monterosso al Mare
Vernazza
Corniglia
Manarola
Riomaggiore
Portovénere
Levanto
Bonassola
Framura
Deiva Marina
Moneglia
Riva Trigoso
Casarza Ligure
Sesta Godano
Varese Ligure
Brugnato
Villafranca in Lunigiana
Fivizzano
Bagnone
Filattiera
Zeri
M. Maggiorasca 1799
M. Pelpi 1480
M. Gottero 1640
M. Orsaro 1830
M. Molinatico 1549
M. Cornoviglio 1162
M. Zuccone 1423
M. Spiaggi 1554
Í. Palmária
Í. del Tino
P. Bianca
Marina di Carrara
Marina di Massa
9°30'
10°
44°30'
G
H

324
331

Scandiano
Casalgrande
Formigine
Sassuolo
Fiorano Modenese
Maranello
Galleria Ferrari
Castellarano
Castelvetro di Modena
Langhirano
Castelnovo ne' Monti
Parco Naz. Appennino Tosco-Emiliano
F r i g n a n o
Pavullo nel Frignano
M. Cusna 2120
M. Prato 2053
M. Cimone
Alpe Tre Potenze 1940
M. Giovo 1991
Abetone
Pso. dell'Abetone 1388
Pievepelago
Fiumalbo
G a r f a g n a n a
Castelnuovo di Garfagnana
Barga
Bagni di Lucca
A l p i A p u a n e
M. Pisanino 1945
M. Sumbra 1764
Pania d. Croce 1858
Seravezza
Pietrasanta
Camaiore
Viaréggio
Massarosa
Lago di Massaciuccoli
Lucca
Centro storico
Capànnori
Altopàscio
Pèscia
Parco di Pinocchio
Montecatini Terme
Monsummano Terme
Serravalle Pistoiese
Pistoia
Centro storico
Borgo a Mozzano
S. Marcello Pistoiese
Porretta Terme
Sestola
M. Cervarola 1623
Alpesigola 1642
M. Modino 1414
M. Ventasso 1727
M. Alto 1904
M. la Nuda 1894
M. Sporno 1058
M. Fuso 1117
M. Battifolle 1109
M. Barbona 997
M. Piglione 1232
M. Albano 1694

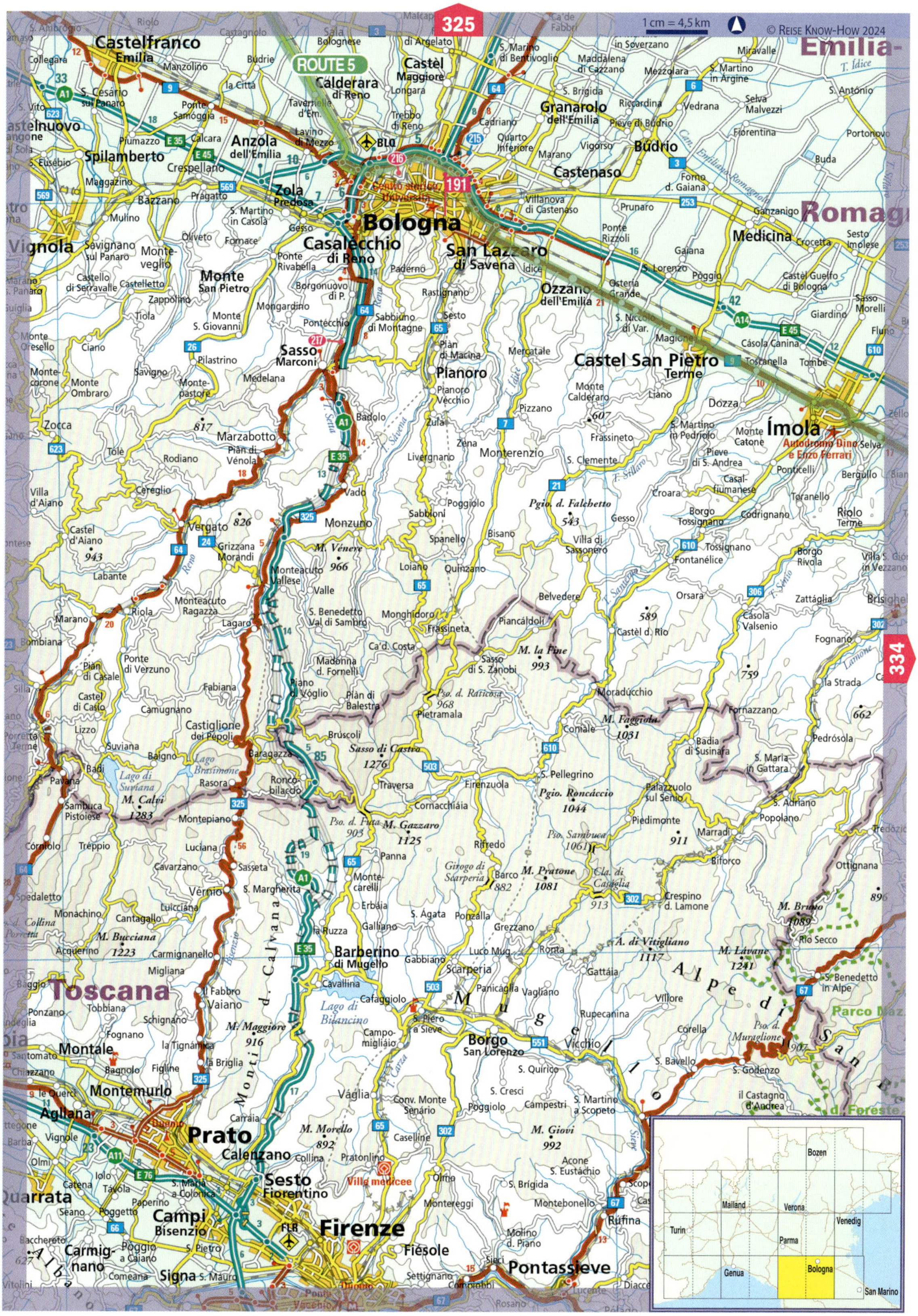
325
1 cm = 4,5 km
© REISE KNOW-HOW 2024
Emilia-
Romag
Castelfranco Emilia
ROUTE 5
Calderara di Reno
Castel Maggiore
Granarolo dell'Emilia
Budrio
Castenaso
Anzola dell'Emilia
Spilamberto
Zola Predosa
Bologna
Casalecchio di Reno
San Lazzaro di Savena
Ozzano dell'Emilia
Medicina
Vignola
Monte San Pietro
Sasso Marconi
Castel San Pietro Terme
Pianoro
Ímola
Autodromo Dino e Enzo Ferrari
Marzabotto
Monterenzio
Vergato
Monzuno
M. Vénere 966
Loiano
Castiglione dei Pepoli
Lago di Suviana
Lago Brasimone
Sasso di Castro 1276
Firenzuola
M. Gazzaro 1125
Pso. d. Futa 903
M. la Fine 993
M. Faggiola 1031
Pgio. Roncáccio 1044
Palazzuolo sul Senio
Marradi
334
M. Calvi 1283
Barberino di Mugello
Lago di Bilancino
Scarperia
Borgo San Lorenzo
Mugello
Alpe di San
Parco Naz.
Toscana
Montale
Montemurlo
Agliana
Prato
Calenzano
Monti d. Calvana
M. Maggiore 916
M. Morello 892
Sesto Fiorentino
Villa medicee
Campi Bisenzio
Firenze
Fiésole
Pontassieve
Rufina
Quarrata
Carmignano
Signa
M. Giovi 992
Vicchio
Bozen
Mailand
Verona
Venedig
Turin
Parma
Genua
Bologna
San Marino

326
1 cm = 4,5 km
© REISE KNOW-HOW 2024
Argenta
Campotto
S. Biagio
Filo
Longastrino
Anita
Madonna d. Bosco
S. Alberto
Mandriole
Casal Borsetti
Marina Romea
Porto Corsini
Marina di Ravenna
Riva Verde
Punta Marina Terme
Lido Adriano
Lido di Dante
Lavezzola
Voltana
Taglio Corelli
Spazzate
Giovecca
Consélice
Alfonsine
Savarna
Conventello
Torri
Belricetto
la Tosca
S. Maria in Fabriago
Ducato di Fabriago
Maiano Monti
S. Savino
Fusignano
S. Patrizio
S. Lorenzo
Rossetta
Glorie
Mezzano
Borgo d. Anime
S. Antonio
Mondaniga
Bizzuno
Villanova di Bag.
Ammonite
Ravenna
S. Ágata s. Santerno
Prati
Santerno
Camerlona
Massa Lombarda
S. Potito
Bagnacavallo
Borghetto Trav.
Borgo Fusara
S. Vitale
Lugo
Bubano
Mordano
Barbiano
Cotignola
Piangipane
S. Michele
S. Apollinare in Classe
Porto Fuori
Bagnara di Romagna
Boncellino
Godo
Russi
S. Pancrázio
S. Marco
ROUTE 9
Solarolo
S. Severo
Felisio
Granarolo
Pieve di Cesato
Prada
Roncalceci
S. Bartolo
Ghibullo
Castel Bolognese
Casanola
S. Andrea
Filetto
S. Stéfano
Lido di Classe
Savio
Lido di Sávio
Biancanigo
Merlaschio
Reda
S. Pietro in Trento
S. Pietro in Vincoli
Carraie
Coccolia
Milano Marittima
Celle
S. Bárnaba
Villafranca di Forlì
la Borra
Barisano
S. Pietro in Camp.
Guarniera
Tébano
Museo delle Ceramiche
Faenza
S. Martino Villafr.
Roncadello
Durrazanino
Borgo Pasna
Borghetto di Rav.
Castiglione di Cervia
Cérvia
S. Giorgio in Vezzano
Pettinara
S. Lucia d. Spian.
S. Tomè
Rotta
Casemurate
Pisignano
Pinarella di Cérvia
Villa Inferno
Sarna
Villanova
Carpinello
Pievequinta
Cannuzzo
Zadina Pineta
Brisighella
Villagrappa
S. Leonardo in Schiova
Bagnile
Montaletto
Scavignano
S. Andrea
S. Martino in Fiume
S. Giorgio di Cesena
Madonnina
Cesenático
Conversèlle
Rovere
Terra d. Sole
Forlì
FRL
S. Maria Nuova
Pievesestina
Ronta
Calabrina
Villamarina
Tossino
Castrocaro Terme e Terra del Sole
S. Lorenzo in Noc.
Forlimpopoli
Carpena
Ospedaletto
Panighina
Borella
Gatteo a Mare
Villalta
Celle
S. Mauro a Mare
Modigliana
Bertinoro
Tréntola
Martorano
Bagnarola
Sala di Cesenático
Bellária-Igea Marina
Fuimana
Para
Fratta Terme
Cesena
Biblioteca Malatestiana
Ponte Pietra
Rúffio
S. Angelo
Vitignano
Meldola
Polenta
Cattedrale S. Giovanni
Gambettola
Donegáglia
Torre Pedrera
Viserbella
Dovádola
Marsignano
S. Vittore
Celincordia
Gatteo
San Mauro Pascoli
Viserba
Montemaggiore
S. Colombano
Monte Grande
Saiano
Calisese
Montiano
Savignano sul Rubicone
S. Giustina
Predappio Alta
Predappio
S. Carlo
Montereale
Teodorano
Formignano
Sorrívoli
Longiano
Montalbano
Santarcángelo di Romagna
Spardarolo
Tredózio
S. Savigno
Gualdo
Diolaguardia
Montenovo
Rocca S. Casciano
Tóntola
Piàn di Spino
Gallo
Borello
Roncofreddo
Borghi
Camerano
Poggio Berni
Cusercoli
M. Grosso 699
Néspoli
Voltre
Piávola
Bacciolino
Gualdo
S. Maria Riopetra
Sogliano al Rubicone
Montecchio
Trebbio
S. Paolo
Pórtico di Romagna
Fantella
Civitella di Romagna
Pieve Rivóschio
S. Romano
Cella
Verúcchio
Cerasolo
Galeata
Linaro
Ciola
Borgo Stecchi
Montegelli
Pietra dell'Uso
Ponte d. Uso
Torriana
Serravalle
Mulazzano
Premilcuore
M. Altáccio 823
Pianetto
Ránchio
Musella
Mercato Saraceno
Pietracuta
Domagnano
M. d. Fággia 852
SAN MARINO
Acquaviva
Borgo Maggiore
Sette Galli
S. Sofia
Tezzo
Savignano di Rigo
Secchiano
Città di San Marino
Faetano
Monte Colombo
M. Guffone 1198
Cabelli
Spinello
Montalto
Ruscello 762
Sarsina
883
Montescudo
Isola
M. Mescolino 969
Perticara
Talamello
Fiorentino
Sassofeltrio
Corniolo
Castelnuovo
M. Marino
Miniera
Novaféltria
S. Leo
Montelicciano
Onferno
Tivo
Maiano
Monte Grimano Terme
Maiolo
Mercatino Conca
Selva-piana
L. di Quarto
Pso. d. Incisa
S. Agata Féltria
Monte Benedetto
864
Monte Cerignone
822
Alfero
Mazzi
Tavolicci
Montecopiolo
Valle di Teva
Riofreddo
Maciano
Auditore
M. Cómero 1371
Montefeltro
Scavolino
Castelpriore
Pennabilli
M. Carpegna 1415
Il Monticino 1348
Pietrarúbbia
Macerata Féltria
Sassocorvaro
Verghereto
Casteldelfo
S. Sofia
Carpegna
Montecoronaro
Balze
Ca'Raffaello
Caprazzino Strada
Pieve di Cagna
M. Lóggio
Miratoio
M. d. Scura
Frontino
ADRIÁTICO
ROUTE 9
333
Bozen
Mailand
Verona
Venedig
Turin
Parma
Genua
Bologna
San Marino

ZEICHENERKLÄRUNG ROUTENATLAS

Straßennummern Road numbers Numérotation des routes Número de carretera Numerazione delle strade **Номера автодорог**	Internationaler / Nationaler Flughafen International / National airport Aéroport international / national Aeropuerto internacional / Aeródromo nacional Aeroporto internazionale / Aeroportonazionale **Международный аэропорт / Аэродром**
Autobahn mit Auffahrt/Mautstelle Motorway with interchange and toll barrier Autoroute avec échancheur et barrière de péage Autopista con enlace, barrera de peaje Autostrada con raccordo e stazione a barriera **Автобан с примыканием**	Berg (Höhe in m) Mountain (height in m) Mont (altitude en mètres) Montaña (altitud en metros) Monte (alto in metri) **Вершина (высота в метрах)** 1035
Autobahn in Bau / in Planung Motorway under construction / planned Autoroute, en construction / en projet Autopista, en construcción / en proyecto Autostrada in construzione / planificata **Автобан, строящаяся**	Fluss / Wasserfall / Damm, Wehr River / Waterfall / Dam, weir Rivière / Cascade / Barrage, digue Río / Cascada, catarata / Presa Fiume / Cascata / Diga **Река / Водопад / Дамба, пруд**
Schnellstraße Dual carriageway Route à grande circulation Carretera principal Strada di grande comunicazione **Скоростная автомагистраль**	Nationalpark, Naturpark National park, nature reserve Parc national, réserve naturelle Parque nacional, reserva natural Parco nazionale, naturale **Национальный парк. Природный парк**
Fernstraße Major route Route à grande circulation Carretera nacional Strada di grande comunicazione **Шоссе**	UNESCO Welterbe UNESCO world heritage Patrimoine mondial de l'UNESCO Patrimonio de la Humanidad (UNESCO) UNESCO Patrimonio dell'Umanita **Мировое наследие ЮНЕСКО**
Hauptstraße Main road Route principale Carretera principal Strade principale **Главная автодорога**	Kirche / Kloster Church / Monastery Église / Abbaye Iglesia / Monasterio Chiesa / Convento **Церковь / Монастырь**
Nebenstraße / Sonstige Straße Secondary road / Other road Route secondaire / Autre route Carretera secundaria / Otra carretera Strada secondaria / Altre strade **Основной проезд / Прочий проезд**	Burg, Schloss / Burgruine Castle / Ruined castle Château, château-fort / Châtau en ruine Castillo / Castillo en ruinas Castello, fortezza / castello in rovina **Замок / Руины**
Fahrweg (unbefestigt, saisonal) Track (unpaved, seasonal) Voie étroite (non stabilisée, temporaire) Pista (sin asfaltar, temporal) Carrareccia, sentiero **Проезд**	Bedeutendes Museum Important museum Musée remarquable Museo de especial interes Museo di grande interesse **Музей достопримечательный**
Tunnel Tunnel Tunnel Túnel Galleria **Туннель**	Sehenswürdigkeit Place of interest Curiosité Lugar de interés turístico Localita de grande interesse **Достопримечательность**
Entfernung in Kilometern Distance in kilometres Kilométrage Distancia en kilómetros Distanze chilometriche **Расстояние в километрах** 27	Anitike Stätte Antique site Site archéologique Yacimiento arqueológico Luoghi con rovine **Археологическое / историческое место**
Eisenbahn / Fährlinie / Seilbahn Railway / Ferry route / Ropeway, cable car Voie ferrée / Transbordeur / Téléphérique Vía férrea / Transbordador / Funicular, teleférico Linea ferrovia / Traghetto / Funivia **Железная дорога / Паром / Горная железная дорога**	Leuchtturm / Turm Lighthouse / Tower Phare / Tour Faro / Torre Faro / Torre **Маяк / Башня**
Staatsgrenze / Grenzübergang International boundary / Border crossing Frontière nationale / Passage de la frontière Frontera internacional / Paso fronterizo Confine di stato / Passaggio di frontiera **Государственная граница / Пограничный переход**	Höhle / Bergwerk Cave / Mine Grotte / Mine Cueva / Mina Grotta / Miniera **Пещера / Шахта**
Regionsgrenze Borders of regions Fortière de région Fronteras de región Confine di regione **Региональная граница**	Windsurfen / Wintersport Surfing / Winter sports Surf / Sports d'hiver Plancha a vela / Deporte de invierno Windsurf / Sport invernale **Виндсерфинг / Лыжный курорт**

Der in diesem Buch abgedruckte Routenatlas beruht auf dem Faltplan **„Italien, Nord"** 1 : 400.000 aus dem world mapping project™, herausgegeben vom Reise Know-How Verlag.

Routenübersicht

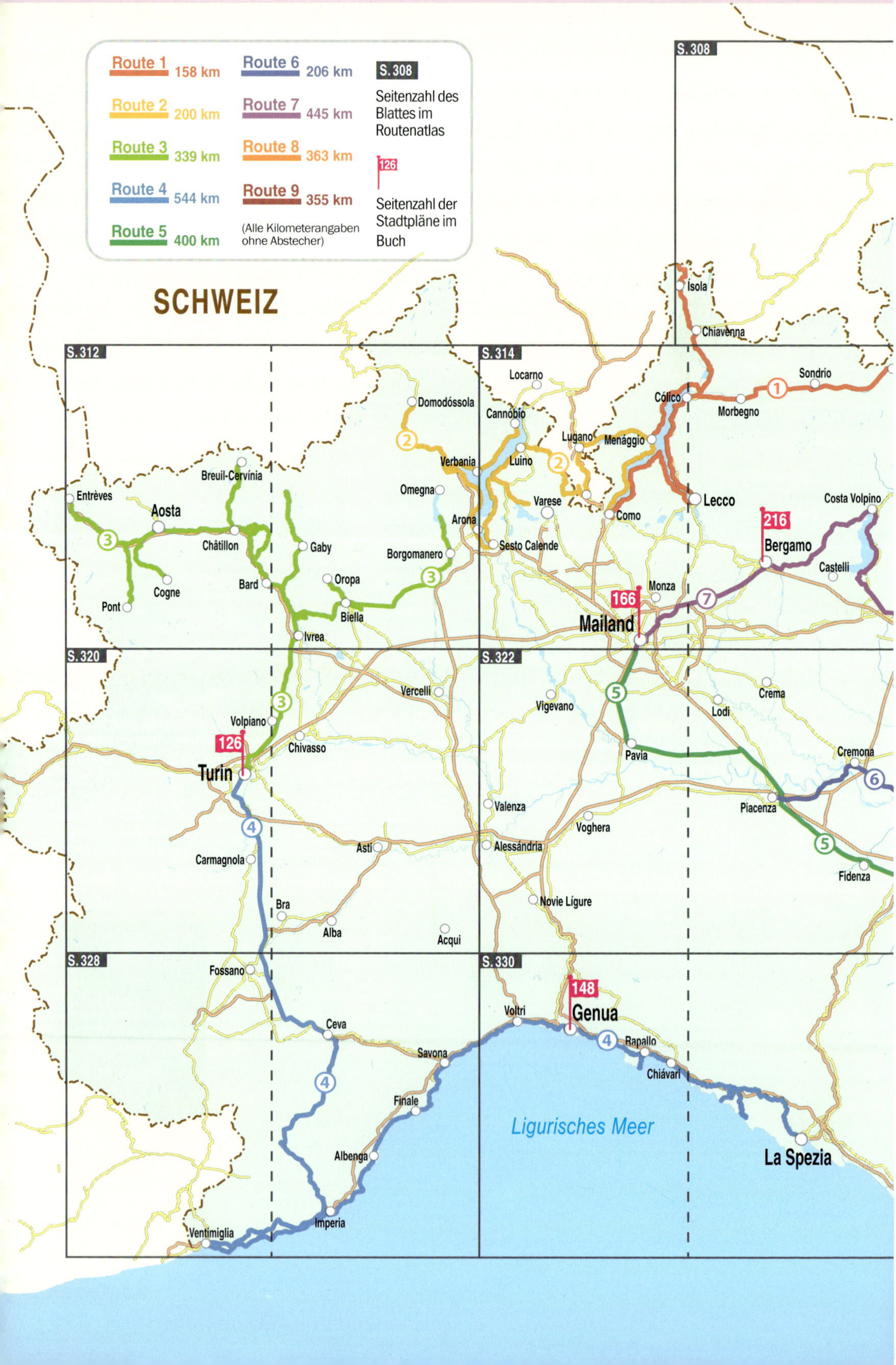